인간 사회와 상징 행위

: 사회적 드라마, 구조, 커뮤니타스

Dramas,

황소걸음학술총서 3

Fields,

Dramas, Fields, and Metaphors
: Symbolic Action in Human Society

and

인간
사회와
상징
행위

: 사회적 드라마,
구조,
커뮤니타스

빅터 터너 Victor Turner 지음 | 강대훈 옮김

Metaphors

황소걸음
Slow & Steady

일러두기

1. 용어는 가급적 한국 인류학계의 관행에 따랐습니다. 아직 정립된 용어가 없을 때는 한글로 출판된 인류학 개론서나 교과서를 참고했고, 그마저 없을 때는 가급적 뜻을 전달하기 쉬운 우리말로 옮겼습니다.
2. 인명과 지명 등 중요한 고유명사는 본문 맨 처음에 영문이나 한자를 병기했습니다.
3. 단행본과 잡지는 《 》로, 논문은 〈 〉로 표기했습니다.
4. 국내에 번역·출간된 책이나 논문은 번역 제목에 원제를 병기하고, 출간되지 않은 책이나 논문은 원제에 번역 제목을 병기했습니다.
5. 지은이 주는 각주*로, 옮긴이 주는 각주¹로 처리했습니다.
6. 본문에 다른 책을 인용한 부분은 원서 표기에 따라 괄호 안에 지은이와 출간 연도를 표기했습니다.

추천사

서울대에서 종교인류학을 강의할 때니까, 아주 오래전 일이다. 요즘은 종교라는 주제에 많은 이들이 관심을 보이고 학문적인 논의도 활발하지만, 당시는 종교가 학계에서 별로 인기 있는 영역이 아니었다. 종교인류학 과목도 마찬가지다. 수강 신청한 학생이 많지 않았고, 대부분 흥미를 느끼지 못하는 듯 심드렁해 보였다. 강의에 사용할 만한 우리말 자료도 빈약한 상태라 주 교재는 영어로 된 책을 그대로 사용했고, 관련 번역서에서 적합한 읽을거리를 찾았다. 기억나는 책으로 제임스 프레이저James George Frazer의 《황금가지The Golden Bough : A Study in Magic and Religion》, 아널드 방주네프Arnold Van Gennep[1]의 《통과의례Les Rites de passage》, 메리 더글러스Mary Douglas의 《순수와 위험Purity and Danger : An Analysis of Concepts of Pollution and Taboo》[2], 에드먼드 리치Edmund Leach의 《성서의 구조인류학Structuralist Interpretations

---

1 Arnold Van Gennep의 표기를 둘러싸고 여러 의견이 있다. 이는 그가 독일에서 태어나 네덜란드식 이름을 갖고, 프랑스에서 대부분의 삶을 영위한 상황과 관계가 있다. 네덜란드식 이름을 가진 이유는 그의 부모가 정식 결혼을 하지 않아 어머니 성을 따랐기 때문이다. 가장 정확한 표기법은 네덜란드 발음대로 '아놀드 판 헤넵'일 것이다. 하지만 여기서는 통상적으로 사용해 온 표기를 따랐다. van Gogh의 정확한 발음 표기가 '판 호흐'지만, 많은 이들이 '반 고흐'를 사용하는 것과 같다.

2 번역본 제목에 불만을 표하는 이들이 적지 않다.

of Biblical Myth》, 레비스트로스Claude Lévi-Strauss의 《야생의 사고La Pensee Sauvage》, 클리퍼드 기어츠Clifford Geertz의 《문화의 해석The Interpretation of Cultures》 등이 있고, 빅터 터너Victor Turner의 《빅터 터너의 제의에서 연극으로From Ritual to Theatre : The Human Seriousness of Play》도 포함된다.

강의가 진행되면서 심드렁하던 학생들이 자세를 바꿔 관심을 보이는 지점은 아널드 방주네프의 《통과의례》를 논의하면서 우리 주변의 사례를 찾아볼 때다. 방주네프는 장소의 변화, 나이의 변동, 사회적 지위의 변화, 심적 상태의 변화에 수반하여 나타나는 의례를 통과의례라고 부르는데, 그것이 세 가지 단계로 구성된다고 주장한다. 즉 이전 상태에서 상징적으로 분리되는 분리의 단계, 고통과 시련, 강력한 변화를 경험하는 전이의 단계, 새로운 아이덴티티와 역할이 주어지는 재통합의 단계다.

전이의 단계는 통과의례의 세 가지 구조 가운데 가장 중요한 것으로, 수업에서도 논의의 초점이 되었다. 학생들은 그에 해당하는 여러 가지 사례를 찾아내고 그 이유를 제시했다. 마을 입구의 장승이나 절 입구의 사천왕 모습이 왜 험상궂게 표현되었는지, 어릴 때 문지방을 밟고 섰다가 어른들에게 야단맞은 까닭이 무엇인지에 대해 논의했다. 감방이나 군대의 신고식이 고약한 이유, 아이가 태어나면 금줄을 거는 이유, 세례를 본래 물속에서 베푼 이유, 신혼여행을 떠나는 이유 등도 통과의례의 구조를 통해 새롭게 부각되었다.

이어진 수업 시간에 거론되는 주제가 바로 빅터 터너다. 그의 연구가 방주네프의 '경계성' 혹은 '리미널리티liminality'이라는 개념을 받아들여서 그 중요성을 강조했기 때문이다. '문턱'이라는 뜻이 있는 라틴어 '리멘limen'에서 유래한 '경계성' 개념은 전前 단계를 벗어났지만, 아직 다음 단계로 진입하지 못한 모호한 상태를 지칭한다. 그래서 통상의 분류 체계 밖에 존재하는 상태다. 더는 종전 방식으로 분류되지 않으며, 아직 새로운 분류 방식도 찾지 못한다. 즉 '이것도 저것도 아닌neither nor' 혹은 '둘 다both and'인 상태다. 여기서 분류 체계라는 관점이 등장하는 것은 메리 더글러스의 논의가 개입했기 때문이다. 아널드 방주네프와 빅터 터너의 연결 관계가 메리 더글러스를 통해 좀 더 풍성해지는 느낌이다.

메리 더글러스는 인간의 몸이 사회적·종교적 상징으로 사용되는 여러 가지 측면을 탐구한 학자다. 더글러스는 근대적 위생을 내세우며 더러움에 질겁하고 유난을 떠는 서구인에게 그들의 '깨끗함'이 지닌 문화적 맥락을 보여주려고 애썼다. 근대 의학과 위생법을 절대시하면서 자신에게 청결의 기준이 있는 듯 과시하는 그들의 관점 역시 이른바 원시인의 것과 마찬가지로 하나의 상징적 분류 체계에 지나지 않음을 지적한 것이다. 근대 의학의 지배적 모델인 '생生의학 모델'에 입각해서 더러움과 깨끗함의 문제를 볼 때, 많은 점이 간과되기 때문이다.

우선 더글러스가 던지는 질문은 "흙 자체가 더러운 것인가?"이다. 흙이 밭이나 정원에 있을 때 우리는 더럽다고 하지 않는다. 흙이 더러운 것이 되는 것은 있지 말아야 할 곳에 있을 때다. 집안 식탁 위에 있거나 손에 묻었을 때 더러운 것이 된다. 많은 사람들이 가장 더러운 것을 똥이라고 꼽지만, 유목민에게 가축의 똥은 생활필수품이다. 똥으로 밥을 짓고, 집의 벽을 칠하는 이들이 과연 그것을 더럽다고 여기겠는가? 수세식 화장실에 걸터앉아 배출하자마자 제거하는 현대식 생활자에게나 똥이 혐오스러운 것으로 여겨질 뿐이다. 더글러스에 따르면 더러움은 "제자리에서 벗어난 것"이다. 더러움 자체는 없다. 하나의 상징적 범주 체계가 설정되면서 등장하는 상대적인 것이다. 더러움이 있으려면 미리 정해놓은 자리, 분류 체계가 있어야 한다. 전제되어야 할 것은 있어야 할 곳, 있어서는 안 될 곳을 지정해주는 어떤 체계적 구조다.

더글러스의 틀에 따르면 아널드 방주네프의 통과의례 3단계에서 1단계 이전과 3단계 이후는 제자리에 있는 상황이기 때문에 깨끗한 반면, 분리되었으며 아직 재통합되지 않은 상황은 더러운 와중에 있다. "분명치 않은 것은 깨끗하지 않은 것(unclear=unclean)"이다. 이 '경계성'의 영역은 '오염된 단계'로, 모든 것이 뒤죽박죽된 상태이며, 비정상적 괴물이 승리하는 때다. 극단적이고 왜곡된 행동이 뚜렷해지며, 스테이시스stasis에서 벗어나는 엑스터시ecstasy와 패러독스가 판치는 때다. 전혀 양립될 수 없는 것이 합치되어 괴상한 통일을 이루는 때다.

종전의 구조는 사육제 기간처럼 뒤집어지고, 일상적 행동이 정반대로 행해진다. 남성과 여성의 의상이 뒤바뀌며, 근엄한 사람이 오르지orgy에 빠진다. 《왕자와 거지》이야기처럼 천대받고 능멸 당하던 계층이 권세 있고 돈 많은 계층을 윽박지른다. 왕은 의례적인 구타를 당하며, 반란의 의례가 행해진다. 어린이는 괴물로 변장하여 어른을 위협한다. 뒤집히는 것에 그치지 않고, 종전 틀의 모든 구분이 와해되는 지경까지 이른다. 이전의 모든 격자가 사라지고, 무정형의 흐름이 존재할 뿐이다.

이 단계는 구조화되지 않았으며, 구조적인 불가시不可視 상태에 있다. 이 상태에서는 지위나 재산, 성, 등급, 의상 등 구조적 표식이 결여되었다. 이런 흐름에 잠기면, 저절로 존재론적 변화가 나타난다. 일상의 변형이 출몰하며, 몸으로 발산된다. 몸에 나타나는 장식, 문신, 의상, 절단, 상처가 그것이다. 의례 참가자는 여태까지 당연하게 여겨온 여러 관점을 새롭게 생각하도록 격려된다. 존재의 강력한 변형이 나타나면서 관습의 틀을 깨고 다른 사고가 가능해진다.[3]

빅터 터너는 '구조structure' '반구조anti-structure' '커뮤니타스communitas' 같은 개념으로 이런 점을 설명한다. '구조'가 분리 이전과 재통합 이후의 상태를 가리키는 반면, '반구조'와 '커뮤니타스'는 이미 분리되었으며 아직 재통합되지 않은 상태를 지칭한다. 하지만 '반구조'가 종전 틀이 전복된 측면을 나타내는 데 반해, '커뮤니타스'는 종전 틀 자체가 와해된 것을 강조한다. '반구조'에서 종

---

3 물론 이는 제한된 자유다. 다시 새로운 관습에 복종해야 하기 때문이다.

전의 분류 체계가 물구나무서기 할 뿐, 상당 부분 그대로 유지되는 것이다. '이미-아직'의 기간 동안 말해진 것, 행해진 것, 나타난 것은 두드러진 불균형, 괴물같이 기괴한 모습, 모호성의 특징이 있다.

아널드 방주네프와 메리 더글러스, 빅터 터너를 거치면서 풍성해진 관점은 성스러움에 대한 논의로 이어진다. 그런데 성스러움 자체가 역설적이고, 모호성을 띠고 있음이 드러난다. 한편으로 성스러움이 지극한 깨끗함으로 나타나는 반면, 다른 한편에서는 오염된 것이나 극도의 더러움으로 드러나기 때문이다. 그에 따라 성스러움의 반대편에 있는 속됨도 더러운 영역에서 깨끗한 곳으로 왔다 갔다 한다. 성스러움의 이런 역설적 성격만큼, 성스러움에 대한 설왕설래도 쌓이게 마련이다.

빅터 터너는 '경계성'이 현대사회에서 보이는 성격을 분명히 드러내기 위해 '리미노이드liminoid'라는 개념도 제시한다. '리미널'과 '리미노이드'를 구분하면서 현대사회의 스포츠와 예술적 퍼포먼스가 지닌 '경계성'의 특징을 부각하고자 한 것이다. '리미널'이 전통적인 종교 의례에 잘 부합되는 것이라면, '리미노이드'는 록 콘서트에 가서 엑스터시 상태에 빠지는 경우처럼 유동적이고 자유롭게 선택할 수 있다. 빅터 터너는 '리미노이드'를 통해 종교적이라고 여겨지지 않은 수많은 사회적·예술적 퍼포먼스를 새로운 시각으로 볼 수 있게 한 것이다. 이런 점은 이 책 5장에 나타나듯이 순례의 개념을 사회과정으로 확장하여 보는 데서도 확인할 수 있다.

빅터 터너는 1960년대 이후 인류학의 구조기능주의를 비판하며 등장하여 학계에 영향력을 행사한 상징인류학의 대표적인 학자다. 레비스트로스의 구조주의와 더불어 당대의 학계를 풍미했다. 터너가 학문적 전성기에 심장마비로 갑자기 세상을 떠나자, 그의 아내 에디스 터너Edith Turner가 남편의 작업을 이어받으며 더욱 발전시켰다. 그 과정에서 빅터 터너의 업적이 그 혼자 이룬 것이 아니라, 에디스의 기여가 컸음이 밝혀졌다. 인류학이 현지 조사에 대해 지닌 가부장적 편견도 드러났다. 에디스 터너가 2012년에 간행한《Communitas : The Anthropology of Collective Joy커뮤니타스 : 집단적 즐거움의 인류학》, 경계성과 리미노이드 개념을 통한 여러 학자들의 활발한 연구는 빅터 터너의 지속적인 영향력을 보여준다. 아널드 방주네프와 메리 더글러스, 빅터 터너의 관점을 따라가며 우리 삶에서 해당하는 사례를 찾던 학생들의 반짝이는 눈동자도 그것을 보여준다.

2016년과 2017년에 에드먼드 리치와 로이 라파포트Roy Rappaport의 인류학 고전을 옮겨 출간한 강대훈을 통해 이 책이 소개되면, 빅터 터너에 대한 이해와 관심이 더 넓어질 것이 분명하다. 많은 독자에게 반가운 일이다. 고된 일을 즐겁게 했을 옮긴이에게 경의를 표한다.

장석만
한국종교문화연구소 소장

'상징, 신화, 의례 총서'에 부쳐

최근 많은 인류학자의 연구와 이론적 관심이 다시금 사회와 문화 과정 속 종교적 · 신화적 · 심미적 · 정치적 · 경제적 상징의 역할로 향한다. 이 새로운 관심이 심리학이나 생태학, 철학, 언어학 같은 다른 학문의 발전에 따른 반작용인지, 한동안 시들던 상징 연구로 회귀하는 움직임인지 말하기 어렵다. 최근 현지 조사에서 인류학자들은 사회적 행위 속의 신화와 의례를 대거 수집했고, 현지 조사 방법론이 발전함에 따라 민족지적 자료도 예전보다 훨씬 세련되고 풍부해졌다. 이 새로운 자료는 학자들이 더 설득력 있는 이론적 틀을 생산하는 데 큰 도움이 되었을 것이다. 그 까닭이 무엇이든 상징적 형식에서 문화, 인지 체계, 인식론이 연관되었음이 밝혀지면서, 그런 연관성에 대해 새로운 학문적 호기심이 일어난 것은 사실이다.

요즘 상징 인류학과 비교 상징학 분야에서 탁월한 민족지나 논문이 여럿 출간되었다. 그러나 주제별로 기획된 총서를 통해 공통 주제를 논의하고 조망하는 자리는 없었다. 이 책이 속한 '상징, 신화, 의례 총서'는 바로 그 역할을 겨냥한다. 이 총서에는 현지 조사에 근거한 인류학자의 민족지, 이론서, 비교 연구서뿐만 아니라 과학자와 인문학자의 저서도 포함된다. 이런 공동의 장에서 연구가 진행되면 학문적 경쟁이 촉진되고, 경쟁은 새로운 창조적 이론으로 이어질 수 있다. 따라서 우리는 이 총서가 방이 여러 개 있는 대저택처럼, 비교 상징학에 관한 진지하고 창조적인 문제의식을 갖춘 어떤 분야의 연구자에게도 열린 자리가 되기를 바란다. 어떤 학문이든 중요한 지적 조류에서 고립된 채 자신들의 현학취 속에 학문적 불임 상태에 빠지는 일이 비일비재하다. 이런 상황에서 우리의 목표는 인류학자가 쓴 의례와 신화에 관한 연구서를 대중에게 선보이는 것이다. 독자는 이 총서에서 상징체계에 관한 형식적 분석, 예언적 발화, 성인식 등 엄정하고 다양한 인류학적 작업의 결과물을 접할 수 있을 것이다.

시카고대학교The University of Chicago에서

빅터 터너

서문

'드라마drama' '통과passages' '행위action' '과정processes'은 이 책에 실린 여러 글의 키워드다. 여기에 '은유' '패러다임'을 추가할 수 있다. 이 책은 행위자의 머릿속에 있는 은유와 공식적 교육이나 사회적 경험을 통한 암묵적 일반화를 통해 습득된 패러다임이 다양한 사회적 행위에 형식을 부여하는 방식을 탐구·기술한다. 몇몇 극적인 상황에서 어떻게 유례없는 형식이 출현하여 역사적으로 새로운 은유와 패러다임의 모체母體가 되는지 추적하기도 한다. 다시 말해 나는 학계 동료 중 몇몇, 특히 신진 인류학자들이 주장하듯이 사회동학social dynamics을 '프로그램program'이 생성하는 '작업performance'의 집합으로 보지 않는다. 인간의 살아 있는 행위는 어떤 장대한 계획의 논리적 결과일 수 없다. 이는 도스토옙스키Fyodor Mikhailovich Dostoevsky나 베르댜예프Nikolai Aleksandrovich Berdyaev,[1] 셰스토프Lev Isakovich Shestov,[2] 기타 '변방의' 러시아인이 보여주었듯이 명백한 합리성과 선善을 배반하는 인간종 특유의 고질적인 '자유의지' 때문이 아니라, 사회 행위 자체에 내재한 과정적 구조processual structure 때

---

1 러시아의 신학자, 철학자(1874~1948).
2 러시아의 철학자, 평론가(1866~1938).

문이다. 방주네프Arnold Van Gennep가 통과의례에 관한 비교 연구에서 인류 문화에는 시공간적인 세 단계 운동이 존재한다고 말했을 때, 그는 놀라운 발견을 한 셈이다. 그의 관심사는 의례에 국한되었지만, 그의 패러다임은 의례 이외 수많은 과정에도 적용할 수 있다. 방주네프는 모든 의례화된 과정에는 적어도 어느 순간 문화적 각본에 따라 움직이던 행위자들이 사회규범의 요구에서 풀려나, 잇따른 법적·정치적 체계 틈새의, 이도 저도 아닌betwixt and between 상태에 있는 순간이 존재한다고 말했다. 질서 잡힌 세계의 틈새에 존재하는 이 영역에서는 무슨 일이든 일어날 수 있다.

이 '리미널리티liminality'의 과도기에는 개인이 자신의 모든 사회적 지위에서 벗어날 수 있고, 잠재적으로 무한한 대안적 사회질서가 새롭게 만들어질 수 있다. 질서 체계를 갖춘 모든 사회는 이런 위험을 인지한다. 그 증거로는 규범적 구조가 효력을 상실하는 '부족'사회의 긴 성인식이 대개 수많은 터부로 둘러싸여 규제된다는 점, 산업사회에서 구체제ancien regime의 공리나 규범을 전복할 수 있는 문학이나 영화 혹은 그 본령에 충실한 저널리즘 등의 '리미노이드liminoid' 장르 종사자가 여러 법적 규제의 대상이 된다는 점을 들수 있다. 이는 일반 원리나 구체적 사례 차원에서 모두 진실이다.

리미널리티가 없다면 프로그램이 작업을 결정할지도 모른다. 그러나 리미널리티가 존재할 때는 주류 프로그램이 전복되어 다양한 대안적 프로그램이 생성될 수 있다. 권력의 비호를 받는 일원적 프로그램과 여러 전복적인 대안적 프로그램이 조우한 결과물이 사회 문화적인 '장field'이다. 장에서는 프로그램을 형성하는 다양한 정신gestalten과 상이한 프로그램 부분의 다양한 관계가 존재한다. 미술비평가인 내 친구 해럴드 로젠버그Harold Rosenberg가 주장하듯이, 어떤 시기나 사회의 문화라도 일관성 있는 전체(시스템)라기보다 옛 이념 체계의 부스러기나 '잔해'에 가깝다. 일관성 있는 전체로서 문화도 존재할 수는 있겠지만 이는 개인의 머릿속에, 때로는 강박적이고 편집증적인 이의 머릿속에나 존재할 확률이 높다. 인간 사회는 '좋은 삶은 무엇인가'라는 물음에 답하기 위한 다양한 은유와 패러다임의 경쟁으로 미래를 향한 열린 자세를 유지하려는 경향이 있다. 사회질서가 미리 운명 지워진 경우는 거의 없다(물론 무력武力 시위를 통해 일시적으로 특정한 정치 이념을 강조할 수는 있다). 차라리 그 질서는 성취된다고 말해야 한다. 나름의 설득력 있는 패러다임에 근거한, 상충하거나 합치하는 인간 의지와 지성의 결과물로서 말이다.

　사회과정의 긴 주기를 조사해보면 위 주장을 뒷받침하는 제한적 · 잠정적 사례를 무수히 찾아낼 수 있다. 어떤 이들은 사회과정의 프로그램적 측면을 강조하는 듯하고, 어떤 이들은 정확한 구조적 해석을 피하려 한다. 그러나 과정적 관점으로 볼 때 인간 사회의 골치 아픈 속성 하나는, 인간에게 어린 시절에 체화해야 하는 종전의 행동과 사고 모델, 패턴, 패러다임에서 이탈하는 능력이 있다는 점이다. 드문 경우 그들은 새로운 패턴을 만들거나 패턴의 혁신에 동의한다. 진화생물학적 증거를 살펴보면 이런 인간의 능력에 딱히 신비로운 점은 없다. 진화하는 종은 적응적이고 불안정하다. 그들은 환경이 급격히 변할 때 멸종을 야기할 수 있는 유전적 프로그래밍의 형식적 구속에서 이탈할 수 있다. 그렇다면 인간의 상징적·문화적 행위의 진화에서도 생물학적 진화에 내재한 개방적 확장성open-endedness에 상응하는 무엇을 찾아봐야 한다. 나는 그 개방적 확장성이 종전의 모든 규준과 모델을 의문에 부치고, 사회 문화적 경험을 기술·해석하는 새롭고 신선한 방식을 창출하는 전이적liminal이고 '리미노이드'(후기 산업혁명)적인 상징 행위의 형식 혹은 여가 장르에 존재한다고 생각한다. 그 형식 중 하나는 철학과 과학에서, 다른 하나는 예술과 종교에서 표현된다.

이 책은 베켓Thomas Becket 주교와 이달고Miguel Hidalgo y Costilla 신부의 다소 상반되는 사례에서 보듯 이타적인 이유에 근거한 순교처럼 몇몇 '근원적 패러다임root paradigm'의 비상한 힘과 활력을 고찰한다. 그리고 헨리 2세Henry II와 베켓 주교 사이, 이달고와 멕시코를 지배한 스페인 편으로 돌아선 그의 옛 동료들 사이에서 전개되는 상충하는 집단과 인물이 자신의 패러다임을 주장하면서 상대의 패러다임을 약화하려고 애쓰는 사회적 드라마를 다룬다. 나는 순례와 같이 종교적 패러다임에 끊임없이 새로운 활력이 주입되는 과정도 살펴보고자 했다. 개인은 순례 과정에서 전혀 망설임 없이 특정한 믿음과 가치에 헌신한다. 그들은 국경을 넘나드는 긴 여정 속의 예측 불가능한 재난과 시련을 기꺼이 수락할 뿐아니라 그것을 영광스러워한다. 종교적 패러다임은 주기적인 대항-패러다임counterparadigm의 출현에 따라서도 유지되는데, 특정 조건에서는 후자의 패러다임이 최초의 주류 패러다임에 다시 흡수된다. 이 책에 실린 '종교 문화에서 반反구조의 은유'는 인도 문화의 맥락에서 이런 과정을 고찰한다. 나는 그 논의가 더 폭넓게 활용될 수 있으며, 유럽이나 중국의 종교적 발전 주기를 설명하는 데도 도움이 된다고 믿는다. 어제 전이적인 것이 오늘은 안정화되며, 오늘 주변적인 것이 내일 주류가 된다. 여기서 인류의 역사 과정은 주기적 반복성을 띤다는 관점을 옹호하는 게 아니다. 차라리 그 관점 자체가 여러 가능한 과정주의적 관점 중 하나라고 제안하고 싶다. 이와 정반대 관점은 역사를 독특하고 반복될 수 없는 국면의 연속으로 간주하며, 역사를 전진시키는 추동력은 과거에서 나오지 않는다고 본다. 두 극단 사이에는 다양한 비율로 두 관점을 통합한 견해가 존재할 것이다. 나는 의례, 신화, 비극, 희극(최소한 그 '시초'에서는) 등 상징 행위를 기반으로 한 '진지한serious' 놀이 장르와 사회과정은 주기적 반복성을 띤다는 관점이 깊이 연관된다고 본다. 산업혁명 이후 번성한 현대미술이나 과학 장르는 대중에게는 놀이와 다소 거리가 먼 것처럼 여겨져도, 엘리트의 순수 연구나 오락, 흥밋거리로 여겨지면서 인간이 다른 인간과 관계 맺는 방식과 그 관계의 성격을 바꿀 수 있는 상당한 잠재력을 행사해왔다. 이 장르의 영향력은 훨씬 은밀한 것이었다. 그것들은 직접적·산업적 생산 영역 바깥에 있고, 부족사회나 초기 농업사회의 전이적 과정과 현상의 현대적 상응

물인 '리미노이드'를 구성하기 때문에[3] 이 장르 자체의 이방인성 outsiderness이 사회 구성원의 정신과 행위에 직접적·기능적으로 작용하지는 않는다. 이 장르의 주체나 청중이 되는 것은 선택 가능하기 때문이다. 의무의 부재와 외적 규범에서 해방은 이 장르에 즐거움이라는 특성을 부여해, 개인의 의식에 더 쉽게 흡수될 수 있다. 즐거움이 사회의 혁신적 변화에 중요한 동인이 된 것이다. 이 책에서는 이 문제를 더 다루지 않지만, 변화를 겪는 대규모 사회에 대한 나의 논의(순례 과정의 배경인 20세기 영국, 19세기 멕시코, 중세 인도, 중세와 현대의 유럽과 아시아)는 이 논지와 맥락을 같이한다.

이 책에서 '장field'이란 패러다임이 생겨나고, 확립되고, 격돌하는 추상적인 문화적 영역을 말한다. 이 패러다임은 특정한 사회 행위의 시퀀스는 허용하지만, 다른 시퀀스는 배제하는 '규칙'의 집합으로 구성된다. 패러다임 갈등은 이 배제의 규칙을 둘러싸고 촉발된다. 다음으로 '투기장arena'이란 동원되는 정치권력에 따라 패러다임이 은유와 상징으로 변용되고, 영향력 있는 패러다임 보유자의 힘의 경쟁이 벌어지는 구체적 환경을 말한다. '사회적 드라마Social drama'는 그런 패러다임 경쟁의 국면별 과정을 의미한다. 이런 추상적 개념이 이 책의 토대가 된다. 나는 이 책에서 폭넓은 지

---

3 터너는 부족사회 의례의 '리미널리티'가 현대사회에서는 '리미노이드'로 변용되어 이어졌다고 본다. 터너에 따르면 의례성이 약화되고 놀이성과 여가성이 강화된 리미노이드는 리미널리티보다 사회적 전복력(잠재력)이 훨씬 강하다.

리적·역사적 자료를 활용했다. 공간적으로 인도와 아프리카, 유럽, 중국, 중앙아메리카를, 시간적으로 고대부터 중세를 거쳐 현대의 여러 혁명적 순간을 다뤘다. 몇몇 논의는 내 학문적 역량을 벗어났다. 인간은 그 본질이 동일하지만 표현형이 여럿이며, 단순히 다방면에 적응 가능한 존재가 아니라 기본적으로 창조적인 생물이라는 나의 신조를 변명으로 삼고 싶다. 인간에 대한 모든 진지한 연구는 플로리안 즈나니에츠키Florian Znaniecki[4]가 '인류 공통의 계수humanistic coefficient'라고 한 요소를 고려해야 한다. 다시 말해 사회 문화 체계의 의미와 존재 자체는 의식을 갖춘 인간 주체의 참여와 그들의 관계에 근거함을 잊지 말아야 한다. 인류학자들이 문자를 갖춘 발전된 문화를 장기적으로 연구해야 하는 이유도 '의식성consciousness' 때문이다. 그런 문화에서 가장 명료하고, 의식 있으며, 가치 있는 목소리를 소유한 사람은 '리미노이드'적인 시인, 철학자, 극작가, 소설가, 화가 등이다.

이 책은 학제 간 경계를 넘나들기 때문에 프로그램적programmatic일 수밖에 없다. 이 책의 주된 결점은 그런 거침없는 지적 노마디즘에서 기인할 것이다. 나는 학계 동료들에게 인류의 위대한 지성과 예술가들이 오랫동안 거주해온 그 영토[5]에서 더 편안히 머무를 수 있도록 인문주의적 감각을 회복해달라고 간곡히 부탁하고 싶

---

4 폴란드 태생의 미국 사회학자(1882~1958).

5 학제 간 경계를 넘어선 탐구의 장.

다. 그래야 인간에 관한 통합적 과학인 진정한 인류학이 출현할 수 있다. 나는 행동과학적 방법론의 폐기를 주장하지 않는다. 그것을 혁신적이고 전이적인 인간이라는 종, 호메로스Homeros와 단테 Alighieri Dante, 셰익스피어William Shakespeare, 갈릴레이Galileo Galilei, 뉴턴Isaac Newton, 아인슈타인Albert Einstein 같은 개인을 낳은 인간종의 행동을 연구하는 데 적용해야 한다고 믿는 사람일 뿐이다.

차례

표·지도

1

사회적 드라마와
의례적 은유

사회적 드라마와
의례적 은유[*]

* 이 글의 내용은 1971년 10월 캘리포니아대학교 샌디에이고캠퍼스(University of California, San Diego) 인류학과에서 처음 발표했다.

이 장에서는 내가 인류학적 현지 조사 과정에 발전시킨 몇몇 개념에 영향을 준 것이 무엇인지 추적하고, 그 개념이 의례적 상징 분석에 어떻게 활용될 수 있는지 고찰하려 한다. 인류학자들이 대부분 그렇듯이, 나 역시 사회생활의 경험적 영역에서 개념과 이론으로 이행하는 방식을 따랐다. 우리도 이론을 지닌 채 현장으로 떠나지만, 이론은 사회적 현실을 밝혀줄 수 있을 때 쓸모가 있다. 게다가 인류학자들은 한 사회나 문화의 비밀을 밝혀주는 것이 완결된 이론 체계가 아니라, 자신의 두서없는 생각이나 전체 맥락에서 힌트를 얻어 잡다한 민족지적 자료에 적용한 순간적인 통찰임을 누구보다 잘 안다. 그 생각은 그 자체로 가치 있으며, 새로운 가설의 모체母體가 되기도 한다. 가끔은 잡다한 사실을 어떻게 체계적으로 연결할 수 있을지 실마리를 제공하기도 한다. 아직 발견되지 않은 논리 체계 위에 흩뿌려진 그 생각은 굽지 않은 도우 곳곳에 박힌 건포도에 비유할 수 있다. 현지 조사가 끝나고 인류학자에게 남는 것은 잡다한 자료를 연결하는 논리가 아니라 단편적인 직관인 경우가 더 많다. 이 장에서 나는 현지 조사 자료를 이해하는 데 도움을 준 몇 가지 번득이는 생각의 기원을 추적해보려 한다.

먼저 소개할 개념은 '사회적 드라마' '사회를 바라보는 과정주의적 관점' '사회적 반구조social anti-structure' '다성성multivocality(화음처럼 많은 의미를 동시에 공명시킬 수 있는 능력)' '의례적 상징의 극화polarization'다. 이는 내가 그 개념을 발전시킨 순서대로 언급한 것이다. 흔히 인간의 사회적 삶은 시간의 산물이자 시간의 생산자로서 시간이 그 척도라고 일컬어진다. 이 고대적 관념은 카를 마르크스Karl Heinrich Marx, 에밀 뒤르켐Émile Durkheim, 앙리 베르그송Henri Louis Bergson의 저작에서도 발견된다. 나는 저명한 폴란드 사회학자인 즈나니에츠키를 따라 현지 조사 이전부터 사회관계의 역동적 성격을 강조했고, 콩트Auguste Comte가 구분한 '사회정학social statics'과 '사회동학social dynamics'—이 구분은 나중에 래드클리프브라운Alfred Reginald Radcliffe-Brown과 다른 실증주의자들이 더욱 정교화했다—이 본질적으로 틀렸다고 생각했다. 사회적 세계란 생성 중인 세계world in becoming지, (고정된) 실체로서 세계world in being가 아니다(여기서 'being'은 사람들의 머릿속에 있는 정적이고 무시간적인 인지적 모델이 아니다). 따라서 사회구조를 그런 방식으로 연구하는 것은 부적절하다. '정적 행위static action'와 같은 것은 존재하지 않기 때문에 그 구분의 전제 자체가 오류인 셈이다. 내가 '커뮤니티' '사회' 같은 용어 사용을 망설이는 이유도 그것이 종종 정적인 개념으로 취급되기 때문이다. 이런 관점은 현실 속 인간이 보여주는 사회적 행위의 부침浮沈과 변화무쌍함을 충분히 설명하지 못한다. 여기서는 데카르트René Descartes보다 베르그송의 철학적 논의를 참조하려 한다.

나도 로버트 니스벳Robert A. Nisbet[1]이 《Social Change and History 사회 변화와 역사》(1970, pp. 3~4)에서 경고한 대로, 유기체 은유를 기반으로 한 '생성becoming'이나 그와 비슷한 '성장' '발전' 같은 개념을 주의 깊게 사용해야 한다는 것을 안다. 니스벳은 고대 그리스의 '피시스physis'[2] 개념에서 유래한 사회학적·사회철학적 은유(한편으로 '발생genesis' '성장' '펼쳐짐' '발전', 다른 한편으로 '죽음' '데카당스' '부패' '병리학' '질병' 등)에 주목했다. 피시스는 말 그대로 '성장'을 의미하는데, 그 어원은 인도·유럽어 어간 BHU에서 파생된 φύ-ειτ(생산하다)이다. 피시스는 '그리스 과학의 핵심 개념'으로서 φυσική는 생리학, 골상학 등 '자연과학'을 의미한다. 이 은유적 어휘군 중 일부는 로마Rome와 라틴계 유럽어의 '자연' 개념(그리스어 '피시스'의 역어지만 어떤 의미에서 오역이다)에서 유래했다. '자연nature'의 어원은 '태어난'을 뜻하는 '나투스natus'인데, 이 단어에는 인도·유럽어 어간 GAN에 함축된 의미('타고난' '물려받은' '내재한' 등)도 있다. '자연'과 관련된 어휘군은 '발생gen'과 관련된 어휘군(generate〔발생하다〕, genital〔생식기〕, general〔일반적인〕, gender〔성별〕, genus〔속屬〕, generic〔속屬 고유의〕, 게르만어 kind〔종류〕, kin〔친족〕, kindred〔친속〕 등)과 어원이 동일하다. 이 어휘들은 "의심할 여지없이 유기적 세계, 즉 식물과 유기체의 생애 주기에서 차용된"(pp. 3~4) 것으로 그 의미는 문자적이면서 경험적이다. 그러나 "사회적·문화적 현상에 적용될

---

1 미국의 저명한 사회학자(1913~1996). 현대사회의 공동체, 개인주의, 국가권력 등에 대해 연구했다.
2 그리스어로 '자연'을 의미하며, physica는 '자연학'을 말한다.

때, 이 말들은 문자 의미 그대로일 수 없다. 그때 이 말들은 은유적이 되며"(p. 4), 오해를 낳을 수 있다. 다시 말해 사회적 존재social existence의 몇몇 중요한 속성을 포착할 수 있고, 다른 요소에 대한 인식을 방해할 수 있는 것이다. 데카르트 이후 유명해진 사회와 문화 체계의 기계 은유 역시 그릇되기는 마찬가지다.

나는 은유의 사용에 반대하지 않는다. 다만 근원적 은유는 그 적절성과 잠재적 활용성을 고려하여 신중하게 선택해야 한다고 본다. 코넬대학교Cornell University의 철학자 막스 블랙Max Black과 다른 학자들도 "모든 과학은 은유에서 시작해 방정식으로 끝나야 할 것이다. 그러나 은유가 없다면 어떤 방정식도 태어나지 않을지 모른다"(Black, 1962, p. 242)고 지적했다. 니스벳은 다음과 같이 썼다.

간단히 말해 은유란 알려진 것에서 알려지지 않은 것으로 나아가는 방법이다. 〔공교롭게도 이것은 은뎀부족Ndembu의 의례적 상징에 대한 정의이기도 하다.〕 그것은 한 대상을 규정하는 특성을 즉각적이고 거의 무의식적인 순간적 통찰에 의해 거리나 복잡성 탓에 우리에게 알려지지 않은 다른 대상으로 옮겨놓는 인식의 방법이다. 필립 휠라이트Phillip Wheelwright가 말한 대로, 진정한 은유를 가려내는 시금석은 문법적 규칙이 아니라 그 은유를 통해 성취되는 의미론적 변환의 탁월성이다. (1970, p. 4)

사실 은유란 그 자체가 변용이며, 동시에 뭔가를 변환한다. "(그것은) 분리된 두 경험 영역을 순간적으로 하나의 계시적 · 도상

적·압축적 이미지 속에 융합하는 인간의 수단이다."(p. 4) 과학자
와 예술가는 모두 그런 이미지 속에서 원초적으로 사고하는 듯하
다. 은유는 폴라니Michael Polanyi가 '암묵지tacit knowledge'라 부른 지식
의 한 형태인지 모른다.

제임스 피콕James Peacock이 정확하게 지적했듯이(1969, p. 173), 사
회를 '거대 동물'이나 '거대 기계'에 빗대는 것은 스테판 페퍼Stephen
C. Pepper가 '근원적 은유root metaphor'라 부른 것에 해당한다(1942, pp.
38~39). 페퍼는 이 용어를 다음과 같이 설명한다.

> 원칙상 그 방법은 다음과 같다. 세계를 이해하려는 인간은 그 이해의
> 실마리를 찾으려 한다. 그는 몇 가지 상식의 영역에 머무르면서 다른
> 영역도 이런 상식을 통해 이해할 수 있는지 살펴본다. 이 첫 번째 영
> 역이 그에게는 기본적 유비basic analogy 혹은 근원적 은유가 된다. 그는
> 이 영역의 특성을 최선을 다해 서술한다. 다른 말로 하면 '그 영역의
> 구조를 식별'한다. 이 구조적 특성의 목록이 그의 설명과 표현을 위한
> 근본적 개념이 된다(예를 들어 'gen[발생]' 어휘군, 'kin[친족]' 어휘군,
> 'nature[자연]' 어휘군). 이것을 범주의 집합이라 부를 수 있을 것이다
> (범주란 세계의 모든 대상이 분류되어 들어가는 방대한 유class의 집합을 말한
> 다). 그는 이 범주에 근거해서 다른 모든 사실 영역을 탐구하는데, 이
> 는 비판에 직면할 수도 있고 직면하지 않을 수도 있다. 그는 이 범주
> 를 통해 다른 모든 사실을 해석한다. 이질적 사실이 그의 범주에 충격
> 을 가하면 그는 그 범주를 세련되게 만들거나 조정하며, 그렇게 범주
> 는 종종 변하고 발전한다. 기본적 유비나 근원적 은유는 보통 상식에

서 유래하기 때문에〔상식은 인간의 통상적 이해, 일반적 감정을 말한다. 그러나 인류학자에게 상식이란 특정한 문화에서 작동하는 것이다 — 터너〕, 다른 광범위한 가설에도 적합하다는 것을 증명하려면 그 범주를 엄청나게 발전시키고 세련되게 만들어야 한다. 몇몇 근원적 은유는 다른 은유보다 생산적이며, 더 많이 확장되거나 조정 가능하다. 그 은유는 다른 은유보다 오래 살아남으며, 상대적으로 더 적합한 세계-이론world theories을 생산한다. (1942, pp. 91~92)

블랙은 '근원적 은유'보다 '개념적 원형conceptual archetype'이란 용어를 선호하는데, 그는 후자를 "종전 개념의 즉각적·문자적 적용이 불가능한 영역을 설명하기 위해 주체가 유비적 확장analogical extension에 동원하는 개념의 체계적 목록"(1962, p. 241)으로 정의한다. 그는 우리가 어떤 개념적 원형을 철저히 이해하려면 관련된 키워드와 표현의 목록, 그것의 연관성, 그 개념이 유래한 장field에서 원래의 패러다임적 의미를 알아야 한다고 말한다. 그다음에 원래의 의미가 유비적으로 확장 사용된 방식도 분석할 필요가 있다.

나는 이 개념적 원형이 이론가의 연구에 어떤 영향을 미치는가에 관한 블랙의 설명이 대단히 흥미로웠다. 그 사례가 '사회적 장social field'의 성격을 규명하려는 나의 초기 연구에 지대한 영향을 미쳤기 때문이다. 블랙은 '장이론field theory'을 주창하여 다양한 가설과 경험적 연구에 영감을 준 심리학자 쿠르트 레빈Kurt Lewin의 논의를 참조한다.

(레빈이) 공식적으로 모든 모델model 활용을 거부한 것은 역설적이다. 그는 "우리는 정교한 모델 개발을 삼가고, 대신 심리학적 사실의 역동적 관계를 일반성 있는 수학적 방법론을 통해 드러내려 했다"고 말한다. 레빈이 구체적으로 상정한 모델은 없을지 모른다. 그러나 레빈의 독자라면 누구나 그가 물리학 관련 어휘를 자주 사용한다는 것을 알 수 있다. 예를 들어 독자는 '장field' '벡터' '위상-공간' '장력' '힘' '원자가' '경계' '유동성' 같은 단어를 반복적으로 접한다. 주의 깊은 비평가라면 이런 언어적 증후에서 강력한 원형을 다시 구축할 수 있다. (p. 241)

블랙이 바람직한 방법론적 원칙을 앞세워 이런 점을 비판하는 것은 아니다. 그는 특정한 원형이 풍부한 함축성이 있다면 (세부 항목 차원에서는 혼동이 있을 수 있지만) 유용한 추론의 도구가 될 수 있다고 생각한다. 원형이 충분히 생산적이면 논리학자와 수학자는 그 결과물에서 질서를 찾아낼 수 있다. "레빈의 표현을 빌리면 '빠르고, 효율적이며, 고도로 기계화된 유선형 차량을 트랙 위의 모든 중요 지점으로 데려다줄' 고속도로의 유능한 설계자는 언제든 존재할 것이다"(p. 242). 여기서도 특정한 은유는 넘쳐난다.

니스벳도 블랙이나 페퍼와 마찬가지로 "복잡한 철학 체계도 은유적 전제부터 전진할 수 있다"고 썼다. 니스벳에 따르면 프로이트주의에서 "은유를 제거하면 거의 어떤 실체도 남지 않을 것이다"(p. 5)—오이디푸스콤플렉스, 지형학적 모델과 경제적 모델, 방어기제, 에로스와 타나토스 등. 마르크스주의 역시 사회질서를 종전 질서의 '자궁'에서 '배아가 발생하듯' 형성되는 것으로 이해한다. 질서의 변천과 이행은 '탄생'에 견주며, 이때 '산파' 역할을 할 힘의 도움이 필요하다.

블랙과 니스벳은 모두 은유의 위력과 효능을 인정한다. 니스벳은 다음과 같이 썼다.

(우리가 보통 사고의 혁명이라고 일컫는 것은) 대개 역사의 결정적 국면에서 우주, 사회, 자아를 사유하는 인간의 기저-은유foundation-metaphor가 돌연변이적으로 다른 은유로 교체된 것에 불과하다. 우주를 구조적 차원에서 유기체에 견주면, 그에 따른 파생적 은유가 생겨난다. 이 파생적 은유가 복잡한 철학 체계의 새로운 명제가 된다. 그러나 17세기에 그랬듯이 우주를 기계에 비유하면, 자연과학뿐 아니라 윤리 철학이나 인간 심리학의 모든 영역이 새로운 영향 아래 놓인다. (p. 6)

주요한 개념적 원형이나 기저-은유에서 파생된 키워드나 표현을 조사하는 것은 흥미로운 과제다. 이때 특정 표현이 처음 탄생한 순간의 사회 문화적 배경, 사회관계의 변하는 장에서 그 표현이 어떻게 확장·변형되었는지 연구할 수 있다. 나는 이런 표현이 중요한 역사적 과도기나 극심한 사회 변화의 위기 직전에, 비범한 전이적liminal 사상가(시인, 작가, 종교적 예언자, '인정받지 못한 인류의 입법자')에게서 처음 유래했으리라고 생각한다. 그런 샤먼적 인물은 대중이 변화를 체감하기 전에 변화의 영spirits of change에 사로잡히기 때문이다. 그들의 첫 발명품은 다성적 상징과 은유일 텐데, 이것은 다양한 의미를 허용하지만 그 중심 의미는 각 시대의 근본적 문제와 유비적으로 연관된 것으로서 생물학적 · 기계적 혹은 기타 분야의 어휘로 구성된다. 그러다 사상의 기술자thought technician가 등장해 비옥한 지적 밀림을 쳐내면, 일원적 개념과 기호의 체계가 다성적 상징을 대체한다. 즉 그런 변화는 '은유와 함께' 예언적으로 시작되었다가 '방정식과 함께, 도구적으로 끝이' 난다. 여기서 위험은 근원적 은유나 원형이 강력할수록, 경험적 반박이 불가능한 자가-증명되는 신화가 될 확률이 높다는 것이다. 즉 매혹적인 형이상학이 된다. 그러면 근원적 은유는 토머스 쿤Thomas Kuhn이 '과학적 패러다임'이라 부른 것, 즉 경험적 연구를 자극하고 정당화하며 경험적 연구의 산물인 동시에 그것을 생산하는 그 무엇과 대립된다. 쿤에게 패러다임은 "일관된 과학적 연구 전통의 모체인 모델을 제공하는, 공인된 과학적 실험 사례(규칙, 이론, 응용, 도구를 모두 포함하는)"다(1962, p. 10). 그 예로는 코페르니쿠스Nicolaus Copernicus의 천문학, 아리스토텔레스Aristoteles나 뉴턴의 '역학', 파동광학 등이 있다. 은유 구조에 대한 나의 관점은 아이버 리처즈Ivor Armstrong Richards가 '상호작용 관점interaction view'이라 부른 것과 유사하다. 즉 은유에서는 "상이한 대상과 결부된 두 사고가 한 단어나 구절에서 함께 활성화되며, 그때의 의미는 두 사고의 상호작용에서 태어난다"(1936, p. 93). 이런 시각은 은유에 담긴 두 사고를 단순 비교하거나 하나가 다른 하나를 '대체'한다고 보지 않고, 은유에 내재한 역동성을 강조한다. 은유에서는 두 사고가 함께 활성화되며 그 상호-활성화에서 새로운 사고가 '태어난다'.

블랙은 이 상호작용적 관점을 다음과 같이 정리한다.

1. 은유적 진술에는 구별되는 두 대상subject, 즉 주요 대상principal subject과 보조 대상subsidiary subject이 있다. 예를 들어 블랙이 인용한 샹포르Nicolas Sébastien de Chamfort[3]의 시구 "가난한 자들은 유럽의 니그로다"에서 주요 대상은 '가난한 자들', 보조 대상은 '니그로'다.

2. 이 대상은 개별 원소로서 사물thing이라기보다 '사물의 체계'로 간주돼야 한다. 따라서 위의 은유 관계에서 '가난한'과 '니그로'는 그 자체로 다성적 상징이자 총체적인 의미론적 체계로서, 다양한 사고와 이미지, 정서, 가치, 선입관을 그 관계 속으로 끌어들인다. 한 체계의 구성 요소가 다른 체계의 구성 요소와 역동적인 관계 속에 진입하는 것이다.

3. 은유란 주요 대상에 보조 대상의 고유한 특징인 '연상적 함축associated implication'의 체계를 적용함으로써 작동한다. 위 은유에서 유럽의 '가난한 자들'은 억압된 계층일 뿐 아니라, 백인 인종주의자가 미국 흑인의 속성이라고 본, 선조에게서 물려받은 지울 수 없는 '태생적' 빈곤을 공유하는 것으로 여겨진다. 은유 전체가 아이러니로 차서 유럽의 가난한 자들과 미국 흑인의 역할을 다시 고찰할 것을 요구한다.

---

3 프랑스의 작가(1741~1794). 잠언집으로 유명하다.

4. 이런 '함축'은 보통 보조 대상에 대한 상식으로 구성되지만, 이따금 저자가 만든 일탈적 의미로도 구성된다. 누군가 은유를 구사하려면 전문적이고 특별한 지식이 아니라 상식 수준의 지식만 있으면 된다. '과학적 모델'은 조금 다른 은유다. 블랙은 "이 경우 은유의 창작자가 방정식을 멋들어지게 표현하는 것에 그치지 않으려면, 정교한 이론을 충분히 장악해야 한다. 모델의 난해한 복잡성, 창작자의 유비적 역량이 모두 필요한 것이다"(1962, p. 239)라고 썼다.

5. 은유는 대개 보조 대상에 적용되는 설명을 넌지시 드러냄으로써 주요 대상의 특징을 선별·강조·은폐·체계화한다.

이 내용을 소개한 이유는 사회적 세계를 '생성 중인 세계a world in becoming'로 간주할 때의 위험을 지적하기 위해서다. 그 위험이란 '생성'이라는 개념을 사용하면서 무의식중에 유기적 성장과 부패라는 고대적 은유의 영향을 받을 수 있다는 것이다. 생성은 유전적 연속성, 목적론적 성장, 누적된 발전이나 진보 등을 의미할 수 있다. 그러나 많은 사회적 사건은 이런 '일방적' 성격이 없다. 여기서 은유는 식물이나 동물의 성장 과정에 맞춰 사회관계의 특성을 선별·강조·은폐·체계화하는데, 그렇게 함으로써 인간 사회 고유의 속성을 오도할 위험이 있다. 그런 오용에 내재한 위험을 충분히 인지하고 적절히 수정한다면 은유나 모델에 흠 잡을 점은 없다. 내가 《The Forest of Symbols상징의 숲》(1967)에서 설명했듯이 은유를 전이적인 돌연변이종으로, 다시 말해 친숙한 특성과 친숙하지 않

은 특성의 조합 혹은 친숙한 특성의 이질적인 조합으로 우리를 사
유하게 만들고 우리에게 새로운 관점을 제공하는 것으로 간주한다
면, 은유는 우리를 열광시키는 언어가 될 수 있다. 은유에 담긴 함
축, 제안, 내재적 가치는 우리가 새로운 주제를 새로운 방식으로
볼 수 있게 한다.

  '생성' 은유는 기능주의자와 문화진화론자의 외면상 논쟁에도 구
조-기능주의 강령이나 패러다임과 들어맞는다. 이 패러다임은 내
가 인류학에 입문했을 때, 쿤이라면 영국 사회인류학의 '정상 과
학normal science'이라 불렀을 원리 하나를 낳았다. 윌버트 무어Wilbert
Moore에 이어 니스벳이 주장했듯이, 뒤르켐에서 출발해 래드클리
프브라운, 탤컷 파슨스Talcott Parsons로 이어진 기능주의 학파는 생
물학적 은유를 기반으로 질서order와 변화에 관한 통합 이론을 제
시하려 했다. 기능주의는 사회질서 개념의 토대가 된 동일한 사회
적 조건에서 사회적 변화를 추동하는 메커니즘을 끌어내려 했다.
즉 그들의 논의에는 내재적 인과성, 내적 성장의 원리, 항상적 조
절 메커니즘이라는 생물학적 개념이 포진했다. 그에 따르면 겨자
씨처럼 단순한 것이 정해진 다양한 단계를 거쳐 복잡한 실체로 성
장해간다. 현대 진화론에서 생물학적 유기체와 군집 내의 변화를
추동하는 내적이고 내부-발생적인 긴장, 갈등, 불일치, 부조화 등
의 메커니즘을 논의하듯이, 특정한 사회 문화 체계에도 사회적 변
화를 불러오는 다양한 미세-메커니즘이 존재한다는 것이다. 내가
잠비아 은뎀부족에게서 발견한 사회과정(여기서 '과정'이란 단순히 사
회적 행위의 일반적 추이course를 말한다)에서 '마을의 생애 주기'나 '특

정 가구의 생애 주기' 혹은 마을, 가족, 종족의 '기원' '성장' '퇴락'
을 '생물학적으로' 사유하는 것이 매우 유용했다. 하지만 변화를
은뎀부 사회구조에 내재한 것으로 간주하는 관점은, 모든 마을 사
회 외부에서 기원하여 중앙아프리카 전역을 휩쓴 경제적 · 정치
적 · 사회적 · 종교적 · 법적인 '변화의 바람'이 뚜렷이 포착되는 상
황에서는 그리 유용하지 않다. 나와 비슷한 시기에 아프리카를 연
구한 기능주의자들은 사회 변화를 '주기적'이고 '반복적'인 것으로,
시간도 자유로운 시간이 아니라 구조적 시간structural time으로 여기
는 경향이 있었다. 나는 사회관계의 역동적 성격을 확신한 뒤로 구
조만큼이나 행동, 지속만큼이나 변화에 주목했으며, 지속을 변화
의 두드러진 양상이라고 간주하기에 이르렀다. 나는 사람들이 상
호작용 하는 모습을 관찰했고, 시간이 흐른 뒤 그 상호작용의 결과
에 주목했다. 그 무렵 사회적 시간social time의 과정에 내재한 형식
을 어렴풋이 알아챘는데, 그 형식은 본질적으로 드라마적인 것이
었다. 여기서 나의 은유와 모델은 인간의 심미적 형식, 즉 자연이
아니라 문화의 산물에 근거한다. 문화적 형식이 사회과학적 개념
의 모델이 되는 것이다. 여기서 다시 즈나니에츠키를 언급하지 않
을 수 없다(이 논의에 대한 유용한 비평이 담긴 로버트 비어스테트Robert
Bierstedt의 중요한 논문(1968, pp. 599~601)도 빼놓을 수 없다). 즈나니에
츠키는 다른 사회 사상가처럼 신칸트학파의 고전적 구별, 즉 자연
체계와 문화 체계는 그 구성 원리와 구조뿐 아니라 (더욱 중요하게
는) 각 체계의 일관성을 유지하는 원리도 상이하다는 입장을 그는
자연 체계란 객관적으로 주어진 것으로, 인간의 행위나 경험과 독

립적으로 존재한다고 주장했다. 반대로 문화 체계의 의미와 존속은 의식과 자유의지를 갖춘 행위자, 그들의 지속적이며 잠재적으로 변화 가능한 관계에 달렸다. 즈나니에츠키는 둘을 구별하면서 자기만의 학문적 인장을 발명했는데, 바로 '인류 공통의 계수'라는 개념이다. 이 개념이 당대 미국의 대다수 학자들과 그를 뚜렷이 구별한다. 그는 모든 저작에서 의식을 갖춘 행위자의 역할을 강조한다(그의 반대자들은 이런 입장을 '주관적'이라고 비판했다). 그러나 그는 단순한 주체가 아니라, 타자들의 행위의 대상이 되는 인격체만 사회학적 자료의 주체로 인정했다. 이 자료에는 사회학자 본인은 물론, 다른 이들의 직간접적인 경험과 관찰 내용도 포함된다. 이는 사회학적 연구에 개인적 서류를 활용한 그의 방법론과 일맥상통한다. 나는 그의 접근법이 대단히 매력적이라고 생각해왔다.

　나는 인간이 만들어내는 사회과정을 이해하려면 '인류 공통의 계수'를 꼭 나의 모델에 포함해야 한다고 느꼈다. 마을을 중심으로 전개되는 은뎀부족의 사회생활에서 가장 두드러진 특성은 갈등을 향한 경향성이다. 마을 공동체를 구성하는 스물 남짓한 친족 집단에는 늘 갈등이 만연했다. 갈등은 내가 '사회적 드라마'라고 부른 갑작스런 공개적 위기를 통해 표현되었다. 사회적 드라마는 쿠르트 레빈이 '조화가 깨진aharmonic'이라 표현한 사회과정의 국면에서 일어났다. 개인과 집단의 이해관계와 태도가 분명한 대립 국면으로 접어들 때, 사회적 드라마는 그 자체로 개별적이며 동시에 자세히 분석 가능한 사회과정 속의 개별 단위가 되는 듯했다. 모든 사회적 드라마가 명쾌한 해결에 도달하지는 않지만, 그 드라마의 진행 형식이라고 할 만한 것이 있다는 것은 알아챌 수 있었다. 당시는 '과정적 단위processual unit'를 여러 사회에서 발견되는 '사회적 드라마'를 종種으로 품은 속屬과 같은 개념으로 이해했지만, 이를 활용할 생각은 하지 못했다. 사회적 드라마를 보편적인 유형이라고 생각하지도 않았다. 그러나 ⟨An Anthropological Approach to the Icelandic Saga 아이슬란드 영웅 전설에 대한 인류학적 접근⟩(1971)에 실린 논문을 포함한 후속 연구를 통해 내가 은뎀부 사례에서 파악한 것과 사회적 드라마의 시간적·과정적 구조가 거의 동일하다는 것을 발견했다. 따라서 어떤 규모와 복잡도를 지닌 사회에서도 독립된 연구 주제로 다룰 수 있겠다는 확신을 얻었다. 이 연구 틀은 정치적 상황의 분석에 유용하며, 인간 관계성의 포괄적 양식인 '커뮤니타스'와 대조되는 '구조' 차원에 속한다. 그러나 사회적 드라마의 특정 국면에는 커뮤니타스가 존재하며, 후속 국면이 지속될 수 있는지 여부도 커뮤니타스가 결정한다. 이 점은 나중에 다시 논의할 것이다.

구조와 분위기라는 측면에서 모든 과정적 단위가 '드라마틱한' 것은 아니다. 많은 단위는 레이먼드 퍼스Raymond Firth가 '사회조직social organization'이라 부른 것, 즉 "사회에서 작동하는 타협(교섭)working arrangements of society… 특정한 사회적 목적을 위해 행위와 관계를 질서 지우는 과정이자, 사회 구성원이 선택한 조정"(《Essays on Social Organization and Values사회조직과 가치들에 대한 논고》, 1964, p. 45)에 포함된다. 이 '조화를 추구하는' 과정 단위 중에는 내가 '사회적 기획social enterprises'이라 부른, 주로 경제적 사업이 있다. 예를 들어 오늘날 아프리카의 부족 집단이 다리나 학교, 도로를 짓겠다고 결정할 때나, 퍼스가 연구한 티코피아 같은 전통 폴리네시아 사회에서 의례적 염색이나 다른 목적을 위해 생강과에 속하는 강황 다듬기를 결정하는 순간(Firth, 1967, pp. 416~464)을 살펴보자. 이때는 두 집단 모두 시간이 흐르고 그 결정이 집단 내 사회관계에 어떤 결과를 가져올까 염려한다. 이 경우 개인적 선택이나 유용성에 대한 고려가 중요하다.

필립 걸리버Philip Gulliver는 최근 저서(1971)에서 남부 탄자니아 은덴둘리족의 두 소규모 공동체 내 사회적 네트워크(네트워크는 또 다른 은유로, 인류학자들이 이를 어떻게 활용하는지 조사할 필요가 있다)를 미시적으로 분석한다. 이 연구도 드라마틱하지 않은 시기의 역동적 과정을 기술하려는 의식적 노력을 보여준다. 걸리버는 드라마틱한 사건만큼 사회관계에 큰 영향을 주고, 그 변화에 기여하는 소소한 사건 사고와 사례의 누적적 효과에 주목한다. 그에 따르면 이런 소소한 사건이 점진적으로 쌓여 더 극적인 사건이 터진다. 그는 "사람들의 상호작용의 연속체"(p. 354)에 주의를 기울여야 한다고 보는데, "갈등 상황에 지나치게 집중하여 (후자가 훨씬 덜 드라마틱해도) 그와 똑같이 중요한 협동 상황을 간과해서는 안 된다"(p. 354)는 것이다. 나는 걸리버의 견해에 동의하지만, 통상적이고 규범적인 상태의 '교란'이 오히려 그 상태에 대한 더 큰 통찰을 준다는 프로이트Sigmund Freud의 관점에 공감한다. 심층 구조는 표면상 반구조나 역구조counter-structure(이 용어는 7장에서 자세히 논의할 것이다)를 통해서 밝혀낼 수 있다. 여기서 '행위−집합action-set' '네트워크' '의사 결정' '역할 놀이' 등에 관한 걸리버의 흥미로운 관점을 소개하지는 않을 것이다. 그는 이 개념에 상당한 통찰을 보여주지만, 그 논의는 이 책의 주제에서 벗어난다. 걸리버는 베버Max Weber 처럼 인간이 합리적 동물이라는 관점에 반대한다.

경험상 우리는 인간이 종종 합리적이지 않다는 것을 안다. 인간은 특정 상황과 그 상황의 가능성을 오인할 수 있다. 분노나 우울 때문에 평소 같으면 저지르지 않았을 행동을 하거나 결정을 내리기도 한다. 인간은 아둔하고 고집 세고 근시안적일 수도 있고, 계산하고 경계하고 지적일 수도 있으며, 그 중간쯤 존재인지도 모른다. 그러나 사회과학자들은 종종 의사 결정에 중요한 이런 결정적 요인을 무시한다. (pp. 356~357)

사회적 드라마에서 수단과 목표의 선택이나 사회적 제휴가 불가능한 것은 아니다. 그러나 거기서 주로 강조되는 것은 이해관계와 충성, 의무라는 속성이며, 사건의 추이는 대체로 비극적 성격을 띤다. 사회적 드라마를 처음 탐구할 무렵 《Schism and Continuity in an African Society아프리카 사회의 분열과 연속성》(1957)에 썼듯이, "은뎀부 마을의 상황은 운명 앞에 선 인간 존재의 무력함을 그린 그리스 비극과 매우 닮았다. 그러나 은뎀부족에게 (아이슬란드의 영웅 전설에서도) '운명'은 사회과정의 필연적 부산물이다"(p. 94). 갈등은 평소에는 일상적 관습과 습관 아래 가려진 사회의 근본적 양상을 소름 끼칠 만큼 선명하게 부각하는 것 같다. 그때 사람들은 깊이 체화된 도덕적 명령과 제약에 따라 어느 한쪽에 서야 하는데, 그 선택은 종종 그들의 속마음과 상충된다. 의무가 개인의 선택을 압도한다.

사회적 드라마와 사회적 기획, 종류가 다른 과정 단위는 순서가 있는 사회적 사건으로 구성되는데, 잘 들여다보면 거기도 구조가 존재한다. ('개념적' '인지적' '통사적' 구조를 포함해) 무시간적 구조와 달리, 그 '시간적' 구조는 공간이 아니라 주로 시간 속 관계로 구성된다. 물론 인지 도식cognitive scheme은 정신 과정의 결과물로, 과정적 성격이 있다. 누군가 사회과정의 각 국면을 활동사진처럼 포착하여 그 '스틸' 사진을 그것과 연관된 공동체 내의 사회관계와 함께 고찰하면, 그 사진의 시간적 구조는 불완전하고, 열렸으며, 아직 완료되지 않았음을 발견할 것이다. 그것은 기껏해야 결말을 향해 가는 과정에 있다. 그러나 누군가 공상과학소설에서 그렇듯이 특정한 행위자의 정신 속으로 들어가면, 의심할 여지없이 '무시간적 구조'라고 불리는 것을 발견할 것이다. 밝게 빛나는 의식의 영역부터 무의식의 어두운 층에 이르는 거의 모든 심리적 층위에서 일련의 사고, 이미지, 개념을 발견할 것이다. 이것은 "사람들이 행하고, 행해야 하며, 행하고 싶은 것이라 스스로 믿는"(Audrey Richards, 1939, p. 160) 모델이다. 개인 차원에서는 이 모델이 구조적이라기보다 파편적이겠지만, 전체 집단을 살펴보면 한 개인이 다른 개인들이 가졌거나 발전시킨 모델과 체계적으로 상호작용 하는데 필요한 어떤 개념이나 규범을 결여했는지 알 수 있다. 집단의 상호 주관적인 집합표상에서는 '구조' '체계' '목적적인 행위 패턴'

'범주적 프레임'이 발견된다. 인간의 머리와 신경계에 있는 이 개인적 · 집단적 구조는 숱한 사회적 사건의 연쇄 속에서 배의 키와 같은 기능('사이버네틱스적인' 기능)을 수행한다. 그 사건에 상당 수준의 질서를 부과하여 과정적 단위를 국면으로 분할하는 것이다. 마빈 해리스Marvin Harris도 "구조란 체계 내의 질서order in a system"라고 말했다. 사회적 드라마의 국면 구조는 본능의 산물이 아니라 행위자의 머리에 담긴 모델과 은유의 산물이다. 즉 여기서는 '불[火]이 자신의 형식을 찾는 것'이 아니라, 형식이 불에게 난로와 연통, 환기창을 제공하는 셈이다.[4] 구조란 행위와 인간관계의 더 안정적인 측면이다. 구조에서는 철학자 존 듀이John Dewey가 사회과정의 '더 빠르고 불규칙한 사건'이라 부른 것이, 인지적 · 규범적 · 구조적 모델의 사이버네틱스적 효과를 통해 '더 느리고 규칙적이며 리드미컬한 사건'으로 변용된다. 몇몇 '규칙적 리듬을 갖춘 사건'은 측정되어 통계적 형태로 표현될 수 있다. 그러나 지금 우리의 관심사는 사회적 드라마의 통시적 형태와 그 윤곽이다. 나는 인간의 사회적 행위를 이해하는 데 이런 과정적 접근이 결정적이라는 것을 강조하고 싶다. 특히 종교적 · 법적 제도는 사회과정의 국면, 첫 순간부터 이어지는 전개 패턴으로 간주해야 한다. 그렇지 않으면 그것은 죽어버린 규율의 덩어리가 될 뿐이다. 우리는 사회를 지속적으로 '흐르는' 것으로 생각하는 법을 배워야 한다. 사회란 W. H. 오든Wystan Hugh Auden의 시구처럼 '결코 멈추거나 죽지 않는 위험한

---

4   터너가 블레이크(William Blake)의 시구를 뒤집어 표현한 것이다.

조류… 집어 드는 순간, 우리의 손을 태우는' 그 무엇이다. 정적인 것으로 간주되어온 사회의 형식적 구조는 그것에 에너지와 열을 제공하는 흐름(이것 역시 하나의 은유다)에서 가시화될 수 있다. 정체停滯란 사회적 역동의 결과다. 시간적 구조의 중심점은 행위나 노력의 대상, 즉 '목표'지 다이어그램에 있는 선의 교차점 같은 '결절점node'이 아니다. 시간적 구조는 완전히 멈춰 무시간적인 것으로 변하기까지 잠정적이다. 거기는 언제나 대안적 목표, 대안적 성취 수단이 존재한다. 그 중심점은 '목표'이기 때문에 그것의 분석에는 자유의지, 동기, 주의를 기울이는 기간, 열망의 정도 같은 심리적 요인이 중요하다. 반대로 무시간적 구조에서는 이런 요인이 그리 중요하지 않다. 이런 구조는 소진되었거나, 모든 것을 성취한 상태거나, 행위를 낳고 복속하는 공리 혹은 인지적·규범적으로 자명한 사고의 틀이 되었기 때문이다. 목표에는 필연적으로 사회적 목표가 포함되기 때문에, 시간적 구조 연구는 (집단 내 혹은 집단 간의 커뮤니케이션을 추동하는 압력까지 포함하여) 커뮤니케이션 과정에 대한 연구를 포괄한다. 그 연구는 사람들이 개인적·집단적 목표를 성취하기 위해 활용하는 언어적·비언어적인 상징, 기호, 신호, 표징에 대한 연구로 이어질 수밖에 없다.

정리하면 사회적 드라마는 갈등 상황에서 생겨나는 무조화적aharmonic 혹은 반조화적disharmonic 과정의 단위다. 그것은 전형적으로 관찰 가능한 네 단계 주요한 행위 국면으로 구성된다.

1. 위반breach. 이 국면에서는 특정한 사회관계 체계(그 체계는 마

을, 추장국, 사무실, 공장, 정당, 병원, 교회, 단과대학, 그 외 사회적 상호작용 체계나 장field이 될 수 있다) 내의 개인이나 집단 사이에서 정례적·규범적 사회관계의 파기가 일어난다. 이런 위반은 행위 당사자의 상호작용을 규제하는 핵심 규범을 누군가 공적이고 명시적으로 파기하거나, 의도적으로 이행하지 않을 때 가시화된다. 규범의 무시는 불복종의 명백한 상징이다. 사회적 드라마 내에서 위반은 범죄가 아니지만, 형식상으로 범죄를 닮았다. 프레더릭 베일리Frederick Bailey의 용어를 빌리면, 위반은 '충돌의 상징적 촉발자'다. 그런 상징적 위반에는 언제나 이타적인 무엇이 있는 반면, 범죄는 언제나 이기적 동기와 연관된다. 개인도 극적 위반을 저지를 수 있지만, 그는 언제나 다른 이들을 대신해서 행동하며 그렇게 행동한다고 믿는다. 이때 다른 이들은 그 사실을 인식하거나, 인식하지 못할 수 있다. 어찌 되었든 위반자는 자신이 혼자가 아니라 무엇을 대표한다고 믿는다.

2. 정례적·규범적 사회관계의 위반 뒤에는 점증하는 위기crisis가 따른다. 첫 파국이 제한된 사회적 상호작용 범위에서 빨리 수습되지 못하면 점점 확장되고 증폭되어, 최초의 갈등 세력을 포함하는 더 광범위한 사회관계 내의 중대한 균열과 결합하는 경향이 있다. 최근 유행하는 표현을 빌리면, 이 현상을 위기의 '고조escalation'라 부를 수 있을 것이다. 같은 지역의 두 민족 사이에 이런 드라마가 발생했을 때, 양자의 적대감이 단계적으로 고조되어 사회주의와 자본주의라는 지구적 갈등과

결합되는 것이 그 예다. 은뎀부족은 위기 단계에서 특정한 사회집단, 마을, 이웃, 추장국 사이에서 사적으로 은밀히 진행돼 온 파벌적 모의의 패턴이 드러난다. 그 패턴 아래 덜 가변적이고 더 견고함에도 점진적 변화를 겪는 은뎀부의 기본적인 사회구조가 모습을 드러낸다. 그 구조는 쉽게 변하지 않는 견고한 사회관계로 구성되는데, 그 관계는 사회적 경험과 훈련, 교육을 통해 습득된 사회규범 패턴의 지배를 받는다. 이 주기적인 구조적 변화 아래서는 때로 사회관계를 결정하는 또 다른 변화가 사회적 드라마로 유입되기도 한다. 예를 들어 은뎀부 사회가 잠비아뿐 아니라 현대 아프리카 사회, 제삼세계, 전 세계와 연대할 때 그런 변화가 도입될 수 있다. 나는《The Drums of Affliction고통의 북》(1968a)에 소개한 카마하사니 Kamahasanyi 사례를 통해 이 양상을 짧게 다뤘다. 사회적 드라마의 두 번째 국면인 위기는 언제나 변화, 위험, 미결정의 순간이다. 그때는 사태의 진면목이 드러나 마을에 아무 일이 없었다는 듯 가면을 쓰거나 위선을 떨기가 힘들어진다. 모든 공적 차원의 위기는 나의 용어를 빌리면 전이적 성격이 있는데, 그것이 사회과정의 더 안정적인 국면 사이의 경계threshold에 해당하기 때문이다. 그러나 이 경계는 사회적 삶의 중앙부에서 격리되어 터부로 보호받는 신성한 전이 단계sacred limen[5]는 아니다. 반대로 이 위기는 사회적 삶의 중심부를 위협하며, 질서

---

5   터너의 핵심적 개념 중 하나인 리미널리티를 말한다.

의 대표자들이 이를 해결할 것을 강요한다. 이 위기는 무시하거나 간단히 털어버릴 수 없다.

3. 다음으로 세 번째 국면인 교정redressive action 단계가 뒤따른다. 위기가 확산되는 것을 막기 위해서는 침해당한 사회 체계 내의 지도자나 구조적 권위가 있는 대표들이 나서서 비공식적이거나 공식적이고, 제도적이거나 즉흥적인, 교정적 '메커니즘'(나는 여기서 기쁜 마음으로 물리학의 은유를 쓴다)을 재빨리 작동해야 한다. 이 메커니즘의 유형과 복잡성은 매우 다양하다. 첫 위반의 사회적 영향력과 중대성, 위기의 사회적 파급력, 위반이 발생한 사회집단의 성격, 더 광범위한 외적 사회 관계 체계와 관련해 그 집단의 자율성 정도 등이 거기에 영향을 미친다. 이 교정 메커니즘은 개인적 충고나 비공식적 중재부터 공식적이고 사법적인 절차, 다른 위기 해결 방법이나 그런 방법의 정당화, 공적 의례의 연행까지 매우 다양하다. '고조' 개념은 이 세 번째 국면에도 적용할 수 있다. 예를 들어 복잡한 산업사회에서 갈등 당사자는 분쟁을 1심, 2심을 거쳐 대법원으로 가져간다. 아이슬란드 《날의 사가Njáls saga》에서도 단계적 고조가 서사시 전체의 드라마를 구성한다. 이 이야기는 10세기 아이슬란드 남부의 작은 마을에서 일어난 단순한 지역 질서의 위반, 소규모 위기, 비공식적 교정에서 시작된다. 갈등의 일시적 해결과 교정에도 분쟁은 커지고, 결국 비극적인 중심 드라마를 촉발하는 결정적 위반이 터진다. 의인이던 사제−추장인 고디goði가 의붓동생에게 끔찍하

게 살해당한다. 이 남자는 냘의 아들들에게 최고의 적대자가 된다. 이 사건은 이어지는 위기 국면에서 아이슬란드 남부와 남동부의 주요 종족과 형제자매(복수와 피의 보상을 원하는 양쪽 집단)로 구성된 파벌 집단의 해묵은 균열을 건드린다. 갈등 당사자는 당시 아이슬란드 의회라 할 수 있는 5법정Fifth Court에 문제 해결을 요청한다. 《냘의 사가》는 당대 아이슬란드가 대규모 위기에 직면하여 적절한 사법적 제재에 실패했음을 분명히 드러낸다. 의회의 협상은 실패로 돌아가고 해결되지 않은 위기는 더 고조되어, 결국 한 집단이 철저하게 패배한 뒤 몰살 직전에야 끝난다. 당시 아이슬란드에 의회가 있었지만 국가는 부재했다는 사실이 구속력 있는 국가적 법률의 부재에서 드러난다. 아이슬란드 사회의 처벌권은 네 지역의 수장에게 있었다. 나는 다른 책(1971)에서 아이슬란드 연방이 국가 형성에 실패하고, 1262년에 자주권마저 상실해 노르웨이의 지배 아래 떨어진 다양한 역사적·환경적·문화적 원인을 논했다. 아이슬란드의 설화문학을 사회적 드라마로 해석함으로써 그 원인을 밝혀내려 한 것이다. 그 설화는 현명한 소수의 개인이 일시적으로 봉합한 지역적 갈등이 시간이 흐르면서 점점 확대되어 결국 아이슬란드를 분열시킨 것을 분명히 보여준다. 더 나아가 그 이야기는 중앙집권화되지 못한 무두적 정치체의 취약함을 또렷이 드러낸다. 나는 모든 층위의 사회 변화를 연구하는 학자들에게 사회적 드라마의 세 번째 국면인 교정 단계에서 일어나는 일을 세심히 연구하라고 충고하고 싶다. 교정 메커니즘이 위기를 슬기롭게 해결하여 이전 상태를 회복했는지, 적어도 이해 집단 사이의 평화를 회복했는지 등을 살펴야 한다. 그렇다면 위기가 어떻게 해결됐고, 그렇지 못하다면 어째서 실패했는지 탐구해야 한다. 교정 단계에서 한 사회의 실무적 테크닉과 상징적 행위가 가장 풍요롭게 표현되기 때문이다. 사회, 집단, 공동체, 연합체 혹은 다른 모든 사회 단위는 교정 단계에서 최고의 '자기-의식성'을 갖추며, 궁지에 몰려 혼신을 다해 싸우는 이들 특유의 명료성을 획득한다. 교정 역시 전이적인 특성, 즉 '이도 저도 아닌' 것의 특성을 갖추며, 그렇기 때문에 '위기'를 구성하고 그것을 불러온 사건에 대해 어느 정도 거리를 둔 응답과 비평을 제공할 수 있다. 이 응답의 형식은 위기의 성격과 심각성에 따라 사법적 과정의 합리적 언어 혹은 의례 과정의 은유적이고 상징적 언어를 취하기도 한다. 교정이 실패하면 보통 위기 상태로 돌아간다. 이때는 다양한 전쟁, 혁명, 간헐적 폭력, 억압, 반란 속에서 직접적인 힘을 행사한다. 해당 공동체가 중앙집권적 정치체를 이루지 못한 상대적으로 작고 약한 집단이라면, 위기 상태로 회귀는 일관되게 대립한 당사자들의 날카롭고 뚜렷한 갈등보다 만성적이고 만연한, 공동체를 부식시키는 파벌주의의 형태로 바뀌는 경향이 있다.

4. 내가 식별한 사회적 드라마의 마지막 국면은 재통합reintegration 단계다. 여기서는 위기를 겪은 사회집단의 재통합이 일어

나거나, 갈등하는 당사자들의 분열이 도저히 회복될 수 없는 것임을 사회적으로 인정·합법화한다. 은뎀부 사회에서 후자의 사례는 종종 마을의 특정 구역을 나머지 구역과 분리 독립시키는 형태였다. 그렇게 형성된 마을 중 하나가 몇 년 뒤 큰 의례를 개최해 다른 마을 주민을 공개적으로 초청하면, 종종 정치적 통합과 다른 층위에서 화해가 나타났다. 나는 《Schism and Continuity in an African Society》(1957, pp. 288~317)에서 치함바Chihamba 의례가 어떻게 주최 마을인 무칸자Mukanza 마을과 다른 마을(그중에는 예전에 무칸자 마을에서 떨어져 나간 마을도 있다)을 화해시켰는지 기술했다.

연구자에게 일시적 클라이맥스, 해결, 결말에 해당하는 네 번째 국면은 소중한 기회다. 이때쯤 해당 드라마의 시간적 특성을 충분히 파악해 적절한 논의를 도출했을 것이므로, 사회적 드라마라는 연속체를 공시적으로 분석할 수 있다. 예를 들어 '정치적 장political field'은 관찰 가능한 사회적 드라마로 이어진 권력투쟁 이전의 정치 관계는 어땠으며, 교정 국면 이후 그 관계가 어떻게 변했는지 비교할 수 있다. 마크 스워츠Marc Swartz와 내가 《Political Anthropology 정치인류학》(1966) 서문에 썼듯이 그때는 정치적 장의 규모와 범위, 그 장을 구성하는 단위의 숫자, 각 단위의 세력 범위도 달라졌을 것이다. 가장 중요하게는 개별 구성원 간 관계의 성격과 강도, 전체 장의 구조 자체가 변했을 수 있다. 적대 관계가 동맹 관계로 바뀌거나 그 반대가 될 수도 있고, 비대칭적 관계가 평등한 관계로 바뀌었을 수도 있다. 높은 지위가 낮은 지위로 혹은 반대의 변화가 일어날 수 있다. 과거의 권력체나 새로운 권력체가 세력을 잡아 그때까지 권위를 누리던 세력이 축출될 수 있다. 가깝던 관계가 멀어지고 멀던 관계가 가까워지며, 예전에는 통합된 부분이 파편화되고 예전에 독립된 부분이 융합되기도 할 것이다. 어떤 이들은 이제 그 장에 속하지 않거나 새로운 이들이 유입될 수도 있다. 제도화된 관계가 비공식적인 것이 되고, 한때 올바르던 사회적 규칙이 변칙이 될 수도 있다. 갈등을 교정하려고 애쓰는 동안 새로운 규범과 규칙이 생겨나거나 옛 규칙이 오명을 뒤집어쓰고 폐기될 수도 있다. 정치적 지지의 토대도 변화할 것이다. 어떤 이들은 예전만큼 지지받지 못하고 어떤 이들은 더 많이 지지받을 것이다. 어떤 이들은 새로운 지지를 받고, 어떤 이들은 아무 지지도 받지 못할 것이다. 정통성을 뒷받침하는 요인이 재배치되고 추종자를 얻기 위한 지도자의 테크닉도 변할 것이다. 이런 변화는 관찰·식별·기록 가능하며, 몇몇 경우 그런 변화의 지표를 측정해 수량화할 수도 있다.

그러나 이 모든 변화 속에서도 몇몇 핵심적인 규범과 관계(겉보기에는 덜 핵심적이고 사소하며 자의적으로 보이는 요소까지)는 살아남을 것이다. 내가 보기에 이런 불변성이나 가변성을 설명하기 위해서는 과정적 단위와 시간적 구조에 대한 체계적 분석이 필요하다. 다시 말해 사회적 드라마의 개별 국면뿐 아니라 무시간적 체계를 조사해야 한다. 각 국면은 고유한 특성이 있으며, 사회적 경험의 끝임없는 흐름 속에 참여하는 사람들의 은유와 모델에 분명한 흔적을 남긴다. 예전에 나는 특정한 사회과정의 시간적 구조와 무대 위 연극의 시간적 구조를 비교했는데, 나의 관찰에 따르면 사회적 드라마의 각 국면도 클라이맥스를 향해 전진한다. '파롤parole'이라는 언어적 차원에서도 사회적 드라마의 각 국면은 저마다 발화 형태와 문체, 수사법, 고유한 비언어적 언어, 상징이 있다고 말하고 싶다. 문화나 시대에 따라 다르겠지만, 나는 세계 어디서든 위기, 교정, 평화의 회복 국면에서 사용되는 발화와 언어에 상당한 포괄적 유사성이 있으리라고 본다. 비교문화 연구는 아직 이 주제에 관심을 두지 않았다. 지금까지 그 연구는 인간의 사회적 행위가 일어나고 다양한 규모로 흘러가는 장소인 사회과정을 경시하고, 대신 거기서 추상화해 도출한 사회 행위의 산물, 무시간적인 형식과 구조에 주로 관심을 기울였기 때문이다. 사회적 삶의 성가신 경쟁적 측면에서 거리를 둔 '실용주의적' 접근법이 더 간편하긴 할 것이다. 게다가 우리가 제안하는 비교문화 연구는 더 많은 장기적 사례 연구가 필요하다. 장기적 사례사extended-case history란 단일한 집단이나 공동체를 장기간 참여 관찰하고 수집한, 상이한 과정 단위의 계열sequence(앞서 언급한 사회적 드라마와 사회적 기획을 모두 포함하는)을 말한다. 이는 단순한 역사 기술historiography을 넘어서는데, 사회인류학과 문화인류학이 우리에게 물려준 개념적 도구를 모두 활용할수 있기 때문이다. '과정주의'는 '드라마적 분석dramatistic analysis'을 포괄하는 용어다. 과정 분석은 문화 분석뿐 아니라 더 정적인 비교 형태학적 분석을 포함하는 구조─기능주의적 분석도 활용한다. 과정 분석은 둘 중 어느 것도 부인하지 않지만, 역동dynamics을 1순위에 둔다. 그러나 민족지적 사실을 제시하는 순서는 제도화된 사회 구조를 구성하는 원리를 체계적으로 논의하고, 상이한 상황에서 각 원리의 상대적 중요성과 강도, 변이를 측정한 다음, 가능하면 수량적 · 통계적 자료와 함께 그 사실을 제시하는 것이 현명할 것이다. 어떤 의미에서 인류학자가 '통계적 구조'를 끌어낼 수 있는 사회적 행위는 '느린 과정slow process'으로 정의된다. 유일하고 자의적 성격이 강한 사회적 드라마 속의 급격한 과정과 달리, 느린 과정에서는 특정 행위의 규칙적인 반복이 주를 이룬다. 모든 것이 움직이지만 몇몇 사회적 흐름social flow은 상대적으로 다른 흐름에 비해 너무 느려서, 풍경이나 해수면처럼 거의 고정되고 멈춘 것처럼 보일 수 있다. 예를 들어 20~30년에 걸쳐 진행된 중요한 과정 단위의 시퀀스를 분석할 자료가 있다면, 인류학자는 느린 과정에서도(몇몇 학자의 유명한 용어를 빌리면 '주기적cyclical'이거나 '정체된stagnant' 것으로 여겨지는 사회에서도) 변화를 식별할 수 있을 것이다. 그러나 여기서 사회과정 연구의 방법론을 제시할 마음은 없다. 나는 《Schism and Continuity in an African Society》(1957), 《The Drums of Affliction》(1968a), 《Local-Level Politics 지역 수준의 정치》(1968b)에 포함된 무칸다Mukanda[6] 의례 분석과 그 외 논문에서 이 점을 논의했다. 나는 이 접근법이 지금도 유효하다고 생각하며, 그 방식과 함께 의례 상징 분석을 위한 내 최초의 학문적 패러다임을 제시하고자 했다. 여기서 나의 '드라마' 중심적 연구 방법에 많은 영향을

---

6   아프리카 잠비아 므븐다족 남자들의 할례

준 갈등 이론theory of conflict은 논의하지 않을 것이다.

대신 '반구조'가 '구조'와 다른 것만큼 그와 확실히 다른 주제를 논의하고자 한다. 물론 과정주의는 반구조와 구조가 내재적으로 연관되었다고 보며, 궁극적이고 비이원적nondualistic 의미에서 그 둘이 모순되지 않는다고 여기지만 말이다. 방정식도 -와 + 표시, 음수와 양수, 0과 그 외 숫자가 모두 필요하다. 두 등식의 등치성도 부정negation을 포함하는 공식으로 증명된다. 그렇다면 진정한 구조주의는 이론적 작용자operator로서 사회적 반구조라는 개념을 포용함으로써 과정주의로 변한다고 말할 수 있다. 여기에 신비한 점은 없다. 예를 들어 즈나니에츠키도 '문화 체계'에 관해 다음과 같이 말했다.

연관된 특정 체계(이런 체계에는 보통 지역과 유전자, 목적이 같은 특정한 사회집단이 포함된다)를 공유하는 사람들은 대부분 이 사실을 의식한다. 그들은 자신의 문명을 위해 상대에게 영향을 미치려 하거나, 상호 이익을 위해 그 문명에 영향을 주려 한다. 이런 의식성과 의지는 규범화된 사회관계와 사회집단이 요구하는 공식적인 사회적 결속을 넘어, 사람들을 결합시키는 결속의 원리로 기능한다. '공동체'라는 용어가 이런 현상(공식화된 집단적 행위와 무관한, 새로운 문화적 이상과 시도의 발전)을 포함하는 인류 공통의 현실을 지칭한다면, 이런 의미의 '공동체'는 학문적 연구 대상이 될 수 있다. 그리고 사회학은 이 현상을 엄연한 사회적 자료social data로 연구하는 학문일 것이다. (1936, 3장)

그는 내가 '커뮤니타스'나 사회적 반구조라 부른 것("모든 공식적인 사회적 결속(사회구조)을 넘어 사람들을 결합시키는 유대")이 훌륭한 학문적 연구 대상이 될 수 있다고 본다. 나는 최근 순례가 그런 반구조적 공동체의 훌륭한 예증이 될 수 있음을 깨닫고 크게 놀랐다 —어쩌면 즈나니에츠키는 폴란드의 한 언덕에 자리한 쳉스토호바의 성모Our Lady of Częstochowa 성지에서 그런 커뮤니타스를 생생하게 관찰했는지 모른다. 나는 이 현상을 멕시코 과달루페 성모마리아 바실리카Basilica of Our Lady of Guadalupe에서 보았고, 최근에는 아일랜드 메이요Mayo에 있는 노크의 성모Our Lady of Knock 성지에서 경험했다.

어떤 의미에서 '사회적 드라마' 개념은 구조주의적 이론 틀의 영향 아래 있다. 그 개념은 주로 지위-역할status-role이 상이한 개인들의 관계, 구조적 분절체로서 집단과 하부 집단의 관계에 주목한다. 여기서 '갈등'은 '통합'이라는 동전의 뒷면이며, '이익'은 구조적 권리와 의무, 명령, 충성 관계에 있는 개인을 결속하고 분리하는 동기가 된다. 그러나 즈나니에츠키가 지적했듯이, 그 모든 공식적 결속을 뛰어넘어 인간을 이어주는 결속이 존재한다. 연구자는 특정 사회구조뿐만 아니라 포괄적 커뮤니타스에서 일어나는 행위의 토대도 살펴봐야 한다. 이것이 나의 연구 동기고, 거기서 얻은 몇 안 되는 결과물 중 하나가 《의례의 과정The Ritual Process : Structure and Anti-Structure》(1969)이다. 독자들은 내가 상징 사회학sociology of symbols의 중요성을 잊었다고 생각해서는 안 된다. 구조의 상징이 있다면 반구조의 상징도 존재하는 법이며, 나는 전자가 두 상징 계열의 사회적 토대라고 본다. 나도 즈나니에츠키처럼 새로운 문화적 이상의 출현, 그 이상의 실현을 위한 시도, 특정 사회집단의 구조적 특성에서 유래하지 않은 여러 사회적 행위 양식에 대한 증거를 수집하려 했다. 당시 나는 구조-기능주의라는 지배적 패러다임 아래 '정상 사회과학normal social science'에 몰두하는 동료들의 저작보다 예술, 문학, 철학, 정치학과 법학 사상, 역사, 비교종교학, 그 외 자료에서 '사회적인 것the social'의 본성에 대한 더 귀중한 아이디어를 발견했다. 그 개념이 언제나 사회관계와 직접적 · 명시적으로 연관되지는 않았고, 종종 은유적이며 우화적이고 때로 철학적 개념과 원리의 가면을 쓰고 있었다. 그러나 나는 그것들을 함께-행함coactivity의 경험(그런 가장 심오한 경험을 포함하는)에서 우러나오는 것으로 본다. 예를 들어 최근 나는 프라즈나prajñā(대략 '직관'을 뜻한다)와 비즈나나vijñāna(굳이 옮기자면 '이성'이나 '담화적 이해'에 가깝다)에 대한 선불교의 유명한 구별이 내가 앞서 기술한 대조적인 사회적 경험, 즉 '커뮤니타스'와 '구조'에 뿌리박고 있다는 것을 알아차렸다. 《의례의 과정》의 논지를 다시 요약하면, 커뮤니타스적 결속은 반구조적이다. 거기서 개인은 구별되지 않고, 평등하며, 직접적이고, 합리성을 벗어난nonrational(이를 비합리적irrational이라고 할 수는 없다) 상태의 나I-너Thou(마르틴 부버Martin Buber) 혹은 본질적 우리Essential We의 관계에 있다. 구조란 사람들을 분리하고, 그들의 차이를 정의하며, 그들의 행위를 구속하는 모든 것을 말한다. 여기에는 영국 사회인류학에서 말하는 사회구조도 포함된다. 커뮤니타스는 '리미널리티'(내가 방주네프의 《통과의례Les Rites de passage》 연구에서 차용해 그 쓰임을 확장한 개념으로, 일상적 생활양식을 벗어나거나 그 주변부에 있는 모든 조건을 지칭한다) 속에서 가장 뚜렷이 발견된다. 리미널리티는 신성한 조건sacred condition이거나 그것으로 쉽게 변하는 그 무엇이다. 예를 들어 세계 곳곳의 천년왕국 운동은 특정 사회가 상이한 사회구조 사이의 전이적 이행liminal transition을 경험할 때 등장한다.

이런 구분을 염두에 두고, 영어로 저술 활동을 하는 가장 위대한 선불교 학자 스즈키 다이세츠 테이타로鈴木大拙가 프라즈나와 비즈나나를 구별한 대목을 살펴보자.

> 구분하는 것은 비즈나나(담화적 이해)의 특성이며, 프라즈나(직관)는 그 반대다. 프라즈나는 부분에 집착하는 비즈나나와 달리, 전체에 대한 자기-이해self-knowledge를 말한다. 프라즈나는 통합의 원리지만, 비즈나나는 언제나 분석한다. 비즈나나는 프라즈나를 배후에 품지 않으면 스스로 작동할 수 없다. 부분은 언제나 '전체'의 부분이며, 스스로 존재할 수 없다. 그렇다면 그것들은 부분이 아니고, 존재할 수도 없을 것이다. (1967, pp. 66~67)

프라즈나의 '전체성wholeness'은 즈나니에츠키의 '공동체' 개념, 즉 문화적·사회적 체계와 그것들의 하위 체계를 연결하는 실질적 근원으로서 공동체 개념과 닮았다. 이 하위 체계는 그 자체의 층위에서는 연결될 수도, 그것들의 통합을 발견할 수도 없다. 그 체계를 통합하는 것은 살아 있는 공동체나 커뮤니타스 내 공동의 토대다.

이 점을 무시하는 설명은 아무리 독창적이라 해도 피상적인 객설에 지나지 않을 것이다. 부분성partness은 스스로 전체성이 될 수 없고, 언제나 추가적인 무엇이 필요하다. 스즈키는 이 점을 놀라우리만치 명료하게 설명한다.

프라즈나는 그 이상 어떤 통합도 불가능할 정도로, 가능한 최대 규모에서 통합을 추구한다. 따라서 프라즈나가 제시하는 명제나 진술은 필연적으로 비즈나나의 질서를 넘어선다. 비즈나나는 지적 분석에 골몰하며, 그 자신의 척도로 이해 가능한 무엇을 찾아내려고 애쓴다. 비즈나나가 그럴 수 있는 것은, 비즈나나가 뚫고 들어갈 수 없는 지점에서 프라즈나가 시작되기 때문이다. 변별의 원리인 비즈나나는 결코 일원성oneness 속에서 프라즈나를 인식하지 못한다. 비즈나나의 특성상, 프라즈나는 비즈나나에게 완벽한 불가지不可知이기 때문이다.

스즈키가 이해하는 프라즈나는 '토대' 은유 혹은 근원적 은유의 원천인데, 그 은유가 대단히 종합적이기 때문이다. 비즈나나는 그 종합 위에서 근원적 은유의 구조를 식별한다. 이를테면 은유는 '프라즈나적-구성물'이며, 거기서 도출되는 범주 체계는 '비즈나나적-구성물'이라 부를 수 있을 것이다. 블레즈 파스칼Blaise Pascal이 구별한 '섬세의 정신l'esprit de finess'과 '기하학의 정신l'esprit de géometrie'도 이와 비슷한 의미를 담은 듯하다.

내 입장은 어떤 면에서 스즈키의 관점과 다르며, 사회적 경험에서 이 개념의 토대를 찾는 뒤르켐이나 즈나니에츠키의 논의와 유사하다. 스즈키라면 그 개념이 우주 만물의 본성에서 유래했다고 여겼을 것이다. 그에게 커뮤니타스와 구조는 중국인의 음陰과 양陽처럼 어디서나 보편적으로 발견되는 원리가 구체적으로 드러난 것이다. 사실 프라즈나(직관) 역시 '자신을 의식함'을 의미한다. 그러나 스즈키는 프라즈나를 본래적 인간Primary Man과 동일시한다 ("본래적 인간의 자발적이고, 자유로이 창조하는, 비-목적적인 행위들") (p. 80). 그는 프라즈나가 "그 말의 모든 의미에서 실질적인concrete 것이며, 우리가 이 세계에서 가질 수 있는 가장 역동적인 것"(p. 80) 이라고 쓴다. 내가 보기에 이 특징은 내가 커뮤니타스라고 부른, 함께-행함의 양식에서 유래하는 인간 경험과 연관된다.

여기서 그를 인용하지만, 《의례의 과정》을 집필할 때 나는 스즈키를 읽지 않았다. 나는 《의례의 과정》에 여러 현지 경험과 관찰, 인간으로서 사회적 경험, 다른 이들의 경험에 대한 독서, 다른 이들과 토론을 통해 스즈키가 프라즈나에 대해 말한 것과 유사한 커뮤니타스적 특성을 기술했다. 그 예는 다음과 같다. 커뮤니타스는 "구조가 부재하거나 미약하며, 상대적으로 미분화된 코미타투스comitatus, 커뮤니티 혹은 동등한 개인의 종교 집단"(p. 96)으로 간주되거나 그렇게 경험되는 사회를 말한다. "커뮤니타스는 구체적이고, 역사적이며, 고유한 개인의 관계"이며, "개별적 정체성의 직접적이고, 즉각적이며, 총체적인 만남"(pp. 131~132)이다. 다른 곳에서 나는 커뮤니타스를 자발성이나 자유와, 구조를 의무나 사법성, 법률, 규제와 관련지었다.

케네스 버크Kenneth Burke 식의 '무대'에서 '행위자'들이 특정한 '목적'을 위해 '연기'하는 것을 설명하려고 내가 쿠르트 레빈에게서 차용한 개념('장' '운동' '적극적 · 소극적 유의성valence'[7] 등)과 사회적 드라마의 많은 특성은 '구조' 패러다임의 범위에 포함될 수 있다. 그러나 그 개념의 몇몇 측면은 반구조의 영역, 심지어 커뮤니타스의 영역에 포함된다. 예를 들어 나는 무칸자 마을의 주요 파벌 집단이 야심만만한 산돔부Sandombu가 마을 우두머리가 되지 못하게 하려고 동원한 여러 구조적 전략(특히 산돔부가 요술을 사용해 여자 친척을 살해했다는 비난)을 보여준 뒤에, 산돔부의 정적이 그를 추방했을 때 이전까지 그와 대립한 무칸자 마을 사람들이 커뮤니타스를 이유로 불평하기 시작했음을 보여주었다. 산돔부 사건이 그들의 양심을 괴롭혔기 때문인데, 이런 일은 사람들이 과거 자신의 커뮤니타스적 경험을 부인할 때 종종 일어난다. 그들은 생각하기 시작했다. 산돔부 역시 우리와 같은 자궁womb(동일한 모계 집단을 지칭하는 용어)에서 태어난 핏줄 아닌가? 그도 무칸자 공동체의 일원이 아닌가? 산돔부는 그들 자녀의 교육비를 대주고, 국가 도로 보수반 감독일 때 마을 젊은이들의 일자리를 알아보면서 그들을 도와주지 않았나? 마을로 돌아오고 싶다는 산돔부의 탄원은 받아들여졌다. 그 와중에 그들은 새로운 사고 때문에 점을 쳤다. 거기서 산돔부가 문제의 요술을 사용하지 않았으며, 다른 외부인이 그 여인(산돔부의 여자 친척)을 죽였음이 밝혀졌다. 산돔부는 의례에서 염소 한 마

---

7 쿠르트 레빈이 처음 사용한 개념으로, 특정한 주체가 그 요구 목표가 되는 사물에 끌려가거나 반발하는 성질이다. 특정 대상에 심리적으로 접근하려는 적극적 유의성, 대상에서 심리적으로 멀어지려는 소극적 유의성이 있다.

리를 바치고, 어머니의 죽은 여동생과 모계적 통합을 상징하는 나무를 심었다. 그와 정적들은 혼령에게 기도한 뒤 화해했다. 은뎀부 사회의 기본 가치를 상징하는 하얀 진흙(건강, 다산, 노인 공경, 친족 의무의 준수, 정직 등 커뮤니타스적 성격이 강하게 스민 구조의 핵심 상징)이 나무 주위 공터에 뿌려지고, 친족은 그 진흙을 몸에 발랐다. 그 의례를 지배한 것은 단순한 자기 이익이나 엄격한 법률이 아니라 커뮤니타스의 정신이다. 구조도 분명 존재했지만, 구조의 분할적 성질은 여러 상호 의존성 속에 사라졌다. 그 의례에서 구조는 사회적 수단으로 등장했지 목적은 아니었으며, 경쟁과 갈등을 위한 목표를 제공하지도 않았다. 그렇다면 이렇게 말할 수도 있다. 잘 해결된 사회적 드라마에서 생겨난 화해와 결속은 커뮤니타스에 빚진 것이다. 반대로 불완전하거나 해결되지 못한 사회적 드라마는 커뮤니타스가 부재했다는 증거일 수 있다. 그때는 특정 가치에 대한 합의가 존재하지 않는다. 자발적인 만장일치는 구조가 아니라 오직 커뮤니타스에서 생겨난다.

 '반구조'라는 용어는 '구조'적 시각이나 관점을 우선할 때 부정적인 함의를 띤다. 여기서 '반anti'이란 미국의 '반문화counter-culture'가 단순히 '대항counter' 문화가 아니듯이, 그 본질상 구조에 '반하는' 것이 아니다. 그러나 '구조'는 무언가에 '반anti'하는 것이며, 최소한 일련의 제약limitations(윌리엄 블레이크가 노래한 '불투명의 한도limit of opacity'처럼)으로 간주할 수 있다. 사회학의 태동기에 제기되었으나 지금은 역사철학적 문제로 격하된 몇몇 질문을 다시 떠올려보자. '우리는 어디로 가는가?' '사회는 어디로 가는가?' '세계는 어디

로 가는가?' 이런 질문에 관심 있는 연구자라면 구조를 이론적 출
발점으로 삼기보다 한도limit로 보는 것이 타당할 것이다. 내가 반
구조적이라 부른 요소는 커뮤니타스나 리미널리티처럼 근원적 은
유, 개념적 원형, 패러다임, 모델 등이 생성되는 조건이다. 근원적
은유는 비즈나냐적 의식성이나 기하학적 정신이 그 안에서 많은
후속 구조를 해명할 수 있는 '근원'을 품고 있다. 이보다 진정한 것
이 있을까? 은유는 내가 상징에 부여한 속성 중 하나를 지닌다. 근
원적 은유는 다성적이지만, 여기서 나는 다성성을 말하는 게 아니
다. 내가 말하려는 바는 의미의 양극화로, 그 안에서 보조 대상은
예언적이며 언뜻 스쳐가는 이미지의 심오함을 지닌다. 가시적이
며 잘 알려진(혹은 잘 알려졌다고 여겨지는) 반대극(주요 대상)은 이 심
오한 파트너(보조 대상)에서 새롭고 놀라운 윤곽과 유의성誘意性을 획
득한다. 두 극은 '함께 활성화'되기 때문에 미지의 것이 기지의 것
에 의해 빛 속으로 끌려 나온다. 미지의 것을 전부 빛 위로 끌어내
는 것은 리미널리티의 다른 국면에서 나타난다. 그때는 이미지 없
는 사유, 여러 수준의 추상적 개념화, 비공식적이거나 공식적인 추
론, 귀납적 일반화 등이 수행된다. 진정한 창조적 상상력과 창의
성, 영감은 은유를 만들 때 일체의 공간적 상상력이나 기교를 뛰어
넘는다. 그런 정신은 시각적 이미지를 주어진 개념이나 부분과 굳
이 연결하지도 않는다. 창조적 상상력은 이미지보다 풍요로운 것
이다. 그것은 감각적 인상을 일깨우는 능력이나 인간 인지 체계의
불완전함을 보충하는 데 그치지 않는다. 그 정신이 '창조적'이라
불리는 것은 어떤 감각과도 상응하지 않는 개념이나 개념 체계(그

것이 실제 현실의 무엇과 상응한다 해도)를 창조하는 역량이기 때문이며, 비-관습적인 사유를 낳기 때문이다. 그것은 스즈키가 인식하는 가장 순수한 프라즈나와 비슷한 무엇이다. 이것이 인간 삶의 기본적 형식을 에워싸는 리미널리티의 창조적 어둠이다. 이것은 논리적 구조 이상의 무엇이다. 내 생각에 모든 수학자나 과학자는 마리오 번지Mario Bunge[8]의 생각에 동의할 것이다.

> 상상력, 창의성, 가설과 제안을 잉태할 수 있는 능력이 없다면 '기계적인' 지적 행위 — 예를 들어 기기 조작이나 연산 알고리즘 적용, 수학적·과학적 기호를 통한 계산 정도 — 만 가능할 것이다. 가설의 창조, 테크닉의 고안, 실험의 설계는 '기계적인' 지적 작용과 다르게 충만한 상상력(순수하게 '전이적인liminal')에서 태어난다. 그것은 순수한 논리적 작용이 아니다. 문법만으로 시詩를 쓸 수 없고 화음 이론만으로 아름다운 소나타를 창조할 수 없듯이, 논리만으로 새로운 개념에 가 닿을 수 없다. 논리, 문법, 음악 이론을 통해 형식적 실수나 훌륭한 개념을 탐지하고 발전시키는 것은 가능하지만, 행복한 사유나 새로운 관점의 '본질'에 해당하는 무엇을 제공하는 것은 불가능하다. (1962, p. 80)

이것은 '섬광 같은 권능의 불꽃flash of the fire that can'이다. 선불교 용어Zen vocabulary에 대한 스즈키의 해석[*]을 뒤집어보면, 비즈나나

---

8 아르헨티나 출신 과학철학자(1919~). 주로 캐나다에서 활동했다.

* 이것은 나가르주나(Nāgārjuna)의 해석과 다르다. 나가르주나는 논리와 직관을 프라즈나를 향한 유일하게 적절한 태도인 침묵에서 유래한, 본질적으로 동등한 표현으로 본다.

만으로 새로운 개념에 가 닿을 수 없다. 그러나 우리가 사는 사회적 · 자연적 세계에서 과학 이론이나 시, 교향곡, 직관과 추리, 논리를 위해서는 비즈나나와 프라즈나가 모두 필요하다. 사회적 창조성의 영역(새로운 사회적 · 문화적 형식이 잉태되는 곳)에서도 구조와 커뮤니타스, 다른 말로 하면 '구속bound'과 '구속에서 풀려남 unbound'은 모두 필요하다. '소시에타스societas'(사회)를 유기체나 기계 모델에 근거한 무시간적이고 불변하며 영원한 체계로 보기보다, 인간이 만들어내는 과정으로 본다면 복잡하고 미묘한 방식으로 모든 지점과 층위에서 발견되는 커뮤니타스와 구조의 관계에 주목할 수 있다. 우리는 이 두 가지 근본 양식을 모두 고려하는 접근법을 개발해야 한다. 하나를 무시하면 다른 한쪽도 무시될 수밖에 없고, 그러면 인간과 인간 사이의 관계를 왜곡되게 설명할 수밖에 없다. 내가 리미널리티라고 부르는 것(사회의 공식적 · 비공식적 구조적 힘이 지배하는 사회 영역 사이에 있는, 존재의 상태state of being)은 엄밀히 말해 커뮤니타스와 같은 게 아니다. 리미널리티는 사회적 양식modality이라기보다 행위나 사고가 개진되는 권역sphere이나 영역domain이다. 사실 리미널리티는 사회보다 고독을 수반하는데, 그때 개인은 사회구조적 모체matrix에서 자발적 혹은 비자발적으로 물러난다. 그것은 사회적 실존에 대한 진정한 참여라기보다 소외에 가깝다. 《의례의 과정》에서 나는 은뎀부 사회에서 발견되는 리미널리티의 사회적 양상에 주목했다. 그 사회에서 리미널리티는 집단이나 개인의 사회적 지위 변화를 표시하는 통과의례의 중간 국면에 등장한다. 은뎀부 의례는 주체가 일상적 · 세속적 관계에서 상징적으로 살해·고립되면서 시작되어, 주체의 상징적 재탄생이나 사회의 재통합과 더불어 끝난다. 그 사이에 낀 '전이적' 국면은 통상적인 사회적 삶의 범주 '어디에도 속하지 않은betwixt and between' 것이다. 나는 그리고 나서 리미널리티 개념을 일상적 삶에서 벗어났거나, 그 주변부에 위치한 모든 조건에 적용하려고 했다. 나는 신성한 시간 한가운데 있음과 (일상적 공간에서 벗어난) 신성한 공간 내에 있음 사이에 밀접한 연관성이 존재한다고 주장했다. 은뎀부 사회에서 리미널리티는 성스러운 조건이며, 동시에 커뮤니타스가 뚜렷이 가시화되는 조건이기 때문이다. 앞서 언급했듯이 커뮤니타스적 결속은 반구조적이다. 즉 무차별적이고, 평등주의적이며, 직접적이고, 합리성을 벗어난(비합리적이 아니라) 나-너 관계로 구성된다. 은뎀부 사회는 물론 세계 여러 통과의례의 전이 단계에서 커뮤니타스는 "인간이여, 너는 먼지로다man thou art dust!"라는 원리에 충실하게 의례적 모욕, 이전의 사회적 지위를 드러내는 기호와 징표의 제거, 의례적 평등화, 다양한 시련과 시험을 겪는다. 위계적 사회구조에서 커뮤니타스는 달력이나 농업, 관개 주기를 따르는 주기적 의례를 통해 상징적으로 구현되는데, 그 의례에서는 낮은 계층과 높은 계층의 사회적 역할이 역전된다. 은뎀부 사회뿐 아니라 유럽과 인도의 역사에서도 권력 집단의 종교적 이데올로기는 겸손을 이상화하고, 종교적 지도자의 금욕적 삶을 강조한다. 그와 반대로 사회적 지위가 낮은 종교 집단은 의례에서 권력과 권위의 상징을 가지고 논다. 앞에서 말했듯이, 세계 각지의 천년왕국운동이나 재생 운동은 특정 사회가 견고한 사회구조적 질서 사이의 전이기에 있을 때 출현한다. 《의례의 과정》 후반부에서 나는 아프리카, 유럽, 아시아의 전통문화에서 끌어온 사례뿐만 아니라 톨스토이Leo Tolstoy, 마하트마 간디Mahatma Gandhi, 밥 딜런Bob Dylan 같은 이들, 시카고 악 군주Chicago Vice Lords,[9] 캘리포니아 지옥의 천사들California Hell's Angels[10] 같은 최근의 현상을 소개하며 현대 문화에 대해서도 논평했다. 우리는 1970~1971년 시카고에서 중요한 논문 여러 편을 통해 커뮤니타스와 리미널리티의 양상을 자세히 탐구하고, 이를 인도의 관료제적 부패, 힌두교의 선물 증여(아르준 아파두라이Arjun Appadurai), 아프리카의 트릭스터 신화(로버트 펠튼Robert Pelton), 19세기 러시아의 포퓰리즘(다니엘 카쿨스키Daniel Kakulski), 반문화적 코뮌(데이비드 북달David Buchdahl), 파리 학생운동('1968년 5~6월의 상징과 축제', 셰리 터클Sherry Turkle)과 관련지었다. 흥미로운 질문을 품은 이 연구들은 반구조(리미널리티와 커뮤니타스)의 여러 상징을 다룬다. 한편 러시아 문학 연구자 알란 슈스터만Alan Shusterman은 〈Epileptics, Dying Men and Suicides : Liminality and Communitas in Dostoevsky 간질병, 죽어가는 남자, 자살 : 도스토옙스키와 리미널리티, 커뮤니타스〉라는 논문에서 또 다른 리미널리티를 소개했다. 그는 도스토옙스키가 그려낸 러시아의 기독교적 전통 속에서 "커뮤니타스의 부재가 어떻게 실현 불가능한 리미널리티와 절망의 감정을 낳았는지" 보여준다. 그의 논의는 리미널리티 개념을 나도

---

9 시카고에서 가장 오래된 대규모 갱 집단.

10 주로 백인 남성으로 구성된 미국의 오토바이 동호회. 할리데이비슨을 주로 몰고, 몇몇 범죄 사건에 연루된 적이 있다.

미처 생각지 못한 범위의 자료까지 확대 적용한다. 그러나 고독 속의 리미널리티와 커뮤니타스의 대조는 간단히 논의할 거리가 아니다. 예를 들어 많은 실존주의 철학자는 자신이 '사회'라 칭하는 것을 개인의 진정한 본성에 해롭거나 적대적인 것으로 본다. 사회란 그들 중 몇몇이 지칭하는 대로 '객관성의 자리seat of objectivity'며, 개인의 주관적 실존과 대립될 수밖에 없다. 개인이 자신을 찾고 동시에 자신이 되려면 사회의 굴레에서 해방되기 위해 노력해야 한다. 사회를 개인의 억류자captor로 바라보는 실존주의의 관점은 육체를 영혼의 억류자로 파악하는 그리스의 종교 사상, 특히 신비주의적 컬트 사상과 많이 닮았다. 내가 보기에 그 사상가들은 '커뮤니타스'와 '구조'를 분석적으로 구별하는 데 실패한 것 같다. 그들이 마르틴 하이데거Martin Heidegger처럼 사회적 자아를 '현존재의 비-본래적인 부분'이라고 말할 때, 그들이 논의하는 것은 '구조'인 듯하다. 하지만 그들이 진정으로 천착하는 문제는 '본래적인 개인'의 커뮤니타스로서, 그들은 그 개인을 사회구조에서 해방하려고 노력한다. 이렇게 소외를 외치며 왕성한 저작 활동을 펼치는 비-커뮤니케이션uncommunication의 사도들[11]에게 귀 기울이는 이는 누구일까? 더 비판하면 사회적 드라마, 과정 분석, 반구조, 의례적 상징의 의미 연구라는 나의 주요 논지에서 벗어난다.

나는 의례적 상징을 포함하는 일체의 문화적 상징이 불변하는 실체가 아니라, 시간에 따라 변하는 사회관계의 '과정'에서 태어나

---

11 실존주의 철학자를 말함.

며 유지된다고 생각한다. 그래서 의례적 상징의 핵심적 속성이 이런 사회관계의 역동적 발전 과정과 맞물렸음을 보여주려 했다. 상징은 사회적 행위를 촉발한다. 내가 현지 조사 자료를 앞에 두고 계속한 질문은 이것이다. '의례적 상징은 어떻게 작동하는가?'

내가 보기에 의례적 상징은 여러 지시 대상을 응축하며, 그 대상을 단일한 인지적·정서적 장에 통합한다. 여기서 내가 《Forms of Symbolic Action 상징적 행위의 형식》(1970) 서문에 쓴 논의를 참조하려 한다. 그 논의에 따르면 의례적 상징은 '다성적multivocal'이고 많은 의미를 수용할 수 있지만, 그 상징의 지시 대상은 생리학적 현상(피, 성기, 성교, 탄생, 죽음, 신진대사 등)과 도덕적 사실에 함축된 규범적 가치(아이들에 대한 친절, 호혜성, 친족에 대한 관대성 등)로 양극화되는 경향이 있다. 의미의 '규범적' '이데올로기적' 극에는 모계, 부계, 왕권제, 장로정치, 연령 등급, 동성 간의 친화성 등한 사회의 조직 원리도 함축된다. 의례 행위의 드라마(노래하기, 춤추기, 먹고 마시기, 기괴한 옷 입기, 보디페인팅, 술과 환각제의 사용 등)는 이런 두 극pole의 교환을 불러일으킨다. 즉 생물학적 지시 대상은 숭고해지며, 규범적 지시 대상에는 감정적 의미가 부여된다. 나는 규범적 지시 대상과 별개의 조직화된 체계를 구성한다는 점에서, 이 생물학적 지시 대상을 '욕망, 취향, 의지, 감정 등과 연관된' '욕망의 극orectic pole'이라 불렀다. 이상적인 조건에서 상징은 그것과 접하는 개인의 의지를 강화해 도덕적 명령에 복종, 계약의 유지, 채무의 청산, 의무의 이행, 불법적 행위 방지 등의 효과를 낳는다. 이런 방식으로 아노미가 방지되며, 사회 구성원이 개인으로서 자신과 사회 사이에 어떤 근본적 갈등도 발견할 수 없는 영역이 창조된다. 그들의 정신에 개인과 사회의 공생적인 결속이라는 원리가 확립되는 것이다. 이 모든 설명은 도덕성 개념을 본질적으로 사회현상으로 파악한 뒤르켐의 논의와 놀랄 만큼 닮았다. 그러나 나는 이 과정이 의례를 연행하는 사회에 수준 높은 커뮤니타스가 존재할 때 가능하다고 주장한다. 즉 사회의 위계적이고 파편적인 차이와 대립 아래 근본적이면서도 총체적인 유대가 존재해야 한다. 의례 내 커뮤니타스는 의례 외 상황에서도 커뮤니타스가 성취되는 상황이 많을 때 수월하게 출현할 수 있다. 반대로 의례에서 커뮤니타스가 출현하면 그것이 세속적 삶의 영역으로도 잠시 전이되어, 사회관계에 내재하는 균열적·물질적 이해관계에서 파생된 사회적 갈등의 파괴성을 완화하고 누그러뜨리는 데 도움을 줄 수 있다.

어떤 목적을 위해서든 의례가 제대로 수행되면 두 의미론적 극에 수반되는 특성의 교환이 일어나 진정한 카타르시스가 발생한다. 이는 몇몇 경우에 사회관계 자체와 그 관계의 성격을 실제로 바꾼다. 예를 들어 나는 《The Drums of Affliction》(1968a, 4~6장)에 은뎀부 사회에서 여러 차례 치유 의례를 경험한 카마하사니라는 인물에 대한 사례 연구를 실었다. 특성의 교환은 무의식적 감정과 사회구조적 요구 사이에 올바른 관계를 정립함으로써, 사회적으로 필수적인 것을 바람직한 것으로 만들어준다. 즉 인간이 해야 하는 것을 하고 싶은 것으로 여기게 유도되는 것이다. 이렇게 보면 의례적 행위는 승화 과정과도 유사하다. 그러나 그 말뜻을 지나치게 확장해, 의례의 상징적 행위가 실용적 목적에서 실제 사회(구조와 커뮤니타스를 포괄하는)를 '창조했다'고 말해서는 안 될 것이다. 의례적 행위에는 단순한 인지적 패러다임의 현현顯現을 넘어서는 무엇이 있다. 의례 내 패러다임은 인간의 행위와 사고를 추동하는 욕망-자극 기능이 있다. 나는 이 모든 논의에서 그들은 부인하지만 여전히 래드클리프브라운의 패러다임을 통해 사유하며, 종교적 상징이 사회구조를 반영하거나 표현하고 사회 통합을 촉진하는 것으로 간주하는 학자들의 그것과 다른 대안적 개념을 제시하려 했다. 나의 관점은 종교를 신경증적 증후나 문화적 방어 메커니즘으로 간주하는 학자들의 입장과도 다르다. 그 접근법은 상징적 행위를 병리적 함의가 담긴 '부차적 징후'로 다루지만, 나는 상징에 엄연한 '존재론적' 지위를 부여한다. 그렇기 때문에 나는 동물의 의례 행동에도 관심이 있다. 물론 내가 아직 충분히 만족스러운 답을 내놓지 못한 문제도 있다. 나의 연구에 몇몇 평자(예를 들어 찰스 레슬리Charles Leslie가 《의례의 과정》에 대해 쓴 통찰력 있는 리뷰 논문)는 "세속화 과정으로 가득한 세계에서 사람들이 왜 상징적 의례 체계를 창조하는가가 아니라 이 의례 체계가 왜 정체되거나 왜곡되며, 왜 사람들이 종종 불안, 두려움, 전율뿐만 아니라 해방감과 안도감을 느끼면서 이런 믿음을 상실하는가도 물어야 한다"(1970, pp. 702~704)고 지적했다. 여기서 나는 인간의 신앙 대상의 실재성reality을 논증하려 한 뒤르켐의 오랜 노력을 상기하고 싶다. 그가 보기에 그 신앙의 대상은 언제나 수많은 상징적 가면 아래 가려진 '사회'다. 그는 세계적 주요 종교의 지적 유산을 논거로 활용하지 않았는데, 그가 보기에 주요 종교는 과학적 합리주의의 발전으로 궁지에 몰렸기 때문이다. 하지만 그는 자신의 이론이 궁극적으로 인간은 '사회' 이외 것은 숭배한 적이 없다는 사실을 보여줌으로써, 겉으로는 그 이론이 해체하는 듯한 종교를 구원할 것이라고 믿었다. 물론 뒤르켐의 '사회-신神-학religion of society'은 오귀스트 콩트의 '인류-신神-학religion of humanity'처럼 대중에게 크게 어필하지 못했다. 내가 이 점을 지적하는 이유는 두 저자 모두 그들의 '해방감sense of liberation'을 하나의 도덕(심지어 유사-종교적 체계나 다소 기묘한 자기 숭배)으로 바꾸려는 욕망을 분명히 느꼈기 때문이다. 나는 이 주제가 상징주의의 모든 문제(예를 들어 상징화되는 것은 무엇인가와 같은 질문처럼)와 관련 있다고 생각하며, 커뮤니타스와 사회구조의 구별이 이 문제에 조금이나마 기여할 수 있다고 본다.

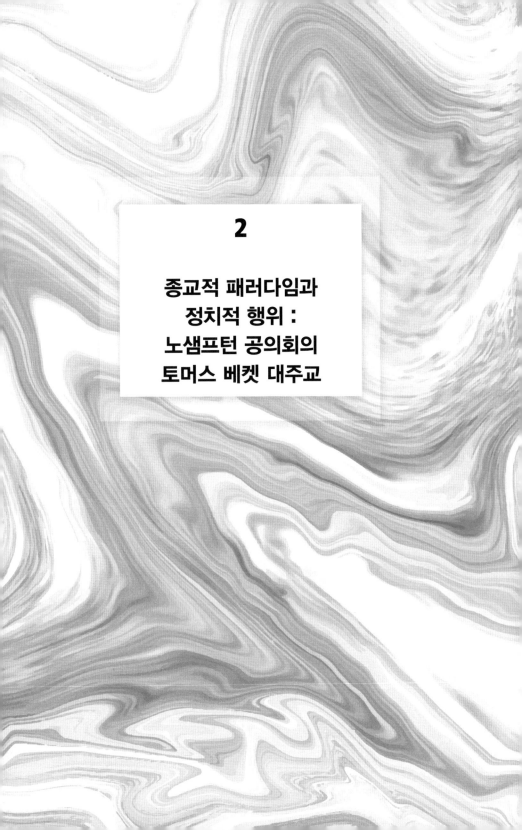

2

종교적 패러다임과 정치적 행위 : 노샘프턴 공의회의 토머스 베켓 대주교

종교적 패러다임과

정치적 행위 :

노샘프턴 공의회의

토머스 베켓 대주교

캔터베리Canterbury Cathedral의 대주교였다가 1170
년 12월 29일, 플랜태저넷Plantagenet 왕조[1]의 초대 왕 헨리 2세가 보
낸 기사 네 명에게 살해당한 토머스 베켓의 이야기를 모르는 영국
아이들은 없다는 말이 있다. 그 말을 곧이곧대로 믿기는 어려운 것
이, 최근 캔터베리대성당 복도에서 어느 어머니가 열 살 난 딸에
게 "헨리 8세Henry VIII가 베켓 주교 목을 잘랐다는 거여"라고 말하
는 걸 들었기 때문이다. 어쨌든 베켓 대주교의 이야기와 신화는
8세기 이상 살아남았고, 여전히 맹렬한 당파심을 불러일으킨다.
정치적 군주와 고위 성직자의 충돌을 보여주기 때문이다. 이 이야
기는 두 인물의 위험한 기질적 유사성을 숨기면서 동시에 드러낸
다. 두 사람의 갈등은 점점 고조되는 국가와 교회의 분열과 맞물렸
는데, 당시 영국과 프랑스의 민족주의적 정서가 처음으로 진지하
게 분출되면서 상황은 더욱 복잡해졌다. 대립 세력이 활동하는 그
복잡한 사회적 장에는 두 사람의 개인적 다툼을 강화한 여러 상충
된 사회적 정황—도시와 시골이라는 하위 체계의 분열, 시골 귀족
과 도시민의 갈등, 봉건적 관계와 시장 관계의 대립, 당시까지 해

---

1   1154년부터 1399년까지 지속된 영국 왕조.

결되지 않은 노르만Norman 정복자와 앵글로 · 색슨Anglo-Saxon 토박이의 인종적 갈등, 막 태동한 왕과 남작들의 세속적 권력투쟁, 세속 성직자와 정규 성직자의 대립, 아래 논의에서 계속 소개될 그외 갈등과 투쟁—이 있었다. 이 사회적 갈등은 상충되는 사상적 토대에서 자신들의 문화적 지지를 끌어냈다. 한 부류 사상가는 대주교가 기독교 국가와 관련된 모든 영적 · 세속적 사건을 다스려야 한다고 주장했다. 다른 파는 사회가 국가와 교회라는 동등하지만 분리된 이원적 체계로 조직되어야 한다고 봤다. 얼마 지나지 않아 프리츠 컨Fritz Kern이 《Kingship and Law in the Middle Ages 중세의 왕권과 법률》(1970)에서 훌륭하게 논의한 대로 권리가 양극화된다. '왕의 신성한 권리'에 속하는 권리와 왕권의 자의적 사용에 반대할 수 있는 권리가 분리됐다. 후자는 고대 게르만 부족의 관습과 기독교 교리를 융합한 것인데, 당시 영국 법 5조 29항에 드러나듯이 압제자에 저항할 것을 의무로 규정했다. "우리는 인간보다 신에게 복종해야 한다." 또 11세기 후반에 저술 활동을 한 독일 라우터바흐Lauterbach의 수도사 마네골드Manegold의 영향력 아래, 상당히 이른 시기에 국민주권의 원리와 왕이 신의神意를 저버렸을 경우 왕에게 저항할 수 있는 봉신의 권리에 힘이 실렸다. 법률 영역에서는 교회법 연구가 크게 발전했다. 그라티아누스Flavius Gratianus 황제와 교황 알렉산더 3세Pope Alexander III가 (교황에 오르기 전에) 강의했고 베켓 주교가 잠시 공부한 볼로냐대학교Alma Mater Studiorum Università di Bologna가 그 연구의 중심지였다. 이런 상황은 몇몇 중대한 위법행위의 재판, 심각한 범죄를 저지른 수도사의 기소, 처벌권과 관련된 교회 재판소와 왕립 법원의 갈등을 고조했다. 가톨릭교회에서는 교회법의 발전에 함축된 공식적 구조화의 경향이 몇몇 클뤼니회와 대다수 시토회 수도원이 강조하기 시작한 은거하는 수도자적 삶에 의해 어느 정도 상쇄되었다. 하지만 수도회 개혁 운동의 성공 자체가 역설적으로 교회법의 작용 범위를 넓혔다.

이런 모든 갈등과 그 외 정황이 베켓 대주교의 사건과 얽혔다. 여기서 내가 다른 데서 논의한 '사회적 드라마' 접근법이 행위자의 역할을 구별하고, 특수한 상황 속 일반적 경향성의 의미를 포착하는 데 유용하다고 본다. 사실 베켓 대주교 살해 사건은 사회적 드라마 테크닉으로 접근하기 적합한 구조다. 베켓 대주교의 공적인 삶은 드라마틱하다고 할 수 없어도 대단히 인상적인 정황으로 가득하다. 여러 극작가도 이 점을 놓치지 않았다. 17세기 후반 윌리엄 마운트포트William Mountfort와 존 뱅크로프트John Bancroft가 집필한 반反베켓적이고 지루한 연극 〈Henry the Second헨리 2세〉(존 드라이든John Dryden의 지루한 프롤로그 포함)부터 테니슨 경Lord Tennyson(그의 작품에서 베켓 대주교는 헨리 왕의 성생활을 보며 혀를 끌끌 찬다), 유명한 현대 시인 T. S. 엘리엇Thomas Stearns Eliot(〈Murder in the Cathedral 대성당의 살해〉〔1935〕), 크리스토퍼 프라이Christopher Fry(〈Curtmantle 커트맨틀〉〔1961〕), 장 아누이Jean Anouilh(〈Becket : or the Honor of God신의 영광, 베켓〉〔1960〕, 영화 제목은 〈Becket〉이다) 등이 그 사건을 연극화했다. 소설가도 베켓 주교의 이야기에서 소재를 따왔다. 셸리마이던스Shelley Mydans의 《토머스Thomas》(1965), 앨프레드 더간Alfred Duggan의 《My Life for My Sheep내 양의 삶》(1955) 등이 그 예다. 역사학자도 대주교와 왕이 충돌하는 극적 성격에 주목하고 이 주제에 달려들어 격렬한 논쟁을 펼쳤다. 18세기에 리틀턴 경George Lord Lyttleton은 헨리 왕의 입장을 변호하는 세 권짜리 두꺼운 역사서를 집필했다. 조셉 베링턴 경Reverend Joseph Berington은 그보다 덜 두껍지만 강력한 논의를 담은 역사서 한 권으로 응수했다. 그는 리틀턴 경이 "천박한 선입관에서 오는 편견, 인물에 대한 혐오, 보잘것없는 철학" 때문에 설득력 있는 논거를 제시하는 데 실패했다고 주장했다(1790, pp. 62~63). 19세기에는 과학적 방법론이 어느 정도 확립되었음에도 이 사건의 해석에 민족주의적 열정이 개입했다. 다윈Charles Robert Darwin의 진화론과 그에 따른 논쟁이 잇달아 발표될 즈음에는 교회와 국가의 해묵은 갈등이 되살아났다. 헨리 하트 밀먼 경Reverend Henry Hart Milman은 기독교 국가에 퍼진 베켓 주교 살해의 공포와 순교 성인 토머스의 열정에 대한 글을 썼다. 교회의 입장에 있으면서도 '반로마가톨릭교도'적인 중요한 역사서(일곱 권짜리 《Materials for the History of Thomas Becket토머스 베켓의 역사를 위한 사료》(1875~1883))를 편집한 제임스 C. 로버트슨 목사Reverend James C. Robertson는 베켓 대주교의 기획이 영국을 "가장 자유로운" 국가가 아니라 "성직자의 압제와 불관용 정신이 판치는" "가장 많은 성직자가 들끓는 가장 뒤떨어진 현대 국가"로 만들었을 거라고 결론지었다(1859, p. 320). 유명한 법사학자 프레더릭 폴록Frederick Pollock과 프레더릭 윌리엄 메이틀런드Frederic William Maitland(1895, pp. 124~131)는 헨리 왕의 손을 들어주는 것 같다. 그들은 헨리 왕이 어떤 국가에서도 발견되지 않는 엄청난 세속법을 후손에게 물려주었다고 평가한다. 윈스턴 처칠Winston Churchill도 그에 대해 쓴 적이 있다(《The History of the English-Speaking Peoples 영어권 국민의 역사》 1권 p. 175). "(헨리 왕은) 후손이 계속 발전시킨 영국 관습법의 토대를 놓았다. 그 법률은 구성이 변한 적은 있어도 주요 골격은 변하지 않았다." 20세기에는 베켓 대주교를 둘러싼 논쟁이 다소 완화되었고, 베켓 대주교와 헨리 왕의 상충되는 주장 사이에서 균형을 잡으려는 시도가 있었다. 특히 《L'Eglise et la royauté en Angleterre sous Henri II Plantagenet 헨리 2세 치하의 영국 교회와 왕정》(1943)을 집필한 레이몽드 포어빌Raymonde Foreville 여사, 《The Episcopal Colleagues of Archbishop Thomas Becket 토머스 베켓 대주교의 동료들》(1951)과 《Thomas Becket 토머스 베켓》(1970)을 집필한 베네딕트회 수도사이자 케임브리지대학교University of Cambridge의 저명한 중세 사학자 데이비드 노울스David Knowles 등이 그렇다. 이 두 학자도 베켓 사건의 극적인 성격은 분명히 인정한다.

폴 알론조 브라운Paul Alonzo Brown은 "세 가지 베켓 주교가 있다. 역사적 베켓, 전설적 베켓, 문학 속의 베켓"(1930, p. 9)이라고 주장했다. 사실 세 베켓은 중첩되지만 브라운처럼 구별할 수도 있을 것이다. 나는 세 베켓이 기독교 전통을 기반으로 한 일련의 패러다임이나 행동 모델을 내포하는 상징적 장symbolic field에서 연관된다고 주장할 것이다. 나의 이론적 관심사는 역사학적 자료에 근거하지만, 역사학자나 내가 큰 빚을 진 헌법 사학자의 입장과 다르다. 나는 '신화소神話素' 분석의 관점에서 (풍부하게 기록된 역사적 베켓과 다른) 최초 베켓 전설의 다양한 변이를 흥미롭게 분석할 수 있는 구조주의적 인류학자도 아니다. 나는 오랫동안 미시 사건microevents 의 분석에 관심을 둬온 사회인류학자다. 따라서 처음에 중앙아프리카의 소규모 마을 연구를 통해 발전시켰고, 이후 중세 아이슬란드의 지역적 분쟁 연구에 적용한 '사회적 드라마'라는 이론 틀을 사용할 것이다. 나는 이 이론 틀을 베켓 주교와 헨리 왕의 충돌에서 나온 갖가지 사건 중 사회적 행위자의 머릿속에 존재하며 (분명히 파악되지는 않더라도) 의식적으로 인지되는 몇몇 문화 모델(나는 이를 근원적 은유라 불렀다)의 존재와, 그것의 활동을 뚜렷하게 입증하는 요소를 분리하는 도구로 사용할 것이다. 근원적 은유는 행위자 사이에 존재하거나 발전 중인 사회관계의 현 상태뿐만 아니라, 그 관계에 개입하고 그 관계를 해석하고 그것을 연합이나 분열로 이끌어가는 문화적 목표와 수단, 개념, 전망, 사상의 조류, 신앙의 패턴 등과도 관계가 있다. 그 은유는 논리적으로 배열된 단일한 개념 체계가 아니다. 즉 그것은 사고의 엄밀한 도구가 아니며, 윤리적 · 심미적 · 관습적 행위를 위한 일률적인 지침도 아니다. 그 은유는 인지적 영역은 물론 도덕적 영역을 넘어 실존적 영역까지 맞닿았다. 그 과정에서 그것은 모호함, 함축성, 은유로 감싸인다. 살아 있는 인간 행위를 기술할 때, 감정으로 충만한 인간 의지와 만나 명료한 규정성을 잃고 모호해지기 때문이다. 이 근본적 패러다임은 의식의 깊은 곳으로 내려가 '삶이냐, 죽음이냐' 같은 자명한 가치와 결합하며, 더 나아가 개인의 환원 불가능한 인생관에 가 닿는다. 근원적 패러다임은 제도화되었든, 예측 불가능한 사건에 의해 촉발되었든 특정한 개인이나 집단의 삶의 위기 속에 출현한다. 그 후 인간은 그 패러다임과 그 결과에서 벗어날 수 없다. 나는 베켓 주교와 헨리 왕의 관계가 사적인 것에서 공적인 것으로, 우정에서 갈등으로 변하고, 베켓의 태도가 자기 이익에서 종교적 신념과 실천 체계에 근거한 자기희생으로 변모하면서, 그가 연관된 근원적 패러다임 속으로 점점 휩쓸려 들어갔다고 믿는다. 베켓 주교는 커뮤니타스의 진정한 위력을 의식하지 못한 채, 그리로 점점 이끌린 것 같다.

어떤 연구에서도 연구자 본인의 동기와 상황을 빼놓을 수 없다. 나는 사회적 드라마 논의를 위해 어떻게, 왜 베켓과 헨리 왕의 사례를 선택했는가? 여기서 잠시 독자에게 다른 이들과 마찬가지로 나의 저작에서 분명히 드러나는 개인적 신념과 편견을 말하고자 한다. 이것은 세계관Weltanschauung의 정립을 자기방어나 변명으로 보면서 회피하는 이들의 태도와 상충된다. 내가 베켓 주교에게 주목한 것은 순례 체계에 대한 비교 연구에 관심이 있었기 때문이다. 이 연구 관심은 《의례의 과정》에서 리미널리티와 커뮤니타스, 사회구조의 관계를 탐구하다가 자연스럽게 나왔다. 거칠게나마 사회과학적 용어로 표현하면, 나에게 순례란 세계적인 주요 종교의 영향권 아래 있는 복잡한 문화에서 발견되는 한편으로 문자 이전의 소규모 사회에서 치르던 통과의례와, 부분적으로 그 사회 '치병 의례rituals of affliction(질병을 고치거나 불운을 퇴치하는 의례)'의 '기능적 등가물functional equivalents'로 보인다. 세계의 주요 종교는 '생득적' 부족 사회 종교와 달리 개인의 바람에 근거한 '자발적' 성격을 띤다. 세계 종교의 궁극적 목적은 구원 혹은 감각적으로 인식 가능한 사회적·자연적 세계의 불행에서 해방되는 것이므로, 그때 신도는 성인식을 치르는 대신 순례를 떠난다. 그들은 육체의 건강이 아니라 영혼의 평안을 위해 순례한다. 하지만 순례 체계가 매우 발전한 문화권에서는 순례에 의무적 성격이 강하다. 특히 이슬람권과 성전이 파괴되기 전의 유대교가 그렇다. 세계 종교의 많은 신자도 부족 사회 구성원처럼 기적적 힘에 의해서든, 훌륭한 도덕적 상태의 성취를 통해서든 몇몇 성소聖所를 향한 참회 순례를 떠남으로써 육체와 정신, 영혼의 고통과 불행에서 치유되길 원한다. 그 성소는 대개 정치적·종교적 중심지에서 멀리 떨어진 주변부나 전이적 장소에 있다. 자신의 순례 경험을 기록으로 남긴 이들도 대부분 성소에서 만난 여행자나 신도 사이에서 형성되는 '커뮤니타스'적 관계를 감동적인 어조로 보고한다.

나는 순례 성지의 상징과 거기서 일어나는 일을 파악하기 위해 아내와 함께 유명한 순례 성지 몇 군데를 방문했다. 우리는 멕시코와 아일랜드, 영국을 여행했고, 개별 성지에서 상당한 관찰 자료와 문헌 자료를 수집했다. 순례 성지는 대부분 역사가 길다. 우리는 시간에 따른 각 순례 성지의 변화 양상을 파악하고 싶었기 때문에, 입수할 수 있는 역사적 기록과 구전설화를 수집·섭렵했다. 우리는 매력적인 성지 여러 곳을 전전하다 캔터베리대성당을 방문했다. 캔터베리는 예루살렘Jerusalem의 그리스도 무덤, 로마의 사도 교회들, 스페인 북서부 산티아고데콤포스텔라대성당Santiago de Compostela Cathedral과 함께 기독교 문화권의 4대 성지다. 캔터베리대성당의 방문객 통계에 따르면, 성 토머스(베켓 대주교)에게 바쳐진 성소가 따로 없음에도 그런 성소를 갖춘 어지간한 성지보다 위력이 강한 듯하다. 오늘날에도 유럽, 미국, 아시아, 오스트레일리아 전역에서 수십만 명(그중 상당수는 실제 순례자다)이 그곳을 찾기 때문이다. 헨리 8세는 이 중세 성지를 파괴하고 베켓 주교의 유골을 흩어버렸다(어느 전설에서 말하듯 유골을 불태우지는 않은 듯하다). 현재는 포장된 길의 둥근 돌과 명판이 그 장소와 살해된 베켓 대주교를 기릴 뿐이다. 그러나 해마다 여름이면 유럽 각국의 방문객이 가이드를 대동하고 성당으로 몰려들어 베켓 대주교의 무섭고도 영웅적인 죽음에 대한 이야기를 듣는다. 대답되지 않은 마지막 질문과 함께 말이다. 베켓 대주교는 죽음을 스스로 기획했을까? 그는 죽음을 그리스도교적 체념과 겸허로 받아들였을까? 그는 영광을 원했을까, 원칙을 위해 죽었을까? T. S. 엘리엇이 작품에서 제기한 의혹("그릇된 이유로 옳은 일을 수행하기, 이 최후의 유혹은 가장 큰 죄다")처럼 토머스는 '최후의 유혹'에 굴복했을까?

영국 왕실의 교회법 고문을 지낸 베켓 대주교의 일생에 주목한 것이 1970년 베켓 대주교 서거 800주년 추도식 후 그에 대한 자료가 놀랄 만큼 쏟아졌기 때문은 아니다. 공교롭게도 그의 이야기는 당시 내가 몰두한 이론적 관심사(과정적 구조의 비교 연구를 위한 자료로서 아이슬란드 영웅전설, 더 나아가 아이슬란드 역사 연구)와 절묘하게 맞아떨어졌다. 나는 인간의 사회적 삶에서 발견되는 시간성의 형식적 측면에 관심이 있었다. 어떻게 특정 사건이 일련의 패턴을 따라 발전되며, 어떻게 엄청난 자료 더미에서 식별 가능한 연쇄적 국면을 파악할 수 있을까? 그 시간성의 형식이란 사법적·의례적 과정처럼 통시적 형태와 구조를 띤 제도화된 과정일 뿐만 아니라, 동시에 정치적이거나 종교적인 운동처럼 제어되지 않는 사건이기도 했다. 나의 가설은 이런 과정이 명시적인 관습이나 규칙에 따라 조건화·결정·구조화되지 않는 곳에서 행위자는 자신의 주관적 패러다임에 따라 행동할 것이라는 점이었다. 이 패러다임은 주된 사회 문화적 과정 외부에서 형성된 것으로, 교육이나 정형화된 상황에서 구속적 행동 모델 같은 사회화 장치를 동반한다. 그 패러다임은 담지자의 행위 형식, 타이밍, 스타일에 영향을 준다. 그런 지침을 따르는 이들은 자신의 상호작용 행위나 사회적 사건에서, 무작위적이지 않은 어느 정도 구조화된 행위를 보여줄 것이다. 그 때문에 몇몇 문화에서 인간 세상을 규제하는 원리로서 운명 개념이 생겨났는지도 모른다. 그리스비극과 아이슬란드 영웅전설은 모두 공적 영역의 인간사를 제어하는 이 암묵적 패러다임을 인정한다. 두 장르에서는 자유로운 선택에 근거한 것처럼 보이는 인간 행위가 결국 긴 우여곡절을 거쳐 총체적 패턴의 일부가 되고 만다. 거기서 주요 등장인물은 거의 본능적으로 근원적 은유를 받아들이며, 이는 치명적인 사회적 파장을 낳는다. 이 점을 문학, 예술, 역사라는 거울에 비춰 잠시 설명할 필요가 있다. 여기서 나는 검증되지 않은 가설을 제시하려 한다. 다른 생물종처럼 인류도 유전자형적genotypical 목표가 표현형적phenotypical 이해관계를 넘어서며, 일반적 선善이 개인적 행복 위에 있는 것 같다(상대적으로 드물지만 두 충동이 맞부딪치는 경우에). 근원적 은유는 유전자 코드의 문화적 등가물이라 할 만하다. 그것은 DNA나 RNA 코드가 인간종의 생물학적 본질을 드러내듯이, 문화적 존재로서 인간의 본질을 드러낸다. 그것은 인간의 삶을 더 복잡하고 상징적으로 체계화된 문화 수준 까지 높여준다. 게다가 이 근원적 은유가 종교적 성격을 띤다면, 궁극적으로 개인의 생존보다 집단의 생존이 우위에 있다는 사실 의 명백한 징표로서 자기희생의 양상이 포함된다. 나는 여기서도 근원적 패러다임과 커뮤니타스적 경험에 연관성이 있다고 생각한 다. '본질적 우리essential we'(부버)의 관계는 사회적 유대와 관련된 모 든 특수한 문화적 규정, 규범적 질서를 초월하는 포괄적인 인간 대 인간의 결속이다. 근원적 패러다임(이는 개별 문화에서 다양하게 나 나는 자아나 사실적 이해관계에 근거한 다양한 일상적 · 상황적 행동 모델 과 구별된다)은 커뮤니타스라는 전제 조건에서 성취되는 인간적 결 속의 근본적 전제와 관계가 있는 것 같다. 기독교 전통의 근원적 패러다임을 가장 기막히게 표현한 것은 베켓 대주교가 뚜렷이 보 여준 신화적 · 우화적 형식보다 윌리엄 블레이크의 시구 아닐까 싶 다. 시인은 "인간이 영원의 시대의 인간과"(시 〈Jerusalem 예루살렘〉, 판화 96번, 6행) 대화하기 위한 전제 조건이 자아의 봉헌offering up of self이라고 노래한다. 이 이단적이고 반교회적 시인은 '십자가의 길' 이라는 테마를 여섯 줄로 요약한다.

> 예수께서 말씀하셨다. "너희를 위해 한 번도 죽지 않은 자를
> 사랑하겠는가? 또 너희를 위해 죽지 않은 자를 위해 죽겠는가?"
> 신이 인간을 위해 죽지 않았고, 인간을 위해 영원히
> 자신을 내어주지 않았다면, 인간은 존재하지 못했으리라.

신이 사랑인 것처럼, 인간도 사랑이기 때문이다. 이웃에 대한 모든 친절은 신의 이미지 속에서 작은 죽음이니, 형제애 없이 인간은 존재하지 못한다.

〈Jerusalem〉, 판화 96번, 23~28행

여기서 근본적인 사회적 결속으로서 사랑 개념은 실제적이고 상징적인 죽음 개념과 연관된다. 다른 인간 존재와 진정한 사회적 관계를 맺으려면 인간의 '자기 본위성selfhood'이 죽어야 한다. 후자의 단어는 블레이크에게 사회적 지위와 역할 수행으로 구성된 경쟁적이고 야심찬 세계의 은유다.

이 내용을 언급하는 이유는 베켓 주교의 삶과 죽음의 치명적 성격을 기본 줄거리로 하면서, 내가 지금까지 논의해온 사회적 드라마를 분명히 보여주는 아이슬란드 영웅전설을 발견했기 때문이다. 그것은 에이리크르 마그누손Eiríkr Magnússon이 꼼꼼하게 편집해서 1875년에 두 권짜리 '두루마리 시리즈Rolls Series'로 펴낸 《Thómas Saga Erkibyskups토머스의 영웅전설》이다. 이 이야기는 1883년 제임스 C. 로버트슨 목사가 편집해서 펴낸 《Materials for the History of Thomas Becket》에 포함되기도 했다. 이렇게 순례와 역사, 신화, 영웅전설이 한자리에 모였고, 나는 베켓 사건을 연구하지 않을 수 없었다. 우리는 그 이야기 첫머리부터 순례 체계를 만난다. 영웅전설이라는 양식은 베켓 주교와 헨리 왕 관계의 운명적 성격과 그것의 사회 역사적 차원을 드러낸다. 한편 베켓에 초점을 맞춘 역사적 자료는 자유로운 의사 결정을 통해 최후의 비극으로 이끌려간 베켓이라는 인물을 보여준다. 나는 사회적 드라마라는 형식에서 베켓 주교의 이력과 주요 에피소드를 보여주기 위해 위의 영웅전설을 포함해 당대의 역사적 문헌 자료, 즉 캔터베리의 윌리엄William of Canterbury, 에드워드 그림Edward Grim, 게르네스Guernes de Point-Sainte-Maxence, 윌리엄 피츠테판William Fitzstephen, 솔즈베리의 요한John of Salisbury과 다른 학자의 논의를 참조할 것이다. 그 과정에서 특히 베켓 주교가 어떻게 순교라는 기독교 문화의 근원적 패러다임, 즉 특정 동기나 원인의 궁극적 가치를 주장하기 위해 목숨을 거는 행위로 점점 이끌려갔는지 추적하고자 한다.

그러나 모든 희생에는 희생자뿐 아니라 희생시키는 자도 존재한다(베켓 주교는 자발적 희생자지만). 다시 말해 우리는 지금 고독한 개인이 아니라 사회관계의 체계, '독백'이 아니라 '드라마'를 다룬다. 베켓의 사건에서 희생시키는 자는 헨리 왕이다. 베켓 살해에 직접적인 책임이 있든 없든(나는 베켓 주교의 죽음을 안 헨리 왕이 사람들에게 보여주기 위해서가 아니라 진정으로 슬퍼했을 거라고 생각한다) 그는 몇몇 중대한 순간마다 베켓 주교를 순교의 길로 몰아붙인 장본인이다. 둘 사이에는 늘 기묘한 공모共謀가 있었는데, 헨리 왕은 베켓 주교가 영광스런 교회의 대표자답게 처신하라고 부추겼다. 베켓 주교는 처음에 마지못해 성스러운 역할을 떠맡았다. 이 점은 그의 친구이자 가장 뛰어난 전기 작가 윌리엄 피츠테판이 인용한 이야기에서 잘 드러난다. 신화든 진실이든, 그 이야기는 두 인물의 캐릭터를 정확하게 드러낸다. 이는 베켓 주교가 헨리 왕의 고문이자 좋은 친구인 시절에 벌어진 일이다.

두 사람은 또래 소년들처럼 어울려 놀았다. 강당과 교회당에서 그들은 같이 앉았고, 같이 나가서 바람을 쌨다. 지독하게 추운 어느 겨울날, 그들은 말을 타고 런던London 시내를 지나고 있었다. 왕은 불쌍하고 비썩 마른, 넝마를 입은 노인이 다가오는 걸 보고 주교에게 말했다. "저 노인이 보입니까?" 주교는 대답했다. "보입니다." 왕은 말했다. "정말로 불쌍하고 허약한, 옷도 제대로 걸치지 못한 노인이구려. 저 노인한테 두툼하고 따뜻한 외투를 주는 건 훌륭한 자선이겠지요?" 주교가 대답했다. "훌륭하고말고요. 왕이시여, 늘 자선에 관심을 두셔야 합니다." 그사이 불쌍한 노인이 다가왔다. 왕은 멈췄고 주교도 멈추었다. 왕은 노인에게 다가가 좋은 외투가 있느냐고 물었다. 그들이 누군지 모른 노인은 그 질문이 농담이라고 생각했다. 왕이 주교에게 말했다. "훌륭한 자선을 베풀어야 할 사람은 당신이오." 그는 주교가 입은 외투(주황색과 회색으로 된 아름다운 새 옷)의 모자 부분을 쥐고 벗기려 했다. 그러자 주교는 옷을 빼앗기지 않으려고 버텼다. 한바탕 소란이 벌어졌고, 수행하던 기사와 귀족은 갑작스런 소란이 벌어진 까닭을 궁금해하면서 몰려들었다. 왕과 주교는 입을 열지 않았다. 두 사람은 서로 멱살을 움켜쥐었고, 말에서 한 번 이상 떨어진 것 같았다. 한참 주저한 끝에 결국 주교가 왕의 뜻에 따라 자기 외투를 불쌍한 노인에게 주었다. 그러자 왕이 수행원에게 사건의 전말을 알려주었고 사람들은 웃음을 터뜨렸다. 몇몇은 자신의 외투와 망토를 주교에게 건네주었다. 불쌍한 노인은 기대하지 못한 기쁨에 차서, 주교의 외투라는 예상 밖의 전리품을 가지고 신에게 감사드리며 떠나갔다. (로버트슨, 《Materials for the History of Thomas Becket》, 1883, vol. 3, p. 22)

이 인상적인 장면에서 헨리 왕은 짓궂은 방법으로 베켓 주교에게 자선을 강요한다. 아직 장난스런 몸싸움에 불과하지만, 그 후 역사적 스캔들을 감안하고 다시 보면 여기는 서서히 베켓 주교에게 위협이 될 고압적이고 오만한 앙주Anjou 사람 특유의 성깔이 있다. 베켓 주교의 완고한 저항, 마지못해 외투를 내준 주교에 대한 기사와 귀족의 즉각적인 배려, 베켓 주교가 주변 사람에게 보여준 묘한 매력 등도 간파할 수 있다. 어쩌면 노인의 반응에서 베켓 주교가 사후에 가질 기적적인 힘을 어렴풋이 감지할 수도 있으리라.

나는 백주에 벌어진 이 장면부터 베켓 주교와 헨리 왕이 가차 없이 대립하고, 두 사람의 입장이 화해 불가능한 수준에 이른 노샘프턴 공의회의 어두운 실내로 옮겨 가려 한다. 나는 무문자 사회의 중요한 정치적·법적 사건을 기술하고 분석했듯이 이 공의회를 논의할 것이다. 이 종교회의는 아프리카 마을 회의와 규모가 비슷했고, 당사자들이 직접 만났으며, 수사법이나 몸짓도 부족사회 법 집행자와 대단히 비슷했기 때문이다. 즉 나는 노샘프턴 공의회를 사회적 드라마로 간주하면서 상황 분석situational analysis을 시도할 것이다. 그러나 두 사례에는 중요한 차이가 있다. 노샘프턴 공의회는 여러 마을이나 추장국의 원로회처럼 문제를 해결하기 위한 자리가 아니다. 이 회의 저변에는 달라지는 유럽의 사회구조에서 생겨난 갈등이 있었고, 이 회의 형식과 내용도 문자를 통해 여러 세기의 논쟁에서 차용되었다. 참여자 숫자는 적었지만, 그들의 상호작용을 소집단 분석으로 처리하는 것은 불충분하다. 참여자는 수많은 개인과 관계, 공동의 이해, 제도적 목표를 대표하는 이들로, 상당

표 1. 베켓 대주교의 순교 일지

기원전 516년? 예언자 스가랴(Zechariah) 살해됨   서기 33년 예수 십자가형   서기 35년 스데반(Stephen) 순교

유럽	영국	베켓 대주교
	597년 아우구스티누스 순교	
910년 클뤼니회 개혁 운동		
962년 오토 1세 신성로마제국의 황제 등극		
	1012년 알페주 대주교 덴마크인들에 의해 순교	
	1066년 랜프랑크 대주교, 클뤼니회 개혁 운동 이끔	
1073~1085년 교황 그레고리 7세 재임		
1077년 황제 하인리히 4세, '카노사로 가서' 그레고리 교황에게 참회		
1095년 클레르몽회의 개혁안 발표		
	1097년 안셀무스 대주교, 헨리 1세에 의해 추방됨	
		1118년 대주교 탄생
		1143년 시어볼드 대주교의 보좌주교
		1154년 부주교 죽위
	1154~1189년 헨리 2세 재위	1155년 국가 교회법 고문 죽위
	1155~1172년 교회와 왕실의 투쟁	1162년 캔터베리 대주교 죽위
1162년 교황 알렉산더 3세, 프리드리히 1세에게 추방됨	1163년 웨스트민스터 공의회 개최	
1164년 프리드리히 1세, 가(假)교황 파스칼 3세 임명	1164년 1월 14일 클래런던 헌법 공의회 10월 6일 노샘프턴 공의회 개최	1164년 1월 14일 클래런던 헌법 공포 10월 6일 노샘프턴 헌법 공포 10월 12일 병환 10월 13일 성 스데반 축일, 토머스 대주교 도주 11월 2일 프랑스로 도주
1166년 베켓 대주교, 베즐레에서 헨리 2세의 측근 파문		1166년 베즐레에서 헨리 2세의 측근 죽근 파문
1170년 7월 22일 프레테발에서 헨리 왕과 화해 12월 24일 헨리 왕: "누가 대성이 뻔뻔한 이 사제를 내게서 제거해주겠는가?" 가시들과 모의		1170년 7월 22일 헨리 왕과 화해 12월 1일 영국으로 귀환 12월 25일 자신의 죽음을 예언하며 설교 12월 29일 성당에서 살해됨 1173년 성인으로 공표됨
1177년 교황의 군대가 프리드리히 1세의 군대 격퇴	1174년 헨리 왕, 캔터베리대성당에서 참회	1220년 군중 20만 명이 모인 가운데 베켓 주교의 유해를 세 성자로 이동

한 직위(때로는 여러 직위)가 있었기 때문이다. 그런 인물은 언어를 신중하게 구사하고, 행동은 심사숙고해야 하며, 때로 훌륭한 말 대신 침묵을 택해야 한다. 노샘프턴 공의회에서 고위 성직자와 왕의 대표는 얼굴을 붉히며 길길이 날뛰었고, 온갖 드라마틱하고 멜로드라마적인 행위를 보여줬다. 그 때문에 이 상황은 더욱 놀랍다. 당시 정황을 보면 양측이 속내를 숨김없이 드러냈고, 적절한 중재 수단이 없었음이 분명하다. 이 절망적 교착 상태에서 우리가 논의할 특정한 근원적 패러다임이 베켓 주교를 사로잡았고, 그때부터 그는 그 패러다임에 따라 행동했다. 위대한 인물이 궁지에 몰리면 지푸라기가 아니라 뿌리(근원)를 잡는다.[2] 하지만 베켓 주교가 무슨 생각을 했고 어떻게 행동했는지 정확히 판단하려면 그의 행위를 당시 역동적인 사회적 맥락에서 고찰해야 한다(표 1 참조).

노샘프턴 공의회는 베켓 주교와 헨리 왕이 견지한 원리의 긴 투쟁의 클라이맥스이자 새로운 갈등의 시초였다. 우리는 헨리 왕이 교회와 국가의 지배권을 동시에 얻기 위해, 당시 영국 가톨릭의 최고 직위인 교회법 고문과 캔터베리 대주교라는 직함으로 베켓 주교를 어떻게 유혹했는지 안다. 헨리 왕은 친구가 자기 야망의 도구가 되어주길 바랐고, 베켓 주교를 통해 영국 전체를 자신의 '생각' 아래 복종시키고 싶었다. 그는 독립된 교구처럼 국가의 통치를 벗어나는 어떤 공간도 용납하지 않았다. 이제 와 판단하면, 베켓 주교가 잠재적 이해관계가 충돌해 양심의 갈등을 느낀다는 명분으로

---

2 '물에 빠진 사람은 지푸라기라도 잡는다'는 속담을 '근원적 패러다임(root paradigm)'에 빗대어 비튼 표현이다.

힘겹게 국가의 교회법 고문에서 물러난 것은 교회 관련 사안을 왕실의 통제에서 독립시키겠다는 첫 번째 일격으로 보인다. 왕은 그의 사임에 동의하지 않았다. 그 사임은 베켓 주교가 왕권과 정반대 극에 위치한 새로운 종교적 지위에 헌신하겠다는 의지를 표현한 것이기 때문이다. 그 후 베켓 주교는 종교적 금욕 생활에 돌입했는데, 이는 과거와 단절을 분명히 보여준다. 과거에 대주교는 호화롭고 화려한 삶의 양식으로 유럽 전역에 알려졌기 때문이다. 인류학자가 보기에 대주교 취임 후 베켓이라는 남자의 비범한 삶과 죽음의 드라마는 입사식 특유의 양식화된 성격을 띤다(물론 이때의 입사initiation는 순교자라는 지위로 입사를 말한다). 이제 어떤 이미지와 개념(이것이 패턴화되면 패러다임을 구성한다)이 베켓 주교를 추동했는지 살펴보자. 처음에는 왕실의 강압적 칙령이 촉발했지만, 나중에는 자체 법칙에 따라 작동한 1차 과정이 역사의 실제 사건 위에 각인한 이 패턴은 '순교자의 길'이라는 문화적 형식을 띠었다. 이 형식은 베켓 주교의 의식에 칭찬할 만한 삶보다 고통스런 죽음으로 성취할 수 있는, 순교자의 면류관이라는 영광스런 목표를 뚜렷이 각인했다. 베켓 주교는 처음부터 자신이 가공할 힐데브란트Hildebrand의 수도사였던 교황 그레고리우스 7세Pope Gregorius Ⅶ가 하인리히 4세Heinrich Ⅳ를 '카노사Canossa로 오게' 한 것처럼,[3] 헨리 왕을 캔터베리로 부를 수 없음을 안 것 같다(교회법의 자율성에 반대

---

3 유명한 '카노사의 굴욕' 사건을 말한다. 신성로마제국의 황제 하인리히 4세는 성직서임권을 둘러싼 갈등 때문에 1077년 겨울, 카노사 성 앞에서 교황 그레고리우스 7세에게 굴욕적인 사과를 했다. 이 사건은 일시적으로 교황권의 강화를 가져왔다.

표 2. 헨리 2세의 계보

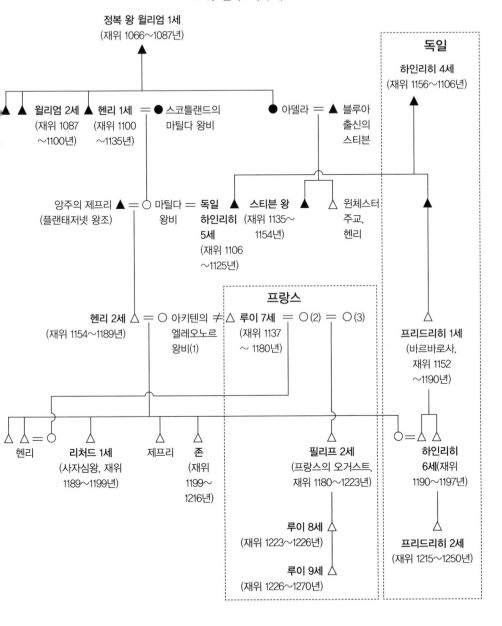

하거나 찬성한 군주들의 관계는 표 2를 참조할 것). 정복 왕 윌리엄 1세 William I(영국 노르만왕조의 초대 왕)는 영국 교회보다 국왕의 입지를 지나치게 강화했다. 힘으로는 앙주 왕가를 정복할 수 없었다. 게다가 베켓 주교는 헨리 2세를 파멸시키기보다 그의 영혼을 얻으려 했다. 베켓은 종종 위협했어도 실제 헨리 2세와 영국에 맞서 자신의 궁극적인 무기인 파문이나 제명을 행하지 않았다. 그가 이기려면 힘이 아닌 것antiforce을 통해서나, 헨리 2세가 자신에게 권력을 행사할 때 그 권력은 부당한 것임을 알리는 방식을 취할 필요가 있었다. 베켓 주교는 순교라는 패러다임 덕분에 헨리 2세의 세속적 권력에 최후까지 맞설 수 있었다.

하지만 베켓 주교에게도 약간 시간이 있었다. 그는 대주교 취임 후 자신을 교회와 동일시하며 교구에 속한 토지 일부를 새로운 왕실 소유주에게서 몰수해 예전처럼 교회에 귀속해야 한다고 주장했다. 동시에 그는 교구 내 모든 성직서임권을 요구하며 왕실의 권한에 도전했다. 헨리 2세를 격노케 한 것은 대주교가 '범죄를 저지른 성직자'를 교회법에 의거해 교회 법정에서 재판·처벌해야 한다고 주장한 점이다. 이는 영국의 모든 법체계를 중앙집권화된 왕실의 통제 아래 두고, 공정한 사법 체계를 구축하려던 헨리 2세와 그의 고문(대주교가 되기 전에는 베켓도 왕의 고문이었다)의 노선과 정확하게 대립했다. 직급이 아무리 낮아도 성직에 종사하는 '종교쟁이'가 왕의 처벌을 벗어날 수 있다면, '성직자의 특혜'라는 절대적 걸림돌이 국가의 권위를 훼손할 것이다. 물론 액튼 경Lord Acton은 이런 이중적 법체계가 영국식 자유의 중요한 토대 중 하나라는 설득력 있는 주장을 펼쳤다. 사람들은 한 법체계에 맞서 다른 법체계에 의지할 수 있었기 때문이다. 헨리 2세는 체계적인 성격과 거리가 멀었지만, 언제나 타인에게 가장 높은 규율과 질서를 부과했다. 종교라는 영역이 그의 통제와 권위를 벗어난다면 그 계획은 실패로 돌아갈 것이다. 헨리 2세는 친구인 베켓 주교가 교회를 왕에게 종속시키라는 자신의 과제를 국가에 귀속돼서는 안 되는 것이 있다며 저버렸다는 점에 분노했다. 여기서 헨리 2세가 공공연한 분노를 드러내며 자신의 뜻을 베켓 주교에게 강요하려 한 웨스트민스터 공의회(1163년 10월 2일)나 클래런던 헌법 공포(1164년 1월 14일) 사건은 건너뛰려 한다. 이 사건에서 헨리 2세는 전체적으로 자기 뜻을 관철했고, 양보한 쪽은 베켓 주교다. 그러나 헨리 2세는 왕실의 절대적 권한을 원했고, 베켓 주교는 한 남자로서, 성직자로서 충격과 모욕감이 들어 1164년 10월 6일 노샘프턴 공의회를 소집한 것 같다.

노샘프턴 공의회의 중요한 협의 대상이자, 헨리 2세가 영국 주교에게 강권한 클래런던 헌법(로버트슨, 《Materials for the History of Thomas Becket》, 1883, vol. 5, p. 71)을 잠깐 살펴보자. 베켓 주교는 헌법 공포 당시 불안해하면서 왕의 심기를 달래려고 했다. 그는 헨리 2세가 주교에게 클래런던 헌법 조항에 서명할 것을 그토록 집요하게 요구하리라고는 생각지 않았다. 신사의 서약인 구두 서약으로 충분하며, 그 후의 곤란은 영국인 특유의 갖가지 타협책, 요령, 잡아떼기 등으로 대처할 수 있으리라 생각했다. 헨리 2세가 서명을 요구한 법률 조항이 무엇인가? 그 헌법은 16개 조항으로 구성되었다. 데이비드 노울스는 그중 최소한 6개 조항이 "교회의 권리를 침해하는" 내용이라고 주장한다(1970, pp. 89~92). 헨리 2세는 50년 전, 외할아버지 헨리 1세의 통치기에 만들어진 관습에 근거한다고 주장하면서 그 헌법을 정당화하려 했다. 그렇게 왕의 법률이 교회법과 충돌했다. 문제가 되는 조항 가운데 범죄를 저지른 성직자를 궁정 재판관이 왕실 법정으로 소환해 "왕실 법정에서 심문이 가능한 사안에 대해 답변할 것을" 요구할 수 있는 권리(조항 3)가 포함되었다. "대주교, 주교, 유급 성직자는 왕의 허가 없이 왕국 밖으로 나갈 수 없다"는 조항(4번)도 있었다. 왕에게 토지를 받았거나 왕의 영지에서 근무하는 모든 관리에게는 고위 성직자의 파문이나 제명이 허용되지 않는다는 조항(7번), 왕실 법정이 최고 항소법원이며 "대주교가 판결하지 못한 사건은 왕이 최종적으로 심판해야 한다"는 조항(8번)도 포함되었다. 이는 성직자가 왕의 허락 없이는 교황을 방문할 수 없다는 조항 4처럼 로마교황청 재판소에 항소하는 것을 막기 위한 조치다. 마지막으로 조항 12는 대주교나 주교를 선출할 때 왕이 성직자를 왕실 예배당으로 소집할 수 있고, 그 성직자는 "서임식을 치르기 전에 군주인 왕에게 자신의 삶과 신체, 지상의 영광, 질서에 경의를 표한다는 뜻에서 존경의 표시와 충성 서약을 해야 한다"고 규정했다. 이 조항은 당시 유럽 전역에서 국가와 교회의 의견 충돌을 낳은 성직서임권 문제와 맞닿았다. 교회는 성직이 교회법 아래 "교회법에 따른 선출자, 즉 주교와 지역의 유명한 성직자, 수도승, 신입 성직자들에 의해" 임명되어야 한다고 주장했다(노울스, 1970, p. 92). 반대로 황제와 왕은 군주가 주교를 임명할 수 있어야 한다고 주장했다. 사실 이는 정복 왕 윌리엄 1세가 한 세기 전에 주장한 내용이며, 당시 랜프란크 대주교는 반대하지 않았다. 한편 조항 16은 평민의 문제를 건드린다. 즉 농노의 자식은 출생지 영주의 동의 없이는 사제 서품을 받을 수 없다는 내용이다. 이는 당시 평민에게 허용된 몇 안 되는 신분 상승의 기회(사제 서품과 교육을 통해 성직에서 출세하는 것)를 봉쇄하려는 것이다. 헨리 2세는 봉건 군주제의 원리를 모든 사회 영역에 확산시키고 싶었고, 사자에게든 암소에게든 한 법률을 선포하길 원했다.[4]

여기서는 간략하게 다뤘지만 이 사건의 성격은 분명하다. 이는 막 태동하던 국수주의적 군주제와 봉건제의 정치 경제적 구조 뒤에 존재하는 조직화되고 합법적인 힘을 결집하려는 헨리 2세의 단호한 시도다. 그 힘은 내적 모순이 있지만 오만한 황제적 교황주의Caesaropapalism가 출현하기 전, 클뤼니회 개혁 운동이 낳은 최상의 열매인 국제주의, 교육주의, 가톨릭교회에 의한 사회적 신분 이동 가능성 등과 대립되는 또 다른 원리를 대표하는 것이다. 베켓 주교는 상의도 없이 헨리 2세에게 굴복해 다른 주교들을 실망시켰다. 노울스가 지적했듯이 주교들은 "'사자의 포효처럼 강렬한' 왕의 분노와 언젠가 주교들에게 위협적인 폭력을 행사한 남작들의 협박 앞에서도 단호함을 잃지 않았다"(노울스, 1970, pp. 87~88). 베켓 주교의 숙적인 런던의 길버트 폴리옷Gilbert Foliot 주교가 표현한 대로, 베켓 주교의 "돌연한 이탈"(노울스, 1970, p. 88)은 교회 측에 배

---

4 사자와 양을 동일한 법률로 다스리는 것은 폭력이라는 윌리엄 블레이크의 시구를 비튼 표현.

신으로 비쳤음에 틀림없다. 사실 주교들은 왕의 전직 고문이자 심복인 그의 결정을 늘 두려워했다. 대다수 주교들에게 베켓 대주교는 항상 이방인이었다. 천한 출신에 수도승도 아니고, 세속적이며 세련된 행정가였다. 베켓 대주교는 자신의 망설임을 크게 뉘우친 것이 분명하다. 그는 클래런던 헌법이 필사될 것임을 깨닫고 서명을 거부했다. 그리고 얼마 안 되어 우울에 빠져서는 교황 알렉산더 3세에게 편지를 쓰면서 불충실의 죄를 용서해달라고 간청했다. 그는 프리드리히 1세Friedrich I의 분노 때문에 신실한 프랑스 왕 루이 7세Louis VII의 보호 아래 상스Sens에서 망명 중이던 교황에게 교서가 오기까지 40일 동안 교구 예배를 집전하지 않았다. 당시 프리드리히 1세는 로마가 자기 영지이며, 교황은 자신의 봉신이라고 선언하면서 가假교황을 임명한 상태였다. 교황은 외교적 고민 끝에 베켓 주교의 과시적인 금욕 생활을 나무라고, 헨리 2세를 너무 자극하지 말라고 조언했다. 헨리 2세가 교황에게 상당한 경제적 지원을 했기 때문에 그를 노골적으로 모욕할 수 없었던 것이다. 이 무렵 베켓 주교는 헨리 2세의 노선에 꿋꿋이 맞서야겠다고 결심하는데, 교황이 클래런던 헌법의 10개 조항을 규탄하자 그 결심은 더욱 강해졌다. 알렉산더 교황도 그 헌법이 교회법에 치명타를 입히는 것을 묵과할 수 없었다. 베켓 주교는 교황을 만나 직접 죄를 고백할 생각으로 두 번이나 영불해협을 건너려 했지만 모두 실패했다. 그러면서 왕의 허락 없이 왕국 밖으로 나갈 수 없다는 클래런던 헌법의 조항 4를 자연스럽게 어겼다. 베켓 주교는 우드스톡Woodstock에서 헨리 2세를 기다리며 왕과 화해하기 위해 마지막 노력을 했지만, 옛 친구인 왕은 그의 실패한 도주 시도를 지적했을 뿐이다. "주교는 나의 왕국이 우리 둘을 위해 너무 작다고 생각하시오?"(로버트슨,《Materials for the History of Thomas Becket》, 1883, vol. 3, p. 294) 이제 무대는 노샘프턴의 결정적인 공의회로 이어진다.

예전 연구에서 나는 사회적 드라마 개념을 사회 갈등을 드러내는 에피소드를 묘사·분석하는 도구로 사용했다. 간단히 말해 사회적 드라마는 4단계로 구성된 모델이다. 1단계에서 행위의 배경이자 행위 목표를 제공하는 특정 사회집단이 중대한 것으로 간주하던 관계의 위반이 일어난다. 2단계에서 위기 국면이 고조되며 서서히 해당 집단이 두 주요 세력으로 분열된다. 3단계에서 법률적·의례적 수단을 통해 갈등 세력의 화해가 시도된다. 4단계에서 공적이고 상징적으로 화해하거나, 치유할 수 없는 분열이 생겨난다. 1단계에서 종종 핵심적인 사회관계를 관장하는 규범이나 규칙의 명시적 위반이 일어나며, 이는 종전의 우호적 관계를 반목으로 바꾼다. 그 후의 여러 단계와 각 단계의 중요도는 경우에 따라 다양하다. 사회적 드라마가 빠르게 전개될 경우, 특정 순간에 관찰되는 것이 위반, 위기(편이 갈리고, 동맹이 결성되며, 개인과 집단의 조직적·지속적 관계를 통해 갈등의 골이 확산·심화되는 단계), 교정 단계 중 어느 것인지 구별하기 어렵다. 예를 들어 노샘프턴 공의회에서는 베켓 주교가 법률을 어겼다고 주장하며 먼저 행동을 취한 쪽은 헨리 2세다. 왕이 정초하고 인준한 클래런던 헌법을 위반했다는 것이다. 헨리 2세는 스스로 판관이 되어 사회적 드라마의 3단계인 교정을 실시하려 했다. 여기서 사회적 드라마를 촉발한 원인이 무엇인지 분명히 말하기 어렵다. 서로 용무에 끼어들지 말자는 왕과 대주교의 암묵적인 규율 혹은 신사들의 협약을 어긴 것은 헨리 2세인가, 아니면 왕의 주장대로 베켓 주교가 새 헌법의 조항을 어겼나? 진실이 무엇이든 여기서 관건은 '누가 실세인가'라는 점이다. 베켓 주교가 그 문제를 의지의 충돌로 봤다는 점, 헨리 2세가 물리적 힘을 동원해 권력 장power field을 무력 장force field으로 바꿔 본때를 보여줄 작정을 했다는 점은 분명하다. 두 사람은 이 힘의 경쟁에서 자신이 동원할 수 있는 모든 권력, 영향력, 위세, 부富, 추종자, 조직, 내외적 원조를 끌어모았다. 어쨌든 위반은 위기 국면을 낳았고, 위기는 심각해져서 활용 가능한 모든 공식적 교정 수단이 부적합하다는 것이 드러났다. 상황은 더 어두워졌고, 결국 드라마는 6년 뒤 베켓 주교가 순교와 순례라는 상징적 유산을 남긴 채 성당에서 살해당하는 것으로 끝났다.

헨리 2세가 노샘프턴에서 꺼낸 패는 존 마셜John the Marshal 사건이다. 이는 "재무부 위원인 마셜 남작이 당시 팩험Pagham 대주교의 영지에 속한 뮌드험Mundham 땅을 점유"한 사건이다(노울스, 1970, p. 94). 앞서 언급했듯이 왕은 클래런던 헌법에서 가신들이 교회 재판소에서 이틀 안에 원하는 판결을 얻지 못했을 경우, 왕에게 항소할 권리가 있다고 공포했다.

(항소 시) 해당 가신은 서약-보조인 두 명과 함께 자신의 재판이 부당하게 연기되었다는 맹세를 해야 했다. 헨리 2세의 환심을 사려 한 존 마셜은 이 절차에 따랐다. 반대파의 증언에 따르면, 위증죄라는 공

격을 피하기 위해 당시 지참한 복음서에 대고 맹세했다고 한다. 〔성직자 겸 베켓 주교의 전기 작가들은 헨리 왕 측에서 행한 여러 행동을 신성 모독죄로 규정한다.〕왕은 기회를 놓치지 않고 대주교를 왕실 법원으로 불러 답변하게 했는데, 그 근거는 왕실 법원이 최고 항소법원이라고 선언한 클래런던 헌법이다. 그 뒤에 일어난 일에 대해서는 전기 작가들의 의견이 엇갈린다. 몇몇은 대주교가 쓰러져 사과의 서한을 보냈는데 왕 측에서 믿지 않았다 하고, 어떤 이들은 대주교가 나름의 이유를 들며 왕의 부당한 출두 명령을 거부했다고 한다. 사실이 무엇이든 그 후 헨리 2세는 다시 한 번 베켓 주교를 10월 6일 노샘프턴 공의회에 나오라고 명령했다. (노울스, 1970, p. 94)

공의회에 관한 자료는 상당히 많다. 긴 이야기 일곱 편이 있으며, 그보다 짧은 글도 여러 편 있다. 그중 두 편은 공의회 참관자인 윌리엄 피츠테판과 보섬의 허버트Herbert of Bosham가 썼는데, 그 글을 읽어보면 헨리 2세가 베켓 주교를 파멸시키려 했음이 분명히 드러난다. 특히 헨리 2세는 "강이며 하천을 따라 매사냥을 하느라" 공의회에 늦게 도착했다. 처음에는 베켓 주교도 실낱같은 희망을 품었다. 그러나 왕실 예배당에서 베켓 주교가 집전한 첫 미사에서 헨리 2세가 "영국 관습에 따라 베켓 주교가 시도한 의례적 입맞춤을 거부"하며 분위기는 바뀌었다. 긴 언쟁 끝에 헨리 2세는 친척인 고령의 윈체스터Winchester 대주교로 하여금 베켓 대주교에게 존 마셜 사건의 판결을 들려주라고 명했다(물론 존 마셜은 공의회에 참석하지 않았다). 베켓 주교는 3주 전 존 마셜 재판 때 소환에 불응함으로써 왕실 법원을 경멸했으며, 재판 불출석에 대한 '정당한 이유'도 제시하지 않았다며 유죄를 선고받았다. 노샘프턴 공의회의 주인공은 왕, 대주교, 왕의 남작, 주교들이었다. 남작과 주교들은 연대하는 사이가 아니었다. 노울스는《The Episcopal Colleagues of Archbishop Thomas Becket》(1951)에서 헨리 2세와 베켓 대주교의 드라마가 펼쳐진 당시 서열화된 성직자 세계의 동맹과 알력을 자세히 기술한다. 베켓 주교가 점점 완고해지며 주교들이 하나둘 그에게서 멀어졌다는 점이 특이하다. 어떤 이들은 비겁함 때문에, 몇몇은 악의 때문에, 다른 이들은 순수한 오해 때문에 베켓 주교를 떠났다. 교황은 지속적으로 헨리 2세와 타협책을 찾으려고 노력했다. 교황은 베켓 주교가 왕실에 저항하는 것을 멍청하고 오만하며 몰상식한 짓으로 여겼는데, 베켓의 친구나 친척조차 왕실의 원한을 살 수 있었기 때문이다. 노샘프턴 공의회 첫 라운드에서 헨리 2세와 윈체스터 대주교는 베켓 대주교가 클래런던 헌법 조항을 받아들일 것을 넌지시 권고했다. 그러자 베켓 주교는 살짝 비꼬아 대답했다. "이건 클래런던 헌법이 공표한 '새로운' 교회법에 따른 '새로운' 종류의 판결이군요."(로버트슨,《Materials for the History of Thomas Becket》, 1883, vol. 4, p. 312) 베켓 대주교는 500파운드 벌금형을 받았다. 그러자 베켓 주교의 오랜 숙적인 런던의 길버트 폴리옷 주교를 제외하고 나머지 주교들이 베켓 주교의 보증인이 되어주었다.

헨리 2세는 단단히 벼르고 있었다. 다음 날 그는 베켓 주교가 교회법 고문으로 아이Eye 성과 버크햄스테드Berkhamsted 성을 관할할 때 받은 300파운드를 내놓으라고 했다. 베켓 주교는 그런 소송은 들어보지도 못했고, 그 문제로 법정에 소환된 적이 없으니 변론할 기회도 없었다고 반박했다. 그는 허물없는 말투로 왕도 자신이 그 돈을 런던탑과 두 성의 보수에 쓴 걸 안다고 말했다.

"내 허락을 받은 적은 없었소. 이 문제를 재판에 부쳐야겠소." 헨리 2세는 반박했다(로버트슨, 《Materials for the History of Thomas Becket》, 1883, vol. 3, p. 53).

그러자 베켓 주교는 충돌을 피하기 위해 돈을 내겠다고 말했다. 놀랍게도 베켓 주교가 얼마 전 파면했다가 용서해준 아인스포드의 윌리엄William of Eynsford이라는 귀족이 베켓 주교의 담보를 서주었다(베켓 주교가 왕에게 내야 할 금액은 요즘 물가로 미화 3만 2000달러 정도다). 글로스터Gloucester 백작도 여기에 동참했는데, 이는 베켓 주교가 당시 남작들에게 지원받았음을 말해준다. 상환 요구는 다음 날에도 계속되었다. 헨리 2세는 베켓 주교를 철저히 추궁했다. 주교가 툴루즈Toulouse 전쟁 당시 내게서 빌린 수천 마르크(2/3파운드)는 어떻게 됐소? 여기서 헨리 2세는 베켓 주교가 자신의 고문이던 시절 발생한 금전적 부채보다 도덕적 부채를 상기시키는 점이 흥미롭다. 베켓 주교는 그 돈이 왕을 위해 일하던 당시 받은 선물이라고 말했다. 왕은 추가적인 담보를 요구했다. 평신도 다섯 명이 베켓을 위해 보석금을 지불했지만, 왕은 만족하지 않았다. 그는 베켓 주교에게 교회법 고문으로 일하는 동안 공석으로 있던 대주교직에서 발생한 수입과 그 외 주교직, 수도원장직 등에서 벌어들인 내역을 모두 보고하라고 했다. 왕이 요구한 금액은 최소한 3만 마르크(요즘 돈으로 대략 80만 달러)에 달했다. 베켓 대주교는 정확한 회계

업무를 위한 시간이 필요하며, 시간을 좀 주면 모든 액수를 정산하겠다고 말했다. 헨리 2세는 "그때까지 담보가 필요하오"라고 대답했다. 보섬의 허버트는 이 순간에 "베켓 주교의 모든 지혜가 무용지물이 되었다"고 쓴다. 베켓 주교는 거의 말을 잇지 못했지만, 자신의 성직자들과 상의하게 해달라고 요청했다. 이는 꽤 전략적인 요청이다. (왕실에서 보낸 공의회 초청서에는 주교를 영국의 봉신으로 소집한다고 쓰였지만) 헨리 2세에게 주교는 남작과 같은 가신이 아니라 보편적인 교회의 대표자임을 분명히 시사했기 때문이다. 베켓 주교는 주교를 남작과 분리하고, 국가와 교회의 명백한 충돌을 야기하고자 했다. 하지만 그는 결과적으로 귀족 친구를 자신에게서 떼어놓고, 성직자들의 분열을 일으켰을 뿐이다. 베켓 대주교는 토요일 내내 주교들, 수도원장들과 상의했다. 길버트 폴리옷은 베켓 주교가 평민 출신임을 상기시켰다. 즉 그가 런던 시민이자 노르만 상인계급의 후예로 자기나 다른 주교들처럼 지주계급이 아님을 지적하고, "교회와 우리를 모두 위험에 빠뜨리는" 일을 그만두라고 권고했다. 한때 난봉꾼이었지만 당시 원로 정치인이던 윈체스터Henry of Winchester 왕실 주교는 다음과 같이 주장하며 베켓을 변호했다. 영국 전체를 대표하는 대주교가 사임한다면 앞으로 어떤 고위 성직자가 왕의 뜻에 반대할까? 다른 이들은 여러 타협안을 제시했다. 몇몇은 영국 교회 전체보다 베켓 대주교가 고통 받는 것이 낫다고 말했다. 윈체스터 주교가 베켓 주교를 풀어줄 2000마르크를 왕에게 가져갔을 때, 헨리 2세의 속셈이 분명해졌다. 헨리 2세는 그 돈을 단호하게 거절했다. 이제 '신의 사람들'은 자신이 믿는 신이 두려울 수밖에 없었는데, 헨리 2세가 베킷 주교를 끝장내고 싶어 한다는 것을 깨달았기 때문이다. 어떤 타협책도 불가능해 보였다. 왕의 모든 요구는 구실일 뿐이고 베킷 주교의 몰락, 아마도 그의 투옥과 느린 죽음을 바라는 것 같았다. 왕은 주교들에게 자신의 판결을 베킷 주교에게 직접 전달하라고 요구했다. 남작들은 경험이 없어 그런 일에 능숙하지 못하다고 발을 뺐기 때문이다. 다음 날 베킷 주교는 윈체스터 주교와 우스터Worcester 주교만 종교적 자유의 원리(아마도 영국 내에서 모든 자유)가 위태로워졌음을 눈치챘다는 걸 깨달았다. 왕의 속셈은 부정직한 옛 관리가 자기한테서 탈취한 세액을 다시 결산해서 돌려받겠다는 게 아니었다.

월요일에 베킷 주교는 병이 났다. 논쟁에 따른 긴장, 캔터베리에서 노샘프턴까지 긴 여정, 왕의 늦은 도착… 이 모든 것이 그의 오래된 지병을 도지게 했다. 그는 신장결석의 고통으로 몸을 비틀며 괴로워했다. 헨리 2세는 예전에도 그랬듯이 대주교가 꾀병을 부린다고 생각, 당시 영국에서 가장 위세 있는 귀족인 레스터Leicester 백작과 콘월Cornwall 백작을 보내 진상을 알아보게 했다. 그들은 베킷 주교가 정말로 아프다는 것을 알았음에도 왕에게 제출할 경위 보고서가 다 준비되었는지 물었다. 대주교는 꼭 그래야 한다면 다음 날 실려서라도 법원에 나갈 것이고, "신의 뜻에 따라 대답할 것"이라고 말했다. 기록에 따르면 두 백작은 그에게 "격려"하기를 몇몇 귀족이 그를 죽이려고 음모를 꾸미고, 왕은 앙주 왕가와 노르만족의 선례에 따라 그를 평생 투옥하거나 눈을 파내고 혀를 잘라내는 식으로 신체를 절단할 계획이라고 말했다.

이 암울한 월요일은 베켓 주교 인생에 가장 비참한 순간이다. 그 장면의 암울함과 절망감을 잠깐 상상해보자. 왕실의 압력 때문에 위상에 걸맞은 더 편안한 숙소에 묵지 못하고, 노샘프턴 외곽 성앤드루수도원St. Andrew's monastery의 들것에 누워 신음하는 베켓 주교가 있다(이 장면은 퐁티니Pontigny의 시토회로 망명하여 이상적 수도사의 청빈을 실천하려 한 그의 미래 모습과도 닮았다). 당시 왕은 도덕률에 따른 규탄이라는 명목 뒤에 숨어 지독하게 잔인해졌다. 나도 자주 경험했듯이 노샘프턴의 가을 날씨는 축축하고 흐렸다. 야만적이고 교양 없는 백작들은 그에게 악의에 찬 말을 쏟아낸 상태였다. 베켓 주교는 파국을 기다리는 몰락한 인간이었다. 어떻게 영광만 추구하던 키 큰 남자가 이 재난과 참담한 기분에서 승리를 낚아챌 수 있을까? 거의 모든 주교, 그의 주변에 있던 욥의 위로자들[5]이 그를 버렸다. 왕과 귀족이 잔뜩 흥분한 그 성에서 물리적 위협이 가해질까 겁이 난 것이다. 고위 귀족도 그를 거부했다. 이런 상황에 그의 정신에서 환하게 타오르는 패러다임이 있었으니, '십자가의 길via crucis'이라는 순교 패러다임이다. 그것이 용기를 되찾게 해주었다. 베켓 주교는 몇 해 전, 영국 서리Surrey 주의 머튼Merton 학교를 방문했다. 어릴 때 그를 가르친 선생은 로버트Prior Robert 수도원장이다. 그런데 머튼의 후임 수도원장 역시 로버트였다. 우연한 향수에 자극받은 베켓은 두 번째 로버트를 자신의 고해 사제로 임명했다. 몇 해가 지나 인생의 가장 암울한 순간에 그는 로버트에게 자신의 절

---

5 구약성서 〈욥기〉에 나오는 욥의 친구들은 위로하는 체하면서 오히려 괴로움을 준다.

망을 털어놓았다. 로버트 수도원장은 다음 날인 10월 13일 화요일 아침, 봉헌 미사를 드리라고 격려했다. 봉헌 미사는 로마가톨릭교회 예식에 따른 일반 미사가 아니라, 기독교 최초 순교자인 성 스데반(그의 축일은 예수의 생일인 크리스마스 다음 날이다)에게 바치는 미사다.

모든 역사적 증거는 베켓 주교의 봉헌 미사 집전이 그의 순교를 향한 전환점이 되었음을 말해준다. 헨리 2세는 외투 사건처럼 베켓 주교를 다시 위협했다. 베켓 주교의 순교 의지는 더욱 강해졌다. 그 화요일 미사에서 우리는 풍부한 상징을 찾아낼 수 있다. 베켓 주교의 전설을 만들어낸 사람들도 화요일이 대단히 중요하다는 사실을 놓치지 않았다. 테니슨은 《Becket 베켓》에서 13세기 후반 글로스터의 로버트Robert of Gloucester가 《The Life and Martyrdom of Thomas Becket 토머스 베켓의 삶과 순교》에 운문체로 기술한 내용을 모방해 다음과 같이 쓴다.

> 나는 화요일에 태어났고 화요일에
> 세례를 받았네. 그리고 화요일에
> 노샘프턴에서 달아났네. 화요일에 영국에서
> 쓰라린 추방을 당했고 화요일에
> 퐁티니 백작이 내게 와
> 순교에 대한 섬뜩한 경고를 남겼네
> 화요일에 나는 망명에서 돌아왔고
> 그리고 화요일에―〔그는 살해당했네〕.

베켓 주교는 제철이 아닌 시기에, 그것도 성앤드루수도원(클뤼니회)에 있는 성스데반예배당에서 미사를 집전했다. 공의회 마지막 날인 화요일, 그가 미사를 시작하기 전에 런던의 폴리옷 주교에게 설득된 대다수 주교들이 베켓을 만류했다. 그들은 대주교직을 사임하고 헨리 2세의 자비를 구하라고 설득했다. 그러나 베켓 주교는 영적인 검劍으로 끝까지 싸우려고 결심한 상태였다. 그는 단호하게 "내 어머니[교회를 말한다]의 아들들이 나와 싸우는구나"(로버트슨,《Materials for the History of Thomas Becket》, 1875, vol. 1, p. 205)라고 대답했다. 이는 구약성서 〈아가〉 1장 6절에 나오는 표현(불가타 Vulgata 성서)으로, 원문은 "Filii matris meae pugnaverunt contra me"[6]다. 베켓은 자신에게 반기를 드는 모든 신자를 파문하라고 주교들에게 명령했다. 왕실 측 입장의 최고 대변자 폴리옷 주교는 그 명령을 거절했다. 그러자 베켓 주교는 그들을 해임했고, 그들은 서둘러 헨리 2세의 궁정으로 갔다. 윈체스터와 솔즈베리 주교는 다른 이들이 떠난 뒤에도 남아서 베켓을 격려했다.

성 스데반 봉헌 미사에는 고유한 입당송이 있는데, "고관들도 앉아서 나를 비방하였사오나 주의 종은 주의 율례들을 작은 소리로 읊조렸나이다"(〈시편〉 119장 23절)[7]라는 구절이다. 나는 앞에서 직속 수행단과 동정적인 주교 몇 명을 제외하고는 베켓 주교가 의지할 데가 없었다는 인상을 준 것 같다. 이는 사실이 아니다. 그가

---

6   한글 개역개정판 성경(대한성서공회)에는 "내 어머니의 아들들이 나에게 노하여"로 번역되었다.

7   대한성서공회 개역개정판에서 발췌.

성앤드루수도원과 성 사이를 오갈 때 노샘프턴의 평민들이 늘 주변에 몰려들었다. 아누이는 베켓 주교의 양친이 노르망디Normandie의 캉Caen에서 영국 런던으로 이주했기 때문에 그 역시 앵글로·색슨이라고 언급했는데, 이는 부정확한 지적이다(아누이는 윌리엄 해즐릿William Hazlitt이 번역한 19세기 프랑스 역사학자 오귀스탱 티에리Augustin Thierry의 저작을 참고했다). 토박이 앵글로·색슨이나 켈트인이 대부분인 일반 군중이 베켓에게 열렬한 지지를 보낸 것은 사실이다. 그 외 런던 시민, 상인, 길드guild 장인 역시 그에게 지지를 보냈다. 베켓 주교는 오랫동안 양조인 길드의 수호성인이었고, 그 길드의 창립자라고 여겨지기도 했다. 10월 13일 아침, 베켓 주교는 왕의 박해에도 방패처럼 운집한 평민과 성직자, 성가대에게 둘러싸여 (교황과 대주교가 누리는 완전한 종교적 권력을 상징하는 둥근 양털 띠인 팔리움pallium을 포함해서) 가장 신성한 의복을 입고 미사를 집전하기 위해 성스데반예배당으로 들어섰다. 여기서 팔리움도 순교와 연관되는데, 성 아그네스St. Agnes 축일에 로마가톨릭교회에서 축성된 새끼 양 두 마리의 털로 만들기 때문이다. 성 아그네스는 4세기의 처녀 순교자로, 막시미아누스Maximian Herculeus 황제의 통치기에 로마 총독의 명령으로 13세에 참수되었다. 공식적 삶에서 상징의 위력에 민감한 베켓 주교가 팔리움의 다성적 의미를 모르지 않았을 것이다. 교황에게서 양도된 대주교의 권위뿐 아니라 제국에 맞선 교회와 순교의 이미지도 상징한다는 것을 말이다.

베켓 주교는 '양과 어린양들'(그는 자신의 예배에 참여하는 사람을 이렇게 불렀다)이 있는 자리에서 최초의 순교자에 대한 봉헌 미사를 시작했다. 〈마태복음〉 23장 34~39절에 등장하는, 제단과 예배당 사이 공간에서 살해된 스가랴에 대한 언급도 빼놓지 않았다. 기록에 따르면 베켓 대주교는 6년 뒤 캔터베리대성당에서 자신의 운명을 예언이라도 하듯이 초대교회를 방어하다가 돌에 맞아 죽은 성 스데반의 순교를 기록한 바울 서간을 읽으면서, 또 "예언자, 지혜로운 사람들, 서기들"에 대한 박해를 기록한 복음서를 읽으면서 감정에 사로잡혀 "자주 눈물을 흘리고 한숨을 쉬었다"(윈스턴, 1967, p. 183)고 한다.

내가 보기에 노샘프턴의 절망적 상황에서 베켓 주교가 10월 12일에 고해성사를 하고 10월 13일에 봉헌 미사를 집전한 것은 교회를 위한 투사가 되어, 분노한 앙주 출신 '사자 왕'(헨리 2세)에게 '살육당하는 양'으로서 승리하겠다는 결정적 전향을 보여주는 사건이다. 베켓 주교는 자신이 승자가 되려면 질 수밖에 없음을 잘 알았다. 그에게는 교회의 영적 무기인 파문과 제명 외에 아무 힘도 없었기 때문이다. 모든 사람이 그 무기를 두려워하지는 않는다. 예를 들어 베켓 주교를 죽인 기사들이 파문당하기 전에 드 브록De Broc 가家는 그들에게 환대를 베풀었다. 베켓 주교가 사랑했고 진정으로 미워한 적 없는 헨리 2세와 최후의 결투를 벌이기 위한 패러다임과 정신적 무장을 제공한 것은 피, 낙원과 결부된 풍부한 상징성을 갖춘 순교라는 근원적 패러다임이다. 이 모든 요소에는 공교롭게도 입사식을 연상시키는 무엇이 있다. 신참자인 베켓 주교는 많은 입사 의례에서 그렇듯이 시련을 겪는데, 이때 왕은 자신도 모르는 사이에 의례의 집전자가 된다. 베켓 주교는 왕과 귀족이 법적·정치적 회의가 열리는 성城에 머무르는 사이, 세속 사회에서 고립되어 전이적 공간이라고 부를 수 있는 수도원에 기거했다. 그는 방주네프라면 '재통합 의례ritual of reaggregation'라 명명했을 과정을 통과한 다음, 교회의 수호자로서 다시 사회로 돌아간다. 그의 교회관은 동료 주교나 알렉산더 교황의 관점과 달랐다. 교황은 국가와 교회의 관계 장field을 끊임없는 음모, 거의 분리할 수 없는 교회와 국가의 존재 이유, 권력 균형, 행정 전략 등이 전개되는 투기장으로 봤다. 베켓 주교에게 교회는 한편으로 자신의 희사, 개인적 속죄, 캔터베리대성당 앞에서 가난한 이의 발을 의례적으로 씻어준 행위 등이 암시하듯 카리타스caritas[8]와 후밀리타스humilitas(겸허)라는 덕과 연관되었다. 하지만 그는 프란체스코Francesco d' Assisi[9]가 아니다. 베켓 주교는 헨리 2세를 도와 툴루즈 전쟁에 참전했을 때 보여준 것처럼 전투적이고, 권위적이며, 무기 사용에도 능하다. 동시에 교회법 고문이자 대주교로서 교회법과 민법에 일가견이 있는 탁월한 행정가다. 그는 교회를 위해 이런 성향과 재능을 사용했지만, 자신을 순교라는 근원적 패러다임과 동일시하기 전에는 진정으로 헌신적이지 않았다. 그는 여러 면에서 세속적인 남자지만, 그의 시신에서는 화려한 주교복 아래 이와 벼룩이 꾄 헤어 셔츠hair

---

8 아가페의 라틴어 역어로, 기독교적인 신의 사랑, 이웃에 대한 사랑 등을 의미한다.

9 프란체스코회의 창시자(1182~1226). 이탈리아 아시시(Assisi) 출신으로 평생을 청빈하게 살며 이웃과 신에 대한 사랑에 헌신했다. 만년에 지은 시 〈태양의 찬가Fratello sole sorella luna〉로 유명하다.

shirt[10]가 발견되었다. 그는 자기 의지를 관철하는 동시에 기독교의 길(그는 이것을 자신과 동일시한 것 같다)을 따르기 위해서는 죽어야 한다는 것을 알고 나서 마음의 평화와 확신을 얻은 것 같다. 파국을 맞기까지 그의 행위는 일관되게 그 방향으로 나아갔다. 학자들은 오랫동안 논쟁해왔다. 베켓 주교는 '겸허한' 인물인가, '오만한' 인물인가? 그의 죽음은 일본 봉건시대 무사의 할복처럼 반박할 수 없는 방식으로 헨리 2세에게 수치감을 주려는 최후의 자부심의 발로인가, 진정으로 제단에서 저항 없이 살해당한 희생양인가? 많은 도상화는 베켓 주교가 살해되기 직전, 오만할 정도로 왕의 기사들을 도발했다는 목격자들의 증언에도 그가 유순하게 죽어가는 장면을 감상적으로 재현한다. 그날 베켓 주교는 완전무장을 한 레지날드 핏츠우스Reginald Fitz-Urse를 모욕한 뒤, 거의 비꼬듯이 자기 머리를 내리칠 칼에 자신을 내맡겼다. 아프리카 의례의 상징체계 연구를 기반으로 판단하면, 베켓 주교 자신이 강력한 '누미노스적numinous' 상징이 된 것 같다. 그는 모든 지배적 상징처럼 대립되는 것의 동시적 체현, 즉 대립되는 두 의미극이 팽팽한 긴장 상태에 있는 의미론적 구조를 체현했다. 그는 사자이면서 양이었고, 오만하면서 유순했다. 그의 자부심에서 나온 에너지는 그가 택한 '양'의 역할에 드라마와 파토스를 부여했다. 나는 다른 데서 지배적 상징의 욕망적(감각적) 극은 다른 극의 미덕과 가치에 활력과 빛깔을 부여한다고 말했다. 결국 순교자도 교회의 전사다. 그들 역시 아

---

10 털이 섞인 거친 천으로 만든 셔츠. 과거 종교적 고행을 하는 사람들이 입었다.

이슬란드 영웅처럼 불굴의 정신으로 죽음에 뛰어들어 고문과 여러 시련 앞에 신앙을 선포하면서 죽는다. 베켓 사건은 그의 죽음이 형식적으로 양의 죽음이지만, 심리학적 측면에서는 사자의 죽음이라는 점이 흥미롭다. 아이슬란드 영웅전설의 천재적인 저자도 이 점을 꿰뚫어 보았다. 그는 베켓 주교를 도움이나 탈출 시도를 거부하고, 반쯤은 의도적으로 자신을 방어 불가능한 위치로 몰아가면서, 자신의 죽음이 "최소한 노래 한 곡의 가치"는 있음을 알고 영웅적인 고결함 속에서 죽어간 군나르Gunnar나 스카페딘Skarphedinn, 올라프 왕King Olaf과 비슷한 존재로 묘사한다.[11]

데이비드 노울스가 기술한 베켓 주교의 공의회 마지막 날 행적을 살펴보면서 논의를 마무리하자. 노샘프턴 공의회는 베켓 주교의 삶에 큰 단절을 가져왔다. 6년 뒤 살해는 그 단절을 분명히 한 것뿐이다. 노울스의 간명하고 학문적인 내러티브는 베켓 주교의 모순되면서도 기묘하게 일관성 있는 (기민하면서 대담하고, 겸허하지만 분노하는) 성격을 잘 보여준다. 이 문제를 조금 더 논의하면서 필요한 경우 다른 저자들의 설명을 참조해보자.

노울스는 베켓 주교가 성 스데반의 봉헌 미사를 집전한 뒤 "외투 아래 주교복을 입고, 십자가가 달린 지팡이를 짚고, 최악의 일이 일어날 경우 임종 성체viaticum(죽음을 앞둔 이에게 베푸는 성찬식)에 필요할지도 모를 성찬식 빵을 몰래 숨겨서 말을 타고 성으로 향했다"(1951, pp. 77~79)고 쓴다. 공교롭게도 그의 십자가 지팡이는

---

11 모두 북유럽 전설에 나오는 영웅의 이름이다.

"대단히 단단한 물건이어서, 6년 뒤 그를 죽이러 온 기사 네 명은 그 손잡이를 쥐고 그의 머리를 내리칠 생각까지"(p. 77) 했다. 베켓 대주교에 관한 아이슬란드 영웅전설은 짤막하게 기록한다. "베켓 주교는 자신을 보호하기 위해 '주님의 육체'(성찬식 빵)를 가져갔다. 자연스런 공포심 앞에서 신의 자비를 통해 군센 믿음을 얻기 위해서였다."(로버트슨, 《Materials for the History of Thomas Becket》, 1875, vol. 1, p. 209) 베켓 주교는 헨리 2세가 교회의 성찬 의례와 관련된 요소를 직접 공격하기는 꺼린다는 것을 알았다. 그래서 옷 속에 성찬식 빵이 있음을 넌지시 알려서 혹시 있을지 모를 물리적 폭력에서 자신을 지키고자 한 것이다. 그는 미사 집전 시 탐탁지 않아 하던 위협적인 귀족에게서도 자신을 보호할 수 있었다. 노울스는 계속 쓴다.

베켓 주교가 궁정으로 들어서자 정문이 닫혔다. [그럼으로써 그를 따르던 평민과도 분리되었다.] 그는 수행원에게서 대주교의 십자가 지팡이를 건네받았다. [캔터베리 대주교는 어딜 가든 십자가 지팡이를 들어줄 수행원을 데려갔다. 당시 그 수행원은 젊은 웨일스인으로, 베켓 주교가 클래런던 헌법 공포 시 왕의 뜻에 따른다는 맹세를 하자 주교를 비난한 남자다.] 런던의 폴리옷 주교를 포함한 몇몇 주교는 성입구에 있었다. 대주교의 서기이며 나중에 코번트리Coventry의 주교가 된 뉘낭의 휴Hugh of Nunant가 폴리옷 주교에게 다가갔다. "런던의 폴리옷 주교시여, 베켓 대주교가 십자가 지팡이를 운반할 동안 잠시 비켜주시겠습니까?" 폴리옷이 대답했다. "저 인간은 언제나 바보였고 죽을 때까지 바보일 거야." 베켓 주교의 옛 스승인 헤리퍼드의 로버트

Robert of Hereford 주교가 십자가 지팡이를 빼앗으려고 했지만 실패했다. 다른 쪽에서 베켓 주교에게 다가온 폴리옷 주교는 그에게 바보라고 소리치며 십자가를 빼앗으려고 애썼다. 〔헨리 2세의 조카지만 베켓 주교의 편인〕 우스터의 로저Roger of Worcester 경이 염치를 알라며 폴리옷 주교를 날카롭게 비난했다. "대주교가 십자가를 드는 게 뭐가 잘못됐소?" 그러자 주교들이 물러섰고, 베켓 주교는 십자가를 들고 성안으로 들어가 홀로 복도를 가로질렀다. 다른 이들이 따라가자 폴리옷 주교는 다시 항의했다. "수행원이 십자가를 들게 하시오!" 베켓 주교는 거절했다. "그러면 나한테 주시오. 내가 당신의 주임 사제니까." 〔이 말은 사실이다. 대규모 공식 회합에서 런던 주교는 캔터베리 주교의 주임 사제, 즉 그보다 고위 성직자다.〕 "지금 왕을 협박한다는 걸 모르겠소? 십자가를 들고 가면 왕은 검을 뽑아 들 텐데, 우리가 어떻게 당신 둘을 화해시키겠소?" 베켓 주교가 대답했다. "십자가는 평화의 징표요. 나 자신과 영국 교회를 지키기 위해서 이걸 들고 있소." (1951, pp. 77~79)

여기서 이 국면에 드러나는 사회구조와 상징을 당시 영국 교회와 국가의 관계, 교회 내부의 관계라는 맥락과 연관해서 총체적으로 분석할 수는 없다. 그러나 베켓 주교가 모든 타협을 거부했고, 폴리옷 주교는 무슨 수를 써서라도 대주교가 든 십자가와 왕실의 검劍의 직접적인 충돌을 제지하려 했다는 점에 주목해보자. 그는 십자가가 불러일으킬 스캔들, 무엇보다 헨리 2세의 몇몇 선조가 그랬듯이 분노한 왕실이 주교를 살해하는 상황을 피하고 싶었다. 오늘날에는 십자가와 검의 남근적 상징성도 부인하기 어렵다. 베켓 주교는 어쩌면 무의식 차원에서 오늘날 아프리카에서는 여전히 흔한 현상, 즉 (서아프리카 사회의 교회라고 할 수 있는) 대지의 사제들이 집단적·상징적으로 그 사회의 본질적인 정치적·법적 권위를 대표하는 최고 추장의 '아내'라고 불린다는 사실에 도전하고 싶었는지도 모른다. 노샘프턴 공의회에서 베켓 주교와 헨리 2세는 모두 '남편'이 되길 원했다. 그 구도에서는 지팡이 받침대에 달린 묵직한 나무 십자가가 헨리 2세의 검이나 왕 홀笏과 대립한다. 성스러운 남성성이 왕권의 남성성에 대적하는 셈이다. 노울스의 기록에 따르면, 주교들은 이제 베켓 대주교는 끝났다고 생각하며 그에게서 물러났다. 그들은 수행원과 뒷날의 전기 작가인 허버트, 피츠테판을 대동하고 성의 내실에 남은 베켓 주교를 보면서 최악의 시나리오를 예상하고 있었다.

이 상황에서 〔영국의 모든 대도시와 주교에 대한 영향력 측면에서 캔터베리 대주교와 막상막하인〕 요크의 로저Roger of York 대주교가 등장하면서 씁쓸한 희극적 요소가 가미되었다. 연대기 작가들에 따르면, 그는 공의회에 늦게 도착했다. 한편으로 연극 속 여왕처럼 이목을 끌기 위해서, 다른 한편으로 베켓 대주교를 파멸시켰다는 비난에 알리바이를 대기 위해서다. 〔소문에 따르면 그는 왕과 은밀히 공모하고 있었다.〕 로저 대주교는 허락받지 않은 십자가를 들고 나타났다〔자신의 교구 밖에서도 십자가를 지니고 다닐 수 있는 것은 캔터베리 대주교뿐이다〕. 그렇게 성안에는 서로 겨눈 두 창처럼 두 십자가가 있는 셈이었다(피츠테판은 루카누스Marcus Annaeus Lucanus의 《Pharsalia 파르살리아》 구절을 인용해 "무시무시한 창들처럼pila minantia pilis"이라고 쓴 다). 〔이 순간의 역사는 빠르게 전개되는 소극笑劇 같다. 베켓 대주교가 십자가를 들고 나타나자, 로저 대주교도 십자가를 들고 나타나 캔터베리 대주교의 특권을 침해한다.〕곧 그들은 왕의 공의회에 소환되었다. 그때 헨리 2세는 베켓 주교가 온다는 소식을 듣고 위층으로 물러나 있었다. (p. 79)

헨리 2세가 어째서 2층으로 물러나 있었는지는 다소 이해하기 어렵다(내가 알기로 이 내용은 노샘프턴의 어떤 역사서에도 기록된 적이 없다). 이 상황은 클래런던에서 헨리 2세와 베켓 주교의 상황이 역전된 것이다. 클래런던에서는 헨리 2세가 단호하고 지배적인 태도를 보였고, 베켓 주교가 주저하며 물러나야 했기 때문이다. 아마 이른 아침, 성스데반예배당에 다녀온 헨리 2세의 밀정이 베켓 주교가 최초 순교자를 위한 미사를 집전했다는 사실을 보고한 뒤에 왕이 자리를 옮겼을지 모른다. 기록에 따르면 '왕의 측근과 서기' 몇몇이 급히 왕에게 달려가, 대주교가 헨리 2세와 귀족을 최초 순교자를 박해한 사람들에 견줬음을 알렸다. 윌리엄 피츠테판은 그 해석을 '악의적'이라고 했지만, 충분히 맞는 말이다. 나는 그때 헨리 2세가 베켓 주교의 의도를 확실히 깨달았으리라고 본다. 그는 당대 영국 사회에서 순교라는 전략에 맞설 만한 게 없다는 사실도 알았을 것이다. 베켓 주교는 노샘프턴의 사석에서 왕에게 자신은 "주를 위해 죽을 준비가 되었다"고 말한 적이 있다. 헨리 2세는 그게 빈말이 아니었음을 알았다. 노울스가 지적하듯이, 베켓 주변의 성직자들이 중세 영국에서 아무리 유능한 주교라 해도 헨리 2세는 그들을 협박할 수 있었을 것이다. 그러나 헨리 2세는 베켓 주교와 오랜 우정을 통해 그의 패기를 잘 알았다. 베켓 주교가 십자가와 성찬식 빵을 들고 온다는 말을 들었을 때, 그가 겁에 질린 것도 무리는 아니다. 윈스턴은 "헨리 2세가 왕권과 성직권의 극적인 충돌을 피하려고" 했으며, "자신의 혈기를 두려워했다"(윈스턴, 1967, p. 185)고 썼다. 나는 헨리 2세가 순교자의 십자가의 길이라는 근원적 패러다임이 베켓 주교를 사로잡았고, 자신이 무력을 사용하면 그의 바람(순교의 영광)을 이뤄주는 셈이며, 국내외에서 교회의 위상이 강화되리라는 것을 본능적으로 직감했다고 생각한다. 그 순간 헨리 2세는 극도로 경악했을 것이다. 하지만 냉정을 회복하고 주교들을 위층으로 불러 캐묻기 시작했다. 그들은 (아래층에 있는) 베켓 주교가 심하게 질책했으며, 세속적 사안으로 자신을 판단하지 말라는 이야기를 했다고 전했다. 헨리 2세는 이는 클래런던 헌법 11조 위반이라며 화를 냈다. 주교들은 유혈 사태에 연루되지 않는 한, 왕이 주관하는 모든 재판과 판결에 참여할 의무가 있다는 것이다. 십자가가 기다리는 아래층으로 내려가기 싫은 헨리 2세는 귀족들을 보내, 지난 금요일에 요청한 대로 교회법 고문직에서 발생한 수입 내역을 제출하고 부채에 대한 담보를 제공할 의향이 있는지 물었다. 헨리 2세는 주교들을 수장인 대주교와 떨어뜨리기 위해 내린 판결(주교들이 직접 베켓 대주교를 처벌하라)에 대해, 베켓 주교가 교황에게 항소했음을 알았다. 이것은 클래런던 헌법을 공개적으로 무시하는 처사다. 그는 아래층으로 사람을 보내, 베켓 주교가 항소를 고수하는지 물었다.

> 대주교는 길게 대답했다. 교회법 고문으로 지출한 돈의 경우, 자신은 공식적으로 면제받았으며, 보증인 문제는 동료와 친구들이 더 바랄 게 없을 만큼 도움을 베풀고 있다. 항소 문제의 경우, 정의와 교회의 관례에 반해 자신을 규탄한 부주교들[대도시를 관할하는 대주교 아래 속한 개별 교구의 주교들]을 향한 것이기 때문에 자신이 선포한 금지령과 항소를 철회할 마음이 없다. 이제 자신과 캔터베리 교회의 향배를 교황의 손에 맡길 뿐이다, 라고. (노울스, 1951, pp. 79~80)

이는 왕에 대한 도전이 분명하다. 베켓 주교는 배수진을 친 셈이다.

상징성과 드라마가 풍부한 그 후의 어지러운 사건을 여기서 전부 논의할 수는 없다. 결론부터 말하면 주교들은 캔터베리 대주교나 교황과 자신의 유대를 단번에 끊으려 하지 않았다. 그들이 베켓 대주교에게 유죄를 선고한다면, 클래런던 조항을 비난한 로마가톨릭교회의 영향력 아래 있는 자신들의 입지도 약화될 수밖에 없었다. 그러는 동안 귀족들의 분노가 끓어오르기 시작했고, 몇몇은 베켓 주교를 거세하자고 건의했다. 주교들 중에는 베켓 주교의 최대 숙적이던 런던, 요크, 치체스터Chichester의 대주교가 자신의 손을 더럽히지 않고 베켓 주교를 제거할 방법을 궁리했다. 결국 노회한 폴리옷 주교가 방법을 찾아냈다. 베켓 주교가 위증죄를 저질렀고,

그들을 맹세에 불복종하도록 했다고 교황에게 항소하자는 것이다. 그러면 베켓 주교가 파면될 수도 있지 않겠는가. 헨리 2세도 이 의견에 찬성했지만, 교황의 결정을 마냥 기다릴 생각은 없었다. 그는 누군가 자신을 위해 손에 피를 묻혀준다면 즉시 행동을 개시하고 싶었다. 여기서 잠깐, 두 수행원과 함께 아래층에 있던 베켓 주교의 기분을 상상해보자. 라운지에서 중요한 구두시험의 결과를 기다리는 학생의 심정과 비슷하지 않았을까? 헨리 2세는 모든 주교를 아래층에 보내서 베켓을 괴롭혔다. 폴리옷 주교를 통해서는 교황에게 그를 공격하도록 했다. 기록에 따르면 링컨의 로버트Robert of Lincoln 주교는 눈물을 글썽였고, 거의 흐느끼는 사람들도 있었다. 그렇지만 베켓 주교를 싫어한 치체스터의 힐러리Hilary of Chichester 주교는 베켓의 고집이 자신들을 난감한 상황으로 몰고 갔다고 했다. 클래런던에서는 왕의 법을 따르라더니 이제는 그러지 못하게 한다는 것이다. 그렇다면 로마가톨릭의 더 높은 권위인 교황에게 항소하는 방법 외에 뭐가 있는가. 베켓 주교는 두 차례 잘못이 옳음이 되지는 않는다고 대답했다. 지금 그는 클래런던 헌법이 교회법에 어긋나며, 교회법은 역사 속에 임하신 신의 법임을 깨달았다는 것이다. 처음부터 해서는 안 되는 맹세를 지킬 필요는 없다, 클래런던에서 모두 추락했다면 이제 다시 솟아오를 때라고 대답했다. 주교들은 이 말을 듣고 왕에게 올라갔다. 그때쯤 충분히 상황을 파악한 왕은 주교들이 베켓 주교를 재판에 회부해 유죄를 선고하지 못한 것을 용서했다. 그러자 주교들은 다시 대주교 옆으로 가 앉았다.

긴 하루가 끝나고 있었다. 종교적 제약에서 자유롭던 귀족들은 베킷 주교를 '배반자'라고 비난하면서 유죄판결을 내렸다. 전하는 말에 따르면, 베킷 주교는 종신형을 가장 두려워했다고 한다. 지역 행정관과 하급 관리를 포함한 귀족들은 베킷 주교에게 유죄를 선고하려고 석조 계단을 따라 아래층으로 내려갔다. 헨리 2세와 몇 명이 위층에 남았다. 베킷 주교는 그들을 만나기 위해 일어서지 않고 십자가를 쥔 채 앉아 있었다. 아무도 판결 내용을 낭독하려고 하지 않았다. 베킷 주교를 미워하지 않은 레스터 백작이 모두 주저하는 그 역할을 맡았다. 베킷 주교도 헨리 2세처럼 대적하기 쉬운 상대가 아니다. 레스터 백작은 베킷 주교가 자신을 저지하고, 거기 모인 이들에게 판결을 멈추라고 퉁명스럽게 말하자 더듬거리다가 말을 멈췄다. 콘월 백작은 레스터 백작 대신 말하기를 거부했다. 결국 성격이 온화한 치체스터 주교가 끼어들어 대주교는 반역죄를 저질렀으니 판결에 승복해야 한다고 말했다. 베킷 대주교는 권위 있는 동작으로 바닥을 쾅 내려치고 벌떡 일어나 대주교를 심판하는 것은 그대들의 일이 아니라고 일갈한 다음, 경내를 가로질러 문 쪽으로 걸어갔다. 순간 좌중이 조용해졌다. 몇몇 귀족이 "반역자"라고 소리치며 바닥에 떨어진 잡동사니와 자잘한 물건을 베킷 주교에게 던졌다. 그 아수라장에서 베킷 주교는 장작더미에 걸려 넘어졌다. 다시 뒤에서 욕설이 들려왔다. 왕의 배다른 동생이자 사생아 해믈린Hamelin, 브록의 랜돌프 경Rondolph de Broc(베킷 주교가 도망친 뒤 헨리 2세가 캔터베리 영지에 있던 솔트우드Saltwood 성을 하사한 인물로, 베킷 주교의 살해자들을 환대했다)도 "반역자!"라고 소리쳤다.

여기서 베켓 주교는 유약한 기독교인이 아니라, 카롤링거Carolinger 왕조를 정복한 덴마크 바이킹의 후손인 노르만족에 가까운 행동을 보여준다. 그는 해믈린에게 돌아서 소리쳤다. "이 머저리 같은 새끼Bastard lout! 내가 성직자만 아니었으면 너 같은 건 당장 때려눕혔을 거다! 그리고 [브룩을 가리키며] 네 가족 중 한 놈을 당장 목매달았을 거다."(로버트슨,《Materials for the History of Thomas Becket》, 1875, vol. 1, p. 39) 이 말은 폭력적이고 교양 없고 야만적인 자로 여겨진 당의 상류층(실제 대다수 귀족이 그랬다)에 맞서 내지른, 런던 평민의 외침이다. 그는 수행원들과 함께 방을 나갔다. 성의 정문은 잠겼고 문지기는 어떤 사람과 실랑이를 벌이고 있었다. 그날은 모두 긴장했기 때문이다. 벽에 걸린 열쇠 뭉치에서 첫 번째 열쇠를 꺼내 돌려보니 문이 열렸다. 이 에피소드는 나중에 성 토머스 베켓의 전설 중 하나가 된다. 대주교의 말들은 고삐에 매여 대기 중이었다. 그와 수행원들은 시민들의 열광 속에 도시를 가로질러 이동했다. 베켓 주교는 두려움 때문에 자신을 저버린 성직자와 귀족 대신, 예수의 결혼식 만찬 우화를 모델로 많은 시민을 그날 밤 성앤드루수도원에 초대해 저녁을 먹었다. 이쯤에서 논의를 마무리해야겠다. 그날 자정, 뇌우가 쏟아지는 밤에 변장한 베켓 주교는 동료 세 명과 함께 교회를 떠났다. 여기서 새로운 사회적 드라마가 시작된다. 그는 순교라는 최후의 어둠에 앞서 우여곡절 끝에 영국을 탈출, 퐁티니의 시토회 수도원을 시작으로 프랑스 각지의 피난처를 떠돈다. 헨리 2세가 베켓 주교의 도피를 막지 않았다는 점도 기억해야 한다. 두 남자의 관계에서 사랑과 증오를 명확히 구별하기는 어렵다. 각 감정의 성격을 규명하기는 더 어렵다.

　이 장에서 나는 상징이 단순히 정적이고 인지적인 기호가 아니라 역동적인 실체entity임을 보여주려 했다. 즉 상징이 사건에 따라 어떻게 패턴화되며, 우정과 성性, 정치 속의 인간적인 열정에 어떻게 영향을 받는지, 상징의 집합과 계열을 통해 드러나는 패러다임이 어떻게 충돌하는 목적과 이해관계로 충만한 사회적 장에서 인간의 이상과 행위를 중재하는지 보여주려 했다. 나는 종국에 변질된 어느 우정의 역사에서 사회적 드라마를 구성하는 몇몇 결정적 사건에 주목하고, 개인적이고 국가적인 문제가 교회나 국가 같은 공동체의 역사에서 어떻게 인간 행위의 객관화된 모델로 기능하는 근원적 패러다임의 작용에 의해, 사람들의 기억에 살아남아 전설과 역사적 기록을 낳았는지 보이려 했다.

3

이달고 :
사회적 드라마로서 역사

이달고 :

사회적 드라마로서 역사*

* 이 논문은 1970년 4월, 브랜다이스대학교(Brandeis University) 인류학과에서 처음 발표했다.

1810년에 일어난 멕시코 독립 혁명은 사회적 드라마 속에서 작동하는 근원적 패러다임을 생생히 보여준다. 그것은 '장field'이나 '투기장arena'처럼 정치적 행위가 전개되는 사회적 환경의 몇몇 속성을 탐구할 기회도 제공한다.

실제로 멕시코 독립 혁명은 스페인 식민 정부에 대항한 전쟁이며, 큰 차이점이 있지만 영국에 항거한 미국의 독립혁명과도 견줄 수 있다. 휴 해밀Hugh Hamill 같은 역사학자는 멕시코 독립 혁명을 과나후아토Guanajuato 주 돌로레스Dolores 교구 이달고Miguel Hidalgo y Costilla 주교의 이름을 붙여 '이달고의 반란' 혹은 '민란'이라고 부른다. 이달고는 스페인 식민 체제에서 멕시코 제도혁명당Partido Revolucionario Institucional, PRI이 이끄는 현대적 정부 구조로 오랜 정치적 변화를 촉발한 인물이다. 어떤 학자들은 '위인' 중심의 '개인숭배'적 역사를 혐오한 플레하노프Georgii Valentinovich Plekhanov[1]를 따라 멕시코 독립 혁명에 등장하는 개인의 이름을 폄하한다. 또 다른 이들은 그 혁명이 단순한 반란이 아니라 수많은 방해와 장애를 겪으면서 지금까지 계속되는 혁명의 첫 단계라고 평가한다. 인류학자

---

[1] 제정러시아의 혁명 사상가(1856~1918).

라면 응당 의견과 추측의 홍수에서 사실fact을 붙잡아야 한다. 우리에게는 대중문화와 고급문화에 스민 신화와 상징도 그런 사실의 중요한 일부다. 멕시코 독립의 첫 국면을 구성하는 이달고의 반란은 흥미로운 사건이다. 짧고 드라마틱한 첫 정복 후 3세기 동안 느리고 단조롭게 진행된 스페인 식민 지배기(1기, 물론 최근 역사 연구는 그 시기가 전혀 단조롭지 않았다고 말한다)와 멕시코가 식민 전쟁, 시민전쟁, 혁명의 격동기를 거치면서 국가로 자리 잡는 시기(3기)의 과도기에 해당하기 때문이다. 이달고는 1810년에 스페인 총독법에 항거해 무장봉기를 일으켰고, 독립전쟁을 완수한 이투르비데Agustin de Iturbide는 1821년 짧게나마 독립 멕시코의 황제가 되었다. 1810~1821년, 더 넓게 잡아 1808~1821년은 복잡하고 드라마틱한 전이기다. 수백 년간 이어오던 느린 사회과정에서 급속한 사회적 드라마가 전개되어, 그 과정에 있던 많은 모순이 뚜렷이 드러나고, 동시에 새로운 신화와 상징, 패러다임, 정치 구조가 생성되던 시기다. 이달고가 돌로레스 교구 교회 중정에서 무장봉기를 선언한 1810년 9월 16일, 그는 풋내기가 아니라 57세였다. 그리고 1년도 지나지 않은 1811년 중반, 그는 멕시코 치와와Chihuahua 주에서 처형된다. 이달고는 자신이 '인민 봉기'라고 간주한 짧은 사회적 드라마 속에서 독립국가를 향한 멕시코의 통과의례를 시작한 인물이다. 그는 여러 신화와 상징을 차용·생산했을 뿐 아니라 그 자신이 한 상징이 되었다. 처음에는 성공적이었지만 점점 절망적으로 변해간 이달고의 투쟁은 반년 동안 이어졌으며, 호세 클레멘테 오로스코José Clemente Orozco와 다비드 알파로 시케이로스David

Alfaro Siquieros, 디에고 리베라Diego Rivera 등 멕시코 화가의 소재가 되었다. 그들이 그린 벽화는 멕시코의 많은 도시와 소도시에서 흔히 접할 수 있다. 이달고의 이름이 멕시코의 문화적 경관 자체에 서명된 셈이다. 개별 주州뿐만 아니라 도시와 교외, 공원, 거리에도 그 이름이 붙었고, 멕시코 대통령은 해마다 9월 15일 자정 멕시코 시티Mexico City 왕궁 앞 발코니에서 이달고의 돌로레스 성명Grito(문자 그대로 의미는 '울부짖음')을 반복한다. 그 내용은 "멕시코인, 멕시코 만세Mexicanos, viva México!"다. 이달고 동상도 멕시코 전역의 광장과 공원에서 쉽게 볼 수 있다. 멕시코의 저명한 역사학자 후스토 시에라Justo Sierra는 《Evolución política del pueblo mexicano멕시코인의 정치적 진화》에서 "이달고의 목표는 멕시코에 대한 사랑에서 나왔고, 멕시코는 그 사랑 없이 존재하지 않았다. 따라서 멕시코를 탄생시킨 것은 이달고다. 그는 이 나라의 아버지, 우리의 아버지다"(1957, p. 150)라고 썼다. 보수적인 역사학자 마리아노 쿠에바스Mariano Cuevas는 이달고 신화를 타파하려고 노력했지만, 큰 성과를 거두지 못했다. 이달고가 여러 정부情婦, 가정부와 관계해서 많은 사생아를 낳았다거나, 그가 이끈 멕시코 원주민 병사들이 과나후아토와 바야돌리드Valladolid에서 무차별적인 학살, 약탈, 강간을 저질렀다는 사실을 오늘날 거의 아무도 신경 쓰지 않는다. 그가 '아메리카 총사령관'이라는 직함과 제복에 만족하며 우쭐댔다는 사실도 용서되었고, 대규모 학살을 용인한 점에 대한 마지막 공개 사과는 아무도 기억하지 않는다. 이달고라는 사람 자체가 거대한 상징이 되었기 때문이다. 그것은 커뮤니타스의 상징, 사회구조가 아니라 동료애라는 양식을 통해 결속된 멕시코의 상징이다.

이달고의 봉기 선언 후 5개월 동안 일어난 사건(그는 1811년 2월 21일에 붙잡혔다)은 사회적 드라마의 개별 국면으로 간주할 수 있으며, 사회적 드라마와 사회적 장의 관점에서 분석이 가능하다. 이런 접근법에는 많은 장애물이 존재하는데, 그중 일부는 개인적인 것이고 일부는 객관적으로 극복할 수 없는 것이다. 첫 번째 난관은 이달고 반란에 대한 나의 지식이 대부분 영어로 쓰인 2차 역사 자료에 의지한다는 점이다. 두 번째 난관은 이달고의 반란이라는 사회과정이 전개된 당대 사회적 장과 정치적 투기장의 성격을 정의하는 데 필요한 자료를 지금은 물론 앞으로도 입수할 수 없으리라는 점이다. 예를 들어 해밀(1966, p. 121)은 이달고가 가장 유명한 공개 연설이자 오늘날 멕시코 국가 의례를 낳은 '돌로레스 성명' 때 정확히 무슨 말을 했는지 아무도 모른다고 지적한다. 이 대목에서 역사학자 헤수스 소텔로Jésus Sotelo, 페드로 가르시아Pedro García, 후안 데 알다마Juan de Aldáma의 설명이 일치하지 않는다. 심지어 그 '외침'이 일어난 장소까지 논의가 진행 중이다. 그는 창가에서 외쳤는가, 자택 현관에서 외쳤는가? 개별 학자들이 제시하는 이달고의 성명 내용도 차이가 난다. 예를 들어 알다마는 클라이맥스적 결말을 언급하지 않지만, 소텔로는 이달고가 "우렁찬 목소리로 '영원하소서, 과달루페의 동정녀여! 영원하소서! 우리가 지켜낼 아메리카여!'"라고 마무리했다고 본다. 그러나 그가 "멕시코 만세"라고 외쳤다고 보는 이는 없다. 나는 구스타보 디아스 오르다스Gustave Días Ordaz 전 멕시코 대통령이 돌로레스이달고의 교회 현관에서 "멕시코 만세"라고 외치는 것을 TV로 본 적이 있다. 오르다스의 비판자들은 그가 애국심 때문이 아니라 멕시코시티에서 '성명'을 따라했다면, 틀라텔롤코Tlatelolco 학살(1968년 민중 항쟁이 벌어졌을 때 그는 틀라텔롤코에서 최소 학생 90명을 처형했고, 교수와 학생 80명을 재판 없이 구금했다)에 대해 비난받을 것이 두려워서 돌로레스 교회로 갔다고 말한다.

이 모든 곤란에도 통시적 관점을 견지하는 인류학자가 멕시코 독립 운동이 촉발된 장field의 기초적 성격을 알기 위해 어떻게 자료를 수집하면 좋을지 살펴보고자 한다. 첫 멕시코 혁명에 참여한 반란자나 영웅은 멕시코 대중의 사고와 인식 속에 신화적 영웅이 되었다. 그들은 땅속 구멍에서 출현했다고 여겨지는 오스트레일리아 원주민의 '꿈의 시대' 영웅이나 트로브리안드인의 씨족 조상과 크게 다르지 않다. 이런 비교가 부당하지 않은 것은 반란자들도 스페인인이 아니라 멕시코라는 대지에서 솟아난 토착 아메리카인, 신세계New World의 아들딸이기 때문이다. 그들은 크리오요criollo(스페인계 아메리카인), 인디오Indio(토착 아메리카인) 혹은 메스티소mestizo(신세계에서 태어난 스페인계와 원주민 혼혈인)다. 그러나 멕시코 독립 운동은 역사적으로 비교적 최근의 사건이라, 대부분 구전 설화와 노인들의 희미해지는 기억에 의지해 연구하는 나 같은 아프리카 문화 연구자가 기대한 것보다 훨씬 풍부한 객관적 증거가 담긴 역사 문헌과 기록물이 있다. 크게 신뢰할 만하지 않지만, 멕시코 혁명기에 관한 통계자료도 다양하다.

내가 이달고 반란을 연구 주제로 삼은 이유는 그것의 입사 의례적 성격 때문이며, 이달고와 관련된 멕시코의 케레타로Querétaro, 돌로레스, 과나후아토, 셀라야Celaya, 과달라하라Guadalajara 같은 지역을 여행하고 개인적인 관심이 생겼기 때문이다. 나는 이 연구를 통해 사회적 드라마(케네스 S. 칼스턴Kenneth S. Carlston(1968, pp. 425~434)은 내가 사회적 드라마 대신 '구성적 갈등constitutive conflict'이라는 용어를 써야 했다고 지적한다. 그러나 나는 사회적 드라마가 비-드라마적 측면을 포괄하는 용어라고 본다)와 혁명적 과정의 중간적 형식을 보여 줄 수 있으리라고 판단했다. 이 반란은 실패한 혁명이다. 하지만 과정적 단위는 아무리 빈약해도 사회적 시간 속에 상징적 퇴적물을 남긴다. 실패로 돌아간 이달고 반란의 정확한 성격을 규명하는 것은 흥미로운 연구 주제다. 그 반란이 실제적인 사회적 시간 속에 남긴 상징적 퇴적물은 그 후의 사회적 드라마나 혁명 과정에 강한 영향을 미쳤다. 이달고 개인으로서는 실패한 반란이지만, 그것은 멕시코인의 투쟁을 위한 새로운 신화(패러다임, 목표, 동기를 포함하는)를 낳는 데 성공했다.

내가 이달고 반란 연구에 참조한 역사적 문헌은 해밀, 레슬리 심슨Leslie Simpson, 루이스 비요로Luis Villoro, J. 패트릭 멕켄리Patrick McHenry, 에릭 울프Eric Wolf, 후스토 시에라 등이다. 반란에 대한 사실 자료는 해밀의 책을 많이 참조했다. 나는 인류학의 테두리를 벗어나지 않으면서 역사적 사실을 사회적 드라마의 관점에서 분석하는 방법에 관심이 있었다. 물리적 측면에서 이 드라마 속 행위의 투기장은 작은 읍내에서 시작해 더 넓은 지역으로 확대되었다. 그 최종적인 장의 범위는 단순히 뉴스페인(지금의 멕시코보다 훨씬 큰 당시 스페인 식민지)뿐 아니라 서유럽과 미합중국 상당 지역을 포함하며, 1810~1824년 라틴아메리카에서 일어난 크리오요 군인의 폭동에도 영향을 미쳤다. 그 드라마는 케레타로의 문예 사회 클럽에서 이달고 주교와 알다마, 지역 군대의 책임자인 크리오요 관리, 이그나시오 아옌데Ignacio Allende 등 몇몇 공모자와 더불어 시작되었다. 이들은 나중에 이달고가 가장 큰 승리를 거둔 과나후아토의 곡물 저장소 위에 효수된다. 이 효수된 머리는 처음에 프랑스 백과전서파와 프랑스혁명의 매력적인 신조, 통치권의 주인은 누구인가(그 주인은 왕인가, 백성인가? 이때 백성은 크리오요인가, 원주민인가? 혹은 둘 다인가?)에 대한 예수회 교리(예를 들어 프란시스코 수아레스Francisco Suárez의 교리)를 논의하기 위한 소재에 지나지 않았다. 그 후 나폴레옹Napoléon Bonaparte이 페르디난도Ferdinand 왕자를 위해 왕위에서 물러난 스페인 왕을 납치하고 자기 형 조제프Joseph Bonaparte를 스페인 왕으로 옹립하자, 문예 사회 클럽에서 원대한 계획이 구상되었다. 공모자들은 자신의 이론을 정치적 투기장에 적용할 방법을 본격적으로 모색했다. 이는 위기의 순간이기도 했다. 그들이 짜낸 계획은 감동적일 정도로 순진했다. 해마다 멕시코에서는 산후안데로스라고스San Juan de los Lagos의 유명한 성모상을 참배하기 위한 대규모 순례가 열린다. 원주민 약 3만 5000명이 그 순례에 참석하며, 더불어 12월 1~15일에 큰 축제를 벌인다. 그때는 좋은 노새와 당나귀를 구할 수 있는 말 시장도 열리는데, 공모자들은 그 말을 사서 반란군 정예 기병대를 조직하고자 했다. 하지만 종교적 상징과 그 상징의 인력 동원 효과, 정치적으로 미숙한 대중운동의 관계를 연구할 때 가장 중요하게 취급해야 할 사항이 있다. 과나후아토 서부의 산후안데로스라고스 성지의 주요 볼거리는 기적을 일으키는 칸델라리아 성모Virgin of Candelaria의 이미지라는 점이다. 1623년 교회 관리인의 아내인 원주민 아나 루시아Ana Lucia는 그 성모상의 효험으로 칼날 위에 떨어진 소녀 곡예사 볼라티나Volatina의 목숨을 살렸다. 무염시태無染始胎 축제일인 12월 8일은 칸델라리아 성모의 축일로, 원주민이 대부분인 순례자들이 산후안데로스라고스를 찾아온다. 이날 아옌데 장군이 이끄는 무장 병력이, 당시 크리오요가 스페인의 적법한 통치자로 인정한 페르디난도 7세Ferdinand VII의 이름으로 멕시코 독립을 '선언'할 계획이었다. 공모자들이 은밀히 기대한 시나리오는 일반 시민이 그 선언에 참여해 준비한 말에 올라타고, 산사태를 일으키는 첫 번째 돌멩이처럼 멕시코 전체를 혁명 속으로 밀어 넣는 것이었다. 이달고와 동료들은 몇 해 전 다른 도시에서도 비슷한 정치적 논의가 있었음을 알았다. 그들은 케레타로 공모가 나폴레옹 휘하의 스페인에서 독립하기 위한 투쟁을 촉발하는 계기가 되기를 바랐다. 이달고는 성모 상징을 통해 농민을 끌어들일 수 있다는 사실을 안 모양이다. 해밀에 따르면 이달고는 원래 칸델라리아 성모가 그려진 깃발을 들 예정이었지만, 결국 과달루페 성모의 깃발을 사용했다. 그들은 봉기에 필요한 재정을 조달하기 위해 스페인 식민 정부의 자산을 빠르게 점거했다.

이 초기 단계에서 흥미로운 점은 멕시코 역사에서 종교적 상징과 정치적 행위가 긴밀히 연관되었다는 점이다. 해밀은 쓴다. "민란의 첫 단계에서 공모자들이 활용한 종교적 요소는 그 봉기를 신

표 3. 멕시코 독립 운동 : 주요 일지

1765～1772년	드크루아 주의 총독 갈베스 장군이 중앙집권적 부르봉왕조를 모델로 뉴스페인의 개혁을 시도.
1763～1788년	미국독립혁명
1767년 6월 24일	갈베스 총독이 예수회 교도를 추방하자 이에 항거하는 봉기 발발. 갈베스 총독은 원주민과 메스티소 85명 효수, 674명 투옥, 117명 추방으로 비난을 삼.
1788년	스페인의 카를로스 3세 사망. 고도이가 스페인의 실질적 지배자 됨.
1789년	프랑스혁명
1795년	고도이가 나폴레옹과 조약 체결.
1808년	나폴레옹이 카를로스 4세와 페르디난도 왕자 납치.
1808년	멕시코의 크리오요 시의회에서 나폴레옹을 스페인 왕으로 인정하길 거부함.
1808년 9월 13일	스페인 고등 사법재판소가 가리바이를 총독으로 임명하고, 세비야 반란 정부를 임시정부로 인정.
1810년 9월 16일	이달고의 돌로레스 성명.
1810년 9월 28일	이달고와 아옌데, 과나후아토 주 함락.
1811년 1월 17일	이달고, 칼데론 다리 전투에서 카예하 장군에게 패함.
1811년 3월 21일	이달고와 아옌데, 반란군 동료 엘리손도의 배반으로 살티요에서 체포됨.
1811년 7월 30일	이달고, 4개월 재판 끝에 총살됨.
1812년	스페인 카디스에서 자유주의적 헌법 선포.
1815년 12월 22일	모렐로스 총살됨.
1820년	스페인에 리에고 대령이 통치하는 자유주의적 정부 수립.
1821년 9월 27일	이투르비데, '이괄라 선언'에 의거, 자신을 독립 멕시코의 황제로 선포. 보수 진영과 자유주의 진영의 일시적 연합.
1822년	이투르비데 폐위.
1824년	이투르비데 총살됨. 연방 공화국 수립.

성화하는 역할(지배적 역할까지는 아니더라도)을 수행했을지 모른다. 웅변에 능한 이달교 주교라면 성모 이미지 앞에서 신자들의 격앙된 감정을 이용해 스페인 상인과 그들의 물건을 점거하는 일이 식은 죽 먹기였을 것이다."(1966, p. 114) 해밀은 원주민이 맞서 싸운 스페인군이 독실한 가톨릭교도이긴 했지만, '이달고 반란'에 '십자군적' 측면이 있다고도 지적한다. 역사의 아이러니에 의해 카스티야Castilla 사람(스페인 본토 출신 군인)이 '무어인'이 된 것이다![2] 사실 산후안데로스라고스 성모는 멕시코에서 도미니카 수도회, 어거스틴 수도회와 함께 처음 선교 활동을 벌인 프란체스코 수도회의 예배 대상이었다. 그러나 프란체스코 수도회는 멕시코의 2대 대주교 몬투파Montufar가 이끄는 세속 승단이 강하게 지지하는, 과달루페 성모 신앙의 확장에는 반대했다. 로베르 리카르Robert Ricard는 다음과 같이 썼다.

> 과달루페 성모 숭배와 테페야크Tepeyac(스페인이 침략하고 10년 뒤, 과달루페의 '황색 성모Brown Virgin'가 아스텍 원주민 신자 후안 디에고Juan Diego 앞에 처음 나타난 멕시코시티 인근의 언덕. 공교롭게도 이 언덕은 코르테스Hernán Cortés의 침략 이전, 토착 신인 토난친Tonantzin 여신을 숭배한 곳이다)로 떠나는 순례는 멕시코 프란체스코회 수사들의 사나운 반발에도 주교단의 지지를 통해 촉발·성장하여 결국 승리를 거둔 것으로 보인다. (1966, p. 191)

---

2 이달고 반란군이 스페인 군대를 '무어인'처럼 취급하며 대량 학살을 자행했다는 의미.

프란체스코회 수사들은 인간은 물질적 이미지를 숭배해서는 안 되며, 그 이미지가 재현하는 신이나 성인을 숭배해야 한다는 사실을 원주민에게 이해시키려고 애썼다. 그들은 '황색 성모'의 기적을 일으키는 초상화가 세속 승단의 지지에 힘입어 우상숭배의 대상이 되었다고 주장했다. 예를 들어 18세기에 산후안 성모에 대한 글을 쓴 프란체스코 데 플로렌시아Francisco de Florencia 신부는 성모가 얼굴을 보여준 것은 그 이미지와 물질적 재현물 너머에 있는 우리 믿음과 의지의 대상인 성모 자체를 상기시키기 위함이라고 말했다.

이달고는 세속 승단에 속한 주교였음을 기억해야 한다. 반란이 계획대로 성공하려면 그가 칸델라리아 성모의 깃발을 사용할 수는 없었다. 칸델라리아 성모도 대단히 유명해서 멕시코시티, 푸에블라Puebla, 산루이스포토시San Luis Potosí, 과나후아토와 같이 먼 곳에서 순례자를 끌어모았지만, 멕시코 전역에서 위세를 떨친 과달루페 성모의 영향력에 미치지 못했다. 이달고는 아메리카의 수많은 크리오요와 한 민족이며 동일한 인간이라는 정체성과 감정을 공유했지만, 취향이나 기질상 민족 통합의 구심점으로서 대중에 의한 통치라는 추상적 사상보다 구체적이고 지각 가능하며 극적인 상징에 호소했다. 전자에 의한 민족 통합은 혁명적 성향을 띠는 도미니카 출신의 크리오요인 세르반도 테레사 데 미에르Servando Teresa de Mier 수사나 이신론과 프랑스 계몽주의 영향을 받은 다른 이들이 시도했다. 이달고는 욕망과 감각을 자극하는 지시 대상을 그것의 의미 극 안에 포함한 상징이 얼마나 강력한지 잘 이해했다. 에릭 울프가 과달루페 신앙에 대한 훌륭한 논문에서 보여준 것처럼, 황색 성모의 복합적 이미지는 모성, 모국, 어머니 대지, 원주민의 과거와 같은 개념에 어필했다. '대중에 의한 통치' 같은 이미지 없는 개념은 일반 대중의 에너지를 자극해 거기에 물꼬를 터줄 수 없고, 칸델라리아 성모와 같은 지역 성모는 전국이 아니라 특정 지역에서 호소력이 있다. 그래서 나는 이달고가 우연히 칸델라리아 성모 대신 과달루페 성모의 깃발을 사용했다는 해밀의 견해에 동의하기 어렵다. 케레타로의 공모자들은 반란을 전국적 규모로 확대할 생각이었다. 냉정하고 전략적인 방식으로는 반란에 성공할 수 없었을 것이다. 이달고는 종교적 깃발을 내걸어야 한다면, 멕시코에서 가장 광범위하게 통용되는 통합과 결속의 상징이어야 한다는 것을 분명히 알았다.

정확한 사실관계를 확인할 수는 없지만, 현대 식민 체제에서 그렇듯이 스페인 식민 정부의 첩자들이 케레타로 공모자들의 계획을 눈치챘다. 이달고는 이 사실이 알려지기 전인 10월 2일, 장소를 바꿔 다시 한 번 봉기 성명을 냈다.

반란 주동자들에 대한 맹렬한 비난이 때로는 익명의 편지 형식으로 스페인 식민 정부에 날아들었다. 배반한 공모자 아리아스Arias 대령이 10월 2일에 있을 봉기 계획을 누설했다. 스페인 식민청 소속으로 과나후아토 총독이자 이달고의 옛 친구 리아뇨Antonio Riaño는 이달고의 계획을 알았지만 그에 맞서 행동하기를 주저했다. 그는 망설임 때문에 목숨을 잃었다고 볼 수 있다. 한 달 뒤 이달고의 원주민 부대가 과나후아토를 토벌할 때 제일 먼저 살해당했기 때문이다. 앞서 언급한 돌로레스 성명으로 돌아가자. 그 외침과 관련 있는 사건은 멕시코의 정치적 사회화에서 위대한 신화 중 하나가 되었다. 멕시코 독립일 담화나 초등학교 역사 교과서에서 수없이 되풀이되기 때문이다. 심지어 오늘날에도 멕시코의 5센타보 동전은 페피타Pepita라고 불린다. 거기에는 케레타로 봉기 계획이 누설됐음을 이달고에게 처음 알린 호세파 오르티스 데 도밍게스Josefa Ortiz de Domínguez의 얼굴이 찍혔다. 페피타 동전의 주인공과 반란 주동자 중 한 명인 알다마가 봉기 계획이 누설됐음을 전하려고 돌로레스에 있는 이달고와 아옌데를 향해 미친 듯이 말을 몰았다. 그것은 운명과 진실의 순간이었다. 몇 명은 달아나야 한다고 주장했지만, 이달고와 아옌데는 즉시 봉기를 일으켜야 한다고 선언했다. 다소 신화적이나 믿을 만한 이야기에 따르면, 이달고는 부츠를 당겨 신으면서 흥분한 알다마를 다음과 같이 가라앉혔다고 한다. "좋아, 친구들, 우린 길을 잃었어. 그렇다면 가서 가추피네스gachupines를 잡아들이는 수밖에 없네." (여기서 가추피네스의 문자적 의미는 '박차', 구어로 스페인 사람을 의미한다. 이 단어는 '나사, 붙잡다'라는 뜻도 있다.)

어떤 이들은 이달고의 행동이 '눈부실 정도로 즉흥적' '비합리적'이라 평한다. 그러나 해밀을 포함한 몇몇 학자는 이를 '논리적'이라 본다. 항복이나 도피 앞에는 어떤 긍정적 전망도 없었지만, 일분일초가 아까운 순간이어서 즉각적으로 행동하는 수밖에 없었기 때문이다(1966, p. 120). 주동자들이 구상한 면밀한 계획(예를 들어 이달고의 무기와 탄약 제조·비축 계획)을 감안하면, 나는 이달고의 행동 개시가 느닷없긴 해도 완벽하게 합리적이었다고 생각한다. 식민 정부 탓에 그들의 타이밍이 흐트러졌으며, 돌로레스가 혁명을 개시하기 위한 최적의 장소가 아니었다는 것도 사실이다. 케레타로나 아옌데 장군의 고향인 산미겔엘그란데San Miguel el Grande처럼 인구가 많은 대도시에서 합심해 봉기를 선언했다면 훨씬 나았을지 모른다. 봉기 선언을 일요일에 한 것은 그나마 다행이다. 일요일은 돌로레스의 전통 장날이다. 그날은 수많은 원주민과 메스티소가 시장에서 물건을 사고팔기 전에 미사를 드렸다. 알다마의 설명에 따르면, 아침 8시경 돌로레스에는 인근 농장에서 말을 타거나 걸어온 600여 명이 있었다. 이달고는 그들에게 반란을 촉구하는 첫 연설을 했다. 대다수 역사학자들은 이달고가 반란의 근본 목표가 멕시코 독립임을 확신했다 해도, 당시는 그 목표가 프랑스에서 스페인왕국(그 적법한 통치자는 페르디난도 7세다)을 지키는 것임을 강조했으리라고 본다. 페르디난도 왕자는 멕시코 민중 사이에서 엄청난 인기를 누렸고, 프랑스는 상당한 공포의 대상이었다. 이달고는 '종교여 영원하라!' '나쁜 정부에는 죽음을!' 같은 슬로건으로 웅변의 클라이맥스를 장식했을 가능성이 있다. 그 성명 내용은 주동자 측에서 조잡한 인쇄 전단으로 만들어 배포했다. 이달고는 그 외에 식민 정부가 원주민에게 부과하던 조공의 폐지를 약속했을 수도 있다. 긴 연설을 마치고 돌로레스 시를 점령한 이달고가 그날 정오에 소부대를 이끌고 아토토닐코Atotonilco 마을을 지나가면서 과달루페 성모의 초상이 그려진 깃발을 손에 넣었는지도 모른다.

아옌데의 도시 산미겔은 이달고의 교구처럼 그날 석양 무렵 반란군의 수중에 떨어졌다. 아옌데가 정복한 지역 크리오요 시민군 역시 반란군에 합류했고, 스페인인은 모두 항복한 다음 투옥되었다. 중요한 사건이 잇따른 그날, 집단 폭력의 징후가 보였다. 많은 스페인 상점과 가옥이 습격·약탈당했다. 이 단계에서 아옌데의 관심사는 원주민 부대의 도움을 받아 크리오요 부대를 장악하는 것이었다. 그에게는 무질서한 소요를 진압할 만한 권위가 있었다. 그는 이달고와 반란군 기금을 설립하고, 지역 크리오요로 구성된 시민군 정부를 조직했다. 하지만 이달고가 원주민 소작농과 노동자를 계속 가담시키자, 아옌데도 혁명군의 최고 수장이 이달고임을 인정할 수밖에 없었다. 이달고 부대는 셀라야의 부촌富村 외곽에 도착한 9월 19일 저녁, 시의회에 최후통첩을 보냈다. 이달고는 이때부터 강경 노선을 취한다. 그는 셀라야가 항복하지 않으면 스페인인 인질을 전부 처형하겠다고 협박했다. 셀라야 시장은 이달고의 대규모 부대 앞에 무릎을 꿇었고, 반란군은 9월 21일 셀라야로 입성해 도시를 약탈했다.

이달고는 셀라야에서 자신을 '아메리카 총사령관'이라 칭했다. 이는 혁명을 확장하기 위해 군대를 체계적으로 조직하려는 노력이었다. 이때 부대의 장군과 특사도 임명되었다. 이달고는 단합의 상징인 과달루페 성모 깃발의 가치를 알았기에, 리더십도 한 사람에게 집중되어야 한다고 생각했을지 모른다. 그러나 불행히도 이달고는 군인이 아니었다. 군대의 조직과 훈련은 유능한 군인인 아옌데에게 맡기는 편이 나았을 것이다. 그가 베르트랑 드 주브넬 Bertrand de Jouvenel이 말한 대로 '국왕rex', 즉 공동체의 가장 높은 공통 가치를 구현하는 초월적 존재가 되는 데 만족하고 '대장dux', 즉

제한된 정치적 목표를 성취하기 위해 구체적 집단을 실제로 조직하는 자의 역할까지 욕심내지 않았다면, 멕시코 혁명은 수십 년 앞당겨졌을지도 모른다. 당시 이달고는 국왕도 대장도 아니고, 격앙된 반란군의 군사적 커뮤니타스에 의해 카리스마를 갖춘 예언자였다. 물론 그를 국왕이나 대장으로 칭할 수 있고, 아메리카 크리오요가 사건의 향방을 장악한 상황에서 그가 나름 문화적으로 의미 있는 사회구조적 지위였다고 평가할 수도 있다. 그러나 대규모 원주민이 지속적으로 부대에 유입되면서 이달고의 영향력이 커지고, 그보다 수가 적은 아옌데와 크리오요 부대의 영향력은 감소했다. 이달고의 종교적(심지어 예언자적) 본성이 대단히 격렬하게, 어쩌면 지나치게 폭발적으로 원주민의 열정과 3세기 동안 계속된 식민 통치를 떨쳐내는 과정에서 분출된 그들의 폭력성과 반응한 것인지도 모른다. 봉기의 무의식적·비합리적 요소가 합리적 계산을 재빨리 뒤덮었다. 어쩌면 여기에 몇몇 학자들이 그 반란의 '실존적' 특성이라고 부른 추후 멕시코 역사와 예술, 문학에 행사한 이 사건의 위력의 비밀이 있을 것이다.

다리오 자드라Dario Zadra가 제안한 대로, 이 봉기에서 드러난 혁명적 행위를 프로이트의 개념을 차용해 잠정적으로 '1차 과정primary process'이라고 명명해보자. 그러면 세계 각지에서 일어난 혁명 과정의 본성을 이해할 실마리를 얻을 수 있다. 1차 과정은 인지적·의식적 모델에서 발현되지 않는다. 그것은 프로이트 심리학의 '검열' 기제와 유사한 역할을 수행하는 권력을 쥔 엘리트에 의해 가장 깊은 물질적·정신적 욕구와 갈망의 표현을 억압당해온

자들의 누적된 경험에서 분출한다. 사실 특정한 혁명적 상황에는 사회적 층위에서 정치적 권위체가 전복되는 것과 심리학적 층위에서 억압에서 해방되는 것에 경험적 상관성이 존재할 것이다. 거기에는 폭력뿐 아니라 창조성도 있다. 상징이라는 외피로 싸인 문화구조 전체가 갑자기 빛 아래 드러나면서, 그 자체가 문학과 과학뿐 아니라 법률이나 행정에서도 새롭고 생산적인 발전을 위한 모델이자 자극제가 된다. 아리스티드 졸버그Aristide Zolberg는 〈Moments of Madness광기의 순간들〉(1971)이라는 논문에서, 파리코뮌과 '1968년 오월혁명'에서 발견되는 유사한 1차 과정을 논의한다. 1차 과정의 특징 가운데 하나는 '불가피하게' 발현될 수밖에 없다는 점이다. 문화 과정이 대부분 그렇듯이 1차 과정은 종전에 정립된 원리나 규범의 산물(그 규범이 하나든, 여럿이든, 상충되든 상관없이)로 간주되어서는 안 된다. 1차 과정은 그보다 직접적이고 평등한 방식으로 앎을 추구하고 관계를 경험하려는 인간의 깊은 욕구에서 생겨난다. 이 욕구는 제도화된 사회구조를 존속시키는 2차 과정이 좌절·왜곡하는 것이다. 그래서 1차 과정은 보수적 원리와 가치에 근거한 윤리적·법적 제재를 이용하여 그것을 제어하려는 개인, 집단을 종종 휩쓸어버리는 절박함과 가속도가 있다. 1차 과정에 사로잡힌 인간은 지상에 하늘의 왕국(혹은 공화국)을 건설하려하며, 거기에 방해가 된다고 느껴지는 것을 가차 없이 제거하는데까지 나아간다. 커뮤니타스를 향한 욕망이 오래 억눌릴수록 고삐가 풀렸을 때 1차 과정이 취하는 형태는 더욱 광란적이다. 나는 1차 과정이 '발현될 수밖에' 없는 듯하다고 했지만, 1차 과정 역시 사회적 진공상태가 아니라 종전 1·2차 과정의 잔여물로 가득한 구조화된 사회적 장에서 일어난다는 점을 잊어서는 안 된다. 1차 과정은 전염병과 비슷하다. 손을 쓰지 않으면 두 과정 모두 고유한 경로를 따라 발전한다. 차이점이 있다면 전염병은 의사가, 혁명은 기득권 세력이 퇴치하려 애쓴다는 점이다. 여기서 내가 혁명이 사회병리적 현상임을 암시하는 게 아니다. 어떤 혁명은 분명한 치유적 효과도 있다. 다만 나는 혁명이나 다른 강력한 사회운동과 같은 1차 과정은 자체의 원인과 추진력이 있으며, 그 원인은 구조-기능주의적 관점에서 적절히 설명될 수 없고, 적절하고 완전한 결말과 클라이맥스를 향해 가는 게슈탈트적 성격Gestalt-like character을 띤다는 점을 강조한다.

아옌데와 알다마의 크리오요 계획은 이달고의 외침이 해방한 1차 과정의 홍수로 종이배처럼 휩쓸렸다. 셀라야 다음으로 과나후아토가 그 물결에 휩쓸렸다. 이달고의 외침 일주일 뒤 원주민이 대부분인 반란군 최소 2만 5000명이 셀라야를 떠나, 이달고의 옛 친구 리아뇨 총독이 다스리는 부유한 탄광 도시 과나후아토를 공격했다. 이때 이달고는 크리오요 사제였던 자신의 과거와 철저히 결별하려고 한 것 같다. 리아뇨를 단순히 스페인 적군으로 취급하고, 과나후아토를 거대한 유혈 축제의 장으로 보았기 때문이다. 이달고는 수단의 마흐디Mahdi[3]와 같이 단순히 교구 사제가 아니라 성전聖戰의 지도자처럼 자신의 부대를 과나후나토의 큰 곡물 저장소

---

3 19세기 말 이슬람교 사제 아브드 알라흐만 알마흐디(Abd al-Rahman al-Mahdi)가 조직한 수단의 이슬람교도 군대.

로 이동시켰다. 그때 리아뇨는 이달고의 최후통첩을 무시하고 그 곡물 저장소를 요새로 바꿔놓았다. 거기에는 과나후나토의 스페인인뿐 아니라 이달고의 반란을 미심쩍게 본 수많은 크리오요가 있었다. 이달고의 반란군은 9월 28일, 곡물 저장소를 무너뜨리고 저항자를 대부분 학살했다. 그들은 이틀간 도시를 약탈하고 강간과 살인을 저질렀다. 기록에 따르면, 아옌데는 울면서 욕설을 퍼붓고 칼을 휘두르면서 원주민 병사를 진정하려 했다. 그러나 이달고는 원주민 병사들이 저질렀거나 저지를 모든 일을 문책해서는 안 된다고 선포했다.

1차 과정은 사실적 사건을 후세의 상징으로 바꾼다. 과나후아토의 곡물 저장소-요새는 멕시코인의 상징이 되었다. 그것은 혁명기 프랑스의 바스티유Bastille 감옥과 비슷하면서 비슷하지 않다. 요새 앞에서 죽은 리아뇨도 이달고를 위해 싸운 세 원주민 광부의 영웅적 행위처럼 상징이 되었다. 그 광부들은 "총알을 막아줄 석판을 등에 지고, 웅크린 채 요새 입구로 뛰어가서 발포했다. 육중한 정문의 나무 보가 불길에 휩싸였고 곧 정문 전체가 불탔다"(멕켄리, 1962, p. 81). 이 위업 덕분에 반란군은 요새 안으로 들어가 적과 아군의 피투성이 시체 사이에서 돈과 금괴를 약탈했다. 물론 멕시코 크리오요 중산층 시민이 학살되는 장면을 보고 분노하며 눈물을 흘린 아옌데와, 거의 3세기 전 코르테스가 잔인하게 관철한 스페인의 식민 지배를 무효화하고 멕시코를 되찾기 위해 학살을 저지른 이달고도 멕시코라는 나라의 혁명적 자기-발견에 필요한 비극적이고 창조적인 에너지의 상징이 되었다. 시인 옥타비오 파스

Octavio Paz는 《고독의 미로Labyrinth of Solitude》에서 이 역사 속의 갈등 세력을 '단일한 과정의 부분all part of a single process'으로 볼 것을 주문한다(1961, p. 147). 그는 사파타Emiliano Zapata와 카란사Venustiano Carranza, 비야Francisco Villa와 오브레곤Obregón, 마데로Francisco Indalècio Madero와 카르데나스Lázaro Cárdenas 그리고 대립한 1917년 혁명의 다른 영웅들을 언급한다. 그의 지적은 이달고 반란의 영웅뿐만 아니라 사실상 멕시코 독립의 전 과정에 적용된다.

이달고와 아옌데라는 두 영웅을 조금 더 논의해보자. 멕시코 독립 운동은 많은 점에서 혁명을 예고하고 있었다. 헤겔Georg Wilhelm Friedrich Hegel이라면 멕시코 독립사에서 독립 투쟁, 개혁, 혁명으로 구성된 변증법적 삼원성을 발견하고 대단히 기뻐했을 것이다. 여기서 첫째와 셋째 국면은 1차 과정이, 둘째 국면은 2차 과정이나 '구조화하는' 과정이 지배한다. 옥타비오 파스는 개혁의 주인공을 혁명의 주인공과 비교하면서 전자의 "어떤 건조함a certain dryness"은 그들을 "존경할 만하지만 공무원적인 인물이나 공무원적 영웅"으로 만들지만, "많은 혁명적 지도자는 그 야만성과 상스러움에도 대중적인 신화"가 된다고 지적한다(1961, pp. 147~148; 그의 무훈시 〈corridos코리도스〉도 참조할 것). 멕시코 독립의 '테제thesis'는 혁명과 마찬가지로 신화적·시적 특성이 있다. 강력한 전투적 사제인 이달고, 모렐로스José María Morelos, 마타모로스Matamoros와 헌신적인 전사 아옌데, 게레로Vicente Guerrero는 일반 대중뿐 아니라 오로스코, 리베라 같은 예술가의 창조적 분노를 불러일으켰다. 60년 전에 벌어진 멕시코 혁명인 '신테제synthesis'의 영웅들이 그랬듯이 말이다. 벽화 화가들은 멕시코의 원형적 남성인 메스티소('혼혈')를 종종 불에서 태어나는 것으로 묘사한다. 백인과 황인, 유럽인과 아메리카인, 기독교도와 이교도, 가톨릭교도와 자유사상가라는 대립되는 원리의 격렬하면서도 기쁨에 찬 대립에서 태어난다는 듯이. 멕시코 역사는 블레이크의 시구 "나는 대립Contraries을 구원하기 위해 부정Negation을 파괴해야 한다"의 기나긴 예증처럼 보인다. 멕시코에게 부정은 이질적인 스페인 군주제를 기반으로 한 위계적 정치 구조, 그에 따른 모든 외래적 간섭과 프랑스, 북아메리카, 그 외에서 유래한 정치 경제적 지배다. 한편 대립은 멕시코 메스티소 문화에서 융합된 스페인과 원주민의 전통이다. 최소한 이 점은 멕시코의 신화이자 염원이다. 신화의 창조자이자 19세기 말 저명한 역사학자인 후스토 시에라는 반복해서 지적한다. "멕시코인은 두 민족, 두 인종의 아들딸이다. 우리는 그들에게 우리의 영혼을 빚졌다." 앞서 언급한 세 반란은 식민 통치기에 잠재한 이 사실을 처음에 상징적으로, 나중에는 이념적으로 분명히 인정하는 계기가 된 국가적인 사회적 드라마다. 후스토 시에라는 유전적 혼합에 따른 메스티소의 '몸'보다, 1세기 넘는 폭력적 문화 접변의 결과물인 메스티소의 '영혼'(alma=영혼, 존재, 인간존재, 힘, 프레임)에 대해 많이 언급한다. 메스티소에 대한 범–멕시코적인 강조는 한때 내가 알던 남아프리카의 상황과 완전히 다르다. 아마도 이것이 현대 멕시코에서 원주민, '부족' 혹은 콜럼버스Christopher Columbus 이전의 토착 집단이나 문화에 근거한 일련의 사회'운동'이 노골적으로 실패한 원인 중 하나이리라. 이달고는 널리 알려진 남아메리카의 상황과 매우 다른, 문화적 혼합이나 종합을 향한 이 멕시코 사회과정의 인간주의적 근원에 자리한 사람이다.

우리는 이달고가 과나후아토와 곡물 저장소를 점령하는 순간까지 살펴보았다. 이달고는 리아뇨를 대체할 새로운 감독관을 임명하는 데 조금 애먹은 것 같다. 그가 지방정부에서 일하던 이들을 포함해 수백만에 가까운 '뉴스페인' 크리오요를 소외했기 때문이다. 이달고는 반란의 재정적 기반을 마련하기 위해 과나후아토에 멕시코시티의 조폐국과 맞먹는 조폐국을 설치했다. 그다음에 군대 장교와 멕시코 다른 지역에서 반란을 이끌 사령관을 임명했다. 몇몇 선택은 탁월했다. 특히 전사이자 성직자 모렐로스(그는 예전에 바야돌리드[현재 모렐리아]의 산니콜라스대학San Nicolas College에서 이달고의 학생이었다)의 임명이 그랬다. 모렐로스는 나중에 멕시코의 순교자와 영웅 가운데 하나가 되었다. 오늘날 멕시코의 모렐로스 주와 모렐리아 시는 그의 이름을 딴 것이다. 그를 포함한 모든 장교는 이달고를 지지하는 소규모 크리오요 집단에 속했다.

반란 소식이 멕시코시티에 전해진 뒤, 왕당파의 프로파간다는 크리오요의 환심을 사는 데 집중되었다. 그들은 '유러피언 크리오요'라 알려진 1세대 크리오요뿐 아니라, 스페인 태생의 선조와 다른 인종 사이에서 태어난 문화적으로 여전히 스페인 태생으로 인정받는 2세대나 그 후손까지 모두 포섭하려 했다. 후자는 '아메리칸 크리오요'라 불린다. 특히 스페인 출신 1세대나 스페인인과 결혼한 이들이 식민 정부와 왕당파의 설득에 쉽게 넘어갔다. 친족과 인척이 '스페인 토박이'였기 때문이다. 그들 눈에 이달고의 부대가 스페인 토박이를 학살·투옥한 것이 좋게 비칠 리 없었다.

이달고에 대한 크리오요의 불만이 쌓여가는 상황에서 반란군의 주력부대가 바야돌리드로 진격했다. 스페인인에 맞선 이 초기 작전 중에 미초아칸Michoacán 주의 차기 주교이면서 자유주의적 성직자 마누엘 케포Manuel Abad y Queipo가 이달고에게 등을 돌렸다. 그는 도시가 함락되기 전에 오랜 친구인 이달고, 아옌데와 나머지 두 반란군 지도자를 파문했다. 종교재판소는 이달고의 이단 행위와 배교 행위를 비난했다. 이런 정치적이고 종교적인 제재가 이달고의 원주민 추종자들에게 큰 영향을 준 것 같지는 않다. 다만 도시 내 크리오요가 이달고의 반란군에 합류하는 일은 어느 정도 저지했을 것이다. 양측은 같은 종교를 믿었고, 반란군은 그들의 행보가 멕시코 가톨릭의 미래를 위협하지 않는다고 주장했다. "우리가 하는 일은 순수하게 정치적인 문제이며, 우리의 신성한 종교는 털끝도 건드리지 않습니다." 스페인 식민 정부와 크리오요 지지자에 의한 종교의 정치화는 멕시코 중산층 시민이 반란군에 합류하는 것을 어느 정도 저지하는 데 성공한 모양이다. 모든 크리오요가 중립을 지키면서 원주민 세력과 스페인 지배자들이 직접 충돌하게 두었다면 이달고 반란은 성공했을지도 모른다. 그러나 많은 크리오요는 원주민이 이달고 세력에 가담하지 못하게 하고, 더 나아가 그 반란에 반대하도록 만들었다. 그들은 이달고가 원주민을 총알받이로 사용할 뿐이며, 이달고가 선동한 무리는 과거 중앙 멕시코 평원의 선진 문화를 파괴한 북방의 야만인 치치메카Chichimeca라고 주장했다. 많은 크리오요는 원주민의 고용주였기 때문에 농장의 잡부와 하인을 궁지로 몰 수 있었다. 정치학자들의 용어를 빌리면, 그들은 반란에 맞서 '영향력influence'과 '설득력persuasion'을 행사할 위치에 있었다.

해밀 같은 역사학자들이 이달고 반란의 첫 번째 국면으로 간주하는 시기의 마지막 에피소드(사회적 드라마)는 이달고가 바야돌리드를 떠나 멕시코시티로 진격했을 때 터졌다. 돌로레스 성명 후 정확히 6주가 지난 10월 29일, 반란군은 톨루카Toluca에 있었다. 나지막한 산맥을 넘어 2500명 정도 되는 스페인 부대를 처치하면 코르테스에게 정복된 테노치티틀란Tenochtitlan, 즉 멕시코시티를 탈환할 수 있었다. 그러나 토르쿠아토 트루히요Torcuato Trujillo 대령이 이끄는 수비군은 정규 포병대를 갖춘 정예병이다. 그들은 후퇴할 수밖에 없었지만, 훈련받지 못한 이달고 부대에 상당한 사상자를 냈다. 반란군 측에서 2000명이 사망했고, 크게 다친 이들은 그보다 많았다. 그 전투에서 원주민과 메스티소 수천 명이 이달고를 떠났다. 몬테데라스크루세스Monte de las Cruces에서 큰 희생을 치르고 얻은 승리는 이달고 부대의 사기를 꺾었다. 그러는 사이에 뉴스페인의 '도살자 컴벌랜드Butcher Cumberland'[4]라 불리는 펠릭스 카예하Félix Calleja 장군이 이끄는 대규모 부대가 산루이스포토시에 집결, 케레타로까지 진격했다. 바야돌리드에서 이달고를 따른 병사 8만 중 4만이 남았다. 이달고는 쿠아히말파Cuajimalpa 마을에서 사흘을 꾸

---

4 영국 조지 2세(George II)의 셋째 아들 컴벌랜드(William Auguste de Cumberland) 공작 (1721~1765)의 별명. 스코틀랜드의 스튜어트왕조와 벌인 컬로든(Culloden) 전투에서 적군을 무자비하게 살육해 이런 별명을 얻었다.

물거린 뒤, 멕시코 계곡 인근 마을에서 원주민 병력을 보충하려고 애썼지만 큰 성과는 없었다. 그 전에 이달고의 원주민 병사 중 일부가 토톨테펙Totoltepec 신전에서 치유의 성모상을 훔치려다 스페인군에 발각되었다. 전설에 따르면 공교롭게도 이 치유의 성모는 오래전, 노체 트리스테Noche Triste 전투에서 아스텍인에게 대패한 코르테스 부대의 용기를 북돋웠다. 또 다른 전설에 따르면 푸엔테 데라마리스칼라Puente de la Mariscala 지구를 가로질러 도망치던 스페인 군인이 용설란 아래 그 '안장 성모' 이미지를 숨겼고, 1540년 사냥을 나간 아스텍 추장 후안 쿠아우틀리Juan Cuautli가 이를 발견했다고 한다. 이달고의 원주민 병사들에게 치유의 성모는 여전히 스페인 군대 편으로 여겨졌음이 틀림없다. 멕시코의 전통적인 이분법에 따르면 치유의 성모는 과달루페 성모와 대립되기 때문이다. 결국 이달고는 멕시코시티에서 부대를 철수시켰는데, 여기에 대해 여러 가지 이유가 제시되었다. 어떤 이들은 라스크루세스Las Cruces 전투에서 반란군의 탄약이 고갈되었다고 한다. 어떤 이들은 스페인 수비군이 도시로 들어오는 모든 성문에 지뢰를 매설했다고 한다. 이달고 옹호자들은 그가 휴머니즘에서 뉴스페인의 수도를 포기했다고 말한다. 이달고가 붙잡힌 뒤 스페인 식민 정부와 종교재판소가 출간한 증언집에 따르면, 이달고는 병사들이 과나후아토에서 저지른 학살을 뉘우친 나머지 멕시코시티에서도 같은 일이 반복되지 않길 원했다. 권력을 쥔 자들에 의해 강요된 정치적 고백은 언제든 조심스럽게 살펴볼 필요가 있다. 내 생각에는 이달고의 성격에 내재한 크리오요 측면이 이 운명적 순간에 가장 크게 발휘되지 않았나 싶다. 이달고의 아버지는 스페인에서 태어난 토박이다. 그는 상징적인 부친 살해를 저지르고 싶지 않았는지 모른다. 내게 더 설득력 있는 시나리오는, 카예하 장군의 진격 소식을 듣고 훈련받은 소규모 정예부대가 대규모 비정규군에게 얼마나 큰 타격을 줄 수 있는지 경험한 이달고가 잠시 후퇴하여 부대를 무장하고 싶어 했으리라는 점이다. 과나후나토에서 아옌데가 보여준 강력한 호소가 라스크루세스 전투를 겪은 이달고에게 더 설득력 있게 다가왔을 수 있다. 그는 생각했을지 모른다. 그대로 멕시코시티에 진격했다면 원주민 병사들은 약탈을 위해 도시 곳곳으로 흩어졌을 테고, 잔혹하고 유능한 카예하의 병사들에게 손쉬운 먹잇감이 됐으리라. 그럼에도 이 순간은 이달고가 처음 비틀거린 순간이며, 반란의 첫 추진력이 한계에 도달했음을 상징하는 순간이다. 1차 과정이 '사고思考의 창백한 시선에 의해 약화'된 것이다. 그 무렵 이달고는 과나후나토에서 깨진 아옌데와 우정도 회복하지 못했다. 포로인 가르시아 백작Garcia Conde의 증언에 따르면, 당시 아옌데가 이끈 병사들은 이달고를 '악당 같은 사제 놈'이라 불렀다고 한다. 이달고가 그대로 진격했다면 수도를 탈환하고, 원주민과 메스티소, 크리오요 등 도시민의 충분한 지지를 얻어 카예하 장군을 격퇴했을 수도 있다. 하지만 시민이 반란군에 가담하지 않을 위험성이 있었고, 이달고도 그 사실을 알았다. 물론 당시 식민 정부 간행물에는 이달고의 후퇴를 아틸라Attila의 로마 철수와 비교하는 글이 실리기도 했다. 로마에서 야만인을 겁준 것이 성 베드로St. Peter라면, 멕시코에서는 치유의 성모다.

이제 이달고 반란의 비극적인 마지막 국면을 살펴보자. 반란군은 케레타로로 북상하던 중 아쿨코Aculco에서 카예하 장군의 공격을 받고 거의 모든 화포와 행낭, 가축을 잃었다. 그중에는 이동식 유곽의 여인 8명도 포함되었다. 카예하 장군을 위해 싸우던 크리오요 군인들이 반란군에 가담하지 말고 스페인 부대에 충성하자고 결심한 순간이 바로 이 전투 같다. 아쿨코 전투 후, 이달고와 아옌데는 부대를 나눴다. 이달고는 부대를 재정비하고 충원하기 위해 바야돌리드로 갔다. 아옌데는 새 탄약을 제조하기 위해 과나후아토로 갔다. 이달고는 바야돌리드에서 스페인인 60여 명을 재판 없이 처형해 스페인군에 분풀이했다. 그 뒤 과달라하라에서 350명이 넘는 스페인인을 죽이기도 했다. 그 무렵 이달고에게는 스페인인 포획이 아니라 학살이 중요했다. 그는 크리오요 중산층이라는 자신의 정체성을 부정하고 원주민 부대에 운명을 내맡긴 것 같다. 이달고는 그럼으로써 진정한 멕시코 사회운동의 수장으로서 초기에 있던 예언자적·카리스마적 리더십의 근원인 창조적 리미널리티까지 내버린 듯하다. 스페인 침략 이후, 멕시코에서 유럽인이나 원주민 한쪽을 편든 민중운동이 성공한 적은 없다. 현실에서는 그렇지 않더라도 그 운동은 원칙적이나마 신세계적인 대립자의 종합synthesis이어야 했다.

이달고는 11월 11일, 토레스Torres 중위가 과달라하라에 입성했다는 소식을 듣고 크게 기뻐했다. 그도 2주 뒤 군악대를 동반하고 아름답지만 오만한 여성들의 도시로 알려진 그곳에 입성했다. 얼마 뒤에는 대성당에서 관현악단과 함께 도시 진입을 찬양하는 노래를 부르기도 했다. 과달라하라의 크리오요 관리들은 돌로레스에서 화려한 음악 파티를 연 이달고를 즐겁게 하는 법을 알았다. 아카풀코Acapulco를 포위한 모렐로스 대령의 승전보와 산티아고 강Santiago River 어귀 산 블라스San Blas를 점령한 쿠라 메르카도Cura Mercado 대령의 반가운 소식이 속속 전해졌다. 과나후아토를 점령한 카예하 장군이 이달고의 학살에 보복하는 의미에서 무작위로 시민 69명을 뽑아 처형했다는 벽보가 붙기도 했다.

이달고 부대의 고무된 분위기에 두 번이나 찬물을 끼얹은 카예하 장군이 완전무장 한 군인 6000명(그중 절반이 기사단이다)을 이끌고 과달라하라로 향한다는 소식이 들렸다. 이는 대단한 위협이다. 성격상 이달고와 아옌데의 응전 방법은 달랐다. 과달라하라에 있는 동안 원주민 수천 명을 새로 모집한 이달고는 한 차례 전투에 모든 것을 걸고, 7만 비정규군을 투입해야 한다고 주장했다. 라스 크루세스와 아쿨코의 패배를 기억하는 아옌데는 이 반란군 수도를 떠나서 전체 부대를 6개나 그보다 많은 편대로 나눠, 스페인군을 교대로 공격해야 한다고 주장했다. 이달고는 그 방식이 부대원의 열정과 사기를 꺾고, 대규모 탈영을 유발할 것이라고 보았다. 결국 이달고의 안이 받아들여졌다. 그는 스파르타쿠스Spartacus나 와트 타일러Wat Tyler[5]의 난에서 커뮤니타스는 결코 그 자체로 전투에서 승리할 수 없다는 뼈아픈 교훈을 배웠어야 한다. 언제나 더 막

---

[5] 스파르타쿠스는 고대 로마 노예 반란의 지도자, 와트 타일러는 1381년 영국 농민반란의 지도자다.

강하고 파괴적인 것은 '구조'이기 때문이다. 이달고는 화려한 제복을 입고 용감한 말에 앉아서, 다루기 힘든 대규모 부대를 과달라하라에서 동쪽으로 약 53킬로미터 떨어진 운명의 칼데론Calderón 다리로 이동시켰다. 카예하 장군은 그곳에서 규모는 작지만 잘 훈련된 부대로 이달고 세력과 맞섰다. 전투는 한동안 막상막하하였다. 한순간 카예하 부대의 대포가 반란군의 탄약 수송 마차를 강타했다. 그 폭발로 많은 원주민 병사들이 사망했고, 전장의 마른 초원과 관목 숲이 불바다가 되었다. 강한 바람이 불길을 반란군 쪽으로 실어보냈다. 훈련받지 않은 반란군은 겁에 질리고 말았다. 그들은 달아났고 카예하 장군이 완승을 거두었다. 카예하의 부대에서는 50여 명(하지만 여기에는 카예하 장군의 부사령관인 마누엘 데 플론Manual de Flon,[*] 카데나conde de la Cadena 장군이 포함되었다), 반란군 측에서는 최소한 1000명이 사망했다. 이달고가 카예하 군을 대파하고 멕시코시티로 진격하겠다는 희망에 부풀어 준비한 대포와 물자도 전부 스페인군에게 빼앗겼다. 이달고와 다른 주동자들은 달아날 수밖에 없었다. 이로써 이달고 반란으로 알려진 멕시코 독립 운동의 첫 번째 국면이 막을 내린다. 해밀 같은 역사학자들은 마차가 폭발하지 않아 이달고가 이기고 멕시코시티까지 점령했다 해도 반란군이 궁극적으로 승리할 가망은 없었다고 본다. 이달고가 당시 멕시코의 많은 크리오요를 소외해 그들의 무력 저항을 촉발했기 때문이다.

---

[*] 플론은 위세 높은 크리오요다. 그는 갈베스(Gálvez) 총독뿐 아니라 이달고의 옛 친구이자 과나후아토 점령 시 이달고에게 희생된 안토니오 리아뇨와도 인척 관계다.

이런 측면에서 학자들은 칼데론 전투 이전에 과나후나토 학살 때문에 반란군이 실패했다고 지적한다.

톨스토이Lev Nikolaevich Tolstoy가 《전쟁과 평화Voina i mir》에 썼듯이, 패배해서 퇴각하는 부대의 일지를 살펴보는 일은 우울하다. 패잔병들에게 아무 감정이 없을 때도 상황은 마찬가지인데, 인간 보편의 공포와 불안이 느껴지기 때문이다. 여기서는 패배한 이달고 부대의 우울한 종말을 짧게 살펴보려 한다. 카예하와 다른 스페인 장군들*의 활약으로 멕시코 중부와 남부로 퇴각하는 길이 차단되자, 반란군은 북쪽으로 도망쳤다. 그들의 봉기는 사카테카스Zacatecas, 시날로아Sinaloa 남부, 산루이스포토시(산후안 데 디오스San Juan de Dios의 명령에 따라 신참 사제 에메라Hemera가 점령한 중요한 탄광 도시) 같은 멕시코 북부에서 어느 정도 성공한 상태였다. 반란군은 잠시 사카테카스에서 돈과 무기를 입수하면 전세를 회복할 수 있으리라 믿었다. 칼데론 전투에서 이달고가 패배한 것이 아옌데의 위세를 일시적이나마 높여주었다. 패배하고 이틀 뒤 북쪽으로 행군하던 중, 아옌데와 다른 주동자들은 파베욘Pabellón에서 이달고의 지휘권을 빼앗았다. 물론 이달고의 카리스마적 매력 때문에 꼭두각시 수장으로서 위세는 그대로 두었다. 아옌데가 총사령관이 되었지만 딱히 손쓸 수 있는 것이 없었다. 칼데론에서 대패한 소식이 사카테카스에 널리 퍼졌기 때문이다. 반란군이 머무른 일주일 동안 시민들은 냉정하고 비협조적인 태도로 일관했다. 아옌데는 북쪽으로 이

---

* 예를 들어 미초아칸의 호세 데 라 크루스(José de la Cruz).

동해 미합중국과 외교 창구를 개설한 다음, 무기를 구매하고 용병을 고용하겠다는 희망을 품었다. 이는 어떤 의미에서 중산층 거주민의 혁명을 선동하기 위한 시도다. 그사이 멕시코 중부의 주요 거점 도시에서 명민한 베네가즈Venegas 총독이 스페인군의 위상을 크게 강화했다. 그는 뉴스페인의 59대 총독이자 직업군인으로서 선택적 용서라는 '당근'과 가혹한 보복이라는 '채찍'을 동시에 사용해, 독재자 나폴레옹에 맞선 스페인 전쟁에서 활약한 인물이다. 원주민과 하층계급, 멕시코 독립의 또 다른 두 영웅(이달고의 패잔병을 이끈 모렐로스 신부와 멕시코 남부 오악사카Oaxaca 근처의 믹스테카Mixteca 고산지대에서 게릴라 부대로 스페인 식민 정부와 그들의 크리오요 부대를 끊임없이 괴롭힌 게레로) 사이에서 독립의 열망은 여전히 타올랐다. 종국에는 게레로가 옛 스페인 부대의 사령관인 이투르비데와 화해함으로써 1821년, 멕시코가 스페인에게서 독립했지만 말이다. 두 사람은 몇 년 뒤 암살당했다.

이달고가 군대의 총사령관에서 물러나면서 반란은 신화적·1차 과정적 성격을 잃고 희망 없는 일상으로 매몰되었다. 1811년 3월 21일, 반란군이 지도자를 배반한 것도 놀랍지 않다. 멕시코의 여러 정치─신화적 영웅, 예를 들어 1세기 후 에밀리아노 사파타가 부대원들에게 배반당한 것처럼 말이다. 6개월간 이어진 이달고의 영광과 비극은 끝났다. 이달고는 바한Baján 근처의 오아시스─역사의 아이러니인지 그곳의 지명은 누에스트라 세뇨라 데 과달루페Nuestra Señora de Guadalupe(과달루페의 성모)다─에서 붙잡혀 재판에 회부되었다. 불처럼 타오른 이달고의 영광과 비극은 과달루페와 함께 시작되고 막을 내린 셈이다.

　역사는 사회 전환기의 큰 위기에서 나타나는 심오한 문화적 신화를 반복하는 듯하다. 예를 들어 많은 멕시코 혁명가는 십자가의 길via crucis을 걸어갔다. 그들은 대중적 정치가든, 성직자든 예수처럼 메시지를 설파하고 첫 성공을 거둔 다음 오욕이나 좌절, 신체적 고통을 겪고(여기에는 다양한 비극적 변주가 있다), 친구나 지지자들에게 배신당하고, 정치적 지배 집단에 의해 처형되거나 암살당한다. 그리고 법률 개정이나 정치적 신성화를 통해 기묘하게 부활한 다음 공공 조형물, 대중 예술과 고급 예술, 기타 사회적 불멸화 양식에서 그 모습을 드러내는 것이다. 앞에서 나는 신화를 생성하는 1차 과정과 윤리적·법적 하위 체계에 규범적 프레임을 제공하는 신화의 역할을 언급했다. 종교적 신화와 그것의 에피소드는 사회적 행위에 엄청난 위력을 행사하는 드라마적·내러티브적 과정 모델process model을 형성하여, 한번 대중의 지지를 얻으면 이해관계나 편의, 심지어 도덕성까지 뛰어넘는 기묘한 과정적 필연성processual inevitability을 획득한다고도 말했다. 이것들은 직관적 진술로서 더 엄격한 방식으로 분석되어야 한다. 관건은 대규모 사회적 드라마가 진행될 때 사람들은 의식적이든 전의식적이든 무의식적이든 특정한 역할을 맡으며, 그 역할을 '대표하는' 방식으로 행동하고 말하려는 경향성이 강하다는 것이다. 그들은 민감하고 영향 받기 쉬운 어린 시절에 각인되거나 '사회화' '문화화'된 내용에 따라, 영웅의 죽음이나 승리(멕시코는 죽음을 통한 승리)가 등장하는 신화의 클라이맥스와 유사한 클라이맥스를 기대·준비하는 경향도 있다. 나는 에밀리아노 사파타가 잘 알려진 변절자에게 마지막 초대를 받았을 때, 순진해서 거기 응했다고 생각하지 않는다. 그는 "인민을 위해 죽겠다"던 자신의 예언을 실현하러 간 것이다. 예전에 그는 비슷한 함정을 피했지만, 마지막 초대에는 아이슬란드 영웅전설의 표현을 빌리면 '죽을 운명'에 처했다. 이 준비된 죽음을 '집합표상'이 '개인표상'을 대체한 사건이라고 말할 수도 있을 것이다.

여기서 예수의 신화는 핏기 없는 인지적 측면이 아니라, 실존적이고 피비린내를 풍기는 '모델'이다. 막시밀리안Ferdinand Maximilian 황제[6]조차 멕시코에서 달아나기를 포기하고 순교를 위해 그 신화에 복종했다. 무엇을 위해서? 합스부르크 왕가나 나폴레옹을 위해서가 아니라 '예언을 완수하기 위해', 멕시코 문화에서 잉태된 수많은 상징('십자가의 길'로 귀결되는 과정적 신화 속에 있는 상징)이 그에게 제공한 '모델'을 완수하기 위해 목숨을 버린 것이다. 막시밀리안은 이 죽음으로 완전한 불명예를 피했고, 조금 색다른 방식으로 제2의 조국을 위한 일종의 순교자-영웅이 되었다. 구아하르도Guajardo가 에밀리아노 사파타를 배반했듯이 갑작스런 배신을 겪고, 헐벗고 착취당하는 이들을 지지하는 것을 포함한 여러 메시지를 선포하고, 지배 집단에 처형당하는 것은 특정한 원형적 신화를 따르면서 그 자체가 개인적·집단적 과정의 패턴을 생성하는 신화가 되는 인간의 도정이다. 그러나 지배 집단에 항거한 폭력을 쓰지 않

---

6 합스부르크 왕가 출신으로 멕시코 황제를 역임하고, 1867년 멕시코 저항군에게 처형되었다 (1832~1867). 당대 국제정치의 희생양이라는 평가를 받는다.

는 기독교의 희생 신화가 멕시코에서는 역설적으로 서사시적 영웅 (이방인이나 이방인으로 구성된 지배층에 대항해 무력 투쟁을 벌이지만, 신기할 정도로 배반과 속임수에 쉽게 넘어가 종종 이방인 지배층이 매수한 동료나 추종자에게 당하는) 신화와 융합되었다.

아옌데-이달고 케이스에서도 배반자는 프란시스코 이그나시오 엘리손도Francisco Ignacio Elizondo 대령이다. 그는 왕정주의자지만 반란군 지도자 마리아노 히메네스Mariano Jiménez가 살티요Saltillo 시를 함락했을 때 반란군에 합류했다. 칼데론 전투 이후, 그는 퇴위된 텍사스Texas 주의 총독 호세 살세도José Salcedo와 거래하고 은밀히 스페인 측에 다시 합류했다. 엘리손도는 히메네스를 통해 아옌데를 설득했고, 아옌데가 이끌던 군사 1500명을 바한으로 가는 길 곳곳에 흩어지게 만들었다. 그래야 목마른 군사들이 사용하는 두레박 우물이 고갈되지 않는다는 이유에서다. 그다음에 의장대를 데리고 아옌데의 개별 부대를 바한에 있는 과달루페의 성모 오아시스에서 만날 예정이었다. (엘리손도가 앙심이 없다고 할 수는 없다. 그는 살티요에서 아옌데에게 장군 승진을 요청했지만 단칼에 거절당했다.) 이런 계략 후에 은퇴한 크리오요 군인(엘리손도)은 퇴각하는 반란군을 일거에 덮쳤다. 해밀은 다음과 같이 썼다.

3월 21일 아침, 엘리손도는 342 기병 정예부대를 두 중대(각 50명)로 나눠 의장대와 함께 먼지 날리는 길 양쪽에 매복시켰다. 아옌데의 소부대는 오아시스 앞의 야트막한 언덕을 넘어 널찍한 간격으로 전진했다. 그들은 늘어선 의장대 사이를 순진하게 지나가다 매복한 병사들에게 포획 · 투옥되었다. 그렇게 부대 전체가 사로잡혔다. 아옌데는 함정에 빠졌음을 뒤늦게 깨닫고 엘리손도에게 헛된 공격을 퍼부었다. 무모한 공격에서 그의 아들 인달레시오Indelecio와 대위 아리아스Arías 가 사망했다. 그와 히메네스 역시 병력에 압도당해 사로잡혔다. 이달고를 호위하던 근위병 20명은 후방 병력과 상당히 떨어져 있었다. 그들은 가망 없음을 깨닫고 이달고에게 저항하지 말라고 충고했다. 결국 이달고는 항복했고, 반란은 그렇게 끝났다. 엘리손도는 카예하 장군보다 큰 성공을 거두었다. 카예하는 반란군 부대를 격파했지만, 엘리손도는 반란군 지도자를 격파했기 때문이다. (1966, p. 209)

여기서 스페인군이 반란군 지도자들을 어떻게 재판 · 처형했는지는 논의하지 않겠다. 물론 그들은 처형 전에 이들을 체계적으로 '심문'했다. 왕정주의자들은 이달고를 포함해 그들 중 일부가 죽기 전에 자신들의 행위를 뉘우치고 신념을 철회했다고 주장한다. 멕시코 애국주의자들은 당시 스페인 식민 정부가 재판에 관한 모든 서류를 관리했기 때문에 그들의 증언은 거짓이라고 반박한다. 진실이야 어떻든 사제직을 박탈당한 다음 날인 1811년 7월 30일, 이달고는 그해 4월부터 투옥된 치와와 주의 옛 예수회대학Jesuit College 안뜰에서 총살됐다. 그는 죽기 전에 긴장한 사형집행인들에게 사탕을 나눠주었다. 이달고는 효수되어 6월에 총살당한 아옌데, 알다마, 히메네스의 머리 옆에 걸렸다. 네 사람의 머리는 철제 우리에 담겨, 몇 달 전에 반란군이 점령한 과나후아토 곡물 저장소 꼭대기의 네 모퉁이에서 썩어갔다. 여기서 기묘한 주기적 대칭성이 발견된다. 이달고의 영광은 과달루페에서 시작해 과달루페에서 막을 내렸고, 그는 한때 가장 큰 승리를 거둔 곡물 저장소로 돌아왔다. 반란이라는 사회적 드라마 속 사건이 창조한 신화는 그 드라마의 첫 번째 국면이 주기적인 것이 아니라 멕시코 사회와 문화를 영원히 바꿔놓을 비가역적인 것임을 말해준다.

이달고가 처형되고 10년 뒤 스페인에게서 공식적으로 독립한 것이 멕시코 역사의 아이러니 중 하나다. 그것도 모렐로스를 격파하고 포획하는 데 큰 공을 세운 보수적인 이투르비데의 리더십 아래서. 처음에 반란군은 봉기를 페르디난도 7세로 대표되는 스페인 왕정에 대한 충성과 연계했지만, 이투르비데 세력은 페르디난도에 맞선 스페인 입헌주의자들의 반란과 거기서 태어난 자유주의 체제에 맞선다는 명분으로 투쟁을 전개했다. 멕시코의 독립은 한편으로 부유한 크리오요와 평범한 크리오요, 다른 한편으로 거의 모든 메스티소와 원주민의 불편한 연합이 만든 합작품이다. 이런 불안정성은 독립 운동 세력이 뒷날 멕시코 내전과 멕시코 전쟁에서 왜 자유파와 보수파로 갈려 전쟁을 벌였는지 잘 설명해준다.

지금까지 간략한 설명에서도 이달고의 반란이 팽창하는 사회적 장의 여러 투기장에서 벌어진, 사회적 드라마의 연쇄적 국면으로 구성된 사례 연구의 적절한 사례임을 알 수 있다. 그러나 이것만으로 이달고의 사례를 적절히 분석했다고 할 수는 없다. 나 자신이 반란에 대한 1차 자료를 충분히 섭렵하지 못했고, 오늘날 인류학자들이 만족할 만큼 특정 사회적 장의 구조와 성격을 충분히 드러내줄 총체적 정보를 입수하는 것은 불가능하다. 예를 들어 우리는 반란 초기의 돌로레스뿐 아니라 그 후 여러 승리와 패배의 순간에 이달고를 따른 '원주민' 추종자들(프란츠 파농Frantz Omar Fanon이라면 '지상의 저주받은 사람들damnés de la terre'에 포함했을)의 조직과 구조를 충분히 알지 못한다. 역사학자들은 그들을 '다루기 힘들고 훈련받지 못한 패거리'라 부르지만, 그것이 정확한 지적인지도 확인이 불가능하다. 개별 마을이나 지역 군대는 집단 훈련을 했을 수도 있고, 부대 내에서 부족과 언어, 지역, 파벌이나 다른 기준에 근거한 갈등이 있었을지 모른다. 우리는 반란을 통해 형성된 당시의 관계망, 연합체, 준準집단에 대해서도 아는 게 없다. 인류학은 최근에야 이 대상들에 관심을 기울이지만, 현재는 이런 정치인류학적 질문에 답할 수 있을 만큼 체계적으로 수집된 자료가 없다.

현대 멕시코에 관한 인류학적 연구에서 얻은 통찰을 가지고 이 역사적 자료들을 면밀히 조사해볼 수는 있다. 예를 들어 오악사카 산후안의 정치적 파벌주의(《The Developmental Cycle of the Family Business가족 기업의 발전 주기》, 1966), 농업 계층과 상업 계층의 관계(메스티소 계급이 지위와 권력을 획득해가는 사회이동의 일반적 양식으로서 상업)에 대한 로버트 헌트Robert Hunt의 언급은 이달고 시대에 반란군과 스페인 왕정주의 세력, 혹은 각 세력에 존재했을 크리오요와 메스티소의 정치적 갈등이 어땠을지 이해할 단서를 준다. 여기서 이 주제를 연구할 때 적용해야 할 연구 프레임과 수집해야 할 자료에 대해서 몇 가지 제안을 하고자 한다. 비슷한 접근법이 아프리카 연구뿐 아니라 인류학적 문헌에 근거한 비교 연구에도 유용했기 때문이다.

이 장의 주제는 멕시코 독립 혁명이라는 사회과정에서 상징과 신화의 역할을 조사하는 것이다. 나는 '정치적 장political field'을 '동일한 포상이나 가치를 지향하는 행위자들의 관계의 총체'라고 소박하게 정의할 것이다. 여기서 '관계'는 마크 스워츠가 《Local-level Politics》(1968) 서문에서 나열한 '가치, 의미, 자원'을 포함하며, '지향orientation'에는 (1) 희소한 자원이나 포상을 위한 경쟁 (2) 자원의 특정한 분배 방식 고수 (3) 특정한 규범 질서를 고수하거나 전복하기 위한 의지가 포함된다. '행위자들'의 범주에는 스페인인, 유러피언 크리오요, 아메리칸 크리오요, 메스티소, 원주민이 포함된다. 이달고 시대에 뉴스페인에서는 아메리칸 크리오요가 국가, 군대, 교회의 최고위직을 차지하기 위해 스페인인이나 유러피언 크리오요와 경쟁했다. 메스티소와 원주민은 스페인인이나 많은 크리오요와 토지사용권·토지소유권 문제로 갈등을 일으켰다. 한편 직함과 권위를 얻으려고 경쟁한 크리오요는 자원 분배 문제에서는 당대 사회 체계의 많은 특징을 고수하려 했다. 스페인인뿐 아니라 많은 크리오요도 식민 체제 유지에 찬성했으며, 심지어 많은 메스티소와 원주민을 설득하거나 협박해서 거기에 동조하도록 했다. 그와 반대로 소수 아메리칸 크리오요, 수많은 메스티소, 대다수 원주민은 스페인령 멕시코의 국가-교회 체계가 구성한 규범적 질서를 전복하고 싶어 했다. 다음으로 '포상prizes'에는 여러 가지 권리뿐 아니라 승리, 직함이나 직위, 서열 같은 우월성의 상징도 포함

166

된다. 정치적 장은 의도적이고 목표 지향적인 집단적 행위를 통해 구성되는데, 그 집단적 행위에는 갈등과 연합이 다 포함되지만 협력적 행위라도 대부분 투쟁을 목적으로 한다. 또 사회적 드라마와 같은 장 과정field process에서 행위자들이 투입·소비하는 자원은 동일한 행위자들이 부수적으로 활동하는 특정한 장이나 다른 장에서 사건이 전개됨에 따라 변한다. 다시 말해 투기장 내에서 다양한 목표와 자원, 포상, 가치가 생기거나 소멸되면 행위의 장인 지리적 경계도 팽창·축소하거나 더 선명하게 혹은 희미하게 구획되고, 단일한 지역이 아니라 흩어진 여러 행위 구역을 포괄할 수 있다. 이달고의 사례에서 돌로레스 성명은 많은 개별 지역과 도시에서 봉기를 촉발했다. 그 봉기가 만들어낸 유효한 정치적 장은, 지도 위에 커다란 구체球體 하나가 아니라 물방울 여러 개가 흩뿌려진 상태와 비슷하다. 하지만 각각의 물방울에는 분명 정보의 흐름이 존재했다. 여기서는 사회적 장에서 "커뮤니케이션의 통로를 찾아라"라는 쿠르트 레빈의 충고만큼 적절한 것이 없다. 그러려면 스페인 식민 체제에서 도로와 교통수단, 군대 초소, 역참 현황뿐 아니라 유명한 통행 루트를 따라 설치된 숙소의 정보가 필요하다. 맞물린 이 체계에서 메스티소, 원주민, 크리오요, 스페인인이 맡은 역할도 조사해야 한다. 역사학자들은 멕시코시티 주민들이 과나후아토 학살 정보를 빠르게 접했으며, 칼데론의 대패 소식은 이달고 부대가 사카테카스에 도착하기도 전에 시내에 퍼졌다고 말한다. 군대 전령들도 이런 정보 전달에 중요한 역할을 했을 것이다. 혁명 과정에도 많은 체계적·반복적 상호작용이 계속되었다는 점을 기억해야 한다. 이른바 혁명사를 구성하는 독특하고 부인할 수 없는 수많은 사건의 물결에서도 모든 것이 휩쓸려 정지되지는 않았다. 식민통치기에도 정치적 · 법적 체제 이외 일상적 농업 행위, 시장, 생필품의 분배, 도시의 위생 체계(당시 기준에서), 우편 · 운송 서비스, 기타 서비스 등 여러 제도화된 행위는 존속했음에 틀림없다. 이 모든 것은 장field이라는 프레임의 일부인 동시에, 혁명 세력과 왕정주의 세력이 지향한 목표의 일부이자, 두 세력이 통제하려고 애쓴 대중의 일상적 삶의 조건을 구성했을 것이다.

앞에서 나는 '장field'의 개념과 그것의 몇 가지 특성을 언급했다. 여기서는 '투기장arena'이라는 용어를 조금 더 논의하고 싶다. 나의 용법은 마크 스워츠(1968)가 제안한 것과 많이 다르기 때문이다. 그것은 오히려 프레더릭 베일리, 랄프 니콜라스Ralph Nicholas, 프레더릭 바스Frederik Barth와 다른 학자들의 의미와 닮았다. 마크 스워츠는 투기장을 다음과 같이 파악한다.

(투기장은) 시공간적으로 장field과 인접한 2의 공간이자 사회적 · 문화적 영역이다. 그것은 장을 규정하는 과정에 직접적으로 연루되지는 않지만, 장 내 참여자들과 직접적으로 연루된 자들을 둘러싼 사회적 · 문화적 영역을 말한다. 이 2의 공간인 '투기장'의 구성 요소는 장에 참여한 자들의 관계를 기반으로 하지만, 장 이외 것도 포함한다. '투기장'은 그 안에서 활동하는 행위자 외에도 그들과 장에 참여한 자들이 보유한 가치, 의미, 자원뿐 아니라 그것들의 관계까지 포괄한다. 장의 참여자들이 소유하지만 장을 구성하는 과정에서 활용되지 않는

가치, 의미, 자원 역시 투기장의 일부다. (1968, p. 9)

　나는 이 '2의 공간'에 다른 이름을 붙이는 게 낫지 않을까 한다. 내가 이해하기로 마크 스워츠는 중심적 장 속의 행위자들이 다른 장에도 속한다는 사실에 큰 영향을 받는다고 보는 것 같다. 하지만 그가 간과한 대목이 있다. 여러 장에 참여한다는 것은 거기에 적극적으로 참여한다는 뜻이다. 마크 스워츠의 '2의 공간' 개념은 장 내 행위자들이 그 장의 투기장에서는 비활동적이거나 소극적이라는 의미가 있다. 나는 다양한 장에 대한 개인의 능동적 참여가 커뮤니티의 자원과 개인의 관계뿐 아니라, 개인이 각 장에서 할당하거나 소비하는 자산의 비율을 결정짓는다고 본다.

　따라서 이달고는 돌로레스 성명 이전에도 여러 장, 즉 동일한 목표나 포상을 지향하는 행위자들의 관계 집합에서 활동했다. 그는 케레타로 모의가 구성한 장의 일원이며, (역사학자 멕시칸 프리메이선리Mexican Freemasonry, 호세 마리아 마테오스José María Mateos에 따르면) 멕시코시티 최초의 프리메이슨 회원이다. 아옌데도 멕시코시 정부의 많은 크리오요 의원이 속한 그 협회에 가입했다고 알려졌다. 그 협회에서는 프랑스혁명의 가치와 이상이 자유롭게 논의되었다. 이달고가 핵심적 역할을 수행한 또 다른 장은 지역 원주민의 환금작물 재배 산업 분야다. 이달고는 돌로레스의 사제일 때 원주민이 관리 · 운영하는 도기업, 양잠업, 가죽 가공업을 시작했다. 또 와인과 올리브오일 제조를 뉴멕시코인에게만 허가하던 스페인 정부의 규제에도 원주민의 포도와 올리브 경작을 장려했다. 이달고는 스페인인의 시장과 산업을 보호 · 유지할 목적으로 제정된 법률과 맞서야 했다. 그러나 이 관계와 목표의 장에서 이달고는 끈질기게 분투했다. 돌로레스 성명이 멕시코 대부분 지역을 단일한 혁명적 장으로 바꿔놓기 불과 8개월 전인 1810년 1월 10일, 이달고는 과나후아토에서 친구들과 식사했다. 그는 지역 관리인 리아뇨, 차기 바야돌리드 주교인 아바드 이 케이포Abad y Quiepo와 원주민이 운영하는 와인 산업의 미래를 논의했다. 이달고는 9월에 포도 압착 과정을 보러 오라고 두 사람을 초대했다. 그들은 돌로레스 지역(아마도 바히오Bajío 지역 전체)의 경제적 자립에 큰 도움을 줄 크리오요와 원주민의 놀라운 협력의 결과물을 기꺼이 보러 오겠다고 대답했다. 하지만 앞에서 말했듯이, 이달고는 우여곡절 끝에 원주민을 데리고 리아뇨와 아바드 이 케이포를 공격하는 상황이 되었다. 소설가라면 응당 그랬겠지만, 나는 여기서 이달고의 원주민 동료들이 그의 스페인 친구를 죽였다거나 동료 사제들이 그를 파문했다는 비극을 말하려는 게 아니다. 그보다는 A라는 장(반란)의 사건이 B라는 장(원주민 산업)과 C라는 장(지방의 지식인 사회)에서 이달고가 맺은 관계에 의해 어떻게 영향을 받았는지, D라는 장(케레타로 모의)과 E라는 장(멕시코시티의 프리메이슨 집회)이 어떻게 A라는 장의 사건과 관계를 결정한 목표, 이상, 상징, 자원, 가치, 의미를 제공했는지 보여주려는 것이다. 여기서 다른 장은 단지 A라는 장의 행위를 둘러싼 '2의 공간'이 아니다. 그 장에서 이달고의 행위는 A라는 장의 이달고와 다른 이들이 행위에 중대한 영향을 미쳤다. 우리는 중첩하고 침투하는 장뿐만 아니라, 개별 장에서 가시화되는 중첩하고 침투하는 행위와 사람, 관계까지 고려해야 할 것이다. 몇몇 장의 행위는 케레타로 모의처럼 조직적이고 의도적이며, 특정한 방향으로 일사불란하게 전개된다. 반면 반란과 같은 다른 장은 조직화된 요소나 행위도 포함하지만, 칼데론 전투에서 이달고 부대의 탄약 보급 마차가 폭발한 것처럼 자의적이고 우연적인 요소에 크게 영향을 받는다. 상충하는 이해관계와 세계관의 갈등도 어떤 정돈된 방식이 아니라, 지배 집단에 반대하는 여러 이질적인 저항 세력의 수많은 마주침과 충돌, 연합 속에서 일어난다.

역사학자들은 이달고 반란을 이런 관점에서 보지 않을 것이다. 그들은 역사적 사실을 가장 훌륭히 기록했다고 여겨지는 다양한 문서와 문헌, 특별한 사건들의 연쇄를 살펴보고, 어떤 기록은 선택하고 어떤 것은 폐기하며, 당대 목격자의 관점을 요모조모 뜯어보고, 그런 관찰에 어떤 시대적 편견이 있는지 등을 조사할 것이다. 인류학자들은 엄격한 학문적 기준에 따라 자료를 조사·선별하는 그들의 노고에 크게 빚지고 있다. 그러나 인류학자로서 우리는 사실, 사건, 관계, 집단, 사회 범주의 상호 의존성과 연결성에 관심이 더 많다. 우리는 행위자를 장 관계field relation 속으로 끌어들이는 포상과 가치의 방향성, 장들의 교차점에 관심이 있다. 우리의 주목을 끄는 것은 고립된 사실의 연쇄successiveness가 아니라 연관된 사실의 연쇄, 인간의 관계 체계의 연쇄다. 예를 들면 원주민 직공이나 관리자와 이달고의 복잡한 관계망, 가톨릭 교구의 목표와 가치가 지배하는 또 다른 사회 문화적 장에서 이달고가 돌로레스 교구민과 맺은 관계, 지역 상류층과 지식인의 장에서 이달고가 주교,

감독관, 급진주의자, 자유주의적 지주와 맺은 우호적·적대적 관계, 다시 말해 그의 '체호프적 차원'에 주목하려 한다. 내가 말하려는 바는 자아를 중심으로 한 개인적 관계망이 아니라, 각각 그 안에서 이달고가 다양한 역할을 수행한 확실하고도 객관적인 장이다. 설득력과 우아함, 카리스마가 대단한 역사학자들이 이 사실을 증언한다. 각 장은 이달고에게 기회와 자원, 개념, 신념을 제공했지만, 특정한 제약을 부과하기도 했다. 마크 스워츠의 '2의 공간'으로서 투기장 개념에 반대한다면, 우리는 거기에 어떤 의미를 부여해야 할까? 거칠게 말해 나는 투기장을 장field 내부에 속한 것이면서, 장보다 덜 추상적인 영역으로 생각하고 싶다. 이달고는 고대 로마에 뿌리를 둔 스페인어권 문화가 빚어낸 인물이다. 나는 로마제국의 검투사적·희생 제의적 투기장의 현대적 버전이라 할 수 있는 멕시코시티의 투우장에 간 적이 있다. 투우사는 소와 싸우는 동시에 동료 투우사를 능가하려고 애쓴다. 거기서 우리는 인간과 야생적 힘의 투쟁, 인간과 인간의 경쟁을 찾아볼 수 있다. 개인이든 집단이든 분명한 적대자들이 포상과 명예를 위해 경쟁하는, 경계가 명확한 공간 단위가 거기에 있다. 정치적·법적 투기장은 실제 전장부터 변론이 열리는 법정까지 다양하다. 칼데론의 전장과 시카고 세븐Chicago 7[7] 재판이 열리는 법정을 그 예로 볼 수 있으리라. 사회적 드라마가 그 순차적 국면과 에피소드를 따라 전개되면

---

7   1968년 민주당 전당대회에서 반(反)베트남전, 반문화를 부르짖으며 봉기를 선동했다가 미 연방 정부에 기소된 피고인 7명을 말한다.

같은 장에서도 투기장에 따라 경쟁의 양식과 상징이 달라진다. 이 달고 반란에서는 돌로레스 성명 후 첫 번째 투기장에서 사용된 과 달루페의 성모 상징이, 셀라야 투기장에서는 아메리카 총사령관이 라는 군대의 상징으로 바뀌었다. 또 케레타로 모의 당시 크리오요 부르주아적 양식(그들은 '통치권은 어디에 있는가. 군주인가, 뉴스페인 의 지배자인가, 아니면 푸에블로 원주민인가?'와 같은 사회문제를 열렬히 논의했다)은 추후 과나후아토 점령과 더불어 원주민과 소작농의 양 식으로 변화했다. 각각의 투기장은 임시적 상징과 양식이 있으며, 과거의 양식과 상징의 침적물이나 누적분을 종합·대립·재배열 한다.

어떤 경우든 스워츠와 내가 《Political Anthropology》 서문에서 정교한 과정적 단위라고 부른 사회적 드라마 혹은 정치적 국면 발 전political phase development을 연구할 때는, 과정적 변화의 결정적 순 간을 특징짓는 적대적 행위의 명시적인 배경을 어떤 용어로 지칭 할지 결정해야 한다. 우리가 '장'보다 포괄적인 단위로 스워츠의 '투기장' 개념을 따른다면 대립과 충돌, 경쟁이 벌어진 이달고의 정치적 투우장을 지칭할 또 다른 용어를 찾아내야 할 것이다. 더 친숙한 용법을 두고 그럴 필요가 있을까?

내가 아프리카 연구자 H. U. E. 토덴 반 벨젠Thoden van Velzen과 흥 미로운 서신 교환에 힘입어 찾아낸 정의는 다음과 같다. 투기장 은 공인된 의사 결정에 도달하기 위한 적대적 상호작용의 배경으 로 기능하는 (제도화되었든 그렇지 않든) 틀framework을 말한다. 여 기서 '적대'란 상징적이거나 실제적인 것을 모두 뜻할 수 있다. 그것은 이달고가 멕시코시티와 스페인 식민청의 지배 체제에 도전장을 던질 때 사용한 돌로레스 성명처럼 징표나 메시지의 교환일 수도 있고, 멕시코 독립 혁명의 여러 전장에서 그랬듯이 실제 주먹과 총탄의 교환일 수도 있다. 경쟁자들은 상징으로 상대의 정신을 지배하고, 물리력으로 상대의 신체를 제압하려 한다. 두 방법은 연속으로 혹은 동시에 활용되기도 한다. 그러나 어떤 경우든 투기장은 시장이나 토론회가 아니다(이 두 장소는 적절한 장의 조건에서 투기장이 될 수 있다). 투기장에 상당한 수준의 협력, 연합, 동맹이 존재한다 해도 이는 갈등이라는 지배적 양식의 부속물일 뿐이다. 두 번째로 기억할 점은 투기장은 명시적인 프레임이라는 것이다. 거기에는 어떤 함축도 없다. 행위는 분명하며, 사람들은 거침없고, 사정은 급박하다. 음모는 무대 뒤에서 꾸며질 수 있지만, 투기장은 무대 앞쪽이어야 한다. 물론 개별 문화는 적대적 상호작용의 기호를 사전에 규정한다. 예를 들어 서양인이라면 멜포드 스피로Melford Spiro가 《Local-Level Politics》(1968)에서 묘사한 미얀마 마을의 투기장 가운데 하나에 들어왔다는 것을 눈치채지 못할 수 있다. 거기서 진짜 적대감은 부드럽고 정교한 에티켓과 비폭력적이고 체면을 중시하는 각종 장치에 의해 가려지기 때문이다. 그러나 그들 커뮤니케이션의 문화적 상징을 정확히 해석할 수 있다면, 그 소리 없는 투기장에서 진행되는 두 파벌 세력의 심각한 권력투쟁을 목도할 수도 있으리라.

구조와 틀의 차원 대신 '사회적 드라마'와 국면 전개의 통시적 차원을 제안하면서, 즉 '느린 변화becoming' 대신 '빠른 변화'를 제안

174

하면서 나는 투기장이 사회적 드라마의 첫 번째 국면, 즉 "동일한 사회관계 체계 내의 개인이나 집단의 통상적·규범적 관계의 위반"(이 책 pp. 46~47 참조) 단계에서 발전해 나온다고 본다. 그런 위반은 행위 당사자의 관계를 규제하는 몇몇 핵심적 규범의 공개적 위반이나 불이행을 통해 가시화된다. 예를 들어 스페인 식민 정부 관점에서 이달고의 체포 거부나 돌로레스 성명은 그들이 유지하려고 노력한 질서를 위반하는 행위다. 많은 정치적 위반처럼 여기서도 이달고는 범법 혹은 범죄의 언어idiom를 종전 질서 자체에 대한 거부의 상징으로 활용했다. 그가 보기에 종전의 사회질서는 자신이 프랑스혁명과 예수회 모델에 따라 '인민의 의지'라고 부른 것을 전혀 대표하지 못했다. 돌로레스 성명으로 상징화된 이 위반은 잠재적 상태로 존재한 종전의 '장'(다시 말해 동일한 포상이나 가치[국가의 장악]를 지향하면서 투쟁한 관계의 총체)을 '투기장'(차라리 일련의 투기장), 즉 멕시코 독립 혁명 내의 포위된 도시와 전쟁터로 바꿨다. '성명' 이전의 장은 아직 대담하고, 드라마틱하며, 공개적인 행위 장소가 아니었다. 거기서는 음모, 식민지 법, 비밀스런 군수품 조달, 공동 집회, 원주민과 메스티소의 간헐적 폭동, 크리오요의 자발적 망명이나 비자발적 추방, 스페인의 나폴레옹에 대한 소식과 그에 따른 반응, 신문 기사 등이 떠돌았다. 하지만 '성명' 이후에 사회적 드라마는 일련의 투기장 안에서 전개되었다. 그 플롯이 확고해지고 행위의 범위도 지역에서 국가적 차원으로 확대되었다.

　나의 투기장 개념의 세 번째 특징은 앞선 특징에 함축되었다. 즉 투기장은 의사 결정이 이뤄지는 곳이다. 반 벨젠은 이 점을 강조했다. 투기장에서는 중요한 의사 결정(그 결정이 사태를 일시적으로 미결정 상태로 두는 것이라 해도)이 이뤄지는 진실의 순간이 있다. 이달고 부대가 멕시코시티로 진군하면서 치른 라스크루세스 전투가 그 예다. 교착 상태나 휴전도 하나의 결정이다. 과정 단위에서는 보통 최종적인 것으로 간주되는 의사 결정이 일어나는 투기장이 있다. 강하고 견고한 정치체제에서는 최고 항소법원이나 의회, 입법부, 제헌의회가 그런 장소가 된다. 그러나 정당성을 상실한 체제에서 투기장은 구체제를 몰아내기에 충분한 인민이 모이는 거리, 칼데론이나 게티즈버그Gettysburg 같은 전장, 무력으로 포위된 도시의 행정구역일 수 있다. 우리 정의에서 구체제의 진압자들이 승리하느냐 패배하느냐는 중요치 않다. 투기장은 적대적 상호작용이 일어나는 현장으로 무력이나 설득, 위협을 통해 의사 결정에 도달한다. 그러면 사회적 드라마의 마지막 국면이 시작되는데, 거기서는 결정적 투기장에서 도출된 의사 결정에 맞춰 집단의 이해관계를 조정한다. 이달고 반란에서 장은 스페인의 신화와 상징, 나폴레옹의 프랑스, 혁명기의 북아메리카나 멕시코를 포함한다. 반면 투기장은 멕시코의 다양한 실제적 장소를 말한다.

이달고 반란의 전체 과정에 대한 인류학적 연구를 수행하려면, 이 과정적 단위의 연속적 국면을 고려하기 전에 그 장의 구조에 관한 정보를 충분히 입수해야 한다. 역사학자들이 합당하게도 '식민 통치기의 마지막 단계'라고 부른 시기, 멕시코 독립의 여러 집단과 이슈가 뚜렷한 형상을 갖춰가던 시기의 장 말이다. 그다음에는 레빈도 지적했듯이, 독립 운동이 발발한 시기에 존재한 다양한 사회적 실체, 즉 집단과 하위 집단, 범주, 집단 구성원, 방해물, 커뮤니케이션 창구뿐 아니라 신화, 우주론, 의례 같은 상징체계, 그 외 종전 범주와 집단, 하위 집단들이 구성하는 위계의 적절성과 부적절성에 대한 당대의 이념적 관점을 조사해야 한다. 예를 들어 멕시코에는 크게 두 범주의 스페인인이 있었다. 하나는 가추피네스라 불리는 본토 스페인인이고, 다른 하나는 블랑코스 멕시카노스 blancos mexicanos('백인 멕시코인') 혹은 크리오요라 불리는 스페인인이다. 크리오요 범주에서도 부富, 조상, 직업, 교육 수준 등에 따라 다양한 분화가 일어났다. 각 크리오요 집단은 상징과 물질적 이해관계를 공유하면서도 상이한 이념과 상징을 통해 자신의 정체성을 드러냈다. 해밀은 크리오요 내의 주요 간극은 유러피언 크리오요와 멕시코인 크리오요 사이에 있었음을 반복해서 보여준다. 그것은 카예하, 플론, 리아뇨처럼 스페인 문화와 사회구조(그들은 스페인 왕의 신성한 권리를 무조건적으로 수락했다)를 수락한 크리오요와, 스페인과 유대를 끊고 멕시코라는 토양에 깊이 뿌리내린 대다수 크리오요의 간극이다. 계급 차 역시 이런 분화 양상과 대체로 맞물린다. 해밀의 추산에 따르면 멕시코인 크리오요 인구는 스페인 토박이보다 70배, 아메리칸 크리오요는 유러피언 크리오요보다 20배 정도 많았다. 유러피언 크리오요는 대부분 부유했다. 그들은 스페인 토박이를 경멸했는데, 단순히 스페인에서 출생했다는 이유로 멕시코의 다른 크리오요와 달리 큰 특혜를 받았기 때문이다(대도시의 모든 고위 성직자, 대주교, 주교, 총독, 법원장, 주지사 등은 왕이 임명한 스페인 토박이였다). 그 토박이 중 상당수는 수익성 좋은 은광 사업(특히 과나후아토와 사카테카스의 은광), 상업, 대농장 운영을 장악했다. 그들은 부유한 가문(종종 유러피언 크리오요 가문)에서 매력적인 부인을 맞아들였고, 부모가 스페인 토박이인 1세대 크리오요에 비해서도 모든 경쟁에서 우위에 있었다. 100만 명 정도 되는 아메리칸 크리오요는 유러피언 크리오요보다 상황이 나빴다. 그들은 대부분 하급 공무원, 수공업자, 야간 경비원, 해밀이 '실업 상태의 하층민'이라 부른 멕시코시티의 대다수 평민이었다. 개중에는 소규모 지주나 이달고와 아옌데 같은 전문직도 있었다. 어떤 이들은 목장이나 지역 상점, 작은 사업체를 운영했고, 어떤 이들은 법률, 종교, 교육, 군사(아옌데처럼) 분야에서 야심을 펼치려 했다. 대다수 크리오요는 부르주아나 형편이 괜찮은 소작농 출신이지만, 남아프리카에서는 '가난한 백인poor white'이라 불렸을 자들도 있었다. 이달고의 반란에서 '원주민'의 봉기를 환영한 이들은 전문직에 종사하는 아메리칸 크리오요다. 반면 토지나 상점을 가진 아메리칸 크리오요는 다른 유러피언 크리오요와 함께 잠시나마 식민 체제를 옹호했다. 나폴레옹에 맞선 자유주의 이념으로 곤혹을 치르는 스페인에 충성했다기보다 이달고의 반란군이 무서웠기 때문이다. 그럼에도 아메리칸 크리오요 계급은 멕시코 독립 운동의 첫 국면에서 결정적 역할을 했다. 이달고가 계속 승승장구하지 못한 것도 이 크리오요 계층을 소외했기 때문이다. 크리오요는 멕시코 전역에(심지어 작은 마을에도) 퍼져 산 반면, 스페인 토박이는 수도 베라크루스Veracruz와 지방의 주요 도시에 모여 살았다. 따라서 크리오요는 지역 원주민과 메스티소에게 영향을 줄 수 있는 지배적 엘리트에 해당했다. 도시에 거주한 스페인 크리오요와 유러피언 크리오요는 대규모 상업이나 공무, 교회 관련 직에 종사했고, 때로는 지배 계층으로 구성된 파벌이나 친목 집단에도 참여했다. 다시 말해 그들은 일반 대중과 거의 접촉하지 않았다. 그러나 수많은 소도시와 마을에 퍼져 산 아메리칸 크리오요는 지역의 리더라고 할 만했다. 소작농은 부실한 교육 탓에 무지한데다 식민지 법에 시달렸기 때문이다.

'인디오Indio(인디언, 원주민)'란 용어는 해밀과 에릭 울프가 지적한 대로 애매하다. 나도 이 용어가 콜럼버스 이전부터 전승된 토착 정치 체계, 종교, 기타 관습을 보유한 모든 부족 집단을 지칭하는 데 부적합하다고 본다. 18~19세기에 이 용어는 혜택 받지 못한 궁핍한 대중을 지칭한 것 같다. 많은 아메리칸 크리오요가 메스티소인 것처럼, 원주민 상당수도 메스티소였다. 크리오요와 원주민의 차이는 유전형보다 삶의 양식과 교육 수준에서 두드러졌다. 토착 원주민의 정치 종교적 위계(특히 사람들이 많이 모여 산 멕시카Mexica, 오토미Otomi, 타라스칸Tarascan 지역)는 스페인 정복 이후 파괴되었다. 원주민은 위신, 사회적 지위, 부를 잃고 평범한 소작농으로 전락했다. 소수 원주민 귀족은 스페인 정부의 인정과 지원을 받았지만, 곧 새로 생겨난 크리오요 귀족 계층에 용해되었다. 원주민 중 일부는 그 혼란기에 아이러니하게도 '유러피언 크리오요'가 되었다! 에릭 울프의 설득력 있는 지적을 들어보자.

토착 집단의 정치적 리더들이 사라지자, 그들의 요구에 의존해 살던 사제, 연대기 기록자, 서기, 장인, 스페인 정복 이전의 장거리 무역상 등 전문가 집단도 사라졌다. 스페인 사업가가 토착 무역상을 대체했고, 스페인 장인이 원주민 깃털 공예가와 비취 조각가를 대체했다. 그리고 스페인 주교가 토착 종교 전문가를 대체했다. 그러자 얼마 안 되어 깃털 망토와 깃털 장식을 만들고, 비취를 발견해 조각하고, 옛 신들과 조상의 행위를 구술할 줄 알던 사람들도 사라졌다. (1959, p. 213)

1800년경에는 원주민 소작농의 풍습, 언어, 의상, 외모가 고대 원주민과 닮았을지도 모른다. 그러나 곧 세리Seri, 야키Yaqui, 후이촐Huichol, 타라우마라Tarahumara, 코만치Comanche와 같이 고립된 소규모 공동체를 제외한 모든 방면에서 전통이 희석되기 시작했다.

그럼에도 울프와 해밀이 강조하듯이, 다양한 혼혈 집단을 포함한 '원주민indio'이라는 문화적 범주는 실질적인 경제적 계급 범주와 연관되었다. 원주민은 왕에게 조공을 바쳐야 했지만 크리오요는 아니었다. 조공은 왕실 수입원의 상당 부분을 차지했다. 따라서 식민 정부도 원주민의 스페인 의상 착용, 말 소유, 무기 소지를 금지하는 등 다양한 문화적 장치를 활용해 조공 납부 계층을 보존하는 게 이익이었다. 원주민은 다른 법원을 이용했고 군 복무가 허용되지 않았다. 아옌데는 분명 이 점에 분개했을 것이다. 반란 시 그에게 절실히 필요한 훈련된 원주민 병사를 찾을 수가 없었기 때문이다! 사실 조공 폐지는 모든 상징적 양상과 함께 이달고 반란의 중요한 이슈가 되었다. 1810년 9~10월, 반란군과 왕당파 군대는 원주민의 지지를 얻으려고 조공제 폐지를 선언했다. 이는 단순히 경제적 사안이 아니라 원주민 분리 정책의 종식을 상징한다.

이 상황의 세부 사항을 파악하려면 추가적 연구가 필요하다. 내가 19세기 초 멕시코의 계급 구조를 언급하는 이유는, 투기장이 아니라 장의 성격을 규정할 때 사회학적 분석에서 계급, 범주, 비슷한 역할, 구조적 지위 같은 유사성의 관계relation of likeness가 중요함을 보여주기 위해서다. 반면 연쇄적인 투기장을 분석할 때는 지역적 사회관계 체계 내의 복잡한 상호 의존성을 조사할 필요가 있다. 예를 들어 인구(스페인인, 유러피언 크리오요, 아메리칸 크리오요, 특권층, 원주민의 비율, 가능하다면 연령대와 성별 분포)부터 계급 구조, 더 중요하게는 주거 분포, 혈통 구조, 교구별 종교적 성향, 가톨릭/비非가톨릭에 따른 차별을 조사해야 한다. 협력 집단, 파벌적 준準집단, 지도자를 중심으로 한 인간관계망 등도 투기장 분석에서 중요한 요소다. 국가적 차원에서는 자료 수집 시장, 범주, 계급 구조, 문화적 보편자, 유사성의 관계, 교회, 국가, 종파, 정당 등을 중요하게 고려해야 한다. 지역과 소도시 차원에서는 투기장, 협력 집단, 계급 경계를 가로지르는 동맹 관계, 문화적 풍습과 방언, 사람들의 공통성, 선교회의 종교적 성향이나 세속 승단의 규율과 연관된 지역 교회와 교구의 성격, 지역 정부의 위계, 지역 파벌주의 등을 분석하면 좋을 것이다. 물론 장과 투기장의 상호 의존성도 명료하게 파악·분석·기술해야 할 것이다.

아마 프레더릭 베일리, 프레더릭 바스, 케네스 볼딩Kenneth Boulding, 《The Journal of Conflict Resolution》에 논문을 발표한 연구자들이 그토록 사랑한 '게임' 은유와 '게임이론' 전략이 가장 적합한 장소도 투기장일 것이다. 투기장은 가장 조밀한 사회관계와 문화적 합의가 존재하는 지역 차원의 사회적 삶에서 생겨나기 때문이다. 그러나 나는 사업가로서 인간man the entrepreneur이나 조작자로서 인간man the manipulator이 레비스트로스Claude Lévi-Strauss가 제안한 사고자로서 인간man the thinker만큼 정치적 인간man in politics을 설명하는 적절한 모델이 아니라고 본다(여기서 '정치적 인간' 대신 그보다 범위가 큰 '과정-내의-인간man in process'이라고 해야 할까). 투기장이나 다른 영역에서 전개되는 정치는 단순한 게임이 아니다. 정치는 이상주의, 이타주의, (종종 악당의 피난처지만 늘 그렇지는 않은) 애국주의, 보편주의, 자기 이익의 희생이기도 하다. 래드클리프브라운은 '가치value'와 '이익interest'을 교환 가능한 것으로, 동일한 사물의 상이한 표현으로 보았다. 그러나 인간 행위자의 관점에서 이것은 사실이 아니다. 인간은 자기 이익에 반하는 가치를 위해 죽을 수 있고, 그들이 견지하는 가치에 반하는 이익을 추구하기도 한다. 우리는 인간 행위의 이런 실제적 결과에 주목한다. 몇몇 인류학자는 이익과 권력이라는 전제에 근거한 게임이론에 입각해 정치적 행위를 해석하려 했다. 게임에는 양측 모두 수락하는 룰이 있다. 각 측의 지도자는 라이벌을 희생시켜 자신의 이익과 권력 지분을 최대화하려고 애쓴다. 베버도 말했듯이, 실제 역사에서 교육받은 중산층은 폭력적이든 평화적이든 경쟁 속에 양측 모두 따라야 하는 규칙을 도입하려 한다. 중산층이란 수단과 목적의 측면에서 모두 합리적이고 사업가적이기 때문이다. 그들의 자녀들은 때로 정치학이나 사회학 이론가가 된다. 하지만 계급투쟁의 정치는 종종 공동으로 수락한 규칙에 따라 진행되지 않는다. 과나후아토에서 나타난 것도 이 비신사적 요소로, 중산층 아메리칸 크리오요는 이달고의 원주민 부대에게 등을 돌렸다. 그 사건은 원주민 식 '진지한' 게임에 전적으로 공감하고 헌신한 카리스마적 사제(이달고)에게서 아옌데의 마음을 서서히 멀어지게 만든 최초의 사건이다. 게임이론은 몇 가지 신사적 경쟁을 해석하는 데 탁월한 도구지만, 사회질서의 전제와 근간을 뒤흔드는 사회 변화를 설명하는 데는 부적절하다. 근본적 불화가 존재하는 곳에 게임은 없다. 따라서 게임이론 모델을 적용할 수도 없다. 어떤 이들은 여흥으로 체스를 두지만, 어떤 이들은 '필사적으로' 게임에 임한다. 관찰된 무질서에서 일관성과 질서를 발견하려면 더 깊이 내려가야 한다. 여기서 개별 인간 범주를 연결하고 분리하는 생산력과 생산관계의 정확한 구조를 고찰하려 한 마르크스를 참조할 수 있을 것이다. 사람들의 주의를 끌고, 그들의 행위를 이끌며, 그들의 삶에 의미를 부여하는 상징을 조사할 수도 있다. 화용론[8]과 상징은 놀라우리만치 밀접하게 연관되었다. 모든 상징은 인간 행위의 많은 양상을 몇몇 상징적 매개체와 결부된 의미론적 체계에 집중·응축시키기 때문이다. 그 매개체란 일반 대중에게 상징으로 기능하는 감각적으로 인지 가능한 물건을 말한다. 따라서 이달고가 원주민과 크리오요를 동원하기 위한 표지(혹은 구심점)로 활용한 과달루페 성모의 의미 체계의

---

[8] 언어뿐만 아니라 언어 사용의 주변적 맥락에서 생기는 의미, 효과를 다루는 언어학의 한 분야.

중요한 양상을 포착하려면, 반란 전이나 반란 중에 벌어진 통치권 개념과 그 근원에 대한 크리오요의 논쟁을 검토할 필요가 있다. 루이스 비요로는 이 논쟁의 발전 과정을 〈Las Corrientes ideologicas en la epoca de la Independencia독립 혁명기의 이데올로기 흐름〉이라는 논문에서 추적했다(1963, pp. 203~241). 그는 혁명적 실천 속에서 개념이 새로운 형식과 내용을 어떻게 취하는지 보여준다. 1808년 나폴레옹 군대는 스페인의 주요 도시를 점령했다. 그러나 곧 시민들의 엄청난 저항으로 사실상 통치권은 다시 한 번 시민들에게 넘어갔다. 당시 뉴스페인에는 두 정당이 있었다. 레알 아쿠에르도 Real Acuerdo 당은 스페인 토박이 공무원과 상인이 지지했다. 아윤타미엔토Ayuntamiento 당은 처음으로 아메리칸 크리오요 중산층의 관점을 대변했다.

비요로에 따르면, 크리오요는 스페인에서 정당한 군주국이 무너진 뒤 통치권의 기원이라는 문제를 숙고했다.

> 페르디난도 7세는 왕권을 보유했지만, 새로운 사상이 도입되어 그 권위의 의미가 달라졌다. 왕은 자기 의지로 왕국을 처분할 수 없고(당시 스페인 왕은 뉴스페인을 포함한 여러 독립된 왕국을 다스렸다), 그 왕국을 양도할 권력도 없다는 관점이다. 유일한 크리오요 법관이자 크리오요 계급 최초의 이론적 지도자 하코보 데 비야우루티아Jacobo de Villaurrutia 는 카를로스Carlos와 페르디난도의 퇴위는 무의미하고 공허한 것이라고 말했다. 그 퇴위는 "왕이 적법한 후계자를 남기지 않고 사망했을 경우, 만인의 합의를 통해 왕에게 통치권을 부여할 수 있는 유일한 존

재인 국민nation의 권리에 대립되기(이 논리에 따르면 나폴레옹의 동생인 꼭두각시 왕은 적법성을 갖출 수 없다) 때문"이다. 크리오요 변호사 베르다드Verdad는 왕의 권위는 신에게서 오지만, 그에게 직접 오지 않고 오직 국민을 경유해서 온다고 주장했다. (1963, p. 208)

당시 크리오요 지도자들은 급진적 태도를 취하지 않았다. 그들은 왕이 국가를 다스릴 수 없다면 국민에게 통치권이 있지만, 왕이 복귀하면 국민은 직접적인 권한 행사에서 물러나야 한다고 주장했다. 이달고가 돌로레스 성명 시 '독립'이라는 슬로건 대신 "페르디난도 왕이여, 영원하소서"라고 외친 것도 크리오요 사이에 이런 견해가 퍼졌기 때문이다. 당시 크리오요 사상가들이 '국민nation'이란 용어를 시민의 '일반 의지general will'라는 의미로 사용한 것 같지는 않다. 대신 통치권을 이미 확립된 사회, 사유재산에 따라 조직되며 자체적인 통치기구를 갖는 유기적인 구성적 총체로서 종전 사회에 양도한다는 의미로 이해한 듯하다. 그래서 후안 프란시스코 데 아스카라테Juan Francisco de Azcárate는 세비야 '군사정부junta'의 정당성을 의심했다. 그 정부는 '하층계급'과 평민이 세웠다는 명분 아래 나폴레옹에 맞서 적극적으로 투쟁하는 중이었다. 그러나 아스카라테는 자신의 계급에 속한 많은 이들처럼 서민plebs이 '인민people'과 외연이 동일하다고 생각하지 않았다. 그는 "왕의 부재나 장애 시, 그의 통치권은 총체로서 왕국과 그 왕국을 구성하는 계급이 대표해야 한다. 구체적으로 말하면, 왕국을 통치하고 정의를 집행하는 고등법원과 백성의 목소리를 전달하는 기구들이 대표해야 한다"고 주장했다. 그들이 보기에 아윤타미엔토 당은 이런 조건을 만족시켰다. 레알 아쿠에르도 당과 아윤타미엔토 당의 관계, 모든 계급을 대표할 국가 의회의 형태에 대한 그들의 논의는 또 다른 사회적 드라마를 구성한다. 그러나 이달고와 아옌데가 사용한 상징과 반란군 계획의 정당성을 비호하는 역할을 한 슬로건은 부분적으로 이 논의에서 생겨난 신화에서 차용된 것이다. 따라서 그 논의들을 잠시 살펴볼 필요가 있다. 크리오요는 자신들의 군사정부 개념의 토대가 될 일종의 사회계약론을 찾았다. 그들은 의회가 모든 세속적 가톨릭 성직자cabildos, 지역 시의회의원, 사제단의 대표로 구성되어야 한다고 느꼈다. 스페인의 전통적 민주주의 사상에서 평민과 긴밀한 관계에 있던 성직자들은 언제나 민주주의의 방어벽이자 폭정에 저항하는 최고의 방패로 간주되었다. 그들은 식민 통치 초기에 뉴스페인 의회에서 스페인 의회나 코르테스 총독과 긴밀히 교류하며 중요한 역할을 수행했다.

크리오요가 주축이 된 아윤타미엔토 당은 3세기 동안 스페인의 폭정에 가려진 근원으로 회귀 운동을 촉발했다. 그들은 사회계약의 관점에서 스페인의 멕시코 정복을 성찰했다. 스페인 왕들의 권리는 과거 스페인 정복자들과 그들의 협약에서 유래한 것이고, 정복자들은 아메리칸 크리오요의 선조로 간주되었다. 그 협약 때문에 뉴스페인은 다른 스페인 왕국과 동등한 지위를 차지하면서(원칙상으로 다른 왕국처럼 자주성을 누리면서) 카스티야왕국에 편입된 것이다. 아스카라테는 세비야 군사정부를 거부하면서 다음과 같이 썼다. "아메리카의 토대는 스페인이 아니라 스페인 왕과 레온León[9]이다. 스페인 왕이 투옥되고 그의 땅을 이방인이 점령했다면, 뉴스페인은 원주민 법에 의거해 왕국의 주요 책임자들을 세비야 군사정부 의회로 파견해야 한다. 이때 의회에 입회하는 자는 아메리칸 크리오요가 다스리는 시 정부의 의원이어야 한다." 왕립 재판소와 총독부는 스페인 왕과 정복자들 사이에 체결된 협약에 근거해 멕시코 전역에 설립된 스페인의 통치 기구였다. 이런 상황에서 크리오요는 군주적 절대주의 이전 시대로 회귀를 꿈꿨다. (비요로, 1963, pp. 211~212)

크리오요는 가까운 과거인 식민 통치기를 부정하면서 '원리' '시초' '원천' '근본' 등으로 번역되는 프린시피오principio에 도달하려 했다. 이 용어는 대단히 모호해서 정당한 정부를 뒷받침하는 합리적 원리로 이해되거나, 사회적 질서의 역사적 기원으로 간주되기도 한다. 많은 혁명적 운동도 한 사회의 토대basis에 가 닿으려면 시간을 거슬러 올라갈 수밖에 없다는 딜레마가 있다. 멕시코 혁명운동의 역설도 여기서 생겼다. 그들은 전진하고 진보하기 위해 과거로, 자유의 시대로 거슬러 올라가야 했다.

온건파 크리오요에게는 불행히도 과거에서 정당성을 찾는 일이 정당한 것으로 간주되자, 이달고 같은 몇몇 급진주의자는 훨씬 먼 과거로 나아갔다. 온건파에게 '과거로 회귀'란 멕시코 정복의 순간까지 돌아가는 것이었다. 그들에게 '인민people'이란 교육 수준과 사

---

9 스페인 북부의 도시.

회적 입지를 어느 정도 갖춘 도시의 '정직한 사람', 국민으로서 자신의 위치를 깨달은 여러 종교 조합의 구성원을 의미했다. 그들의 인민은 원주민이나 메스티소를 포함하지 않았다. 그들의 주장에 따르면, 스페인 왕과 협약을 체결한 건 토착민이 아니라 아메리카 크리오요의 신화적 조상인 정복자들이다. 레알 아쿠에르도 당 대표는 첫 총독 회의에서 이 점을 지적하며, 크리오요가 진지하게 '인민'의 통치권을 주장하려면 멕시코 토착민pueblo originario에도 관심을 기울여야 한다고 말했다. 사실 스페인 총독 중 한 명은 아스텍 황제 몬테수마Moctezuma의 후손이다. 그러자 리자나Lizana 대주교를 포함한 유러피언 크리오요는 아윤타미엔토 당에 대한 지지를 철회하고, 보수적인 친親스페인 정당인 레알 아쿠에르도 당 측에 섰다. 정확히 말해 그들은 원칙과 근원을 향한 회귀적 움직임이 그 진짜 종착점, 즉 수많은 멕시코 토착민의 통치권 회복으로 이어질까 두려웠던 것이다.

이것이 이달고 반란이 터질 무렵, 멕시코의 역사적 정황이다.

스페인인의 자손이자 교육받은 크리오요인 이달고의 '외침'에 지역 원주민과 원주민, 메스티소 광부, 바히오 지역의 평민은 혁명으로 대답했다. 이 폭발은 당시 커뮤니케이션 수단이 허락하는 가장 빠른 속도로 퍼져, 멕시코 전역에 확대되었다. 여기서 우리는 평민계급의 만장일치에 가까운 행위를 목격하는데, 내가 알기로 이는 뉴스페인 역사상 전례가 없는 일이다. 이 혁명은 2년 전 시 정부 공무원들이 시도한 해방운동과 철저히 달랐다. 이 혁명은 참여자의 구성에서 본질적으로 은광 도시의 광부, 소도시의 평민, 하층민의 협조를 얻어 지방에서 일어난 혁명이다. (비요로, 1963, p. 215)

중산층 출신으로 그에 걸맞은 교육을 받은 크리오요 지도자들은 이런 '1차 과정'의 격류, 최고도의 분출을 향해 가던 커뮤니타스의 반란에 흐름을 터주고 거기에 방향을 부여하려 했다.

다른 혁명운동이 그렇듯, 멕시코 독립 운동과 관련된 이론과 역사적 개념은 멕시코의 사회 구성을 반영한다. 그 운동의 이론적 지도자는 변호사, 하급 성직자, 시 정부 관료, 언론인 같은 식자층이다. 하지만 그들이 대중, 특히 대규모 원주민과 접촉한 뒤에는 식자층에 어울리는 사상, 신념, 상징이 차츰 포퓰리즘 감성에 자리를 내주었다. 혁명적 크리오요의 사상도 급진적으로 변했다. 그들은 계급의 특수한 이익이 아니라 더 넓은 공동체의 일반적 이익을 대변하기 시작했다. 사상과 개념은 주변의 사회과정적 맥락에 따라 바뀌었다. 교육받은 크리오요 혁명가의 사례에서 보듯이, 새로운 강령과 이념이 받아들여진 것은 1차 과정 내의 혁명 활동이 급진화되었기 때문이지 그 역이 아니다. 이 점을 잊어서는 안 된다(비요로, 1963, p. 215 참조).

비요로(1963, p. 216)는 크리오요 사상의 급진화 과정을 두 국면으로 나눴다. (1) 1808년 이후 몇 년은 전통적 사상이 존속했고, 아윤타미엔토 당의 테제도 반복·발전되었다. 그러나 새로운 상황이 닥치면서 토지 균분론, 온건한 사회적 평등주의의 징표, '토착민 우선주의' 경향이 등장했다. (2) 두 번째 단계에서 크리오요 지식인은 당시 유럽식 자유주의 전형인 프랑스와 제네바Geneva의 루소Jean Jacques Rousseau의 민주주의 사상을 더 많이 접했다. 비요로는 현실에 발맞춘 이 사상운동의 궤적을 자세히 추적한다. 다음은 그가 이달고를 언급한 대목이다.

이 크리오요 지식인은 자유를 향해 사람들을 불러 모았다. 그 순간 그는 그들의 대표로 추앙되었다. 사람들은 그를 에워싸고, 그를 흡수해 자신들의 추동력으로 삼고, 심지어 그를 자신들의 바람과 소망의 대변인으로 탈바꿈했다. 이달고는 자신이 취한 모든 조치를 그들의 이름으로, 그의 표현을 빌리면 '그들을 만족시키기 위해' 행했다. 그는 '국민 공동의 목소리common voice of the nation'에 호소하면서, 아스카라테부터 킨타나로오Quintana Roo까지 유명한 크리오요와 비슷한 방식으로 그 표현을 사용한 것 같다. 그러나 현실에서 그를 칭송한 '국민'은 '구성된 합의체'도, 시 정부 대표도 아니고 원주민 소작농이다. 셀라야 평원에서 그를 '총사령관generalisimo'으로 선언하고, 그 후로도 쭉 그를 지지한 수많은 민중 말이다. 거기서 실질적으로 '국민의 목소리'는 '민중 계급의 의지'와 거의 동의어다. 그는 그들의 이름으로 법률을 제정하고, 영지 소유 여부나 계급에 따른 어떤 차별도 하지 않았다. 그럼으로써 이달고는 실질적으로 보통 사람들ordinary people을 주권의 자리에 올려놓았다. 따라서 그의 혁명적 실천은 크리오요 지식인의 정치적 사상 체계에 새로운 의미와 내용을 제공했다. 인민은 어떤 이론도 생겨나기 전에 자신을 사회의 기원으로 확립한 것이다. 이달고의 칙령(예를 들어 노예제 폐지)은 이 유효한 실제적 주권의 표현일 뿐이었다. 〔내가 《의례의 과정》에서 사용한 표현을 빌리면, 그 칙령은 실존적 커뮤니타스를 규범적 커뮤니타스로 전환했다.〕 민중을 옥죄던 조공 의무, 노예제, 인종(계급) 차별의 철폐는 사회적 불평등이 해소되었다는 표지다. 게다가 토지 균분제가 처음 실시되어 토지가 원주민 공동체로 돌아갔다. 그러자 더 과격하고 급진적인 풍문이 퍼졌다. 많은 사람들은 이달고가 멕시코의 모든 토지를 원주민에게 분배하고, 목장과 영지에서 나는 수확물을 민중에게 똑같이 나눠줄 모양이라고 생각했다. (1963, pp. 220~221)

혁명적 경험은 역사적 관점도 급진적으로 바꿨다. 몇몇 크리오요 급진파는 이제 식민 정부의 모든 사법 질서를 부인하려 했고, 3세기에 이르는 식민 통치기를 폭정, 무지, 비참, 착취의 시기로 봤다. 특히 이달고와 모렐로스는 식민 통치기를 긍정적인 두 시기의 우울한 막간으로 여겼다. 그것은 감금과 노예의 시대, 깊은 잠의 시대다. 어떤 이들은 그 시기를 더 나은 삶의 가능성을 방해하면서 끼어든 에피소드로 간주했다. 코르테스 이전의 멕시코 문명에 대한 재평가는 18세기부터 시작되었다. 혁명적 인텔리들은 그 발견을 중요한 양식으로 삼았다. 유명한 급진파 도미니카인 테레사 데 미에르 신부는 추방된 예수회 신도 클라비제로Clavigero의 논쟁을 되살려 토착 멕시코 문명을 옹호하고, 스페인 정복의 정당성에 의문을 표했다. 그와 그의 추종자들은 식민지colonia 전체가 사기이며, 불법적이고 필연성 없는 지배, 자연적 권리의 찬탈이라고 주장했다(미에르 신부에 대한 비요로의 설명 참조, 1963, pp. 217~218).

이런 태도가 과나후아토와 과달라하라에서 스페인인을 대한 이달고의 정책에 영향을 미쳤다. 스페인인의 살육은 정당한 복수였다. 더 나아가 급진적 크리오요는 대담하게도 스페인 정복 후 자신들의 과거를 포기하고, 미에르 신부가 "이 나라의 정당한 옛 주인"이자 "부당한 정복이 그들의 권리를 박탈해서는 안 된다"고 말한 원주민과 운명을 함께하려 했다(비요로, 1963, p. 225). 그렇다면 크리오요의 마그나카르타Magna Carta라고 할 수 있는, 스페인 왕과 멕시코 정복자 사이에 체결된 '아메리칸 헌법American Constitution'은 어떻게 되는가? 그것 역시 원주민의 근본적 권리 앞에서 폐기되어야 하나? 이달고는 그렇게 생각했지만 아옌데는 아니었다. 이달고에게 등 돌린 많은 크리오요도 마찬가지였다.

그러나 크리오요와 원주민 사이에는 기묘한 친연성이 있었다. 이 친연성은 이념적으로 스페인 정복의 무화無化라는 신화 속에서 표현되었다. 그 신화는 유럽에서 루소Jean Jacques Rousseau, 괴테Johann Wolfgang von Goethe, 초기 마르크스와 엥겔스Friedrich Engels에게 영향을 준 낭만주의 운동의 산물이 아니다. 그것은 원주민의 먼 과거나 위칠로포츠틀리Huitzilopochtli, 코아틀리쿠에Coatlicue, 차크몰Chacmool 등 섬뜩한 멕시코 토착 신, 그들의 피에 굶주린 잔혹성의 회복을 꿈꾸지 않았다. 그 신화는 원주민 문명에서 식민지에 이식할 만한 가치를 찾지도 않았다. 헤겔이나 레비스트로스였다면 급진적 크리오요가 추구한 것을 긍정적으로 평가했으리라. 급진적 크리오요는 직관적으로 멕시코 독립 초기 단계가 코르테스 이전의 멕시코와 비슷하다는 것을 느꼈다. 그들은 독실한 기독교도로서 코르테스 이전과 식민 통치 이후의 시기가 식민 지배의 비참에서 벗어난 때 묻지 않은 시기일 것이라고 느꼈다. 미에르 신부, 이달고, 모렐로스, 아옌데도 이런 감정이 들었다. 어떤 의미에서 토착 시대와 식민지 이후 시대의 융합은 순수하게 부정적negative이다. 두 시기 모두 식민주의 질서의 주변부에 위치하기 때문이다. 하지만 두 시기의 조우에서 기이하고 중요한 상징이 생겨났다. 스페인의 정복은 토착 사회를 부정했다negate. 헤겔에 따르면, 독립이란 부정의 부정이다. 토착적인 것의 새로운 부활은 스페인 정복에 따른 원주민의 예속을 역전한다. 이달고가 좋아한 '재정복reconquest'이라는 표현은 무어인이 스페인을 '재정복'한 역사적 과거 때문에 또 다른 울림을 준다. 모렐로스는 자신을 '재정복된 아메리카 정부에 의해 임명된 자'라고 칭했다. 아나스타시오 부스타만테Anastasio Bustamante[10]는 코르테스와 스페인 병사들의 행적을 하나하나 거꾸로 따라 하는 보복 전쟁 개념을 유행시켰다. 이를 보여주는 사례는 상당히 많다.

이런 관점과 더불어 온건한 크리오요의 관점도 존재했다. 두 관점은 당시 사회과정에서 정도 차가 있을 뿐, 공존했다고 볼 수 있다. 그러나 이달고가 궁극적인 원칙principio은 모든 인민의 자유라고 선언하자, 대다수 크리오요는 이를 무시할 수 없었다. 이달고는 코르테스 이전 시대에서 근원을 찾으려 했다. 그는 인민이 대부분 원주민과 반半원주민으로 구성되며, 그들이 독립 멕시코의 진정한 사회적 토대라는 사실을 깨달았다. 그러면 국가 자체가 새롭게

---

10 멕시코 대통령으로 세 차례(1830~1832년, 1837~1839년, 1839~1841년) 재임했다.

구성되어야 했다. 급진적 크리오요 이론가들은 토착민의 고대사나 유럽과 미국에서 유입된 정치적 신조 등 모든 새로움에 열려 있었다.

　멕시코 외적 영향에 대한 크리오요의 이런 개방성에 있는 함의를 이 장에서 자세히 논할 수는 없다. '인민이란 누구인가' '주권이란 무엇인가'와 같은 추상적 개념이 과달루페의 성모처럼 감각 가능한 상징과 연관된 의미론적 체계와 어떻게 결부되고, 대중 동원을 위한 강력한 구심점이 될 수 있었는지 조사하는 것이 내 목표다.

　먼저 그 과거가 코르테스 이전이든, 이후든, 과거로 회귀하려는 동일한 경향성이 당시의 정치뿐 아니라 종교에서도 발견된다는 점을 지적해야겠다. 그러나 이때의 종교적 회귀는 아스텍 토착 신을 향한 것이 아니다. 사실 교육받은 지도자들은 대중을 사로잡기 위해 코르테스 이전에 중앙 멕시코를 지배한 정치 세력(아스텍)의 종교 체계에 호소할 수도 없었다. 타라스칸, 오토미, 사포텍Zapotec, 토토낙Totonac 문화권은 단일 정치권력의 지배를 받지 않았고, 동일한 우주론을 공유하지도 않았다. 그들의 후손은 원주민이라는 정체성이 정치적으로 중요하다는 사실을 느꼈을 때조차 문화적 자주성을 유지하려 했다. 대신 종교에서 과거에 대한 향수는 극도로 순수한 교회 개념과 연관되었다. 교회는 스페인보다 오래되었고, 시간을 거슬러 올라가면 뉴스페인은 물론 스페인보다 오래된 로마제국 이전의 위계화되지 않은 초기 기독교 교회까지 돌아갈 수 있었다. 이 모든 과정은 이달고가 순수하게 정치적 동기 때문에 도입된 파문 제도에 조용히, 정치적으로 저항하면서(그 역시 파문당했다)

시작되었다. 그는 파문이 성직자의 세속적 이해관계, 정치집단과 권력에 따른 종교의 왜곡으로 생겨난다고 보았다. 나중에 미에르 신부와 코스Cos 박사, 특히 모렐로스 신부는 스페인 고위 성직자의 폐해를 언급하며, 종교를 모든 세속적 이해관계와 분리해야 한다고 주장했다. 그들은 발 빠르게 교회 개혁이라는 개념을 강조했다. 아옌데조차 교구 영지를 개혁하고 재정비하는 것이 낫다고 외쳤다. 그는 종교적 질서를 단순화해 초기 교회의 지도자와 창시자가 갖춘 고대적 엄격함과 준엄함을 되살려야 한다고 봤다. 코스 박사는 고위 성직자의 오만과 세속적 권력이 초기 기독교에서 가능하던 기독교도와 민중의 직접적 교감을 방해하므로, 고위 성직자를 신도 집회에서 민주적으로 선출해야 한다고 주장했다. 그는 멕시코가 스페인 교회에서 탈퇴하면 이단이 될 거라고 주장하는 이들에게 다음과 같이 반박했다. "(탈퇴 후) 종교는 그 티 없는 순수와 영광을 간직한 채 스페인에서 아메리카로 건너올 것이다. 초기 교회가 부활할 것이고, 존경받지 못하는 현재의 사제들이 진정으로 존경받을 것이다."(비요로의 저서에서 발췌, 1963, p. 219) 그러니까 세속적 부패에서 정화된 새로운 교회가 아메리카(멕시코)에 설립되어 기독교의 초기 시대를 부활시킨다는 것이다. 미에르 신부도 다음과 같이 주장했다.

새로운 성직자는 황제교황주의, 하늘의 왕국을 지상의 세속 사회에 구현하려는 유혹, 아우구스티누스Aurelius Augustinus의 신국神國을 지상의 나라와 동일시하려는 유혹이 어디서 오는지 철저히 살필 것이다.

그는 가난하고 특권 없는 민중을 위한 종교, 타인의 권리에 대한 관용과 존중을 원칙으로 삼는 종교, 보수적 이데올로기의 영향에서 자유로운 종교를 옹호할 것이다. 그는 복음서의 순수한 신조가 모든 사람의 평등과 자유라는 자연스러운 이상에서 공명함을 볼 것이다. (비요로, 1963, p. 219)

즉 새로운 성직자는 백과전서파와 프랑스혁명의 사상가들이 제안한 자유와 평등이라는 새로운 이념과 기독교의 영적 정화를 통합하려는 것이다.

나는 앞서 지배적인 의례 상징의 다성성을 논했다. 지금까지 소개한 대로 종교, 정치와 관련된 모든 급진적 크리오요 사상(윌리엄 블레이크에 따르면 종교와 정치는 모두 '형제애'의 한 형식이다)은 이달고가 대중 동원의 최고 상징으로 과달루페의 성모를 택한 것과 모종의 관련이 있는 것 같다. 과달루페 성모의 성지는 아스텍 신화에서 신들의 어머니인 토난친 성지와 공간적으로 중첩된다. 과달루페의 성모 숭배는 토난친 여신 숭배가 스페인 정복으로 중단된 지 불과 15년 만에 시작되었다. 게다가 1810년경 멕시코 전역에 퍼진 설화에 따르면, 하늘의 여왕(과달루페 성모)은 스페인인이나 스페인 성직자가 아니라 순박한 원주민 신자 후안 디에고 앞에 나타났다. 후안 디에고는 프랑스의 베르나데트Bernadette[11]와 달리 성인으로 추앙되지 않았는데, 이 때문에 원주민에게 강한 공감과 동일시의 대

---

[11] 프랑스의 성녀(1844~1879). 열네 살 때인 1858년 2월부터 총 18번에 걸쳐 성모마리아의 현현을 경험했으며, 1933년에 성인으로 추대되었다.

상이 되었다. 그를 스페인인이 아니라 자신들의 일원으로 본 것이다. 여러 평자의 지적에 따르면, 멕시코의 세속적·사회구조적 권력은 심층적 차원에서 단일한 세력이 쥐었다. 멕시코와 스페인의 권력 집단은 모두 남성성과 부계적 원리가 권위, 정당성, 직함, 경제적 부, 모든 구조적 연속성, 통일성의 근원이라고 보았다. 한편 그에 대항하는 '약한 자의 힘', 전체 커뮤니티의 궁극적인 전일성 wholeness의 감정은 보통 여성적인 것, 특히 모성적 상징에 할당되었다. 이는 래드클리프브라운이 〈The Mother's Brother in Africa아프리카의 외삼촌〉(1961)이라는 유명한 논문에서도 암시한 내용이다. 과달루페 성모와 토난친 여신은 민중, 다시 말해 가부장적 신 아래서 정치적·법률적으로 거부되고 멸시받은 이들의 정당성을 대변한 존재다. 스페인 정복은 아스텍 신들을 말살했지만, 아스텍 신들은 결코 모든 멕시코 원주민의 신앙을 불러일으킬 수 없었다. 일부 원주민은 아스텍 신들을 역병처럼 두려워했고, 지금도 옛 토난친 여신의 성지에 자리한 과달루페 성모보다 치유의 성모에게 의지하는 이들이 있다. 그럼에도 이달고 신부가 톨텍Toltec 왕국의 케찰코아틀Quetzalcoatl처럼 사제와 철학자, 지도자를 한 몸에 구현한 모습으로 수 세기 동안 억압받은 원주민의 성모인 과달루페의 깃발을 치켜들었을 때, 그는 대적할 수 없는 전일성의 징표, 예언적인 범汎멕시코성의 징표, 자신의 경험적·합리적 메시지에 의례적 힘을 부여할 수 있는 물건을 들어 올린 셈이다.

그의 직관은 탁월했다. 과달루페의 성모는 크리오요에게도 어필했다. 그들 역시 원주민처럼 토착 멕시코인이고, 적지 않은 이들이 메스티소다. 앞서 주장했듯이 그들의 미래는 어느 정도 스페인 정복 이전의 과거와 유사할 것이었다. 과달루페의 성모는 이교적인 아스텍 신들을 거부한 원주민이 그래도 토착민의 여신으로 인정할 수 있는 존재에 가장 근접했다. 성모 숭배의 모든 변형태에 내재한 보편적인 기독교적 요소는 원주민뿐 아니라 아메리카인에게도 어필했다. 과달루페는 스페인, 이탈리아, 폴란드 혹은 가난하고 고통 받는 이들의 비전에 의해 성모 숭배가 탄생한 다른 나라가 아니라 멕시코의 대도시에서 탄생한 것이다. 구조적으로 스페인−식민 정부의 '안티테제'를 내포하는 원주민의 '테제'와 '크리오요−원주민'의 신테제는 여성적 원리에 대한 신앙으로 통합되어 평화가 아닌 전쟁의 상징이 되었다. 역사의 흐름 속에 남성적 왕의 형상이 전복되어, 약한 자의 힘이 강한 자의 힘으로 전환될 기회가 생겼기 때문이다. 크리오요의 삶의 양식과 사회적 패턴은 상상된 코르테스 이전 시기의 그것을 답습하지 않았다. 그것들은 과거를 반영했으며, 그 과거의 대표자들이 뉴스페인에서 3세기 동안 습득한 문화적 · 사회구조적 특징을 반영했다. 거기에는 원주민의 종교적 형식과 융합된 크리오요 자신의 신앙 형식도 포함되었다. 따라서 나는 과달루페 성모가 단지 원주민의 상징이 아니고 크리오요−원주민의 공동 상징으로, 그 의미 체계에 대지와 모성, 원주민의 권력 같은 개념뿐 아니라 크리오요의 자유, 형제애, 평등 같은 개념(그중 일부는 혁명기의 무신론적 프랑스 사상가들에게서 차용한)도 포함된다고 본다.

더 나아가 상징과 사회적 드라마(정치적 국면 발전)의 각 단계의 관계도 고찰해볼 수 있을 것이다. 의례적·정치적 상징을 무시간적 추상 체계가 아니라, 시간성을 충분히 고려하는 가운데 사회 문화적 과정의 추동자이자 그 산물로 고찰하면 더 유익하리라 본다. 과달루페 성모는 상이한 지역과 직업, 종교 집단 구성원의 연례적·주기적 숭배에서든, 대규모 사회 위기의 순간에 민중의 힘을 보여주는 다성적 상징으로든 행위의 현장에 살아 있다. 그에 반해 이달고, 모렐로스, 게레로, 후아레즈Juarez, 사파타, 비야 외 다른 이들은 생존 시 그들을 역사적으로 주목받게 만든 1차 과정에 의해 상징으로 변모했다. 이렇듯 특정한 역사적 순간에 사회과정과 상징의 관계, 시간의 흐름에 따른 그 관계의 누적이 현재 나의 장 연구와 역사 연구의 주요 관심사다.

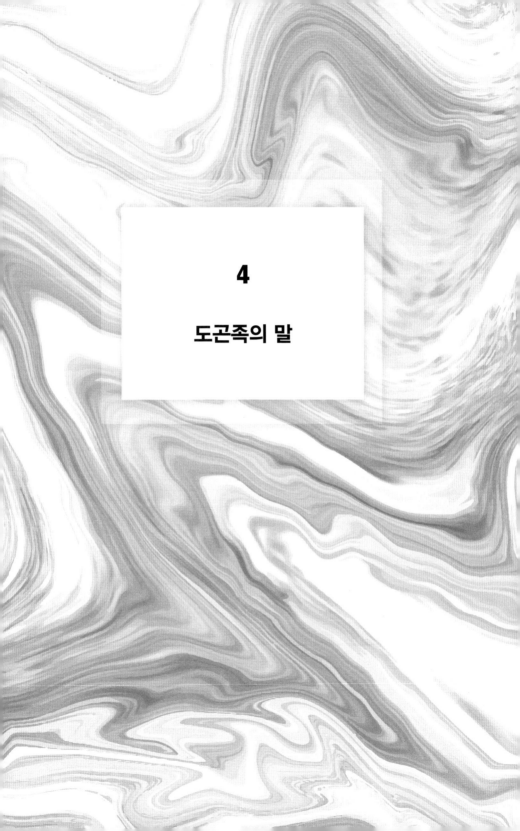

4

도곤족의 말

도곤족의
말*

---

* 《Social Science Information사회과학 정보 7》, 6권(1968), pp. 55~61에 실린 리뷰 논문으로 처음 출판되었다.

고故 마르셀 그리올Marcel Griaule 교수가 이끈 학파(실제로는 가족)는 서아프리카 민족지뿐 아니라 아프리카 사상 체계 연구에도 큰 공헌을 했다. 그리올 교수의 딸 칼라메-그리올Geneviève Calame-Griaule 여사가 집필한 《Ethnologie et langage민족학과 언어》*는 여러 면에서 기념비적인 저작이다. 이 책은 니제르Niger 강 남서부 지역의 반디아가라Bandiagara 절벽에 거주한 도곤족Dogon에 관해 그리올 가문이 30년 동안 연구한 정수라고 할 만하다. 도곤족의 표현력 풍부한 문화는 이전에도 제르멘 디에테를랑Germaine Dieterlen 여사가 정교하게 기술·분석했다.** 그러나 그리올 여사는 의미와 맥락, 용법이 다양한 도곤족 용어 'sɔ:'(그녀가 프랑스어 '파롤parole'로 번역한 다성적 개념)가 도곤 문화를 이해하는 키워드임을 설득력 있게 주장한다. 비유하자면 'sɔ:'는 그리올 여사가 도곤 사회라는 '아프리카 세계'를 인식의 빛 속으로 들어 올리는 지렛대의 '아르키메데스Archimedes 점'과 같다.

---

* G. Calame-Griaule, *Ethnologie et langage: La parole chez les Dogon*(Paris: Gallimard, 1965).

** G. Dieterlen, *Les Ames de Dogon*(Paris: Institut d'Ethnologie, 1941); *Le Renard Pâle*(Paris: Institut d'Ethnologie, 1963).

그리올 여사는 여러 측면에서 아버지가 수행한 연구의 영향을 받았다. 그녀는 그리올 교수가 쓴 《Dieu d'eau 물의 신》이란 책에서 "신화와 형이상학의 관점에서 본, 신적이며 우주적 기원을 갖춘 창조하고 수태하는 진정한 말Word"이라는 개념을 끌어냈다 (Calame-Griaule, 1965, p. 10). 그리올 교수에게 'sɔ:'는 "모든 것, 심지어 무질서까지 포함하는 질서, 조직과 재조직의 정신"을 대표하는 것이다. 또 "인간이 이해하지 못하는 어떤 것, 미지의 것, 인간이 겨우 인식하기 시작한 것을 포괄하는 개념이다. 기독교 세계에서 이 단어는 말씀Verbum으로 번역"*된다. 그리올 여사는 도곤족의 말 개념을 현상학적으로 탐구하고, 그들 언어('sɔ:')의 다양한 양식과 분류 체계, 맥락을 풍부하게 드러냄으로써 아버지 그리올 교수의 연구에 함축된 연구 질문에 응답한다. 그녀는 프랑스어로 연구 활동을 했지만 도곤 언어(특히 상가족Sanga 방언)를 완벽히 터득한 상태여서, 도곤족 정보 제공자의 논의와 잡담 등을 무리 없이 따라갈 수 있었다. 상가어를 쓰는 토착민은 그 성격이나 도곤족의 비의秘儀적 지식을 아는 수준에서 상당한 차이를 보였다. 그러나 그리올 여사는 이 방언 지역만 연구해도 별문제가 되지 않는다는 입장이었다. 도곤 문화에서 토착민이 사용한 언어의 기본 개념은 거의 동일했기 때문이다. 물론 그리올 가문의 다른 학자들은 기타 방언 지역도 연구했다. 관심사가 다양한 학자들이 장기간 진행한 연구 프로젝트의 장점 덕분에, 개별 연구자들은 공동의 학문적 토대에

* Marcel Griaule, "L'Alliance cathartique," *Africa* 18, no. 4 (1948): p. 251.

자신의 특수한 논점을 쌓아 올릴 수 있었다. 그럼에도 내가 날카롭게 느낀 한 가지 난제가 있다. 연구자는 다양한 정보 제공자의 이야기와 논평에서 상대적으로 일관되고 조화로운 우주론, 의례 체계, 상징의 의미론적 관계 등을 추출할 수 있다. 그러나 독자는 저자가 제시한 내용 외에 정보 제공자의 원래 발언과 그것이 발화된 대화의 맥락은 거의 알 수 없다. 특정 문화를 재현할 때, 내적으로 일관되고 정연해 보이는 설명을 선택하려는 경향성은 연구자의 논의에 편견을 끌어들인다. 이때 일관성, 정연성은 연구자의 무의식적인 기준에 따른 것이다. 이런 편견은 반대 방향을 향할 수도 있다. 연구자는 기술적으로 단순하고 문자가 없는 문화에는 일관성이 없다고 여겨, 정보 제공자의 발언 중에서 비논리적이고 터무니없어 보이는 것을 무의식적으로 취사선택할 수도 있다. 그런 태도를 당대에 유행하는 사회학적 이론으로 합리화하면서 말이다.

이런 어려움은 토착어로 된 정보 제공자의 발화 내용뿐 아니라, 그런 대화가 진행된 전체 맥락을 동시에 출판함으로써 부분적으로 극복할 수 있다. 그리올 교수는 《Dieu d'eau》에서 이 상황적 맥락을 드라마틱하게 묘사하지만, 토착어 원문은 싣지 않았다. 나도 아프리카 토착어를 쓸 줄 아는 번역자들과 일한 적이 있다. 그 과정에서 나는 그들이 말을 신중히 골라 쓰는 경향이 있음을 알았다. 그들은 과거 교류한 유럽인이나 아프리카 다른 집단이 기이하게 생각한 자기네 문화의 특정 사실, 연관성을 이방인에게 이해시키려고 애썼다. 그들은 합리화, 정당화, 인지적 설명을 위해 애썼다. 하지만 내가 토착어로 그들과 대화할 때는(아무리 서툴더라도) 바실

번스타인Basil Bernstein이 '한정된 코드restricted code'라 부른 언어 습관이 대화를 지배했다. 문화나 사회구조의 많은 전제나 특징은 언급되지 않은 채 남겨졌다. 공통 언어의 사용은 여러 가치와 믿음에 대한 합의를 함축했다. 공유된 경험, 동기, 감정도 당연한 것으로 여겨졌다. 번역의 상황은 정보 제공자가 자신들의 관습과 신앙을 말하기 전에 한 번 더 생각하게 만들었다. 전에는 합당하게 느낀 것들 속의 원리와 규칙성을 의식하게 만들었다. 토착어를 쓰는 상황은 언어적으로 더 간결하고 수수께끼 같았지만, (쿠르트 레빈을 인용하면) "사회적 장의 동시성the contemporaneous state of the (social) field"에 더 많이 기댈 수 있었다.

내가 이런 곤란을 언급하는 이유는 타 문화의 언어 개념을 인류학자도 언어를 통해 조사하기 때문이다. 게다가 정보 제공자의 관점과 발화 방식은 일정 부분 그들의 사회적 지위와 연관이 있다. 따라서 특정 집단이나 계급에서 숭배하는 동일한 신을 언급할 때도 어떤 정보 제공자는 다른 이의 설명과 많은 면에서 상충되는 속성, 신화 주기 등을 거론할 수 있다. 성별, 연령, 소속된 반족, 씨족, 비밀 협회 등이 이런 차이에 결정적 영향을 미칠 것이다. 인류학자가 누구에게 정보를 얻었고 그 화자의 사회적·심리학적 특성은 어떤지 등 텍스트를 획득한 상황과 함께 제시하지 않으면 이질적 설명 속에서 합치하는 특성을 취사선택하여 논리적으로 만족스런 종합물을 만들 수 있겠지만, 그 종합물은 토착 문화의 대다수 구성원에게 이해 불가능한 것이 될 것이다.

그리올 여사도 'sɔ:'와 연관된 여러 요소를 능숙하게 요약하면서 이 문제를 충분히 인식·고려했음이 틀림없다. 내가 이 문제를 제기하는 것은 자연과학자들처럼 첫 관찰에서 가설의 정식화에 이르는 전 과정을 우리에게 보여주는 인류학자가 드물기 때문이다.

도곤족에게 'sɔːʼ는 대략 소쉬르Ferdinand de Saussure가 말한 '언어language, 랑그langue, 파롤parole'을 포괄하는 개념이며, 더 나아가 신비주의 사상가 야콥 뵈메Jakob Böhme의 '징표signatura'와도 비슷한 의미를 함축하는 듯하다. 이 경우 도곤족의 신화―우주론적 체계는 뵈메의 '사물의 징표signatura rerum'와 동격이 된다. 두 경우 모두 드러나지 않는 일자One는 일곱 국면으로 구성된 전前시간적 (혹은 시간을 벗어난) 과정을 통해 현시된 다자Many가 된다. 그 후 일곱 국면은 우주적 구조의 원리가 된다. 이런 현시적 창조manifest creation에는 일련의 상응 관계가 존재한다. 뵈메에게 많은 빚을 진 윌리엄 블레이크를 인용하면, '신적인 인간의 형상human form divine'은 도곤족에게도 (그노시스주의 종교적 우주론을 포함해 다른 많은 사상에서도) 만물의 척도이자 모델이다. 그리올 여사가 썼듯이 "인간은 풀잎이나 파리까지 말parole의 보유자가 되는, 인간주의적 우주 속의 모든 거울에서 자신의 상像을 찾는다. 도곤족은 그 말을 세계의 언어('adunc sɔːʼ), 상징이라고 부른다"(p. 27). 따라서 도곤족의 모든 '상징'은 우주적 영역의 (종종 교차하는) 방대한 상응 체계vast system of correspondences의 일부다. 중앙아프리카 사회의 많은 종교적 상징과 달리, 도곤족의 상징은 할당된 의미가 사회적 맥락에 따라 달라지는 독립된 문화적 개체가 아니다. 그것은 그 자체로 '거대한 인간적 유기체'인 자연 세계, 동물, 식물, 광물 사이의 고정된 연결점을 말한다(p. 27). 예를 들어 도곤족은 다양한 광물 범주와 신체 기관의 상응 관계를 상정한다. 다양한 토양은 '위 내부의' 기관으로 간주되고, 바위는 인간의 뼈로 간주되며, 붉은빛을 띠는 다양한 점토는 피에 비견된다. 때로 이런 상응은 대단히 세부적이다. 다른 바위에 얹힌 바위는 인간의 흉부를, 작고 흰 강돌은 발가락을 상징한다. 이 '세계의 언어' 원리는 인간 이미지와 식물 세계 사이에서도 발견된다. 인간은 '우주의 씨앗'이며, 식물 씨앗의 각 부위는 심장, 코, 입 같은 인체의 부위와 연관된다. 메리 더글러스Mary Douglas는 이런 비인간적 우주의 '인간화'를 기술하면서 '인간주의적humanisme'이란 용어를 쓴 것에 이의를 제기했다("Dogon Culture— Profane and Arcane," *Africa 38*, January, 1968, p. 19). 그녀는 그 용법이 "중세 기독교의 원시적primitive이고 인간 중심적인 세계관을 깨뜨리기 위한 도구로, 인본주의(인간주의)humanism를 주창한 르네상스 학자들의 용법과 정면으로 배치된다"고 주장했다. 즉 더글러스가 이해하는 인간주의적 세계관에서는 우주와 인간 사이에 테제와 안티테제만큼 날카로운 구별이 존재한다. 인간은 이제 '소우주'가 아니라 다른 모든 존재 양식과 근본적으로 이질적인 존재다. 이 관점에 따르면, 인간과 관계된 모든 것이 우주에서 사라져야 인과관계의 진정한 본성과 그것의 기능적 연관성이 발견될 수 있다. 이는 유비, 은유, 신비적 참여에 근거한 복합적인 '상응 관계'의 직물에서 인간을 해방하여 모든 관계를 당연한 것이 아니라 문제적인 것으로 바라보게 하고, 그 관계를 실험적으로 조사하고 체계적으로 비교하는 데까지 나아가도록 만드는 관점이다.

도곤족의 신화와 우주론이 유럽 종교와 철학의 하층부에서 번성한 신플라톤주의, 그노시스주의, 카발라 신비 사상의 '이단'과 대단히 닮았다는 사실은 흥미로운 역사적 · 전파론적diffusionist 문제를 제기한다. 어떤 이들은 반달족Vandal과 이슬람의 북아프리카 침공 후, 심지어 그 전에도 그노시스주의, 마니교, 유대교 신비주의 사상과 실천이 사하라Sahara와 수단 서부 지역에 전파되어 도곤족의 세계상Weltbild 형성에 도움을 주지 않았나 질문한다. 대립되는 양성적인 쌍둥이로 구성되는 그노시스주의의 '아르콘archon'[1]이란 존재는 폰족Fon과 도곤족의 개념에서도 발견된다. 아우구스티누스의 《고백록Confessions》에 따르면, 5세기경 북아프리카 사람의 정신세계를 놓고 기독교와 다툰 라이벌이 마니교뿐만 아니다. 그런 신앙의 담지자들이 수 세기에 걸쳐 니제르 유역으로 유입되어, 더 복잡한 문화의 대표자로서 토착민의 신앙체계에 영향력을 행사했을 수도 있다. 고고학적 · 역사학적 연구가 이 문제를 더 밝혀줄 수 있으리라 본다.

그리올 여사가 논하는 (도곤 언어의 여러 속성과 결부된) 도곤족의 언어활동을 말로 설명하기는 어렵다. 예를 들어 개인의 발화 내용과 인격적 요소에도 미묘하고 섬세한 상호작용이 존재한다. 신체란 눈에 보이는 인간 요소로서, 독립적으로 존재할 수 있는 영적 원리의 구심점이나 자석 역할을 한다. 인체는 물(피와 체액), 흙

---

1 창조신 데미우르고스(dēmiourgos)를 보좌하는 존재로, 기독교의 천사나 악마와 그 역할이 비슷하다.

(골격), 공기(생명의 숨), 불(동물적 온기)로 구성된다. 네 요소의 내적 표현과 외적 양상은 끊임없이 교환된다. 신체는 22개 부분으로 구성된다. 발, 정강이, 허벅지, 허리, 위, 가슴, 팔, 목, 머리라는 9개 부분(쌍둥이는 팔이나 허벅지처럼 쌍을 이루는 부위가 한 단위unit로 간주되는 것 같다), 손가락 10개(각 손가락이 한 단위다) 그리고 숫자 3을 상징하는 남자의 성기. 이렇게 생겨난 22는 원형적인 피타고라스 Pythagoras의 수라기보다 단순한 덧셈의 결과다. 또 다른 수적 상징으로는 모든 도곤족의 쇄골에 8개 상징적인 (해당 지역의 주요 곡물을 의미하는) 씨앗이 있다는 믿음을 들 수 있다. 이는 인간과 그가 기르는 곡물의 신비한 결속을 상징한다. 성별과 신체에 따라 구분되는 그 외 인격 요소, 생명력, 8개 영적 원리를 여기서 논의하지는 않겠다. 다만 언어란 "인격이 소리를 통해 공간으로 발산된 것이다. 그것은 한 인간의 본질에서 유래하며, 그 수단(언어)을 통해 인격, 지성, 감정적 상태를 드러낸다. 말이란 개인의 정신적 삶의 표현물이자, 사회적 삶의 근원이다. 두 인간은 말로 소통한다. 그래서 도곤족은 말을 존재의 발현으로 여기며, 말과 존재의 각 부분 사이에 유사성이 있다고 믿는다"(p. 48). 말의 몸body of speech은 인간의 몸처럼 네 부분으로 구성된다. 물은 말의 체액saliva으로, 그것이 없으면 말이 '건조'해진다. 공기는 소리의 떨림을 일으키고, 흙은 말에 '무게'와 의미를 준다. 불은 말에 '온기'를 준다. 성격과 말에는 상동 관계뿐 아니라 기능적 상호 의존성이 존재한다. 말은 뇌에 의해 선택되어, 간을 자극하고, 증기가 솟구치듯 폐에서 쇄골로 솟구쳐, 결과적으로 입을 통해 나온다.

인격의 22개 요소에 48개 유형의 말이 덧붙는다. 그 말은 24개씩 쌍으로 구성되는데, 각 쌍은 초자연적 존재인 양성적 쌍둥이 놈모Nommo와 (디에테를랑 여사의 이야기에서 '검은꼬리모래여우'로 등장하는) 유루구Yourougou의 영향 아래 있다. 이는 도곤족의 최고신 암마Amma가 기획한 것이다. 쌍둥이 중 한 명인 유루구는 암마에게 반항하며 어머니와 근친 관계를 맺었고, 벌을 받아 검은꼬리모래여우가 되었다. 다른 쌍둥이인 놈모는 자기희생적 행위로 세계를 구원했다. 그는 인간과 동물, 식물을 땅 위로 데려왔고 말의 신이 되었다. 여기서 발견되는 그노시스주의와 기독교의 자취는 이것이 단순한 수렴이 아니라, 더 고대의 역사적 접촉에서 유래했을지 모른다는 의문을 불러일으킨다. 놈모의 말은 인간적이고 들을 수 있다. 반면 여우의 말은 발톱 자국을 통해 드러나는, 소리 없는 기호 언어다. 점쟁이만 그것을 해석할 수 있다. 도곤족 이항체계의 매혹적인 세부 사항을 더 논의하지는 않을 것이다. 그리올 여사라는 흥미진진한 가이드와 함께 도곤 문화의 미로를 헤쳐나가다 보면 대단한 지적 흥미와 놀라움을 경험할 수 있다는 말을 덧붙이려 한다.

그리올 여사의 책은 말과 신화, 말과 테크닉의 관계에 대한 설명으로 시작해 사회적 삶에서 말의 역할을 논의하는 데까지 나아간다. 그 모든 논의에는 과정과 구조의 측면에서 질서order가 있다. 중앙아프리카, 동아프리카 반투족Bantu과 현지 조사한 경험에 근거해서 내가 문제 삼으려는 것도 이 질서다. '사물의 징표' 유형의 문화는 원칙적으로 단일 지역에 지속적으로 거주했고, 전통이 오래된 농업 기반 사회에서 자주 발견되는 듯하다. 그런 사회에서는 모든 요소가 다른 요소와 얽혀서 상징과 사상의 섬세한 태피스트리를 짜낸다. 중앙아프리카에서도 사회 내 개별 요소들이 체계적으로 연관된 문화지역을 찾을 수 있지만, 어긋나고 심지어 모순되는 원리, 가치, 규범과 그것의 상징적 재현물이 더 일상적으로 발견된다. 그런 사회는 대체로 신화가 빈약하다. 그들은 상대적으로 짧은 기간에 다양한 주요 거주지로 이주한 집단의 후예로, 수 세기 동안 납치와 노예무역에 시달렸다. 그들은 파편화되고 분열되었으며, 파편화된 다른 집단과 결합해 일시적으로 새 정치적 조직체를 구성했다. 정복과 전쟁이 있었고, '사바나savannah 왕국'의 부흥과 쇠망이 있었다. 화전 농업은 사람을 끊임없이 움직이게 만들었다. 남자는 불안정한 사냥감을 쫓는 사냥꾼이다. 다시 말해 그 사회는 거주나 사회구조, 정치형태 측면에서 대단히 불안정하다. 부분적으로 이런 불안정성과 이동성 때문에 도곤족 체계와 같은 범문화적 통일성을 갖춘 중앙아프리카 문화가 (최소한 지난 몇 세기 동안) 거의 출현하지 못한 것 같다. 사실 은뎀부 문화에서도 그런 통일성이 거의 발견되지 않아, 나는 체계라는 것을 '저기 바깥에out there' 존재하는 신념, 규범, 가치의 총체라기보다 구체적인 이해관계와 상호작용 하는 의지의 결과로 간주해야 했다. 그 가치와 규범은 정착하지 못하고 유동하는 것이다. 이런 특성 탓에 그것은 '현지'의 여러 파벌 집단과 이해 집단의 목표, 계획에 따라 다양한 형태Gestalten를 갖췄다. 요약하면 나는 사회적 행위를 체계적이고 체계화하는 것으로 간주했지만, 문화는 단순히 연결되지 않은 항목의 저장소라고 본다. 질서는 앎connaissance이 아니라 의도purpose에서 오는 것이다.

이 관점은 극단적이라 어쩌면 부적절한지도 모른다. 그러나 그것은 나를 사회과정, 구체적 관계 속의 갈등과 변화에 주목하게 만들었다. 은뎀부족의 표현적 문화에는 분명 내가 당시 간주한 것보다 훨씬 많은 질서와 통일성이 있었다. 그 후로 나는 은뎀부 의례의 기저에 깔린 사상의 구조를 언급하면서 내 초기 과정주의적 극단주의를 수정하려고 애썼다. 그러나 나는 지금도 평범한 도곤족 주민이 만물에 존재하는 상응성을 끊임없이 의식한다면, 그들은 가장 단순한 규범과 가치마저 다룰 수 없으리라 생각한다. 일상적인 사회적 조정social adjustment은 그런 조작 덕분에 가능해진다. 그게 아니라면 그들은 자신의 종교적·윤리적·철학적 체계의 복잡성의 무게에 눌려 어안이 벙벙해질지도 모른다. 어떤 사회라도 그 사회의 정치를 구상하고 바꾸는 행동가와 평범한 사람들에게는 어느 정도 무지가 필요하다. 그 사회의 사상가와 선각자에게 수준 높은 그노시스(앎)가 필요한 것처럼 말이다. 하지만 앎의 인간knower과 행동의 인간doer, 행동의 인간의 지식과 앎의 인간의 행동을 경험적으로 구별하고, 그 차이를 인류학적으로 기록할 수 있는 방법을 찾아내야 한다. 물론 많은 무문자 사회에서 앎의 인간은 거의 행동의 인간이다. 이렇게 물을 수 있다. 그들은 자신의 활동적 역할과 사색적 역할을 어떻게 분리하는가? 이런 분리에 어떤 언어적 현상이 수반되는가?

그리올 여사, 디에테를랑 여사를 포함한 이 학파 학자들은 행동과학의 유혹에 굴복해온 인류학자들이 오랫동안 무시한 이슈와 문제를 학계의 전면에 용감하게 제기했다. 인간은 빵만으로 살 수 없다. 인간은 전설과 문학, 예술에 의해 '불 밝혀지며turned on', 우리 삶은 이런 문화양식에 의해 빛나는 의미를 성취한다. 그리올 여사는 불도마뱀처럼 끊임없이 타오르는 인간 사고의 패턴을 탁월하고도 명료하게 우리 앞에 보여준다.

5

사회과정으로서
순례

사회과정으로서

순례*

* 이 글은 1971년 2월 세인트루이스 워싱턴대학교(Washington University in St. Louis) 인류학과에서 처음 발표되었으며, 〈The Center Out There: Pilgrims' Goal바깥의 중심 : 순례자들의 목표〉라는 제목으로 《History of Religions》 12, no. 3 (1973): pp. 191~230에 실렸다.

순례와 연관된 특수한 의례 상징을 탐구하는 이 장에서 나는 순례 과정에 대한 시론적인 비교 연구를 시도하려 한다. 특정한 역사적 순간은 물론 시간이 흐르면서 그 과정이 어떻게 변하는지, 통시적 관점에서 상이한 순례 과정의 관계는 어떤지 살펴보려 한다. 이 장의 관심사는 순례 과정이다. 그 상당수는 순례 체계라 할 만한 것을 구성하며, 기독교와 이슬람교, 유대교, 힌두교, 불교, 유교, 도교, 일본 신도神道 등 역사적인 주요 종교에서 모두 발견된다. 게다가 나는 최근에 고대 이집트와 바빌로니아Babylonia, 중앙아메리카의 토착 문명, 기독교 이전의 유럽 문명 같은 고대사회의 순례 관련 자료도 수집하기 시작했다. 궁극적으로 인류학자들이 통상적으로 연구하는 무문자 사회에서 순례 행위나 준準순례 행위의 징표를 발견하는 것이 나의 희망 사항이다.

나는 이전의 저작에서 '과정적 단위', 사회적 '반反구조', 의례 상징의 의미론 같은 주제에 천착했다. 이 장의 잠정적 결론에서 드러나듯이 이전의 연구 관심사는 순례 과정 연구와도 맞닿는다. 그 까닭은 순례가 전이적 현상liminal phenomena이기 때문인데, 여기서 우리는 리미널리티의 공간적 측면을 다룰 것이다. 순례와 결부된 사회관계는 커뮤니타스의 특성이 있다. 유서 깊은 순례 체계의 경우, 순례의 커뮤니타스적 특성은 사회조직을 통해 순례를 둘러싼 사회구조와도 나름의 연관성이 있다. 순례는 역사적 확장 사례 연구extended-case history approach 관점에서 조사할 수 있다. 순례자나 연구자의 개인적 경험, 관찰 내용을 담은 훌륭한 문헌과 구전 자료를 살펴보면 (순례를 준비 중인 순례 집단, 순례 길에서 공동의 경험, 순례지 도착, 귀환의 여정을 포함하는) 순례라는 사회과정을 사회적 드라마와 사회적 기획social enterprise의 특정 국면으로 간주할 수 있다. 적절한 사례에서 귀납적으로 분리·도출 가능한 과정적 단위로도 이해할 수 있다. 이때 순례라는 사회과정에서 순례 집단과 그 하위 집단 구성원의 관계의 성격과 강도는 점진적으로 변한다. 우리는 이 기법으로 순례 집단과 그들이 통과하는 사회 문화적 환경의 사회적·문화적 관계에 대해서도 질문할 수 있을 것이다. 두려움을 모르는 대담한 순례자의 이야기는 풍부하게 기록되었다. 그중 셋을 들자면 629년에 중국을 떠나 인도의 유명한 불교성지를 순례한 현장玄奘 법사, 1494년 예루살렘 순례를 떠난 밀라노Milano의 피에트로 카솔라Pietro Casola 신부, 1853년 영국령 인도 출신 이슬람 금욕파 신자 압둘라로 위장하고 수에즈Suez를 건너 메카Mecca로 순례 여행을 떠난 리처드 버턴 경Sir Richard Burton이 있다. 그들의 순례와 당대 사회적·정치적·문화적 상황을 그들의 기록과 연계하면, 상이한 종교와 시대에서 사회구조와 커뮤니타스의 역동적 상호 의존성을 이해하는 훌륭한 단서를 얻을 수 있다. 그 기록은 우리에게 순례 집단의 활동과 사회적 삶, 순례의 경제학과 물류학, 상이한 중간 기착지의 상징적·사회적 상황, 순례 집단의 종교적·세속적 태도에 대해 많은 것을 알려준다.

내가 읽은 자료는 대부분 마을, 소도시, 거주지, 가족 등 지역적이고, 상대적으로 안정적이며, 구조화된 사회관계 체계에서 영위되는 사회적 삶과 순례 과정의 대립을 강조한다. 무작위로 예를 들면 C. K. 양Yang 박사는 《Religion in Chinese Society중국 사회의 종교》(1961, p. 89)에서 사후에 신격화된 마원馬援 장군(1세기)의 탄신제에 온 순례자들의 분위기를 다음과 같이 설명한다.

> 사흘 밤낮 이어진 감정적 흥분과 종교적 분위기, 특정한 도덕적 규범의 해제는 순례자들을 일시적으로 그들이 속한 소집단과 관습화되고 일상화된 삶에서 해방해, 그들을 존재의 또 다른 맥락, 다시 말해 더 커다란 공동체에서 유래하는 활동과 감정에 놓이게 하는 심리사회적 기능을 수행했다. 이런 분위기에서 지역민은 강력한 공동체 의식을 경험했다.

맬컴 엑스Malcolm X[1]는 《The Autobiography of Malcolm X맬컴 엑스의 자서전》(1966)에서 자신의 고정관념을 깨뜨린 메카 순례에 관한 경이로운 기록을 남겼다. 그는 "어딜 가나 사랑, 겸손, 진정한 형제애를 피부로 느낄 수 있었다"고 썼다.

> 당신은 내 말에 충격을 받을지 모른다. 그러나 메카 순례에서 내가 보

---

1 이슬람교를 신봉한 미국의 흑인 해방운동가(1925~1965).

고 경험한 것은 이전에 내 사고 패턴의 많은 부분을 재조정rearrange하
게 했고[이런 재조정은 전이liminal 경험의 일반적 특징이다], 예전의
내 결론을 내던지게 만들었다. 이슬람 세계에서 지낸 11일 동안 나는
같은 접시로 먹고, 같은 잔으로 마셨으며, 같은 침대나 양탄자 위에서
잤다. 내가 본 가장 푸른 눈동자, 가장 금빛 머리칼, 가장 흰 피부의
동료 이슬람교도와 동일한 신을 향해 기도하면서 말이다. 나는 '백인'
이슬람교도의 말과 행위에서 나이지리아, 수단, 가나의 흑인 아프리
카 이슬람교도의 그것과 동일한 독실함을 느꼈다. 우리는 정말로 한
형제였다. 한 신에 대한 믿음은 그들의 정신, 행동, 태도에서 '백인다
움White'을 없애버렸기 때문이다. [여기서 맬컴 엑스에게 '백인다움'
이란 권력, 권위, 위계, '구조'를 의미한다.] 나는 미국 백인이 신이
하나임을 수락한다면 현실 속의 인간 역시 하나임을 받아들이고, 피
부색의 '다름' 때문에 다른 이들을 평가하고 훼방하고 괴롭히는 일을
멈출 수 있으리라고 생각했다. (pp. 340~341)

이것은 순례의 커뮤니타스적 성격을 보여주는 여러 문헌 중 하
나다. 이제 나는 《의례의 과정》에서 처음 제안한 대로 커뮤니타스
의 세 유형을 구별하고자 한다. 그 구별이 순례 상황의 사회적 결
속의 특성을 고찰하는 데 중요하기 때문이다. 세 유형은 다음과 같
다. (1) 실존적existential 혹은 자발적spontaneous 커뮤니타스. 이는 인
간의 직접적 · 즉각적 · 총체적 만남에서 생겨나며, 이를 경험한 이
들은 인류를 동질적이며 비구조화된, 자유로운 공동체로 상상하는
경향이 있다. (2) 규범적normative 커뮤니타스. 최초의 실존적 커뮤

니타스는 시간의 영향, 집단 구성원의 생존과 번영에 필요한 자원을 동원·조직해야 할 필요성, 다양한 집단적 목표를 추구하는 구성원을 통제해야 할 필요성 때문에 오래 지속되는 사회 체계로 조직화된다. 하지만 이 커뮤니타스는 그 존재 이유가 본질적으로 실용주의적인 사회구조적 집단과 구별된다. 형제애와 우애라는 비실용주의적 경험에서 출발하기 때문이다. 그 후의 집단은 이 형제애와 우애를 종교적·윤리적 규범, 법적·정치적 규정이나 법령의 형태로 보존하려 한다. (3) 이념적ideological 커뮤니타스. 창시자가 실존적 커뮤니타스에 필요한 최적의 조건이라고 믿는, 다양한 유토피아적 모델이나 청사진으로서 커뮤니타스다.

나의 예비 조사에 따르면, 순례라는 전반적 상황은 실존적 커뮤니타스를 낳는다. 하지만 순례자들의 유대, 순례자와 그들의 성스러운 여정을 돕고 환대하는 이들의 유대에서는 규범적 커뮤니타스가 발견된다. 그 예로 1911년판 《The Catholic Encyclopedia 가톨릭 백과사전》의 '순례' 항목(비드 자렛Dom Bede Jarrett)을 살펴보자.

〔예루살렘, 로마, 산티아고데콤포스텔라 혹은 다른 순례지를 향한〕단기 개인 순례는 조직화된 공동 순례로 발전하기도 한다. 그러면 성직자들은 사전에 전체 루트를 준비하고 순례자들이 머물 도시를 선정한다. 순례자를 보호하기 위한 군대가 배치되고, 순례 루트를 따라 숙소가 설치된다. 예를 들어 헝가리의 스티븐Stephen 왕은 〔왕립 숙소(King's Peace)를 설치하고〕 순례 루트의 안전을 보장했는데, 그의 자비에 힘입어 수많은 귀족과 평민이 예루살렘으로 순례를

떠날 수 있었다. 〔연대기 작가 라울 글라베르Raoul Glaber에 따르면〕 이 신성한 여정은 점점 제도화되었으며, 시민법과 교회법에 따라 보호받았다. 〔궁극적으로〕 순례는 삶의 일부로 여겨졌다. (pp. 86~87)

이렇게 규범적 커뮤니타스가 확립되지만, 커뮤니타스적 정신은 여전히 규범에 살아 있으며 종종 다시 활성화된다. 힌두교 사례에서 데칸Deccan 지역, 푸나Poona 동남부, 판다르푸르Pandharpur[2]의 비토바 바아비Vithoba Bhave 성지로 향하는 대 마하라시트라Maharashtrian 순례를 살펴보자. G. A. 들러리Deleury는 《The Cult of Vithoba 비토바의 종교의식》(1960, p. 103)에서 '바카리Varkari(순례자)의 마음가짐'을 설명한다. 바카리는 비슈누Viṣṇu의 화신을 섬기는 힌두교 종파인데, 때로 그 화신은 비슈누와 시바Śiva가 합쳐진 형태(하리하라Harihara)가 되기도 한다.

바카리는 해마다 판다르푸르로 순례를 가야 하지만, 규칙을 따른다는 마음보다 오래 꿈꿔온 약속을 지킨다고 생각하면서 순례를 떠난다. 그래서 해마다 순례하지 않는 바카리도 아무 제재를 받지 않는다. 거기엔 문제 될 것이 없다. 바카리는 순례에 열중한 나머지 일부러 빠진다는 것은 상상할 수도 없다. 바카리 사이에는 이런 격언이 있다. 누군가 순례에 빠진다면 그는 죽었거나, 죽어가는 중이라고.

이들의 순례는 놀랄 만큼 자발적이다. 바카리는 기쁜 마음으로 순

---

2 인도 남서부의 도시.

례에 참여하며, 자발성을 방해하는 경직된 틀은 존재하지 않는다. 엄연한 조직이 있지만 이는 일률적 규율을 부과하기보다 순례자의 열정적 참여를 돕기 위해 존재한다. 예를 들어 순례에 참여한 사람 사이에서는 위계가 없으며 지도자도 없다. 성직자, 사제, 서기, 신자 사이에 구별이 없다. 모든 순례자는 동등하며, 어떤 사람에게 권위가 존재한다면 직함 때문이 아니라 추종자들이 '구루guru'로 인정하는 몇몇 순례자의 영적이고 인격적인 힘 때문이다.

하지만 순례 여정에서 계급 구분은 완화된 형태나마 발견된다. 정해진 시기에 순례에 참여하는 수많은 이들의 연령, 성별, 출신 지역, 집과 성지의 먼 거리 때문에 일정한 조직과 규율이 필요하다. 완벽하게 무정부주의적인 커뮤니타스는 존재하지 않는다. 순례는 사회체계로서 정주와 여행, 속된 것과 성스러운 것, 사회구조와 규범적 커뮤니타스라는 대립 항을 갖춘 종교적 신앙 체계에 근거한다. 그 커뮤니타스는 베르그송이 말한 열린 도덕성을 추구하며, 그것을 성취했다고 자찬하기도 하지만 특수한 종교적 관점에서 유래한 문화적 한계를 뛰어넘지는 못한다. 한쪽 극에는 마을, 소도시, 도시, 그 외 다양한 장field 속의 일상과 정주하는 삶이 있다. 다른 쪽 극에는 수많은 길과 언덕을 가로지르는 희귀한 방랑의 경험인 순례가 있다. 곧 살펴보겠지만 이런 순례 체계가 발전할 수 있는 최적의 조건은 농업 중심 사회다. 다시 말해 상당한 수공업적 직능 분화, 세습적이거나 봉건제적인 정치체제, 도시와 농촌의 차이는 뚜렷하지만 현대적 산업은 그리 발전하지 않은 사회다. 오늘날 국제 뉴스를 보면 어느 때보다 많은 사람들이 순례 성지를 방문한다. 그러나 현대의 순례는 중세 유럽이나 아시아처럼 더 큰 사회 문화적 체계로 통합되지 못한다. 나는 지금처럼 제도화된 여러 사회적 형식과 사고 양식이 의문에 부쳐진 역사적 전이기에는 전통적으로 규범적 커뮤니타스와 결부된 많은 문화적 형식이 재활성화되리라고 추측할 뿐이다. 오늘날에는 사회적 에너지가 전前관료주의적·관료주의적 사회구조에서 회수되어 다양한 커뮤니타스 양식에 투입된다. 실존적 커뮤니타스가 새로 등장하기도 한다. 하지만 그 주창자들이 커뮤니타스의 오랜 존속을 바라면서 그것의 지속성을 보장해줄 상징을 찾을 때, 대개 그것을 과거 커뮤니타스 집단의 문화적 레퍼토리에서 취해 글이나 다른 상징적 부호로 현시대에 유통시킨다. 이렇게 새 커뮤니타스와 전통적 커뮤니타스 형식이 영향을 주고받는다. 어떤 경우에는 오랫동안 약화·경시된 전통적 커뮤니타스 형식이 부활하기도 한다. 이 주제에 관해서는 오늘날 유명한 순례 성지에 대한 심도 있는 연구를 통한 논의가 필요하다. 분명 세계 인구 증가, 통신체계 발전, 현대적 교통수단 확산, 대중매체가 여행에 미친 영향 등으로 성지 방문객의 숫자는 증가했을 것이다. 그들은 대부분 순례자라기보다 관광객으로 간주되어야겠지만. 멕시코에서 내가 참여 관찰한 내용과 아래 제시할 자료에 따르면, 물병자리 시대Age of Aquarius[3]에 나타난 (비교秘敎나 비술을 포함해) 전이적이고 전위적인 다양한 종교적 숭배 형식처럼

---

3   1960년대에 시작해서 2000년간 지속된다는 새로운 자유의 시대.

순례도 중요한 사회현상으로 다시 부각되는 추세다. 로마제국 말기나 중세 말처럼 과거에도 급격한 사회적 해체나 변동이 일어난 시기에 순례가 큰 인기를 얻었다.

이제 다양한 자료에서 발췌한 순례의 여러 정의를 살펴보면서 순례 현상의 성격을 이해해보자. 순례라는 종교 양식을 갖춘 여러 종교의 신자, 순례자, 종교사학자를 포함한 역사학자가 제시한 그 정의는 사회 문화적 현상으로서 순례의 특성과 기능, 종교가 다르거나 종교가 없는 이들이 순례자에게 보인 태도를 이해하는 데 도움을 준다. 옥스퍼드 영어사전은 순례자를 '종교적 신앙 행위로서 성지 여행을 수행하는 사람', 순례를 '순례자의 여정'으로 풀이한다. 여기서 신성한sacred은 '신을 위해 축성祝聖되거나 귀히 여겨진' '특정한 인물이나 목적을 위해 바쳐지거나, 준비되거나, 이용되는' '종교 조직에 의해 성스러워진' '소중한'으로 풀이된다. 주요 종교를 연구하는 학자들의 정의는 그보다 구체적이다. 예를 들어《The Jewish Encyclopedia유대교도 백과사전》(1964)의 정의를 보자.

순례는 서약을 실천하거나 특정한 신적 은총을 얻으려고 성지나 성소를 향해 떠나는 여행이다. 과거에 모든 이스라엘 남자는 1년에 세 번 성전Temple을 방문해야 했다(〈출애굽기〉 23:17, 〈신명기〉 16:16). 무교절, 칠칠절, 초막절[4] 가운데 한 시기에 예루살렘으로 가는 순례는 '레이야re'iyah(출현, 나타남)'라고 불렸다. 미슈나Mishnah〔유대교 족장인 랍비

---

4 유대인 선조들이 황야를 방랑하며 초막에서 생활한 것을 기념하는 가을 축제.

유다Judah가 간추려 편찬한 율법서]는 "미성년자, 여자, 눈먼 자, 절름발이, 노인, 몸이나 마음이 병든 자 외 모든 이들은 모습을 보여야(나타나야) 한다"고 규정한다. 여기서 미성년자는 어려서 아버지를 따라 예루살렘에 갈 수 없는 소년을 말한다. 여자나 어린 남자아이의 '나타남'은 의무가 아니지만, 다른 공식 집회에서 그랬듯이 보통 남편과 아버지를 따라 순례 길에 나섰다(〈신명기 31:12〉). (10권, p. 35)

고대 이스라엘의 순례에서 발견되는 의무성은 이슬람교에서도 발견된다. 《The Encyclopedia of Islam이슬람교 백과사전》(1966)에 실린 벤싱크Arent Jan Wensinck의 글에 따르면, 이슬람의 중요한 순례인 ('돌아가다, 원을 지어 가다'라는 뜻이 있는 고대 셈어 어간 h-dj에서 유래한 것으로 추측되는) 하지hadj는 "남녀 구별 없이 사춘기가 지나고 정신이 건전한 모든 이슬람교도에게 의무적으로 요구되는 여행이다. 순례에 필요한 재력이 있는 이는 적어도 일생에 한 번 〔이를 수행해야 한다〕"(p. 33).

서약을 실천하거나 은총을 얻기 위한 순례 개념은 '신의 탄생일 혹은 신과 관련된 다른 축일'에 대규모 종교적 집회를 연 중국 북부에서도 뚜렷이 발견된다(양, 1961, p. 86). 중국의 성지에서 행하는 신앙 행위는 크게 두 가지가 있다. 하나는 서원誓愿이고, 다른 하나는 환원还愿이다.

서원은 신 앞에 소원을 빌면서 맹세하는 행위다. 맹세는 소원이 이뤄졌을 때 다시 한 번 신을 찾아 숭배하고 공희를 바치겠다는 내용이다.

환원은 (치유든, 사업의 번영이든, 아들의 점지든) 첫 소원이 이뤄진 뒤 신에게 감사하는 의미로 바치는 숭배와 공희다. 사람들은 지난해 성취된 소원을 신에게 감사하거나, 이듬해를 위한 소원을 빌기도 한다. (양, 1961, p. 87)

의무로서 순례와 (라틴아메리카에서 '약속promesa'이라 부른) 서약을 수반하는 자발적 행위로서 순례를 더 논의해보자. 힌두교의 판다르푸르 순례, 고대 유대교 순례, 현대 이슬람 순례처럼 몇몇 종교에서는 순례의 의무성이 강조되지만, 다양한 범주 집단은 이 의무에서 면제된다. 예를 들어 모세의 율법에서는 여자와 어린이, 병든 자가 면제되고, 판다르푸르에서는 바카리(순례자)가 아닌 자, 이슬람에서는 남편이나 가까운 친척과 같이 여행할 수 없는 여자가 면제된다. 이슬람에서는 병, 노쇠, 순례 길의 치안 상태(전쟁이나 강도), 순례 비용, 순례자가 부재할 동안 가족을 부양할 자금 부족 등도 면제 사유가 된다. 순례 의무가 윤리적인 차원이고 그것을 어긴다고 따라오는 제재도 없지만, 순례가 의무일 때조차 자발적으로 행했다. '의무적인 것the obligatory'이 '하고 싶은 것the desirable'으로 여겨져야 했다. 버나드 루이스Bernard Lewis는 중세 이슬람교의 하지를 다음과 같이 설명한다.

이슬람 세계 각지에서 해마다 인종과 계급이 다양한 수많은 이슬람교도가 집을 떠나 긴 여행을 하며 신을 향한 공동 숭배에 참여한다. 이 여행은 고대와 중세에 흔한 집단적 이주와 달리 자발적이고 개인적이다. 순례는 개인적 결단에 따른 개인적 행위로, 개인에게 다방면의 의미 있는 경험을 선사한다. 하지는 탐험의 시대 이전에 자발적·개인적 이동을 부추긴 가장 중요한 동인이다. 하지는 순례자들이 떠나왔고, 여행 중에 거쳐 갔으며, 순례를 마치고 되돌아간 공동체에 매우 큰 영향을 미쳤음에 틀림없다. (《The Encyclopedia of Islam》, 1966, pp. 37~38)

기독교 순례는 처음에 자발적 측면을 강조했다. 팔레스타인Palestine이나 로마로 가는 신성한 여행이 의무를 넘어선 신앙 행위, 경건함을 빛내주는 후광이라 여겼다. 그러나 기독교에 참회 체계가 갖춰지면서 순례에도 강한 의무적 요소가 도입되었다. 이것이 권위적·법적 체계로 발전하자, 순례는 몇몇 범죄에 부과되는 처벌이 되었다. 비드 자렛이 썼듯이 "여행의 고충, 참회용 의복, 순례에 수반되는 구걸 행위 덕분에 순례는 진정한 속죄 행위가 되었다"(1911, p. 85).

따라서 의무로 순례를 시작해도 자발성이 끼어들고, 자발적으로 시작해도 의무가 개입되는 순간이 온다. 내가 보기에 이런 애매성은 부분적으로 순례라는 상황 자체의 리미널리티에서 유래한다. 순례란 구조화된 사회적 삶을 벗어나 순례자의 의무를 따르는 시기로, 구조화된 두 시기 사이에 있다. 그 애매성은 부분적으로 세습적이고 봉건제적인 사회질서에서 유래한다. 거기서 순례는 단일한 종교적 가치 체계 내 지역적·국제적 관계를 안정화하는 기능을 수행하는 것 같다. 봉건제적 사회질서는 상대적으로 안정적이긴 해도, 헨리 메인Sir Henry Maine이 언급했듯이(《Ancient Law 고대법》,

1861) 지위-기반 사회와 계약-기반 사회 사이의 역사적·논리적 과도기에 위치한다. 지위-기반 사회의 특징은 유럽의 고대법이나 부족사회의 법체계에서 찾아볼 수 있다. 거기서는 대다수 거래에 다음과 같은 특징이 있다(글럭먼Max Gluckman의 글에서 인용).

> (그 거래는) 상대적으로 낯선 이들이 재화와 서비스를 교환하는 일회성 거래가 아니다. 그 사회에서 인간은 토지나 다른 재산의 소유자로서, 위계적 정치집단이나 친족, 인척의 일원으로서 재화와 서비스를 교환한다. 사람들은 그들 사이에 존재하는 지위-관계 때문에 거래로 연결된다. 풍부한 의미가 담긴 메인의 설명을 들어보자. "고대법에서는 대인법과 대물법의 구분에 아무런 의미가 없다. 거기서 두 법체계에 속하는 법률은 불가분하게 얽혔다. 후대 법학자들이 위와 같이 구분한 것은 후대의 법률에 적용할 수 있을 뿐이다." 이런 사회에서는 대인법 혹은 지위라는 요소를 고려해야 대물법, 즉 재산법을 논의할 수 있다. 또 재산권의 소유 방식을 논함으로써 지위 법law of status을 논할 수 있다. (1965, pp. 48~49)

현대 산업사회에서는 보통 소유권에 여러 제약이 있다. 그 제약은 보통 자발적 계약 체결(임대, 담보대출, 저당 등), 상속에 대한 유언(유언에 따른 양도 역시 자발성을 수반한다), 사유지 설정이나 차량 면허 부여를 위한 법령과 규정을 통해 생겨난다. 부족사회와 전前봉건사회에서 이런 제약과 그에 상응하는 권리는 지위와 친족에서 유래하며, 사회구조와 훨씬 밀접하게 얽혔다. 중세에는 이슬람과 기독교 세계에서 사회적 · 경제적 삶이 다양해졌고, 자발성과 계약이라는 개념이 정립되었다. 봉건적 충성 서약도 일종의 계약이었다. 입회인 앞에서 다른 이의 봉신이나 소작인이 되겠으며, 군사적 보호와 신체적 안전을 보장받는 대신 여러 방식으로 그에게 봉사하겠다고 맹세한다. 이런 자발성은 빠르게 의무로 변했다. 첫 맹세 자체가 부분적으로 주인에 대한 충성 의무를 인정한 것이다. 게다가 그 무렵 봉신과 소작인의 지위는 세습되어 인류학자들이 생득지위ascribed(ascriptive) status라 부르는 것으로 변하는 경향이 있었다. 순례에서도 지위와 계약의 이런 긴장과 애매성, '자기 의무를 자발적으로 선택'하는 행위는 고귀하다는 개념 속에 양자를 화해시키려는 시도가 발견된다. 개인은 세습된 사회적 구속과 의무에서 잠시 거리를 둘 수 있었다. 그런 자유는 공동의 기반public platform을 구성할 수 있을 정도로 주어졌고, 개인은 말이나 행위를 통해 지배적인 종교적 · 정치적 · 경제적 질서에 충성하겠다고 인정해야 했다. 그런 계약에도 사회구조를 대단히 느슨하게 만들 수 있는 빈틈이 존재했다. 요컨대 순례란 지위가 우선되는 사회질서 한가운데 있는, 자발적 선택과 의무의 딜레마의 상징이라 할 수 있다.

방대한 의무 체계로 둘러싸이고 제도화된 중세의 순례는 영지, 마을, 도시의 세계보다 훨씬 수준 높은 자유, 자발적 선택, 자유의지, 무구조성을 띠었다. 순례는 양陽에 대한 음陰, 지역적 특수주의에 대한 세계시민주의, 구조에 대한 커뮤니타스의 성격을 띠었다. 이슬람교는 기독교보다 순례의 제도적 성격을 강조하는 경향이 있었는데, 그들은 커뮤니타스에 거의 만다라의 중심과 같은 역할을 부여했다. 지리적으로 그것은 메카의 중앙 신전인 카바Ka'bah의 검은 돌로 재현되었다. 그 돌은 리미널리티를 그 반대 것으로 바꾸는 역할을 했다. 중세 이슬람 순례hadj에 대한 버나드 루이스의 설명을 다시 인용해보자.

> 정부와 상인의 역할을 강화한 순례의 요구 사항은 멀리 떨어진 이슬람 고장의 커뮤니케이션 네트워크를 유지하는 데 도움을 주었다. 순례 경험은 풍부한 여행 문학을 낳았고, 먼 지역에 대한 정보를 주었으며, 더 큰 세계에 속한다는 예리한 자각을 낳았다. 이런 자각은 메카와 메디나Medina에서 치러진 공동 의례와 의식, 다른 고장과 민족 출신 동료 이슬람교도와 회합으로 강화되었다. 주요 순례 집단의 물리적 이동은 사회적·문화적 이동을 수반했고, 그에 상응한 제도의 발전을 낳았다. (1966, p. 37)

그는 다음으로 커뮤니타스/구조의 시각에서 흥미로운 비교를 제시한다. 한편에는 상대적으로 좁은 서구 기독교 세계에서 발전한 견고한 위계 사회와 뚜렷한 지역적 전통이 있다. 다른 한편에는 중세 이슬람의 상황이 있다.

> 이슬람 세계에도 종종 활기찬 지역적 전통이 있었다. 무엇보다 거기에는 중세 서양에는 존재하지 않은 도시의 (가치, 기준, 사회적 풍습의) 상당한 유대가 존재했다. 라시드 알 딘Rashid al-Din은 "프랑크족Frank은 25개 언어를 말하는데, 어떤 부족도 다른 부족의 언어를 이해

하지 못한다"고 썼다. 이는 주요 언어 2~3개가 소수 성직자 계급의 언어이자 보편적 의사소통의 효율적 수단으로, 대다수 방언 대신 쓰인 이슬람 세계의 언어 상황에 익숙한 이의 자연스러운 평가다. 순례란 이슬람 세계에서 문화적 통합과 사회적 유동을 가능하게 한 유일한 요소는 아니지만, 가장 중요한 요소였을 것이다. (p. 37)

기독교 순례는 이슬람 순례처럼 규모가 방대하진 않았다. 그러나 중세의 봉건적 지역주의와 경제적·정치적 분권화 속에서, 순례가 아니라면 접촉하지 못했을 수많은 남녀의 사회적 삶을 일정 수준까지 연결해주었다. 스페인 북서부의 산티아고데콤포스텔라 같은 주요 순례지는 유럽 전역에서 엄청난 순례자를 끌어들였다. 특정 성지가 영향력을 발휘해 순례자를 끌어모으는 지리적 영역을 '집수 구역catchment area'에 비유한다면, 유럽 주요 성지의 집수 구역은 메카의 그것보다 훨씬 좁았다. 유럽은 유명한 지역 성지와 개별 민족 성지의 땅이다. 이보르 다우스Ivor Dowse가 쓴 《The Pilgrim Shrines of England영국의 순례 성지》(1963)에 따르면, 중세 영국에 유명한 성지가 최소 74개 있었다. 종교개혁 이전에 스코틀랜드에도 32개 성지가 있었다(다우스, 《The Pilgrim Shrines of Scotland 스코틀랜드의 순례 성지》, 1964). 그 무렵 다양한 순례 성지 사이에 위계가 생기기 시작했다. 영국에서는 캔터베리와 월싱엄Walsingham이 처음으로 전국적 순례지가 되었고, 그 뒤 치체스터(성 리처드 St. Richard), 더럼Durham(성 오스월드St. Oswald, 성 커스버트St. Cuthbert, 성 베데St. Bede), 에드먼즈베리Edmundsbury(왕이자 순교자 성 에드먼드

St. Edmund) 같은 순례지가 유명했다. 그 아래 지역 순례지인 노퍽 Norfolk의 보버러Bawburgh(성 월스턴St. Walstan), 링컨셔Lincolnshire의 셈 프링햄Sempringham(성 길버트St. Gilbert), 요크(성 윌리엄St. William), 노섬 벌랜드Northumberland의 린디스판Lindisfarne(성 에이단St. Aidan) 등이 있 었는데, 이들은 지금도 중요한 성지로 남았다.

비슷한 패턴이 현대 멕시코에서도 발견된다. 거기에도 전국적·지역적·소지역구나 마을 차원의 성지가 있다. 멕시코에서도 중세 유럽처럼 스페인 정복 이후 문화와 언어, 인종이 같고 종종 경제적으로 상호 의존하는 지역이 단일한 정치 단위이자 '집수 구역'이 되었다. 그러나 커뮤니타스적 정신은 언제나 보편성과 더 큰 통일성을 지향하기 때문에 집수 구역은 종종 정치적 경계를 넘어 확장되었다. 국가 차원에서는 순례가 기독교 국가의 국제적 공동체 유지에 기여했다. 예를 들어 프랑스와 스페인, 네덜란드인은 캔터베리 베켓 대주교의 성지를 방문했다. 로버트 밀번Robert Leslie Pollington Milburn은 다음과 같이 쓴다.

성 야고보 성지로 항해하는 이들은
온갖 악취를 풍겼네

옛 노래는 이렇게 전한다. 이는 중세 영국인이 유명한 산티아고데콤 포스텔라의 성 야고보St. Jacobus 성지에 가려고 북적대는 배에서 엄청 난 불편을 견뎠음을 보여준다. 순례자들은 성 야고보가 성화聖化한 그 성당에 도착해서야 육체와 영혼의 위안을 얻었을 것이다. (1963, p. 9)

산티아고데콤포스텔라 같은 범汎유럽적 순례 성지가 상징하듯이, 유럽에서도 이슬람 세계처럼 종교적 통합성을 향한 경향성이 존재했다. 당시 대규모 순례의 분위기와 사람들이 경험한 감정은 다음 글에 잘 드러난다. 이는 레이몽 우르셀Raymond Oursel이 쓴 《Les Pèlerins du Moyen Age 중세의 순례자들》 일부를 시구 형태로 번역한 것이다.

콤포스텔라에 도착하다

오랫동안 찾아 헤맨 그 영광
저녁 순례 길에서 마주쳤네.
수고로운 길이여 안녕, 작별의 향기를 느끼면서.

문장紋章으로 장식된
돛 올린 범선처럼 거대하고 고결한 성지여.
그 안으로 사람들은 들어갔네, 믿음을 품고

성당 속 그늘은 읊조리는 말로 가득했네.
선잠에 취한 거대한 범선이
꿈의 신비 속에서 나른하게 졸듯이

사람들은 기둥을 가로질러 걸어갔네.
제단과 제단을 지나,

아무 생각 없이, 조심스럽게, 연약해진 채로,
나아가고 나아갔네,
오래된 순례 모자의 딱딱한 주름을 만지면서

부끄러움을 느끼며
더럽고
앙상하고, 경직된 채
가난을 느끼며

모든 영광과 함께 자애로이 선
위대한 성자 앞에서

그들은 발걸음을 죽였네.
회중석이 무한한 천국처럼 높아지고
모두 숨을 쉴 수 없었네.

개에 놀란 새 떼처럼 밀려들었네.
겁에 질려, 사로잡힌 채, 서로 밀치면서

둘
셋
넷
열

백

천

셀 수 없는 신도!

모든 기독교 국가가 하나 된 듯

반석으로 된 길 위를

한 몸으로 나아갔네.

사랑과 서약의 장소를 향해

대성당은 성소의 모든 고독 위로

벨벳 망토와 밤을 선사했네.

아이를 덮어주는 어머니처럼

성당은 모든 용서받은 아이들을 감싸 안았네.

빛나는 영광의 고리 안에서.

순례자들의 지친 마음에

왕좌와 충만한 은총을 선사하고

그들을 부드러운 허밍으로 다정하게 흔들었네.

(1963, p. 94, 에디스 터너Edith Turner 번역)

　순례의 다른 측면은 신성한 여행에 대한 불교 개념에서도 드러
난다. 불교도의 순례는 처음에 힌두교 전통에서 유래한 것 같다.
순례를 의미하는 산스크리트어(프라브라주야pravrajya, '출발' '세상에서
물러남'을 뜻한다)의 팔리어(파밧짜pabbajja) 형태가 불교도 최고 승려

236

직으로 입문이나 '서임'을 의미하는 용어로 쓰였다는 점이 흥미롭다. 불교와 힌두교의 몇몇 성자는 중세 유럽의 성지순례자들처럼 평생을 순례지 방문에 바쳤다. 여기서 나는 순례에 통과의례적 성격, 더 나아가 입사 의례적 성격까지 있다고 주장하려 한다.

나는 순례가 부족사회의 주요 성인식 의례를 역사적으로 계승한, 제도화된 상징적 반구조(어쩌면 메타구조)의 한 형식이라고 생각한다. 이는 세습적인 봉건 체계에서 발현된 체계화된 반구조로, 구조적 의무성에서 완전히 자유로울 수는 없어도 자발적인 것이다. 순례에서 전이기limen는 성인식의 그것보다 훨씬 길며(최고 성지로 가는 여행은 여러 달이나 여러 해가 걸린다는 의미에서), 새로운 세속적 리미널리티와 커뮤니타스를 만들어낸다. 순례와 축제, 방대한 시장 체계의 연관성은 이 장 후반부에서 논의할 것이다. 순례는 문학에도 영향을 미쳤다. 초서Geoffrey Chaucer의 《캔터베리 이야기 The Canterbury Tales》, 버니언John Bunyan의 《천로역정The Pilgrim's Progress》, 키플링Joseph Rudyard Kipling의 《킴Kim》처럼 순례 테마를 직접 차용한 작품뿐만 아니라, 남녀 영웅이 긴 여정을 떠나 자신이 '구조' 밖으로 이탈했음을 발견하는 수많은 '탐색' 혹은 '여로 찾기 이야기'에서도 그 영향이 감지된다. 최근 사례로는 D. H. 로렌스David Herbert Lawrence, 조지프 콘래드Joseph Conrad, 패트릭 화이트Patrick White가 이 장르의 소설을 썼다. 심지어 《2001 스페이스 오디세이2001 : A SPACE ODYSSEY》[5]에서도 순례적 성격이 발견된다. 이 작품에서 외행성 중

---

5 아서 클라크(Arthur Charles Clarke)가 1968년 발표한 공상과학소설.

가장 큰 목성 근처의 우주 공간에 메카와 비슷한 '검은 돌'이 존재한다.

순례자가 고향의 '구조'에서 멀어지며 그는 한층 신성화되고 세속화된다. 여행이 계속되면 그는 더 많은 성소와 성물을 접하지만, 강도나 도둑 같은 실질적인 위험에도 노출된다. 그는 살아남기 위해 신경을 곤두세워야 하고, 이동에 필요한 경비를 조달해야 한다. 그는 순례 여정의 막바지에 여러 시장, 축제와 맞닥뜨린다. 성지 근처에는 늘 대규모 시장과 흥겨운 축제 마당이 벌어지기 때문이다. 이 모든 사건은 순례자가 고향에서 안 어떤 것보다 계약적이고, 집단적이며, 자유의지로 충만하다. 또 신선하고 기대하지 못한 것, 세속적 형제애와 동료 의식, 신성한 교감으로 이뤄진 커뮤니타스의 가능성으로 가득하다. 그때는 세계가 더 큰 장소로 변한다. 그는 부족사회나 자본주의사회보다 훨씬 범세계주의적이고 더 지역적인 중세의 역설을 온몸으로 경험하는 것이다.

몇몇 아프리카 사회의 지형도topography, 다시 말해 지도 위의 문화적 영역에서 유래한 의례적 특성의 지리적 분포는 본 연구에서 중요하다. 나의 방법론은 여러 면에서 뒤르켐적이다. 나는 연구에서 사회적 사실, 순례와 연관된 사상과 가치, 물질적 표현물 같은 집합표상을 사물thing처럼 다뤘다. 물리학자가 물리적 세계를 아직 비밀이 밝혀지지 않았지만 언젠가 파악할 수 있는 현실로 여기듯이, 사회학자나 사회인류학자도 사회와 문화 현상을 비슷한 태도로 접근해야 한다. 그는 탐구를 시작할 때 사회적 사실에 대한 개인적 감정이나 판단은 보류하고 관찰에 의존해야 한다. 어떤 경우에는 그것에 대해 논하기 전에 실험할 필요도 있다. 뒤르켐이 말했 듯이 사물이란 관찰자에게 그것 자신을 각인하는impose 모든 것을 말한다. 어떤 현상을 사물로 다룬다는 것은 탐구하는 주체와 독립 된 자료로 다룬다는 것이다. 관찰자는 사회적 사물을 알기 위해서 최소한 처음에는 성찰introspection에 의지할 수 없다. 그는 자기 내 면의 탐구를 통해 그 사물의 본성과 기원을 파악할 수 없다. 먼저 그는 자기 밖으로 나가야 하며, 객관적 관찰을 통해 사물을 파악해 야 한다. 나는 인구학적 · 생태학적 · 지형학적 사실을 수집하고 분 석한 뒤에는 뒤르켐의 방법론을 넘어서야 한다고 생각한다. 즈나 니에츠키가 그랬듯이 추상적인 규칙, 지각, 규범, 신념뿐만 아니 라 행위자의 견해를 말해주는 개인적 서류, 특정 현상에 대한 그들 의 설명과 해석에도 주의해야 한다고 본다. 이런 자료는 또 다른 사회적 사실의 집합을 구성한다. 참여자로서 관찰자의 개인적 감 정과 생각도 마찬가지다.

몇몇 인류학자는 특정 사회의 의례적 지형도ritual topography(전통 적 성지의 공간적 분포)가 정치적 지형도와 겹치거나 반대로 상충된 다고 지적했다. 예를 들어 에번스프리처드Edward Evan Evans-Pritchard 는 수단의 실루크Shilluk 사회 연구에서 지역적 의례 체계가 왕의 장 례식이나 임관식 같은 국가적 통과의례에서 어떻게 가시화되며 그 것들과 연관되는지 보여주었다. 그 사회의 의례 영역과 장소가 국 가나 지방정부, 주 정부의 수도나 귀족 계층이 통치하는 마을 같 은 정치 중심지, 정치적 영토의 경계와 정확히 일치하지는 않는다 (《The Divine Kingship of the Shilluk of the Nilotic Sudan수단, 실루크족의 신성한 왕권에 대하여》, 1948, pp. 23~24). 메이어 포티스Meyer Fortes는 한 발 더 나아가 《The Dynamics of Clanship among the Tallensi탈렌시족의 씨족 관계》(1945, p. 109)에서, 여러 세대 인류학도에게 너무나 익숙해진 중첩된 투명 다이어그램을 활용해 정치적·의례적 상황에서 탈레Tale 씨족이 어떻게 상이한 방식으로 결속되는지 보여준다. 대지의 성소earth shrine는 주거 구역 바깥에 세워지며, 씨족 조상 성소ancestral shrine는 주거 구역 안에 위치한다는 점도 언급했다. 의례적 장ritual field 내 몇몇 성소는 비非탈레족의 순례지가 되었는데, 서아프리카 연안 지역에서 수백 마일을 여행해 그곳을 찾는 이도 매우 많았다. 가베트George Kingsley Garbett 역시 겔판트Gelfand와 아브람스Abrams처럼 로디지아Rhodesia[6]에 위치한 비교적 독립적인 쇼나Shona 추장국의 경계에 주목했다. 그는 모노마타파Monomatapa 왕가[7] 옛 추장들의 말을 전해주던 영매들 사이에 여전히 결속이 존재함을 밝혔다(《Religious Aspects of Political Succession among the Valley Korekore코레코레 계곡 지역의 정치적 계승과 관련된 종교적 측면〉, 1963). 이런 의례적 유대 체계—영국 식민 지배에 대항한 쇼나족 반란에서 공통의 저항을 위해 부분적으로 되살아났기 때문에 하나의 체계system라 부를 만하다—가 테렌스 렌저Terence Ranger나 J. 다닐스Daneels 같은 학자들이 주장하듯이 그 자체로 한때 성공적으로 작동한 정치 체계의 약화된 버전이자 상징적 계승자였는지는 확실

---

6 아프리카 남부의 옛 영국 식민지. 현재는 잠비아와 짐바브웨로 분리되었다.
7 1430년부터 1760년까지 아프리카 남부에 있던 옛 왕국.

치 않다. 그럼에도 그 체계는 탈레족의 대지 숭배나 보아르Boyar 숭배처럼 "공통의 이해관계와 가치"의 상징(포티스, 1945, p. 81)으로 계속 작동했다. 대지의 성소는 외부에서 들어온 나무족Namoo이 아니라 그 지역 토착민인 탈레족과 동일시되었다. 예를 더 들지 않겠지만, 나는 여러 서아프리카와 중앙아프리카 사회에서 조상숭배와 대지 숭배, 외부 정복자 출신 정치적 리더가 거행하는 정치적 의례와 토착민 사제가 주관하는 풍요 의례에 뚜렷한 차이가 있음을 지적하고 싶다. 이 상반되는 의례는 다른 지역에 위치한 다른 성소에서 거행된다. 각각의 의례 영역은 위계적으로 구조화되거나, 구조화되지 않은 상태로 중첩·침투되기도 했다. 이 복잡한 상황을 단순하게 요약하면 조상숭배와 정치적 의례, 그것의 지역적 상징은 상이한 정치집단 안팎에서 발견되는 중요한 권력 분할과 계급 구별 양상을 그대로 반영하는 경향이 있었다. 하지만 대지 숭배와 풍요 의례는 상이한 정치집단의 의례적 결속을 재현하며, 탈렌시족은 범위가 더 넓은 유대를 지향하는 경향이 있었다. 다시 말해 전자는 배타성을, 후자는 포괄성을 강조했다. 전자가 이기적이고 영역 집착적인 이해관계와 집단의 갈등을 강조한다면, 후자는 사심없음과 공동의 가치를 강조했다. 첫째 유형의 아프리카 의례 연구에서 우리는 종족 분할, 씨족 역사, 파벌 갈등, 마술witchcraft 같은 주제를 자주 만난다. 둘째 유형의 의례 연구에서는 공동의 이상과 가치에 주목하며, 특정한 불운을 논할 때도 개인이나 파벌 집단의 과실보다 모든 이의 죄의식과 책임을 강조한다. 예를 들어 서아프리카 여러 지역에서는 살인 사건이 일어났을 때 대지의 사제가 대지 전체를 정화하는 의례를 행한다.

공동선과 포괄성을 강조하는 둘째 유형의 의례는 기독교, 유대교, 불교, 이슬람교, 유교, 힌두교 등 이른바 '역사적인' '고등한' '보편적' 종교에서 두드러진다. 그 의례가 어떤 의미에서든 첫째 유형의 의례와 지역적으로 결속된 종교적 집회를 대체할 수 없더라도 말이다. 게다가 그 종교에서는 개인의 책임이 국지적인 규범 체계 아래 직계친족과 이웃을 넘어, 전 세계 인간 '형제'와 '이웃'으로 확대된다. 그들 모두 '사랑'의 대상이 되는 것이다. 이런 변화에도 배타성이 지배하는 문화영역과 포괄성이 지배하는 문화영역의 뚜렷한 구별은 여전히 남았다. 전자는 지형적·지리적으로 지역 성지를 기반으로 한 종교 활동에서 표현된다. 그 성지는 일정한 경계가 있는 사회적 장의 일부이며, 위계적·분절적인 정치−의례적 구조 내 개별 단위라 할 수 있는 교회, 시너고그, 사찰, 모스크, 집회소에 있다. 그렇다면 대규모 복잡 사회와 보편 종교에서 포괄적이고, 사심 없으며, 박애로 가득한 영역은 어디 있는가? 간단히 말해 그것은 그 종교의 순례 체계에 있다. 이 의문이 처음 떠오른 것은 멕시코를 방문했을 때, 멕시코 전역에서 수많은 순례자들이 중요한 축제일(몇몇 성지는 매일)에 유명 순례 성지를 방문한다는 사실을 관찰하고 나서다. 멕시코시티 인근 과달루페 시나 멕시코시티에서 약 110킬로미터 떨어진 찰마Chalma, 과나후아토 주의 아캄바로Acámbaro, 치유의 성모 성지가 있는 멕시코시티 인근의 나우칼판Naucálpan 등이 그런 순례지다. 주요 축제 기간 동안 수만 명이 다양한 성지를 방문했다. 순례자는 도보, 말, 당나귀, 자동차, 기차, 비행기 등 다양한 교통수단을 이용했는데, 오늘날에는 거의 버스와 승용차를 이용한다. 그들은 개인이나 가족 단위로 오기도 하고, 공장이나 은행, 각종 정부 기관, 학교, 교구, 회사 직원들이 단체로 오기도 한다. 특히 멕시코의 수호 성모라 할 수 있는(현재는 아메리카의 수호 성모이기도 한) 과달루페 성모 성지에는 모든 라틴아메리카에서 순례자가 찾아온다. 그 외에 미국, 캐나다 심지어 유럽과 인도, 필리핀, 기타 아시아 지역에서도 순례자가 모여든다. 인파는 엄숙함은 물론 축제와 거래를 위해서도 모여든다. 모든 순례 성지에서는 눈부신 깃털 장식을 단 전통 공연단의 춤 공연이 펼쳐졌다. 종종 로데오, 투우, 대관람차와 회전목마를 이용한 축제 마당도 열렸다. 수많은 가판대와 천막이 설치되어 성화聖畵나 종교 용품부터 과자, 음식, 의복, 가정용품까지 거의 모든 물건을 구할 수 있었다. 각기 다른 공간에서 순례자의 성찬식, 시장 거래, 축제가 한꺼번에 행해진 것이다.

인류학자에게는 사회적인 어떤 것도 낯설지 않고, 여기에 대단히 흥미롭고 중요한 사회현상이 있다. 나는 라틴아메리카뿐 아니라 세계 여러 지역에서 행해진 순례에 대한 인류학적 문헌을 찾아 헤맸지만 큰 수확은 없었다. 현대 신학과 종교학 문헌에서 자료를 약간 수집했을 뿐이다. 순례는 현존하는 대규모 대중적 사회과정이다. 전 세계 수백만 명이 며칠이나 몇 달에 걸쳐 여행하기 때문에 인구학적으로 대규모 노동 이주에 비견할 만하고, 풍부한 상징성과 복잡한 조직이 있다. 그런데도 치열하게 경쟁하는 정통 사회과학과 종교학은 종종 이 현상을 거의 다루지 않는다. 그 이유가 무엇일까? 인류학의 경우, 몇 가지 이유를 생각해볼 수 있다. 인류학은 최근까지 국가적·국제적 패턴이나 과정보다 대단히 지역적·고정적이며, 국소적인 '구조'와 '패턴'의 추출과 분석에 집중했다. 또 종교나 의례, 은유, 신화보다 친족, 법, 정치, 경제 등을 지나치게 강조했다. 상징학symbolics보다 실용학pragmatics에 집착한 것이다. 그 외에 종교적 지도자는 순례에 대한 양가적 감정 때문에 언급을 꺼렸다. 그들은 한편으로 순례자를 경건하고 칭찬할 만한 이들로 여겼지만, 다른 한편으로 미개하고 무식한 민중 특유의 미신과 고대 이교도의 표식을 간직한 의심쩍은 이들로 여긴 것 같다. 대규모로 행해지긴 했어도 순례에서는 로버트 레드필드Robert Redfield가 명명한 '작은 전통'의 특징이 '큰 전통'의 대표자에 의해 신학적·의례적·경제적으로 제어된 것이다.[8]

과거에는 상황이 항상 그렇지는 않았던 것 같다. 특히 고딕건축이 부흥한 중세는 "하늘 높이 솟은 순례 교회와 대성당의 시대가 경제적 측면에서는 엄청난 축제의 시대"(오토 폰 짐존Otto von Simson, 《The Gothic Cathedral고딕 대성당》, 1962, p. 164)였으며, "교회 자체가 시장과 축제를 후원했고 이를 귀중한 수입원으로 정성 들여 보호"(p. 165)했기 때문이다. 멕시코에서는 순례 성지와 연관된 교구 사

---

8 레드필드에 따르면 "인류학 연구는 맥락적이다. 그것은 신성한 주제나 이야기적 요소, 스승, 의례, 초자연적 존재 등 큰 전통의 몇몇 요소를 인류학자들이 관찰하는 일상의 맥락에서 보통 사람의 삶과 연관시킨다"(1956). 20세기 초·중반 인류학자들은 고립되고 외딴 소규모 사회 연구에 몰두했지만, 2차 세계대전 이후 국가와 국제 관계, 종교 문화권처럼 소규모 사회를 에워싼 더 큰 맥락을 고려할 필요성을 느꼈다. 이것이 레드필드의 '작은 전통'과 '큰 전통' 논의의 요지다.

제들과 성직자들이 해당 성인에 대한 신앙심 고취를 위해 노력하지만, 19세기 중반 이후 시장과 축제의 관리권을 상실했다. 이제는 지방정부가 이를 장악하기 때문이다. 중세 가톨릭교회는 교회의 이미지와 사상을 현대화하려고 노력하는 오늘날의 교회보다 민중의 전통에 관대했다. 순례에 대한 근대적 반감을 조장하는 데 가장 크게 기여한 인물은 에라스뮈스Desiderius Erasmus가 아니라 칼뱅Jean Calvin인 것 같다. 그는 순례가 '누구의 구원에도 도움이 되지 않는다'고 생각했다. 트렌토Trento 공의회가 미약하게나마 "성인을 기리는 장소를 방문하는 일이 헛된 것은 아니"라고 선언했음에도, 칼뱅주의적 프로테스탄트 윤리가 북유럽과 북아메리카에서는 승리한 것 같다. 칼뱅과 청교도주의자에게 순례는 시간과 에너지를 낭비하는 장거리 여행이었다. 그들은 그 시간에 신이 개인에게 소명을 부여한 자리에서, 절약하고 근면하는 '순수한' 삶의 방식을 통해 자신이 '구원'되었음을 입증해야 한다고 생각했다. 이는 고대 인도 문헌에 나오는 시크교Sikhism 최초의 구루 나나크Nanak가 어째서 메카 쪽을 향해 기도하지 않느냐고 묻는 이슬람교도에게 건넨 대답과도 상통하는 데가 있다. "신이 거하지 않는 곳은 없으니까."

　순례를 더 깊이 연구할 때쯤, 나는 순례가 특정 장소로 갔다가 돌아오는 여행을 수반하는 과정의 네트워크를 이루고 있음을 알았다. 그 장소는 신적이거나 초자연적인 힘이 현현한 곳으로, 종교학자 엘리아데Mircea Eliade는 이런 신의 현현을 '테오파니theophany'라고 불렀다. 멕시코에서 가장 전형적인 현현은 예수, 성모마리아, 그외 성인의 이미지나 도상화가 불러일으킨 기적이다. 멕시코 순례 신앙에서 가장 신성한 대상은 성인의 유물이 아니라 이미지다. 이는 유럽과 다른 점인데 아마 유럽의 주요 종교 중심지(특히 순례 성지)가 성인의 유물을 시각적으로 독점했고, 그런 유물을 대서양 너머로 운반하기 힘들었다는 점과 관련이 있을 것이다. 여기에는 콜럼버스 이전 멕시코 문명의 영향도 있는 듯하다. 마야, 아스텍, 타라스칸 문명은 그들의 신을 생생한 모형과 회화로 만들어 그 효험을 믿었기 때문이다. 인간이 만든 입상과 회화보다 직접적인 현현은 유명한 황색 과달루페 성모의 사례에서 드러난다. 이 성모는 코르테스가 멕시코를 정복하고 10년 뒤, 자신을 동정녀로 소개하며 아스텍 평민 후안 디에고 앞에 나타났다고 알려졌다. 그녀는 후안 디에고가 입은 용설란 섬유로 짠 거친 외투에 자신의 이미지(메스티소 여성의 형상)를 선명하게 남겼다. 기적을 일으키는 그 성상화는 여전히 모든 멕시코 가톨릭교도가 경외하는 대상이다. 평균 1만 5000명에 이르는 순례자와 여행객이 매일 테페야크 성당의 높은 제단 위, 유리로 된 장에 전시된 그녀의 이미지를 보려고 그곳을 찾는다. 한편 오코틀란Ocotlán 성모의 입상 원본을 제외한 다른 성모 이미지는 대부분 인간이 그린 것으로 알려졌다. 그것 역시 기적적 효험이 있다고 여겨지긴 해도 말이다. 과달루페와 오코틀란 성모는 스페인이 멕시코를 정복한 직후, 코르테스의 정복자들과 깊이 연루된 두 민족과 관련이 있다. 과달루페 성모는 아스텍인과, 오코틀란 성모는 아스텍인의 적이자 코르테스의 동맹인 틀락스칼라Tlaxcala인과 연관되었다.

멕시코와 유럽의 순례 루트와 여로는 닮은 점이 있다. 그것은 서로 다른 방향에서 시작되어 순례 중심지 한 곳으로 수렴되거나, 서로 다른 성지를 향해 교차하면서 종횡무진 뻗어간다. 산티아고데 콤포스텔라 성지로 가는 순례 루트를 다룬 월터 스타키Walter Starkie 의 《The Road to Santiago 산티아고로 가는 길》(1965), 프란시스 와트Francis Watt의 《Canterbury Pilgrims and Their Ways 캔터베리 순례 자들과 그들의 여로》(1917)는 풍부한 자료로 이 점을 잘 보여준다. 게다가 멕시코에는 유럽의 여러 지역이 그렇듯이, 소도시나 도시 에 종교 조합이나 신도회hermandades가 있다. 그 단체의 연례행사 중에는 각 도시의 수호성인을 모시는 성지로 떠나는 순례가 포함 된다. 예를 들어 누티니Hugo G. Nutini(1968)는 틀락스칼라 주 산 베르 나디노 콘틀라San Bernardino Contla 시(인구 1만 589명) 10개 하부 행정 구역에 40개 종교 조직이 있었음을 보여준다. 그 신도회는 해마다 콘틀라에서 서로 다른 방향으로, 다양한 거리만큼 떨어진 17개 성 지로 떠나는 순례를 조직했다. 상황은 멕시코 전역에서도 마찬가 지인 듯하다. 각 도시의 많은 사람은 동일한 수호성인을 숭배하는 다른 도시 신도회 멤버들과 연결되었다. 그 신자들은 주기적으로 수호성인의 축제일에 만났다. 각 지역 신도회나 자매회는 주요 미 사 때 자신들의 깃발을 들고 왔다. 그 엄숙한 만남은 장터와 축제 에서 허물없는 친교로 이어졌다. 신도회뿐 아니라 다른 많은 집단 과 개인도 순례자로 오거나 순례자를 돕기 위해 찾아왔다. 그 자리 에서 지역적·국가적인 문제에 대한 소식이 교환되고, 상업적 관 계가 형성되며, 콤파드라스고compadrazgo(문자 그대로 아이의 부모와 대부모의 영적인 관계)가 생겨났다. 무역과 개별 지역의 정치 운동을 촉진하기 위한 결연도 맺어졌다. 포사다posada(환대의 교환) 역시 찰마의 순례 여로에서 벌어졌다. 안타깝게도 성인 축제일과 연관해 순례자의 종교적·세속적 목표가 어떤 총체적 사회관계의 장field을 형성했는가에 대한 인류학적으로 깊이 있는 연구는 아직 시행되지 않았다.

콘틀라 연구는 국지적인 사회 문화 체계와 결부된 종교적 구조와, 가장 폭넓은 문화적 공동체의 최고선最高善 유지와 관련된 커뮤니타스라는 이분법으로 다시 우리를 데려간다. 콘틀라에는 시 정부 아래 다양한 행정구역(구, 푸에블로pueblo, 푸에블리토pueblito, 파라헤paraje)에서 자발적으로 형성된 신도회뿐 아니라, 시 내부의 종교적 사안을 처리하는 마요르도미아mayordomía(관리, 경영 등을 의미)라는 종교 협회가 있다. 이 종교적 사안은 바리오barrio(중요한 사회 종교적 단위)나 개별 마을(푸에블로 혹은 푸에블리토)에서 처리한다. 바리오 회원은 여러 지역에서 모집한다. 콘틀라에 있는 10개 바리오는 정해진 순서대로 성인 축제를 후원한다. 바리오 체계 위에는 종교 기관인 아윤타미엔토ayuntamiento가 있는데, 그 임원은 해마다 11월 30일 콘틀라 시의회에서 선출된다. 다시 말해 콘틀라에는 지역 예배당과 성지를 관리하는 복합적인 종교적 구조가 있으며, 다른 한편으로 성지순례를 위해 활동하는 느슨하고 자발적인 종교적 연합체가 존재한다. 도시 거주민은 도시 안이나 근거리에 성지가 있어도 가까운 곳보다 멀리 떨어진 성지로 순례하는 경향을 보이는 점이 흥미롭다. 물론 그들은 자기가 사는 도시의 성축일이나 시장, 마요르도미아에는 참여한다. 이런 경향은 다음에 논의할 아메카메카Amecameca 지역에서도 발견된다.

　일반적으로 중앙 멕시코의 순례 성지는 (유카탄Yucatán반도는 예외로 하고) 읍이나 도시의 중심지가 아니라 그 외곽이나 주변부, 심지어 도시에서 한참 떨어진 곳에 있다. 이 점은 나의 논지에서 대단히 중요하다(지도 1). 과달루페 성모의 성지가 자리한 테페야크 언덕은 멕시코시티의 북부 가장자리에 있다. 또 과달라하라 시의 가장 큰 성지이자 미초아칸, 나야리트Nayarit, 할리스코Jalisco 주에서 순례자를 끌어들이는 사포판Zapópan 성모교회는 틀락스칼라 시 남동쪽 가장자리의 야트막한 언덕에 있다. 극도로 신성시되는 치유의 성모 성화는 나우칼판의 산 바르톨로San Bartolo 교회에 있는데, 이 교회는 옛 멕시코의 식민 정부 수도에서 북서쪽으로 14킬로미터 정도 떨어졌으며 지금은 확장된 교외 지역에 둘러싸였다. 예수를 기리는 성화나 성지 가운데 사크로몬테Sacromonte 성지는 아메카메카 시 외곽의 언덕에 있다. 기적을 일으키는 십자가가 위치한 찰마의 성 미카엘St. Michael 교회는 멕시코시티와 약 113킬로미터 거리에 있으며, 멕시코시티의 많은 순례자가 이곳을 찾는다. 유럽의 전통적 순례 성지는 캔터베리, 더럼, 샤르트르Chartres, 톨레도Toledo, 안코나Ancona, 아헨Aachen 같은 대도시의 대성당이었다. 이와 달리 멕시코의 대성당은 순례자를 거의 끌어들이지 못한다. 물론 현대 유럽의 유명한 가톨릭 순례 성지도 주변 공간에 있다. 루르드Lourdes, 파티마Fátima, 쳉스토호바, 라살레트La Salette, 오스타커Oostacker(루르드 성지에서 갈라져 나온 성모교회로 벨기에 겐트Ghent 지역에 있다) 성지를 봐도 충분하다. 가장 신성한 성역의 이런 주변부성

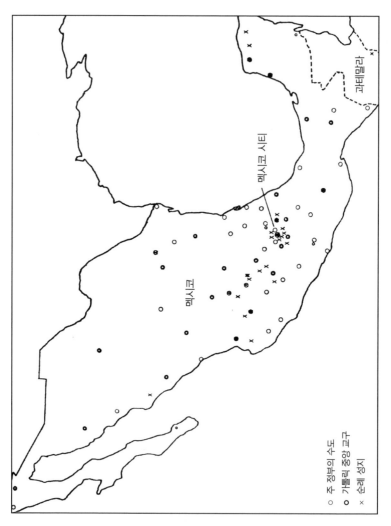

지도 1. 멕시코 : 주 정부, 교회, 순례 성지의 위치

은 단지 기독교 순례 체계의 특징이 아니다. 예를 들어 인도 판다르푸르 순례에 관한 들러리의 기록을 보자.

> 판다르푸르는 '팔키palkhi'(팔키는 문자 그대로 신이나 성인 발자국의 재현물 – 이를 파두카스padukas라 하는데 우상이라기보다 사마디samādhi, 즉 '진정한 경험'의 재현물이다 – 을 운반하는 가마를 말한다. 이 가마는 살아 있거나 죽은 구루를 따르는 순례자를 상징한다)들이 운집한 지역의 경계부에 위치한다. 판다르푸르는 마라티어를 사용하는 국가의 중앙부에 있지 않다. 과거에는 칸나다어Kannada를 사용하는 국가의 가장자리에 있었을 가능성이 높다(1960, p. 78, 지도 2 참조).

힌두교의 가장 신성한 성지인 카일라스Kailas 산과 마나스Manas 호수도 티베트 서부 히말라야Himalaya 외곽에 있다. 지금은 중국이 티베트를 점유했기 때문에 인도인은 《마하바라타Mahābhārata》[9]에서도 신성시된 이 천연 성지로 갈 수 없다. 날씨가 좋을 때도 그곳에 접근하기는 쉽지 않다. 두 성지는 주변부에 위치하지만 갠지스Ganges, 인더스Indus, 브라마푸트라Brahmaputra를 포함해 인도 5대 강의 발원지이기도 하다(바그완 스리 한사Bhagwān Shri Hansa의 《The Holy Mountain신성한 산》〔1934〕 참조).

순례 성지의 주변부성 측면에서 메카는 분명한 예외에 해당한

---

9 인도의 2대 서사시 중 하나로, 기원전 400년~기원후 200년에 쓰였다. 산스크리트어로 '바라타 왕조의 대서사시'라는 뜻이다.

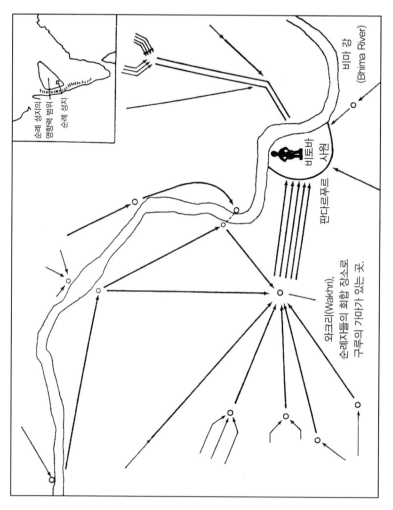

지도 2. 판다르푸르 순례 : 순례자들의 회합 장소(구루의 가마)
G. A. 들러리의 《The Cult of Vithoba》에서 발췌 · 인용.

다. 메카의 카바 신전에 놓인 검은 운석은 '세계의 배꼽'으로 여겨진다. 메카와 메카 근처의 아라파트Arafât 산, 미나Mina로 가는 순례인 하지는 이슬람교를 떠받치는 다섯 기둥 중 하나다. 하지의 규율은 지금도 해마다 지켜지며, 이슬람 세계에 심대한 영향을 미친다. 그러나 종교적 중요성에도 메카는 분명 이슬람교도의 세속적 삶을 떠받치는 여러 사회, 정치 체계의 주변부에 놓였다. 적어도 메카가 제시하는 이상적 모델의 측면에서 이슬람교는 일종의 역설에 따라 신성한 주변부성 자체를 인간 실존의 핵심으로 만든 것 같다. 그 이유는 메카로 가는 여행이 "사춘기에 이른 건전한 정신을 갖춘 모든 이슬람 남성과 여성이 따라야 할 의무"(벤싱크, 1969, p. 33)이기 때문이다. 하지는 이슬람교도가 여력이 되는 한 평생에 한 번은 치러야 한다. 통계를 보면 소수 이슬람교도가 (특히 메카와 멀리 떨어진 국가에서) 하지에 참여한다. 그렇다 해도 메카 연보에 따르면, 1957년부터 1962년까지 해마다 평균 14만~18만 명이 하지에 메카를 찾았다. 이는 아라비아Arabia반도에서 온 순례자를 제외한 수치다. 맬컴 엑스가 자서전에 썼듯이 순례자는 비행기, 선박, 육상 교통을 이용해 이집트, 이란, 파키스탄, 인도, 인도네시아, 시리아, 수단, 나이지리아, 이라크 심지어 소비에트연방 같은 지역에서 메카로 몰려든다.

이 주변부성 이론은 다른 인류학적 개념과도 연계될 수 있다. 예를 들어 순례 성지의 뚜렷한 주변부성, 국가나 교회의 주요 행정 중심지에서 벗어난 곳에 있다는 점, 익숙한 장소를 떠나 먼 곳으로 갔다가 익숙한 장소로 돌아오는 (이론적으로 순례자의 변화를 수

반하면서) 순례 과정의 시간적 구조는 벨기에 민족학자 방주네프의 유명한 통과의례rites de passage 연구와도 관련이 있다. 그는 문화권마다 기간에 차이가 있으나, 세계의 수많은 의례(특히 성인식)가 뚜렷이 구분되는 세 단계로 구성되었음을 밝혔다. (1) 분리 (2) 주변부 혹은 경계 (3) 재통합 단계. 그는 때로 이것을 '전전이preliminal' '전이liminal' '후전이postliminal' 단계로 지칭했다. 방주네프는 모든 사회에서 개인이나 집단이 그 문화에서 규정한 방식으로 상태나 지위의 변화를 경험할 때 의례가 연행된다는 점을 간파했다. 그는 특히 지위 변화와 공간적 위치 변화의 연관성에 주목했다. 이 점은 낮은 지위에서 높은 지위로, 일상적 지위에서 비의秘儀적인 지위 역할로 이행하는 신참자를 격려하는 성인식에서 잘 드러난다. 거기서 신참자는 종종 전전이적 단계의 활동, 사회적 상호작용 영역에서 격리되어 숲이나 동굴처럼 야생적인 은거지에 고립된다. 거기서 그들은 가르침을 받는다. 그것은 대부분 가면, 성물聖物, 보디페인팅, 바위그림 같은 비언어적·상징적 커뮤니케이션을 통해 이뤄진다. 여기에 종종 현묘한 기원 신화, 심오한 금언적 표현, 비밀스런 언어, 그들 문화의 정수를 담은 노래가 곁들여진다. 나는 다른 곳에서 부족사회의 전이 단계에 발견되는 몇 가지 특징을 논했다. 이 전이 단계는 극도로 풍부한 우주론적 의미를 담은 문화영역을 구성하는데, 그 외적 형식이 단순해서 종종 오해를 사기도 한다. 이 단계에서 사용되는 상징은 평범하고 무미할 수 있지만, 그것들이 전달하는 메시지는 결코 단순하지 않다. 친숙하고 익숙한 장소에서 공간적 분리가 그 예다. 다양한 문화에서 공간적 분리는 처벌, 정화, 속죄, 인식, 교육, 치유, 변환과 관련될 뿐 아니라 그 외 다양한 양상과 측면, 기능이 있다. 그러나 기본적으로 리미널리티적 과정과 상태는 전전이적 사회구조의 (전부는 아니라 해도) 많은 특징의 부정과 함께 새로운 사물, 관계의 질서에 대한 긍정을 동시에 재현한다. 거기서 사회구조가 제거되지는 않더라도 철저하게 단순화되고, 배타적 관계보다 포괄적 관계가 강조된다. 여기서 다시 두 대립 항이 등장한다. 그와 비슷한 이분법은 사회집단과 구조적 지위로 구성된 지역적 하부 체계를 위한 정치 법률적 의례, 더 넓고 포괄적인 공동체의 통합과 연속성을 희구하는 의례의 대립에서도 찾아볼 수 있다.

이제 순례에 더 폭넓은 공동체, 아프리카 사례에서 얼핏 살펴본 '대지의 성소' 의례, 통과의례 전이 단계의 속성이 동시에 있음이 드러난다. 교차하는 순례 루트의 네트워크(그 사이에 여러 하위 성지, 중간 기착지, 시장과 숙소를 갖춘)는 사하라 남부 아프리카의 많은 단순 농업·무국가 사회에서 발견되는 대지의 성소나 비非조상 신령과 신에게 바쳐진 성소가 전산업적이고 정치적으로 중앙집권화되었으며, 농업기술이 발전된 문화에서 상동적homologue으로 재현된 것이라 할 수 있다. 여기서 순례 성지의 주변부성은 국가나 주 정부 수도, 기타 정치 경제적 단위의 중심성centrality과 구별된다. 더 나아가 그 성지는 대주교나 주교의 중앙 교구 같은 기독교적 '구조'의 중심지와도 구별된다(지도 1 참조). 이런 주변부성은 통과의례에서 발견되는 리미널리티의 공간적 양상으로 간주될 수 있다. 리미널리티의 어원 리멘limen은 문자 그대로 '문턱threshold'을 의미한

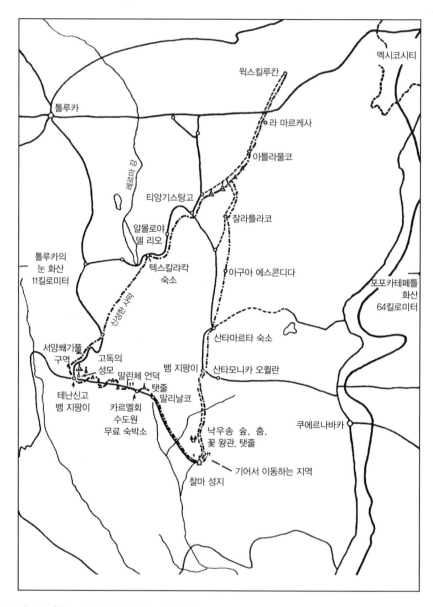

멕시코시티

윅스킬루칸

라 마르케사

톨루카

아틀라풀코

잘라틀라코

티앙기스탕고

알몰로야
델 리오

아구아 에스콘디다

톨루카의
눈 화산
11킬로미터

텍스칼라칵
숙소

포포카테페틀
화산
64킬로미터

산타마르타 숙소

서양쐐기풀
구역

고독의
성모

뱀 지팡이

말린체 언덕

산타모니카 오쿼란

테난신고
뱀 지팡이

카르멜회
수도원
무료 숙박소

탯줄
말리날코

낙우송 숲, 춤,
꽃 왕관, 탯줄

쿠에르나바카

기어서 이동하는 지역

찰마 성지

지도 3. 찰마 : 오토미 원주민의 순례 루트

다. 신앙 주체의 관점에서 순례 성지는 문턱이나 다름없는데, '시간을 벗어났다가 시간 속으로 돌아가는' 장소와 순간을 재현하기 때문이다. 여러 종교의 순례자가 증언하듯이 그런 신앙 주체는 기적적 치유와 같은 물질적 측면이든, 정신이나 성격의 내적 변화처럼 비물질적 측면이든 성지에서 신성하고 비가시적이며 초자연적인 질서를 직접 경험하고자 한다. 성인식의 리미널리티처럼 그 신자─순례자는 차례차례 성스러운 대상과 조우하며, 자신의 내·외적 조건을 죄에서 은총으로 혹은 질병에서 건강으로 바꿔줄 상징적 행위에 참여한다. 그는 영혼이나 육체의 기적과 변화를 소망한다. 순례자가 '성지 중의 성지'인 중앙 성지로 한 발 한 발 전진할 때, 순례의 여로 역시 점점 신성해진다. 처음 길을 떠날 때는 참회라는 주관적 감정이 중요하며, 순례 여로도 아직 세속적·일상적이다. 그러다 어느 순간부터 신성한 상징이 그의 여로에 의미를 부여하기 시작하며, 마지막 단계에서는 순례 루트 자체가 신성하고 신비한 여정을 구성한다. 그때는 거의 모든 랜드마크, 심지어 모든 발걸음 하나하나가 강렬한 감정과 욕망을 불러일으키는 응축된 다성적 상징이 된다(지도 3 참조). 그때 신성성은 순례자의 사적인 인식 대상에 머무르지 않는다. 그것은 객관화된 집합표상, 사실상 순례자를 둘러싼 모든 환경이 되며 순례자에게 강력한 신앙의 동기를 부여한다. 그때 순례자의 여행은 그의 윤리적·정치적·기타 행동 패러다임이 된다.

세계적인 주요 종교의 순례는 기본적으로 자발적이다. 예를 들어 버나드 루이스는 하지에 대해 이렇게 썼다. "하지는 자발적이고 개인적이다. 모든 이슬람교도는 생애 한 번은 하지를 수행해야한다는 일반적 권고가 있지만, 각각의 하지는 개인적 결정에 따른개인적인 행위이며, 폭넓고 의미 있는 개인적 경험을 낳는다"(1966, p. 37). 들러리는 판다르푸르 순례가 "규율을 준수하기 위해서가 아니라, 본질적이고 소중한 약속을 완수한다는 마음가짐에서"(1960, p. 103) 치러진다고 말한다. 기독교 순례 역시 서원을 이행하기 위해서 혹은 자발적으로 선택한 참회 행위다. 이 점에서 순례는 특정 연령이나 성별 집단 구성원이면 대개 누구나 의무적으로 치러야 하는 부족사회의 성인식과 구별된다. 그러나 많은 부족사회에서도 특정 시련이나 굴욕을 견디고 섭식과 의상, 행동에 부과되는영구적 제약을 감내할 의향이 있다면, 자발적으로 가입 가능한 조직이 많다. 예를 들어 잠비아 은뎀부족의 모든 소년은 할례를 치러야 한다. 그러나 뭉옹이Mung'ong'i 장례 결사에 입사하려면 그 결사에서 부과하는 가혹한 의례적 시련(이를 견디는 일은 영광으로 여겨졌다)을 감내해야 했다. 그럼에도 부족사회 의례에서는 자발성, 자유로운 조직 가입, 개인적 선택보다 선천적 귀속성, 의무성이 두드러진 것이 사실이다.

한 사회가 경제적 · 사회적으로 다원화되고 지역성과 친족을 기반으로 한 국지적 유대가 더 광범위한 지리 영역을 아우르는 기능집단 구성원의 공통 이해관계를 기반으로 한 더 폭넓은 관계로 대체되면, 미리 결정된 집단적 의무 사항 대신 개인의 의견과 자발성이 존중된다. 그때는 의무조차 선택의 대상이 되는데, 개인이 자발적으로 체결한 계약관계에서 의무가 유래한다. 그때는 중요한 윤리적 주체 단위가 집단에서 개인으로 변하기도 한다. 그렇게 되면 피콕과 키르시Thomas Kirsch가 《The Human Direction인류의 방향》 (1970, p. 186)에서 언급한 대로, "특정한 죄"를 "특정한 희생"으로 속죄하는 대신 "인간은 죄로 깊이 물든 자신의 전 존재를 위해 신에게 기도하며 용서를 구한다". 막스 베버가 지적했듯이, 과거의 집단적이고 친족 중심적인 사회적 모체에서 떨어져 나온 개인은 구원의 문제에 몰두한다. 복잡한 사회적 장의 다양한 대안 중에서 선택을 내려야 하기 때문에, 개인은 성숙할수록 자기 결단의 결과에 더 무거운 책임을 진다. 이는 개인이 감당하기 힘든 일이다. 그는 자의식이 있는 주체self-conscious entity라는 인간 최후의 운명에서 생겨나는 불안을 달래고, 정서적 지지와 정당성을 구하기 위해 초월적 근원을 찾는다. 하지만 뒤르켐이 자살 연구에도 언급했듯이, 모든 주요 종교에서 구원은 사회적인 동시에 개인적인 문제다. 뒤르켐은 구원을 집단의 지지 없이 개인이 책임져야 할 과제로 간주하는 종교 집단(예를 들어 프로테스탄트)에서 자살률이 더 높다는 것을 보여주었다. 이런 사회현상의 성격, 그것과 순례의 자발성의 관계를 이해하기 위해 리미널리티 개념의 또 다른 측면을 살펴보자.

나는 중앙아프리카 잠비아 은뎀부족 할례의 전이 단계에서 신참자의 행위를 관찰한 적이 있다. 그 소년들은 어빙 고프먼Erving Goffman 식으로 말하면 이전의 지위와 위신, 서열을 '박탈당하고' '헐벗은' 상태에서 친족이나 이웃보다 개인적 선택을 통한 동료 의식과 우정을 발전시켰다. 오늘날 훈련소에서 같은 방을 쓰는 신병들이 그렇듯이, 은뎀부족의 신참자도 연장자의 엄격한 통제 아래 놓였다. 비非의례적 상황이었다면 개별적 친족 관계 탓에 그런 일괄적 복종이 불가능했을 것이다. 그러나 성인식에서 그들은 이제 누구의 손자나 아들, 조카가 아니라 성인식을 경험한 연장자라는 일반 범주를 마주한 익명의 신참자일 뿐이다. 사회구조가 단순화·균질화되는 것이다. 느슨한 통제 아래 신참자는 여러 구조적 역할과 지위에 편입된 사회적 페르소나라기보다 동등하고 완전한 인격체로 간주한다. 은뎀부 사회에는 공식적인 동년배 집단이나 연령 등급이 없었지만, 이 전이적 격리 상황에서 형성된 우정은 때로 평생 이어졌다. 나는 이런 사회적 관계성의 양식을 폴 굿맨Paul Goodman에게서 차용한 용어대로(그가 사용한 의미와 같지는 않지만) '커뮤니타스communitas'라고 불렀다. 나는 이를 공동의 생활이 영위되는 지리적 영역을 지칭하는 '커뮤니티community'와 구별했다. (페르디난트 퇴니에스Ferdinand Tönnies가 '커뮤니티'와 비슷한 의미로 사용하는 게마인샤프트gemeinschaft는 내가 구조와 커뮤니타스로 구별한 두 사회 양식을 합친 것이다. 내가 말하는 '구조'나 '사회구조'는 레비스트로스나 그의 추종자들이 말하는 구조, 즉 경험적 층위보다 깊은 곳에 자리한 '무의식적 범주'로서 구조가 아니다. 차라리 그것은 특정 사회에서 의식적으로 인정되고 규범적으로 작동하며, 법적·정치적인 규범이나 제재와 긴밀히 얽힌, 로버트 머튼Robert Merton이 '역할, 지위, 지위-단계의 패턴화된 배열'이라고 부른 것에 가깝다. 게마인샤프트는 보통 같은 지역에 거주하는 친밀한 다기능적 집단 구성원의 결속을 지칭하기 때문에 '사회구조'의 의미가 있다. 그러나 그것은 매우 개인적이고 평등한 관계를 지칭하기도 하므로, 커뮤니타스의 의미도 함축한다. 예를 들어 퇴니에스가 우정을 혈연이나 지연과 전혀 연관되지 않은 일종의 게마인샤프트 혹은 '느낌의 공동체community of feeling'로 간주할 때가 그렇다.)

통과의례에서 신참자는 하나의 구조적 지위나 조건에서 다른 지위로 이행한다. 그러나 구조에서 구조로 이행하는 과정에 (의례가 집단적일 경우) 그들은 종종 커뮤니타스를 경험한다. 커뮤니타스적 관계가 형성되는 최적의 환경인 리미널리티와 (사회)구조적인 특성이 무화된 상태에서 헐벗고 평등하며 전인격적이고 개인화된 주체 사이에 자발적으로 생겨난 관계인 커뮤니타스는, 함께 반구조라 부를 만한 것을 구성한다. 그러나 커뮤니타스는 구조의 부호를 단순히 플러스(+)에서 마이너스(−)로 바꾼 것이 아니다. 차라리 그것은 모든 구조의 원천fons et origo이며, 그 구조에 대한 비평critique이다. 커뮤니타스의 존재 자체가 모든 사회구조적 규칙을 의문에 부치며 새로운 가능성을 제시하기 때문이다. 커뮤니타스는 보편주의와 개방성을 향한다. 그것은 뒤르켐의 '기계적 연대 mechanical solidarity' 개념과도 구별되어야 한다. 기계적 연대도 다른 연대 집단에 대항하는 개인의 결속을 지칭하기 때문이다. 기계적 연대에서는 '전체'를 희생한 대가로 '부분'을 강조하는데, 이것은 커뮤니타스 고유의 특성과 정면으로 배치된다. 그 '연대'에서 통합성은 '내집단과 외집단'이라는 이항 대립, 우리−그들이라는 대조에 근거한다. 역사적으로 커뮤니타스의 운명은 개방성에서 폐쇄성으로, '자유로운' 커뮤니타스에서 경계 지어진 구조적 연대로, 자발성에서 의무로, W. H. 오든Wystan Hugh Auden이 표현한 것처럼 '불

필요한 위험'에서 '끝없는 안전'으로 이행해왔다. 그러나 그 기원과 일반적 경향에서 커뮤니타스는 본질적으로 보편주의적이다. 대다수 생물종이 그렇듯이 구조는 특수화되었다. 커뮤니타스는 인간이나 인간의 진화적 조상과 비슷하게 개방적이고 비非특수화되었다. 이는 순수한 가능성의 샘이자, 매일매일 구조적 필요성과 의무에서 즉각적 해방이다. 사회구조와 커뮤니타스의 관계는 사회마다 다르며, 한 사회에서도 사회 변화 과정에서 달라진다. 부족사회에서 커뮤니타스는 종종 공적 지위의 막간에 지나지 않는다. 그럼에도 커뮤니타스는 사회구조의 수호자에 의해 위험한 것으로 간주된다. 그것은 수많은 금기로 에워싸였으며, 순수와 오염의 개념과 연관되거나 모호한 상징 무리에 은폐되었다. 더 복잡한 사회에서는 종교가 발전하면서 커뮤니타스가 이런 제약에서 어느 정도 해방된다. 그 종교는 커뮤니타스의 몇몇 반구조적 특성을 인정하며, 인간을 다양한 속임수와 죄의식, 걱정으로 끌어들이는 역할 놀이게임에서 '해방' 혹은 '구원'하는 수단으로서, 커뮤니타스의 영향력을 모든 신도에게 확장하고자 한다. 여기서 예언자, 성인, 구루가 최초의 제자들과 형성한 선구적 종교 공동체가 문화 모델과 패러다임의 제공자가 된다. 이런 관점에서 보면 일원성oneness의 추구가 다원성multiplicity의 포기는 아니다. 그것은 분열성divisiveness을 제거하고 비非이원성nonduality을 성취하는 것이다. 따라서 고독한 신비주의자라도 그가 모든 인간, 더 나아가 모든 생명체에 존재한다고 믿는 근원('아트만')에 도달함으로써 커뮤니타스를 성취할 수 있다. 그는 자연뿐 아니라 문화까지 커뮤니타스에서 껴안는다. 하지만 이 경험을 신학적으로 설명하는 것은 본질적으로 과정process을 상태state나 상태의 개념으로 환원하는 것이다. 그것은 반구조를 구조화하는 행위다.

자발적 순례자들은 순례를 커뮤니타스를 경험할 수 있는 기회이자, (치유와 재생의 근원이기도 한) 커뮤니타스의 신성한 근원을 향한 여정으로 여기는 것 같다. 이런 사고에서는 개인의 건강과 전인격성이 공동체의 평화나 조화와 분리될 수 없다. 고독과 사회는 이제 대립 항이 아니다.

여러 종교의 명민한 순례자들은 자신의 주관적인 커뮤니타스 감정을 글로 남겼다. 그 예로 나와틀어(아스텍 언어)를 사용하는 멕시코 원주민 여성 루스 히메네스Luz Jiménez의 기록을 보자. 그녀는 한때 유명한 화가 디에고 리베라의 모델이기도 했으며, 해마다 밀파알타Milpa Alta 마을에서 찰마 성지로 순례를 떠났다. 그 유명한 성지는 그녀의 고향에서 60킬로미터 거리에 불과했지만, 산을 넘고 강도떼와 도적의 습격을 감내해야 했다. 그녀가 나와틀어로 구술한 이야기는 인류학자 페르난도 오르카시타스Fernando Horcasitas가 녹음해 스페인어로 번역했다. 나는 그 이야기 중 일부를 영어로 번역했다. 다양한 순례자 집단이 아구아 데 카데나Agua de Cadena에서 식사하는 장면을 보자.

그들은 아구아 데 카데나에서 음식을 데우기 위해 말에서 내렸다. 많은 남자들이 땔감을 모았고, 음식을 데우려고 불을 피웠다. 그건 정말 사랑스런 정경이었다! 우리는 여기저기서 사람들이 음식을 먹는 모습을 보았다. 부유한 사람들은 닭, 칠면조, 타말리tamale[10]를 가져왔다. 우리 동료 중 많은 이들은 토르티야나 빵 한 조각 없었지만, 어디서나 음식을 얻었다. 순례자들이 "여기 와서 토르티야 좀 드세요" 하면, 다른 사람이 "여기도 와요, 고기 토르티야 좀 드세요"라고 불렀다. 그러면 또 다른 사람이 그들에게 타말리를 주는 식이었다. 그렇게 모두 배불리 먹었다. (1968, p. 57)

'함께 먹는' 행위가 상징으로 강조되었다. 이 점은 커뮤니타스에 대한 다른 자료에도 등장한다.

맬컴 엑스가 최초의 흑인 이슬람교도로서 하지 순례에 참여해 카이로Cairo, 제다Jedda, 메카에서 경험한 것을 묘사한 《The Autobiography of Malcolm X》의 여러 서정적인 구절을 살펴보자. 그중 하나를 무작위로 인용했다.

어딜 가나 사랑, 겸손, 진정한 형제애를 피부로 느낄 수 있었다. (…) 모든 이들이 하나가 되어 먹었고[여기도 '함께 먹음'이 강조되었다], 하나가 되어 잠들었다. 순례 분위기와 관련된 모든 것이 같은 신 아래 인간의 하나 됨을 강조했다. (…) 나는 이 고대의 신성한 땅, 아브라함 Abraham과 마호메트Mahomet와 성경에 기록된 다른 모든 선지자의 땅 이외 다른 어디서도 피부색과 인종에 상관없이 모든 이들이 만들어낸

10 멕시코 전통 음식으로, 옥수수 반죽에 여러 가지 재료를 넣고 바나나 잎이나 옥수수 껍질로 싸서 익힌다.

강렬하고 진정한 형제애와 그토록 뜨거운 환대를 경험한 적이 없다.
(1966, p. 325, 330, 339)

맬컴 엑스는 순례를 통해 이전의 반反백인주의 입장과 대조되는 '피부색과 인종에 상관없는 진정한 형제애'를 발견했다. 슬프게도 이 점을 미국에서 설파하려 했기 때문에 인종주의적 광신도들이 그를 살해한 것 같다.

또 다른 흥미로운 순례기는 인도 푸나대학교University of Poona에서 사회학과 인류학을 가르친 고故 이라와티 카브Irawati Karve 교수의 〈On the Road : A Maharashtrian Pilgrimage길 위에서 : 마하라슈트라 순례〉(1962)다. 그녀는 비토바 바아비 성지로 순례하는 팔란킨palanquín 집단의 하위 종파인 딘디파dindi의 일원으로 판다르푸르 순례에 참여했다. 카브는 훈련된 사회과학자이며 자유주의자이자 일정 부분 여성주의자로, 이력이 복잡하고 흥미롭다. 영어로 소설과 시를 썼고 브라만Brahman이며, 서구의 합리주의 전통 아래 훈련받았지만 민족주의적 정서가 강했다. 그녀는 동료 순례자 사이에서 경험한 커뮤니타스가 얼마나 감동적이었는지 말한다. 카브는 너무 감동한 나머지 자신이 판다르푸르 순례의 기본 단위인 팔란킨 집단에서 딘디파에 속한다는 걸 참을 수 없어했다. 그녀가 브라만이나 관찰자적 인류학자의 입장에 만족했다면, 그 정도로 동요하거나 깊은 감동을 받지 않았을 것이다. 카브는 통상적인 브라만이나 인류학자가 아니었고, 우리에게 순례 상황의 진실을 생생하게 말해준다.

내가 브라만과 친하게 지낸 것처럼 마라타족Maratha 여성들도 나를 진심으로 대해주었다. 그들과 같이 음식을 먹은 뒤〔힌두교 전통에서 자신보다 낮은 카스트 사람과 밥을 먹는 것은 금기여서, 다른 브라만 여성은 아무도 그러지 않았다〕 그들이 더욱 친근하게 대한다고 느꼈다. 그들 중 많은 이들은 나와 걷고, 내 손을 잡고, 삶의 많은 이야기를 들려주었다. 여정 막바지에 그들은 나를 '타이Tai'라고 불렀는데, 이는 '언니'라는 뜻이다. 그들 중 몇몇은 "기억해요, 타이, 당신을 보러 푸나에 갈 거예요"라고 말했다. 한 소녀는 물었다. "거기서도 우리를 지금처럼 대해줄 건가요?" 간단하지만 내 폐부를 찌르는 질문이었다. 우리는 서로 곁에 두고 수천 년을 같이 살아왔지만, 여전히 그들은 우리의 일부가 아니며, 우리 역시 그들의 일부가 아니다. (p. 19)

이런 언급은 순례가 보편적 커뮤니타스를 지향하지만, 최종적으로 종교 체계의 구조에 따라 경계 지어지며, 순례는 그 속에서 생성되고 유지된다는 중요한 사실을 알려준다. 따라서 맬컴 엑스의 동료가 카바 신전을 돌다가 자신이 기독교인이나 유대교인, 불교도, 무신론자라고 외쳤다면 그는 그곳을 에워싼 '형제애' 속으로 그리 따뜻하게 받아들여지지 못했을 것이다. 서아프리카에서 조상 성소가 대지의 성소와 대립되듯이, 세계 종교에서도 개별 지역의 모스크나 사찰, 교회는 순례 성지와 대조되는 극을 이룬다. 여기서 한 극은 '구조'라는 모델을, 다른 극은 '규범적 커뮤니타스'를 강조하는데, 이 둘은 공통의 문화적 요소를 기반으로 한 단일 체계single system를 구성한다. 지금까지 논의에서는 아직 커뮤니타스가 구조 속에, 구조가 커뮤니타스 속에 살아 있었다. 하지만 보편적 형제애나 커뮤니타스가 제도화된 종교적 구조의 문화적 경계와 일치한 적은 거의 없다. 시간이 흐르면 커뮤니타스가 구조에 속박되고, 보편적 관계성의 구체적 실현이 아니라 상징 혹은 먼 가능성으로 간주되는 순간이 온다. 그래서 순례는 일종의 광기를 낳기도 했다. 예를 들어 중세에 가톨릭교회는 십자군을 조직해 파견했고, 이슬람교도는 예루살렘 성지를 보호하려고 성전聖戰의 영적 필요성을 주장했다. 커뮤니타스가 '은총'이 아니라 힘force이 되면 전체주의로 변모한다. 개별 부분의 상호 인정 속에서 자유롭게 전체가 창조되지 못하고, 전체를 위해 부분이 종속된다.

그러나 커뮤니타스가 상대적으로 더 포용적인 구조적 경계 안에서 작동하면, 구조 체계 내의 집단과 개인의 다양성을 포용하고 분열을 극복하는 수단이 된다. 들러리도 카브처럼 이 점을 잘 이해했다. 그는 판다르푸르 순례에서 다양한 카스트 구성원이 섞이지는 않지만, 각 딘디파 구성원은 자티jati라는 하위 카스트에 속한다는 점을 지적했다. 들러리가 보기에 이것은 순례 내내 길 위에서 반복된 찬미가와 반反위계적인 순례의 이상이라는 설교의 주제에 반하는 것이 아니다. 그는 다음과 같이 쓴다.

> (이 행위들은) 카스트의 구별과 공동의 순례라는 난제의 해결책이다. 카스트와 문화, 전통, 관습이 상이한 개인으로 구성된 집단이란 인공적 병치일 뿐이지 진정한 커뮤니티가 아니다. 판다르푸르 순례 체계가 제시하는 해결책은 카스트 구별이라는 현실과 모두 통합하는 사

회 공동체라는 이상의 행복한 타협이다. 고된 순례 여정은 다양한 집단을 결속하는 데 기여하며, 순례자의 선의는 상처나 감정 다툼을 피하게 해준다. 이런 자발성과 선의를 통해 느리지만 확실하게, 모두 팔키(순례자)라는 의식(모든 하위 카스트를 포용하는)이 자라난다. (들러리,1960, p. 105)

이 설명은 이슬람 하지처럼 판다르푸르 순례가 제도화된 종교 체계 안에서 어떤 모습으로 존재하는지 보여준다. 이슬람교가 움마Umma(이슬람 공동체) 아닌 이들에게 메카와 메디나 성지를 방문할 기회를 주지 않듯이, 판다르푸르 순례도 카스트 간의 경계를 늦추지 않는다. 하지만 순례 상황이 구조적 경계를 없애지는 않더라도 그 경계를 약화해서 구조의 독소를 제거한다. 게다가 순례는 지위와 역할에 따른 일상적 제약에서 개인을 해방해 그를 자발적 선택 능력이 있는 전인적 존재로 규정하며, 그가 속한 정통 종교 체계의 한도에서 그에게 인류 보편의 형제애와 자매애의 살아 있는 모델을 제공한다. 그것은 개인을 한 유형의 시간 속에서 끄집어내 다른 유형의 시간 속으로 옮겨놓기도 한다. 그는 이제 특정 시골이나 도시 공동체의 사회과정을 구성하는 역사적·사회구조적 시간 속에 위치하지 않는다. 대신 그는 인간의 모습을 한 신이나 성인, 구루, 예언자, 순교자의 삶에서 일어난 여러 사건이 신성화한, 영원한 것으로 변용된 시간의 흐름을 되살린다. 순례자가 고되지만 영감을 주는 순례에 온몸으로 참여할 때, 구조화된 종교의 각종 연례 예식과 의례를 채우는 시각적·청각적 상징을 경험할 때보다 훨씬 강렬한 인상을 받는다. 신도는 그 상징을 바라볼looks 뿐이지만, 순례자는 순례라는 여정에 참여한다participates. 순례자는 그 자신이 전체적 상징, 다시 말해 전체성의 상징이 된다. 그는 순례하면서 자신이 찾아가는 유물과 이미지의 주인인 특정한 성인 혹은 신이 행한 창조적 · 이타적 행위를 자연스레 숙고한다. 이는 어쩌면 '이전 존재의 회상recollection of a previous existence'을 의미하는 플라톤Platon의 철학 개념 아남네시스anamnesis와 유사할지 모른다. 그러나 여기서는 그 행위를 몸과 마음의 거룩함과 전일성全一性을 성취하기 위해 신성한 실존에 참여하는 행위로 간주하는 것이 타당하리라 본다. 인간의 어떤 측면은 그가 속한 문화에서 중시하는 가치로 구성되기 때문에 순례자가 새로운 '태어남'을 갈망할 때, 그는 자신이 속한 문화에서 중시하는 내적 의미를 더 강렬하게 실현하려는 것이라고 볼 수 있다. 그런 내적 의미는 많은 이들에게 그들이 숭배하는 종교의 핵심 가치와 일치한다.

그렇다면 커뮤니타스와 아남네시스는 사회적 · 문화적 구조를 철폐하지 않지만 그것의 분열성에서 유래하는 독소를 제거하여, 각 부분이 유연하게 맞물려 구성하는 복합적이고 이질적인 통일성을 더 잘 인식할 수 있게 한다. 순수한 커뮤니타스가 부조화나 갈등이 아니라 조화로 구성되었다고 말할 사람이 있을지 모른다. 나는 모든 순례를 설명하는 데 적합한 사회적 양식은 구조와 커뮤니타스의 상생적 타협이라고 본다. 신학적 언어로 말하면 그것은 죄의 용서다. 거기서 차이는 공격적인 상호 적대로 치닫지 않고 수용 · 인내된다.

따라서 멕시코의 순례를 충분히 이해하려면 당대 멕시코 사회와 문화의 구조를 고려해야 하고, 그것의 역사적 우여곡절과 변천을 조사해야 한다. 판다르푸르 순례에 힌두교의 역사적인 카스트 구조가 침투한 것처럼, 멕시코 사회의 구조와 문화 역시 오늘날 멕시코 순례 체계의 사회조직과 상징체계에 침투했다. 순례는 공시적 혹은 통시적으로 연구 가능하다. 오늘날의 순례뿐 아니라 과거의 다양한 순례를 살펴볼 수 있다. 순례의 역사적 측면은 19세기 후반 브라질 북동부 순례 신앙의 발생과 성장, 모험을 총체적 사회 맥락에서 고찰한 랠프 델라 카바Ralph della Cava의 뛰어난 연구 《Miracle at Joaseiro 호아세이로의 기적》(1970)에 잘 기술되었다. 공시적 순례 연구를 위해서는 일단 멕시코인 스스로 순례 성지peregrinación, romeria라 여기는 모든 성소와 지역을 분류해 정리할 필요가 있다. 그다음 각 성지의 신도 동원 범위와 규모, 즉 해마다 그곳에 찾아오는 순례자의 지리적 거주 범위와 사회집단, 계급을 조사해야 한다. 이런 지리적 영역에서도 영향력이 큰 지역과 적은 지역이 있을 것이다. 예를 들어 멕시코에서 가장 유명한 순례지인 과달루페 성모의 성지는 멕시코 각 주뿐만 아니라 미국, 캐나다, 스페인, 엘살바도르, 쿠바, 과테말라, 필리핀, 모든 남미 국가, 그 외 로마를 포함한 전 세계 가톨릭 국가에서 순례자가 모여든다. 이와 대조되는 소규모 순례지는 캄페체Campeche 인근 산로만San Román의 검은 예수 성지를 들 수 있다. 이 성지를 찾는 순례자는 캄페체 주 주민과 인근 멕시코만의 선원, 어부가 대부분이다. 이보다 작아서 10여 개 이하 마을에서 참배하는 순례 성지도 있다. 미초아칸 주 우루아판

Uruapan에 있는 산후안의 신비한 십자가 성지가 그 예다. 이 십자가는 파리쿠틴Paricutin 화산이 폭발했을 때 한 마을 농부의 밭에서 발견됐는데, 화산의 불길과 용암에서 마을 사람을 보호하는 기적을 행했다고 한다.

중요도에 따라 순례 성지 서열을 매길 수도 있다. 물론 원칙상 가톨릭 성지는 전 세계 가톨릭교도에게 열려서, 어떤 성지라도 멕시코 전역의 신자를 끌어들일 수 있다. 그럼에도 오래된 성지는 더 조직적인 순례의 대상지가 된다. 그런 성지의 참배 단위는 개인이 아니라 교구나 조합, 신도회이며, 그 외 노동조합이나 협동조합, 정부 부처, 민간 회사 등에서 꾸려진 집단이다. 시간은 구조를 발생시키고 강화한다. 이런 순례 집단의 요구에 부응하려고 정교한 시장과 교통, 요식업, 오락, 숙박 체계가 생겨나며, 각 사회 계급과 인종, 문화권에서는 나름의 고유한 여행과 숙박 유형을 발전시킨다.

공시적 순례 연구에서는 순례자가 고향을 떠나 성지로 갔다가 고향으로 돌아올 때 형성되는 중심 조직과 각 순례 종파 조직을 연구할 필요가 있다. 순례 여로의 처음과 끝을 표시하는 정형화된 상징을 연구해야 하며, 순례 성인에게 봉헌된 가정과 마을, 도시 차원의 지역 교회나 예배당, 성지뿐만 아니라 여로에서 맞닥뜨리는 신성한 장소, 여러 성지 군락, 중간 기착지, 묵주기도의 길, 신성한 우물, 동굴, 나무 등도 조사해야 한다. 그 외에 순례자의 궁극적 목적인 예수, 성모마리아, 특정한 성인 등 최고의 신성한 이미지를 향해 가는 동안 만날 수 있는 신성한 지형의 특색을 연구해야 한다. 순례자가 최종 성지에 접근하는 동안 상징은 더욱 농밀하고 풍부하며 정교해진다. 그때는 대지의 경관 자체가 우주론적·신학적 의미로 충만한 상징 단위의 일부가 된다.

방대한 종교사회학적 연구를 수행한 텔아비브대학교Tel Aviv University의 숄로모 데셴Shlomo Deshen 교수는 오늘날 이스라엘의 순례 상황을 다음과 같이 요약한다. 그는 유럽 유대인보다 동양과 북아프리카 유대인의 순례에 주목했다. 이스라엘에 대한 글이지만, 조금 수정하면 현대 멕시코의 상황에도 그대로 적용할 수 있다.

> 이스라엘에서는 현재 특정한 '인종ethnic'〔그는 이 단어를 '문화적으로 구별되는'이라는 의미로 쓴다〕 집단과 지역의 성인을 위한 10개 남짓한 소규모 순례가 진행된다. 개별 순례는 3000명 정도 끌어들인다. 최근에는 성인에 대한 추모 의식이 점점 인기를 얻는다. 이 추모 의식에도 등급이 있어서 일상적으로 행해지는 지역 내 순례도 있고, 갈릴리Galilee의 시몬 바르-요차이Shimon bar-Yohai 같은 성인 랍비의 무덤을 향한 대규모 순례도 있다. 후자는 5월에 순례자 5만~7만 명이 방문해 24시간 동안 기도한다. 그 외에 카르멜Carmel 산기슭의 엘리야Elijah 동굴 순례는 이스라엘의 신비주의적 민족주의와 연관이 있다. (개인적 대화, 1970)

멕시코, 더 나아가 과거 구 멕시코Old Mexico에 속한 텍사스와 뉴멕시코New Mexico, 기타 지역에서도 성지 간 등급 차이가 있다. 먼저 정해진 기간에 치러지는 지역 성인을 위한 축제가 있고, 교황청이 성인으로 공표하지 않았지만 대중에게 인기 있는 페드리토Pedrito(치카노Chicano[11] 주술사이자 의사. 그에 대해서는 로마노Octavio Ignacio Romano V.의 연구 〈Charismatic Medicine, Folk-Healing and Folk-Sainthood카리스마적 의술, 민간 치료, 민간의 성인 숭배〉, 1965, pp. 1151~1173 참조) 숭배가 있다. 텍사스 샌안토니오San Antonio 근처에 있는 그의 무덤은 현재 유명 순례 성지로 빠르게 자리매김하고 있다. 다음으로 지역적 순례는 유카탄반도의 세 왕(혹은 티지민Tizimín의 동방박사)이 나타나기를 바라는 9일 기도novena가 두 번 있다. 가장 중요한 순례 신앙으로 멕시코의 신비주의적 민족주의와 결합된 과달루페 성모를 위한 축제가 있다.

이쯤에서 (전국적 순례와 소지역적 순례의 중간쯤에 위치한) 멕시코의 중요한 지역 순례regional pilgrimage인 틀락스칼라 시 인근 오코틀란 성모 성지의 순례자 동원 범위를 살펴보자. 이 성지는 크게 두 범주의 순례자를 끌어들인다. 먼저 푸에블라와 틀락스칼라 교구(최근까지 두 교구는 푸에블라 주교가 관할했다) 외곽 교구에서 주기적·간헐적으로 찾아오는 순례자가 있다. 그리고 두 교구에서 주기적으로 성지를 찾는 순례 집단이 있다(Carlos M. Aguilar,《Nuestra Señora de Ocotlán, Tlaxcala오코틀란의 성모마리아》, 1966, pp. 234~241). 이 내집단 순례자의 일정을 살펴보면, 엄격한 순례 일정에도 커뮤니타스적 특성이 있음이 드러난다. 오코틀란 순례에는 해마다 64개 교구가 참여한다. 한 교구는 보통 여러 마을pueblo과 소마을

---

11 멕시코계 미국 시민.

pueblito을 포함한다. 항상 그런 것은 아니지만, 교구가 무니시피오 municipio라 부르는 행정단위와 외연이 동일한 경우도 있다. 무니시피오는 지역별 명칭에 따라 바리오, 푸에블로, 알데아aldea, 파라헤 등 하위 행정단위로 나뉜다. 보통 한 교구나 그 교구를 구성하는 하나 이상의 지역 단위와 연관된 신도회가 같은 순례 집단이 된다. 신도회는 회원들이 1년에 한 번 여러 성지 중 하나를 방문할 수 있게 하려고 존재한다. 한 교구의 신도회(틀락스칼라 주의 산후안토톨락San Juan Totolac 마을)만 교회력으로 1년에 두 번 오코틀란 성지를 방문한다. 순례는 의무가 아니다. 개인은 약속이나 서약을 지키기 위해 수호성인 성지를 방문하며, 그 보상으로 자신이나 친척이 초자연적 도움을 받는다고 믿는다. 이때 미래의 영적 구원을 얻으려고 서약을 행하기도 한다. 순례자는 원하는 도움이나 치유를 받으려고 성지로 떠난다. 예전에 받은 은혜에 감사를 표시하거나, 단순히 성지를 방문해 거기 있는 성물을 만지고, 그걸 다시 자기나 아이들의 몸에 문질러서 은총을 얻기 위해 순례를 떠나기도 한다. 이 지역에서는 해마다 정기적인 순례가 행해지기 때문에 중앙 성지와 외곽 교구의 지속적인 상호작용이 일어난다. 어떤 의미에서 순례는 신비주의적 지역주의 자체일 뿐 아니라, 신비주의적 민족주의를 위한 장치이자 지표다. 2월 오순절 주일, 7월 틀락스칼라 수호성인 축제, 12월 8일 무염시태 축제 등 오코틀란의 대규모 축제일에는 개인적으로 찾아온 수만 명이 두 주요 교구(오코틀란, 틀락스칼라)에서 멀리 떨어진 외곽 지역에 운집한다. 이 순례 지역 중심부에 위치한 구조화된 종교 단위(두 주요 교구)에서도 내가 '규범적 커뮤니타스'(《의례의 과정》, 1969, 4장)라 부른 공동체 특유의 평등주의적 경향이 발견된다는 점이 흥미롭다.

이를 보여주기 위해 오코틀란 성지의 순례자 동원 범위를 나타낸 지도를 작성해보았다(지도 4). 최남단의 칠라 데 라 살Chila de la Sal 교구는 오코틀란에서 137킬로미터, 최북단은 129킬로미터, 최동단은 121킬로미터, 최서단인 우에호칭고Huejotzingo 교구는 26킬로미터 정도 거리에 있다. 서쪽에서 순례자 동원력이 낮은 것은 포포카테페틀Popocatépetl 화산과 익스탁시우아틀Ixtaccihuatl 화산이 만든 험난한 산악 지형이 멕시코 주와 모렐로스 주에서 오는 순례자를 차단하기 때문이다. 두 주는 생태적·문화적 전통 측면에서 과달루페 성모나 찰마 성지의 영향권에 있다. 역사적으로도 내집단(틀락스칼라 주)에서 오코틀란을 찾는 순례자는 대부분 콜럼버스 이전 시대 틀락스칼라 '공화국', 즉 아스텍인에 맞서 스페인 편을 든 공화국 내의 사람들이다. 이는 틀락스칼라가 독립된 주 정부일 때 존재한 신비주의적 민족주의의 영향인 것 같다. 순례자의 발길은 거의 틀락스칼라 시 인근 고대 틀락스칼라 왕국의 중심지까지 향한다. 물론 현재는 주요 교회와 교구의 구조적 중심지가 스페인과 크리오요가 건설한 푸에블라에 있지만 말이다. 푸에블라는 식민 정부의 도시계획 아래 지어진 도시다. 오코틀란 성모를 과달루페 성모에 맞서는 틀락스칼라인의 종교적 응답이라고 말할 수도 있다. 두 성모는 인간세계에 기적적으로 현현했다. 과달루페 성모가 테페야크 언덕에서 아스텍 농부 후안 디에고 앞에 나타났듯이, 오코틀란 성모도 대략 10년 뒤 틀락스칼라 농부 후안 디에고 앞에 모

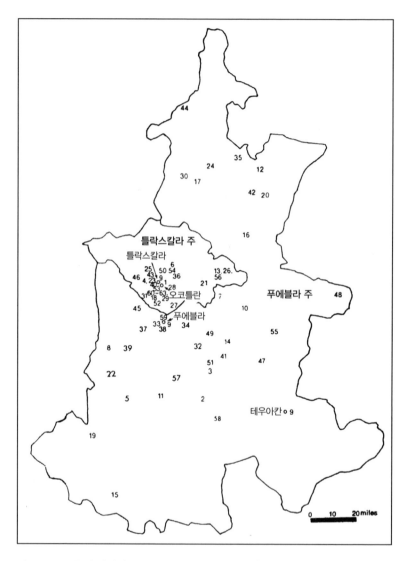

지도 4. 오코틀란 성지 순례 : 교구별 성지 방문객 순위(연간)

습을 보였다. 프란시스코 수도사들이 오코틀란에 있는 거대한 오코테ocote 소나무(여기서 오코틀란이라는 명칭이 유래했다) 둥치에서 성모마리아의 환영을 본 뒤, 틀락스칼라인은 오코틀란 성지교회의 높은 제단 위에 그 신비한 오코테 소나무로 깎은 성모 조각상이 있다고 믿는다. 《The Spiritual Conquest of Mexico멕시코의 영적 정복》(1966, p. 190)을 쓴 로베르 리카르에 따르면 과달루페 성모 신앙이 세속 승단에 의해 성장했다면, 틀락스칼라의 오코틀란 성모 신앙은 처음부터 프란시스코 수도회가 장려했다. 이런 움직임은 과달라하라의 사포판 성모, 유카탄 주의 이사말Izamal 성모, 아메카메카의 사크로몬테 예수 등 다른 중요한 지역 신앙의 탄생을 촉진했다. 대중 교회와 다양한 선교회의 기풍, 하위문화, 조직 양식, 토착 멕시코 부족의 복잡한 연관성은 문화 역동cultural dynamics 측면에서 더 연구할 필요가 있다. 그 관계에 대한 정치인류학적 연구도 필요하다.

지도 4의 내영역으로 돌아가자. 거기에는 오코틀란으로 순례 집단을 보내는 교구와 해마다 교구별로 순례자를 파견하는 순서가 표기되었다. 그 순서의 뚜렷한 경향성을 보면 가까운 교구와 먼 교구, 남 · 북 · 동쪽 교구가 교대로 순례자를 보낸다. 예를 들어 연간 64회 순례 중 43회에서 오코틀란의 중심 교구와 외곽 교구가 교대로 순례자를 파견한다. 그해 첫 15회 순례를 가깝거나 먼 교구 위치와 연관해서 보면 순서는 다음과 같다. 가까운, 먼, 먼, 가까운, 먼, 가까운, 먼, 먼, 가까운, 먼, 먼, 먼, 가까운, 먼, 먼, 먼. 후반부에 두 번 반복되는 '먼' 세 개는 동 · 남 · 북쪽의 교구에서 번갈

아 순례자를 보냈다는 뜻이다. 오코틀란 주변의 내영역에서 순례 집단을 연속적으로 파견할 때도 그 교구들의 방향은 중복되지 않는다. 이런 자료는 같은 지역에서 순례 집단의 중복 파견을 피하려는 의식적이고 의도적인 노력이 있음을 말해준다. 이런 경향성은 오늘날 멕시코 마을 체계 속, 장이 서는 날에서도 발견된다. 이 모든 내용을 볼 때, 우리는 순례 집단 배정에도 마을과 도시에 근거한 분절적인 바리오 조직과 대조되는 동질화·혼합화 과정이 진행됨을 알 수 있다.

　동일한 원리는 규모가 더 큰 과달루페 순례 조직에서도 발견된다. 멕시코 전역의 소교구에서도 1년 내내 순례자를 과달루페 성지로 보낸다. 그러나 과달루페 순례에서는 순례를 관할하는 주요 교회 단위가 주교구diocese다. 나는 운 좋게 멕시코시티에서 지난 15년간 과달루페 순례를 소개하는 (물론 터무니없는 오류도 있었다) 잡지 세 권을 구했다. 《La Voz Guadalupana라 보스 과달루파나》가 교회 입장에 제일 가까웠고, 가장 많은 통계 정보가 실린 잡지는 《Tepeyac테페야크》다. 끝으로 입고 있던 외투에 신비한 성화가 나타난 아스텍 평민 후안 디에고에게 바쳐진 애국적 성향의 대중적 종교 잡지는 《Juan Diego후안 디에고》다. 이 자료는 과달루페 성지를 공식 방문한 순례 집단에 대해 많은 것을 알려준다. 다음은 1951년 1월 13일부터 31일까지 과달루페 교회를 방문한 순례 집단의 목록이다(《Tepeyac》에 실린 것을 내가 약간 수정했다). 1월 13일, 멕시코 주 테올로유칸Teoloyucán과 아틀라코물코Atlacomulco 교구민. 1월 14일, 에히달 은행Ejidal Bank 직원, 약국 직원, 어업인 조

278

합, 호텔 직원. 1월 16일, 페데랄Federal 지구 페랄비요Peralvillo 주민. 1월 19일, 멕시코 주 칼리틀라우아카Calítlahuaca 교구민. 1월 23일, 공학전문학교 동문. 1월 25일, 멕시코 주 툴테펙Tultepec 교구민. 1월 26일, '미국의 아이들Children of America' 노동조합. 1월 27일, 가톨릭학교연합(이날엔 멕시코 대주교의 설교가 순례자의 마음을 고양했다). 1월 28일, 차체 도장공, 멕시코은행Banco de México 직원, 멕시코 주의 툴티틀란Tultitlán 교구민, 인쇄·제지 회사 직원, 캔디와 초콜릿 공장 직원. 끝으로 1월 31일에는 1950년부터 그랬듯이, 로마 예수회 통솔 아래 학생 순례객이 '신성한 해'를 기념하기 위해 성지를 방문했다. 이 목록에는 건축가, 의사, 약사, 엔지니어, 교사, 변호사 같은 전문가 집단뿐 아니라 사업가, 은행가, 저널리스트, 작가도 포함되었다. 1951년 5월에는 '스페인 투우사'와 '영양학과 학생'도 순례에 참여했다! 해당 교구의 주교가 통솔하는 교구별 순례객은 대부분 해마다 같은 날짜에 순례를 떠났다. 예를 들어 사카테카스 주교구의 순례객은 9월 10일에 테페야크 성지에 도착했다. 레온 주교구는 10월 15일, 아과스칼리엔테스Aguascalientes 주교구는 10월 29일, 살티요와 산루이스포토시 주교구는 11월 7일, 오악사카의 대주교구는 5월 12일에 성지에 도착했다. 《La Voz Guadalupana》는 가족 순례자와 개인 순례자에 대한 정보도 싣는다. 때로 과달루페 성지를 방문하는 이들의 동기도 적혔다. 예를 들어 1952년 11월, 투우사 엘 피토El Pito 씨는 성모의 도움으로 투우 경기에서 우승한 것을 감사하려고 자신이 받은 상품을 들고 왔다. 그 상품은 살해당한 황소의 귀나 꼬리다! 한 여승무원은 멕시코시티에서 오악사카로 향하던 멕시코항공Mexicana Airlines의 항공기를 강탈해, 승객과 승무원은 물론 자신의 목숨까지 위험에 빠뜨린 '추잡한 자들의 시도'를 물리친 기적을 성모의 은혜로 돌렸다. 대중 언론 매체나 현대적 교통수단은 루르드나 메카와 마찬가지로 과달루페 성모 순례 체계에 흡수된 것이 분명하다(제리 실즈Jerry Shields 경의 《Guide to Lourdes루르드 안내》[1971, p. 38], 맬컴 엑스의 《The Autobiography of Malcolm X》[1966, p. 321] 참조). 순례의 커뮤니타스적 성격, 종파적 종교 활동과 반대로 수많은 개인과 집단을 공통의 목적을 향해 불러들이는 능력 때문에 순례는 대중 언론이나 대규모 사회에 (봉건사회보다 산업사회에서) 훌륭히 적응한 것 같다. 예를 들어 12월 31일부터 1월 17일까지 유카탄 주 티지민에서 열린 세 동방박사 축제 동안, 24량 기차는 하루 종일 짧은 간격으로 미어터지는 순례자를 싣고 메리다Mérida 중앙역을 오갔다. 멕시코시티처럼 멀리서 은총을 받으려고 자동차를 몰고 오는 순례객도 있었다. 멕시코인은 위대한 여행자인 세 동방박사가 도로에서 일어나는 모든 위험을 막아준다고 여기기 때문이다. 우리는 현대 교통 체계와 연관된 기이하고 영웅적인 믿음의 사례 중 하나를 《Tepeyac》에 인용된, 다소 아리송한 〈Excelsior 엑셀시어〉지의 1947년 8월 12일자 기사에서 찾아볼 수 있다.

온두라스 코판Copán 출신 과부 엔카르나시온 데 게라Encarnación de Guerra가 과달루페 순례 도보 여행을 시작했다. 그 여정은 대단한 고행인데, 그녀가 자동차 사고에서 한쪽 발을 잃었기 때문이다. 〔이 신문은 그녀가 의족을 끼었는지 일언반구도 없다!] 올해 게라 가족은 과테말라 에스키풀라스Esquipulas의 예수 성지로 순례를 떠났다. 그들이 탄 자동차가 깊은 협곡으로 추락해 승객 일곱 명 가운데 여섯 명이 사망했다. 과부가 된 게라 부인은 북아메리카의 병원에서 오랫동안 치료받고 회복되었다. 그녀는 목숨을 건져 감사하는 의미로 예전의 서약에 따라 과달루페 성모 순례를 떠나기로 결심했다. 그녀의 몸 상태를 감안하면, 그녀가 성지에 도착할 날을 지정하지 않은 이유를 쉽게 이해할 수 있다. 그녀의 여행은 시작되었다. 코판에서 멕시코시티까지 거리는 1500킬로미터가 넘는다.

한쪽 발을 잃은 이 비극적이고 용감한 여인이 멕시코시티까지 순례에 성공했는지는 기사에 나오지 않았다. 그러나 멕시코에서는 한번 순례를 시작하면 중간에 돌아와서는 안 된다는 전통이 있다. 예를 들어 고된 도보 순례인 찰마 순례에서 여행을 불평하며 가던 길을 되돌아오면 돌로 변한다는 속신이 있다. 순례 도중에 배우자 아닌 사람과 간통한 사람도 비슷한 운명에 처한다. 신심 깊은 순례자는 그렇게 돌로 변해 굴러다니는 이들을 찰마 성지까지 발로 차서 데려가면, 결국 용서받고 다시 사람으로 변한다고 믿는다. 그래서 모든 순례자는 찰마 성지로 가면서 길 위의 돌을 성지 쪽으로 차 굴린다. 루번 레이나Ruben Reina(1966, p. 176)에 따르면, 과테말라 에스키풀라스로 여행하는 순례자에게도 비슷한 신앙이 있다. 그 성지는 한쪽 발을 잃은 게라 부인이 순례 여행 중 사고를 당한 곳이다. 불손함에 따르는 처벌은 미국인도 피해 갈 수 없다. 한 순례자는 오쿠일란Ocuilan에서 찰마 성지로 가는 길에 존 홉굿John Hobgood[12]에게 말했다. "그거 알아요? 사람들이 '엘 그링고 데 찰마 El Gringo de Chalma'라고 부르는 돌이 있어요. 우리 풍습을 비웃은 미국인인데, 그 때문에 돌로 변했지요."(1970b, p. 99)

순례 체계의 공시적 측면을 보여주는 마지막 사례는 유카탄 주 동부의 세 동방박사 축일이다. 여기서 주요 순례 단위는 신도회가 아니라 종교 길드gremio다. 로버트 레드필드는《The Folk Culture of Yucatán 유카탄 지역의 민속 문화》에서 이 종교 길드를 짧게 논의하지만(1941, p. 71, 161, 299), 내가 순례의 커뮤니타스적 성격이라 부른 측면은 언급하지 않는다. 멕시코의 다른 지역보다 유카탄 주에서 정교하게 발달한 종교 길드는 중세 유럽의 길드를 스페인 정복자들이 멕시코에 베껴 오면서 시작된 것 같다. 오토 폰 짐존은 유럽의 길드에 대해 다음과 같이 쓴다. "장인과 상인의 삶에서 종교적 요소와 경제적 요소는 밀접히 연관되었다. 중세 길드는 일상적으로 수호성인의 가호를 빌었고, 특정 종교의식에 규칙적으로 참여했다."(1962, p. 167) 티지민 주민들에 따르면 티지민의 종교 길드는 '원래'(그들은 정확히 언제인지 알지 못했다) 특정 사업이나 수공예oficio에 종사하던 노동자의 '조합'이었고, 조합 가입은 의무적이었다. 이 길드는 오늘날 종교적 기능만 담당하는데, 대규모 성축일의 종교적 사안을 책임진다. 현재 종교 길드 가입은 자발적이며,

---

12 미국의 인류학자로 시카고대학교 인류학과 교수를 역임했다. 멕시코 찰마 성지 연구를 수행하고, 《A pilgrimage to Chalma 찰마 순례》(1970)를 집필했다.

많은 회원이 티지민 외곽 지역 출신이다. 이는 지역 주민만 가입시키는 멕시코 중부의 '신도회' 전통과 대조된다. 종교 길드의 통치기구는 회장, 총무, 회계, 다양한 위원회 임원vocal으로 구성되며, 비非지역 교구민이라도 얼마든지 선출이 가능하다. 한번 선출된 임원은 '앙피트리온anfitrión(주인)'이라 불리는데, 이 명칭은 다소 의아하다. 제우스Zeus와 바람난 아내를 둔 그리스신화의 암피트리온 Amphitryon[13]에서 파생됐기 때문이다. 임원은 티지민의 영구 거주자여야 한다. 몇몇 종교 길드에서는 세 동방박사에게 바친 서약을 지키려고 자발적으로 임원 역할('주인')을 떠맡는다. 이들의 주된 임무는 성축일fiesta 만찬을 준비하는 것인데, 그때는 보통 길드의 구성원이 모두 참여한다(때로 성축일 참여자는 600~800명에 이른다). 다시 말해 '주인'은 임명되는 순간부터 성축일 연회에 사용할 돼지와 칠면조, 기타 별미를 조달하고 살찌워야 한다. 성축일 2~3일 전에는 그들의 아내나 길드의 여성 회원이 음식 준비를 도우러 온다. 길드 회원은 현금, 현물, 서비스 등으로 연회 준비를 돕는다. 레드필드에 따르면 길드는 남녀 회원으로 구성되며, 회원 자격은 3년간 유지된다(1941, p. 299). 몇몇 길드는 여러 하위 조직으로 나뉘는데, 이 조직 중 일부가 독립적인 길드가 되는 것도 가능하다. 레드필드가 연구하던 시절 이후 길드가 9개에서 12개로 늘어났기 때문이다. 레드필드는 길드 하위 조직의 모든 구성원이 때로 같은 도

---

13 그리스신화에서 헤라클레스(Heracles)의 양부이자 알크메네(Alcmene)의 남편. 제우스와 알크메네 사이에 태어난 아들 중 한 명이 헤라클레스다.

시나 마을, 메리다(유카탄 주의 수도) 출신이었다고 말한다. 이 조직 구성은 오코틀란이나 메리다 순례 협회와도 유사하며, 티지민이 유카탄 주에서 중심적 기능을 수행하는 것을 시사한다. 사실 티지민은 유카탄 주를 넘어 캄페체, 킨타나로오, 더 나아가 과테말라와 온두라스 일부, 궁극적으로는 옛 마야의 오이쿠멘oikoumene 지역에 대해서도 중심지 역할을 한다.

지역 종교 길드의 직위는 연임이 가능한데, 이는 마요르도미아 같은 다른 종교 기구 체계와 대조된다. 물론 몇몇 종교 길드를 한 가정이 관리하기도 한다.

종교 길드에 대한 명칭은 다양하다. 여기에는 여러 명명 기준이 있다. 그레미오 데 세뇨라스Gremio de Señoras나 그레미오 데 세뇨리타스Gremio de Señoritas(남자도 가입 가능하다)는 성별이나 시민의 지위에 근거한 것이다. 때로 그 기준은 그레미오 데 아그리쿨토레스Gremio de Agricultores(농부 길드)처럼 직업이 되며, 어떤 길드는 교황 레오 8세 그레미오Gremio of Leo VIII나 동방박사 그레미오Gremio of the Holy Kings처럼 종교적 위인의 이름을 그대로 사용한다. 나는 이틀간 머물렀기 때문에 거기에 얼마나 많은 조합이 있는지 파악하기 어려웠다. 레드필드는 9개라고 적었고, 우리가 만난 정보 제공자 중 12개라고 한 사람도 있지만, 그들이 정확한 명칭을 들려준 길드는 앞서 언급한 5개와 그레미오 데 벤데도리스Gremio de Vendedores(상인 길드)까지 6개뿐이다.

각 길드가 성축일 중 하루의 만찬을 책임지며, 길드별로 할당된 만찬일이 해마다 동일하다는 데는 모두 동의했다. 이는 길드 회원의 만찬 준비를 수월하게 하기 위함이다.

티지민의 길드 체계는 개방적이고 다양하며 유연하다. 정도의 차이는 제도화된 교회에서 독립된 전이적·커뮤니타스적인 성격과 양식을 잘 보여준다. 구조적으로 교구 주교는 길드와 아무 관련이 없다. 주교는 길드 회원이 아니므로 길드 업무에 어떤 권한도 없다. 이것은 특별한 교회 규정 때문이 아니라, 작고 쾌활하며 지적인 '판치토Panchito' 신부가 말했듯이 그가 어떤 길드에 속했다면 모든 길드에 속해야 하는데, 그건 사실상 어떤 길드에도 속하지 않은 것과 마찬가지였기 때문이다. 그의 역할은 길드를 보완하는 것이었다. 길드도 그를 도와야 했는데, 그가 특별 미사를 집전해 길드에 종교적 존재 이유를 제공하기 때문이다. 어떤 의미에서 엄숙하지만 축제와 연관된 길드의 다른 기능은 그런 신성한 정당화에 근거한다. 그러나 그 중요성에도 길드와 주교의 상호작용은 제한적이다. 주교의 역할은 친근한 목회자가 아니라 제도적 성직자에 가까우며, 친밀하기보다 구조적이다. 멕시코인의 종교적 삶의 많은 측면이 그렇듯이, 주민과 지역을 동시에 의미하는 푸에블로는 세속 승단에서 상당한 자율성을 확보한다. 이는 특히 순례라는 영역에서 그런 것 같다. 멕시코에서 전통적 순례는 현대적 기술의 도움을 받아 지금도 계속된다. 순례는 기독교의 현대화나 개혁과 무관하다는 듯이.

세 동방박사 축제는 18일 동안 치르며, 9일 기도가 두 번 이어진다. 첫 번째 9일 기도는 종교적 영역을, 두 번째 9일 기도는 축제와 상업적 측면을 강조한다. 전 세계 순례 기념행사가 그렇듯이 세 동방박사 축제도 크게 세 요소(엄숙성, 축제성, 시장 거래)로 구성된다. 세 요소는 각각 인간이 일상적인 구조적 역할과 지위에서 벗어나 도달하는 세 가지 전이적 해방과 자발적 행위를 대표한다. 티지민에서 종교 길드는 첫 번째 9일 기도의 마지막 날이자 축제 시작일인 1월 8일에 가장 중요한 역할을 하는 것 같다. 이 날짜는 철저히 마야 식으로 계산되는 대중적 축제의 셈법이 교회의 전례력보다 우선함을 보여주는 흥미로운 사례다. 교회력으로 계산하면 세 동방박사의 성축일은 1월 6일이 되어야 한다.

레드필드가 썼듯이 처음에는 9개 길드가 있었던 것 같다. 축제가 점점 인기를 얻고 무역 박람회 비슷해지면서 그 숫자가 12개로 늘어난 것이 아닌가 싶다. 박람회를 연상하는 것은 특히 두 번째 9일 기도 기간이다. 이때 지역 정부는 적극적으로 축제 운영에 참여한다. 레드필드는 티지민 시 정부 공무원들이 정치적 성향에 맞는 위원회를 조직하여 하랴나스jaranas(유카탄 주의 전통 춤), 로데오, 투우 경기에서 음악을 연주할 사람을 고용하는 과정을 생생하게 묘사한다(pp. 298~299). 그 위원회는 필요한 자금을 조달하기 위해 크리스마스에 경매를 열어 축제 기간의 상점 운영권을 판매했다. "예를 들어 투우장, 바케리야스vaquerías(하랴나스를 포함한 유카탄 주의 전통 춤), 회전목마, '행운의 바퀴', 그 외 음식이나 음료를 팔고 도박 게임 등을 제공할 수 있는 40~50개 '자리puesto'가 판매되었다." 레드필드에 따르면 위원회가 벌어들인 총수익은 공공 발전을 위한 시 정부 기금에 귀속되어야 한다(이는 부분이 아니라 전체를 강조하는 커뮤니타스 정신과도 상응한다). 그중 일부는 '위원회 주머니로' 들어간다고 알려졌는데, 크게 틀린 말은 아닐 것이다.

내 정보 제공자들에 따르면 1월 8일은 축제의 클라이맥스다. 이 날을 기점으로 축제 참여율이 떨어지는데, 종교적 성격을 띠는 첫 번째 9일 기도가 끝나기 때문이다. 레드필드가 현지 조사를 한 1920~1930년대, 그러니까 반종교적인 플루타르코 카예스Plutarco Calles 대통령이 집권하기 전에는 상황이 조금 달랐던 것 같다. 당시 "티지민 축제는 아주 정연한 행사여서 독실한 신자도 참여할 수 있었다"(1941, pp. 299~300). 오늘날 다른 순례 성지와 마찬가지로 티지민에서 종교적 측면이 새롭게 부상하는 것 같다. 구조화된 교회에서 진행 중인 우상파괴주의적 · 합리주의적 근대화 과정에 맞서, 순례가 대중적 가톨릭주의의 마지막 보루로 여겨지기 때문일 것이다. 순례는 현대적 산업화, 관료주의 사회에서 발견되는 몰개성적 · 아노미적 경향에 대한 반작용이자 대안으로 작동하는 것 같다. 애브너 코헨Abner Cohen(1969)과 아이젠슈타트Shmuel Noah Eisenstadt가 여러 민족지에서 기술한 '재부족화retribalization' 과정과도 무관하지 않아 보인다. 어쨌든 오늘날 마야인의 후예는 자신이 멕시코인임을 그 어느 때보다 자랑스러워하는 것 같다. 진정한 멕시코인이 된다는 데는 마야 기독교 혼합 성지로 향하는 순례자가 된다는 의미도 포함된다.

앞선 논거에 근거해서 이제 멕시코 순례 성지의 상징체계에 관한 몇 가지 일반화를 시도하고자 한다. 첫째, 멕시코에서 마을이나 소지구barrio santos 단위 성지와 대조되는 최대 규모 성지는 보편적이고 초자연적인 아버지와 어머니 형상의 존재에게 바쳐지는 듯하다. 예를 들어 찰마와 사크로몬테에서 예수는 '하느님의 아들'이 아니라 '주 아버지Father God'로 인식된다. 둘째, 그 성지는 종종 언덕이나 산, 동굴, 우물, 샘 같은 자연 지형과 연계된다. 셋째, 멕시코에서 중요한 기독교 순례 성지 몇몇은 콜럼버스가 신대륙을 발견하기 전의 주요 토착 성지나 그 인근에 위치한다. 넷째, 많은 순례 성지는 이전의 토착 성지와 후대의 기독교 성지가 중첩되는 경향 때문에 한 성지나 교회당, 종교적 건축물이 아니라 각기 다른 역사적 시기에 축조된 여러 건물로 구성된다. 보통 그런 성지에서는 주요 성소로 접근할 때 영역이 구획된 여러 소규모 성소를 지나가야 한다. 이 소규모 성지는 종종 14개 구역으로 구성된 십자가의 길이나 거룩한 묵주의 15개 신비와 같은 공간적 형태를 취한다. 늘 그런 것은 아니지만, 성소의 진입로는 참회와 인내를 통한 영혼의 고양을 나타내기 위해 종종 언덕 위로 올라가는 형태를 취한다. 다섯째, 멕시코 종교 체계에서 과달루페 성지는 다른 모든 성지와 구별되는 특별한 위상이 있다. 과달루페 성지에는 멕시코의 타 순례 신앙에서 직간접적으로 차용된 요소가 전혀 없다. 반면 다른 모든 순례 성지에는 과달루페 성모에게 바쳐진 성소, 회화, 조각상이 존재한다. 이는 멕시코의 신비주의적 민족주의에서 과달루페 성모의 지배적 상징으로서 위상을 잘 보여준다. 나는 더 나아가, 과달루페 성모가 과거와 현재의 멕시코 정치 체계를 넘어서 확장되는 가톨릭 커뮤니타스의 상징이라고 본다. 몇몇 도시, 예를 들어 시날로아 주의 쿨리아칸Culiacán에는 멕시코시티 과달루페 성지의 공간 구조를 그대로 본뜬 성지가 있다. 거기도 원래 성지처럼 도시 바깥 언덕에 성당이 있고, 묵주의 신비를 재현하는 성소와 인접한 순례자의 길이 있다. 이는 우주론적 구상에 따라 도시를 설계한 콜럼버스이전 시대의 전통을 상기시킨다. 최근 폴 휘틀리Paul Wheatley는 많은 고대 문명에 이런 전통이 있음을 밝혀냈다(1971). 그 문명에서 지상의 건물과 구역은 우주론적 영역 구획 양식을 복제한 것으로, 인간의 인지구조 자체를 공간적 배치로 번역한 것이라 할 수 있었다. 그 사례는 아스텍과 마야문명의 달력 주기에서도 발견된다(존잉햄John Ingham, 〈Time and Space in Ancient Mexico고대 멕시코의 시간과 공간〉, 1971 참조). 지방 도시의 공간계획도 수도의 공간계획을 복제하는 경향이 있었다. 과달루페 성지를 멕시코 순례 체계의 영적 수도首都로 본다면, 위의 현상은 또 다른 문화적 층위에서 과거가 현재에 보존됨을 보여주는 사례가 된다. 콜럼버스 이후 달라진 멕시코에서 순례는 사회 정치적 구조의 파벌적 대립과 권력 갈등을 대표하기보다, 탈렌시족의 대지 성소가 그랬듯이 가장 넓고 포괄적인 멕시코인의 유대를 상징한다. 순례 체계는 규범적 커뮤니타스의 표현인 동시에 그 수단이다.

여섯째, 도보나 당나귀로 이동하는 많은 순례자에게는 성지로 이동하는 전통적 방식 자체가 중요하다. 현대적 교통수단을 무시함으로써 더 많은 복과 은총을 얻을 수 있기 때문이다. 더 중요하게는 존 홉굿이 멕시코시티 근처의 찰마 순례를 위해 한 달 이상 여행하는 테완테펙Tehuantepec 지협의 사포텍 원주민에 대해 썼듯이, "찰마로 가는 길가에 있는 신성한 중간 성소를 방문하는 것도 필수다. 스페인 정복 이전부터 멕시코인이 해마다 정확히 동일한 루트로 순례했다면 중앙아메리카 전역에서 사상idea과 무역품 trade goods이 어떻게 이동했는지 추가적 정보를 얻을 수 있을 것이다"(1970a, p. 2). 홉굿 본인도 치유의 성모 성지 근처 우이즈킬루칸 Huizquilucán에서 오토미 원주민과 함께 도보로 찰마까지 이동했다. 그는 찰마로 이어진 순례 루트 중간에 콜럼버스 이전 시대의 고고학적 유적지와 연관된 것으로 보이는 신성한 중간 성소가 있다는 것도 확인했다(지도 4 참조). 여기서 유럽의 순례 패턴과 공통점이 발견된다. 위대한 유럽의 순례 성지는 공식 루트가 생기고, 그 루트는 신성한 중간 기착지를 여러 곳 거친다. 멕시코에서도 순례 루트 주변으로 여러 호텔과 병원, 시장이 생기고 성장했다. 월터 스타키의 《The Road to Santiago》(1965, pp. 6~7)에는 성 야고보 성지가 있는 스페인 북서부 산티아고데콤포스텔라로 이어지는 순례 루트 네트워크에 관한 훌륭한 지도가 실렸다. 독일과 영국, 벨기에, 네덜란드, 스페인, 프랑스의 순례자가 그 루트를 따라간다. 그 루트 사이사이에는 소규모 성지가 흩어져 있으며, 순례자에게 영적·물질적 편의를 제공하는 수도원과 교회, 병원이 있다. 이런 현상이 유럽에 국한된 것은 아니다. 인도와 이슬람 순례에서도 최고 성지로 가는 다양한 루트가 있고, 각 루트에는 중간중간 신성한 소규모 성지가 있다(지도 2 참조). 어떤 의미에서 그런 성지가 전체 도로 체계에 자기장 효과를 일으켜 순례 루트 주변의 여러 지리적 특징과 속성에 신성함을 부여하고, 순례자의 편의를 위한 종교적·세속적 건축물이 생겨나게 만드는 것 같다. 사실상 순례 성지는 '장field'을 만든다. 나는 순례 성지가 경제적·정치적 원인만큼 도시,

시장, 도로 체계의 성장에 중요한 역할을 했다고 생각한다. 오토 폰 짐존도 "종교적 충동은 중세인의 삶에 널리 퍼졌고, 심지어 경제구조 전체가 거기에 의존했다. 중세의 경제성장에 필요한 에너지는 종교적 관습과 경험에서 왔다. 그것이 없었다면 중세 경제는 거의 정적인 상태에 머물렀을 것이다"(《The Gothic Cathedral》, 1962, p. 170)라고 썼다. 그는 고딕건축 시기의 주요 순례 성지인 샤르트르, 캔터베리, 톨레도, 산티아고데콤포스텔라를 그 논거로 든다. 프로테스탄티즘 윤리가 자본주의의 전제 조건이었다면,[14] 순례의 윤리는 자본주의가 국가적·국제적 체계가 될 수 있게 한 교통 통신망의 창조에 기여했을지 모른다. 최근 랠프 델라 카바는 브라질 북동부의 빈곤한 오지 마을 호아세이로Joaseiro의 인구가 1889년부터 지금까지[15] 2500명에서 8만 명으로 성장한 과정을 논의했다(1970). 이 놀라운 인구 성장은 거의 전적으로 그 마을에서 일어난 종교적 기적 덕분이다. 그 후 마을이 순례 성지로 개발됐기 때문이다. 물론 브라질과 로마가톨릭교회의 대표자들은 그 기적을 인정하지 않았다. 고대 멕시코에서도 몇몇 중요한 마야 도시는 토착 성지였기 때문에 크게 발전한 것 같다. 예를 들어 에릭 톰슨Eric Thompson은 치첸이트사Chichén-Itzá, 코수멜Cozumel, 이사말 같은 마야 주요 도시에는 '순례 중심지'가 된 신성한 우물cenote이 있었다고 쓴다(1967, p. 133). "그리로 엄청난 순례 인파가 모여들었다. 그중 많은 이들이

---

14 이 구절은 사회학자 막스 베버가 쓴 《프로테스탄티즘 윤리와 자본주의 정신Die protestantische Ethik und der Geistes des Kapitalismus》의 요지다.

15 터너는 이 글을 1970년대 초반에 썼다.

먼 곳에서 찾아왔다"(p. 135). 유카탄 주 최초의 프란시스코파 주교 란다Landa는 치첸이트사와 코수멜 순례를 기독교의 로마와 예루살렘 순례와 비교한다. "더 나아가 이사말은 태양신 키니치카크모Kinichkakmo와 마야 신화의 최고신 이참나Itzamna[16]의 고향으로, 가장 중요한 순례 성지다."(p. 135) 이사말에 대해서는 나중에 더 논의할 텐데, 그 도시는 수 세기 동안 유카탄 주에서 가장 중요한 기독교 성지로 기독교 신이 아니라 성모마리아에게 바쳐진 곳이다. 여기서는 순례가 때로 도시를 만들고 지역을 통합한다는 관점을 취했지만, 그렇다고 순례가 옛 사회 정치 체계의 의례화된 잔존물이라는 관점을 버릴 필요는 없다. 여기서 우리는 특정 조건 아래 커뮤니타스가 정치 경제적 구조로 석화石化했다가 새로운 대안적 거점이 생겨나거나 그것이 옛 정치 경제적 거점을 대체할 때, 커뮤니타스적 거점으로 재생되는 과정을 관찰할 수 있다. 새로운 세속적 사회구조는 옛 구조와 상호 보완적 관계를 맺으며, 이때 옛 구조는 신성화되어 전이적인 커뮤니타스적 특성을 부여받는다. 순례 인파가 몰려 많은 사람이 주변부 성지 주위에 정착하면, 이전의 중심지는 주변부가 되고, 현재의 주변부는 새로운 중심지의 맹아가 될 것이다. 그러나 새로운 순례 성지는 기적을 행하는 자나 성인, 그들의 치료 행위에 대한 소문이 퍼지면서 계속 생겨난다. 이런 성지는 완전히 새로운 장소에 들어설 수 있다. 그런 대중 신앙이 어떤 조건에서 공식 종교 체계의 권위자가 승인하는 정식 순례 전통으로

---

16 마야 신화에서 낮과 밤, 하늘을 지배하는 신.

자리 잡는지는 집중적인 연구가 필요한 문제다. 여기서는 랠프 델라 카바의 역사적 연구가 대단히 귀중하다. 순례 전통으로 확립되는 데 실패하는 사례도 성공하는 사례만큼 중요한 인류학적 주제다. 현재로서 순례 전통이 살아남는 최고의 기회란, 정통 종교 체계에 대항한 이단적 의견과 전례가 없는 종교적·상징적 행위 양식을 도입할 때보다 정통 종교 체계에 새로운 활력을 부여할 때가 아닌가 싶다. 전자에서는 종파나 이단, 천년왕국 운동이 등장하지 순례 성지가 생기지 않는다. 순례 신앙이 생겨 기적을 일으키려면 옛 종교 체계도 여전히 살아 있다는 사실이 보여야 한다. 그러나 순례 신앙이 옛 종교 체계에서 수십 년, 때로는 수백 년간 잠들었거나 거의 잊힌 영역을 되살릴 때도 옛것은 전통으로 머물러야 한다. 종교는 문화 체계와 비슷한 방식으로 지속된다. 부분적으로 그 이유는, 대중적 관심과 에너지가 모든 문화영역과 층위에 동등하게 분배되지 않고 시대마다 하나 혹은 몇 개 영역에 집중되기 때문이다. 나머지는 폐기·삭제되는 게 아니라 발현되지 않은 상태로 남거나, 간신히 명맥만 이어가다 새로운 대중적 관심이 주어지면 빠르게 활성화된다. 특정 체계에서는 참신하고 도전적으로 보이는 요소도 장기적으로 보면 그 문화 체계 유지 메커니즘의 일부다. 앞서 보았듯이, 계속 살아남아 번성하는 성지는 옛 순례 성지와 접합되기도 한다. 멕시코에서는 과달루페, 찰마, 이사말, 오코틀란의 성지가 그 예다. 이 공간적 중첩은 옛 종교 체계에 대한 의식적 거부와 무의식적 수용을 동시에 보여주는 것일 수 있다. 이 경우 단호하게 거부되는 것은 옛 구조이며, 암묵적으로 수용되는 것은 끊임없이 반복되는 커뮤니타스다. 그 커뮤니타스는 규범적이지 않으며(규범은 의식적으로 거부되기 때문에), 부활한 진정한 동료애의 약속처럼 간주된다.

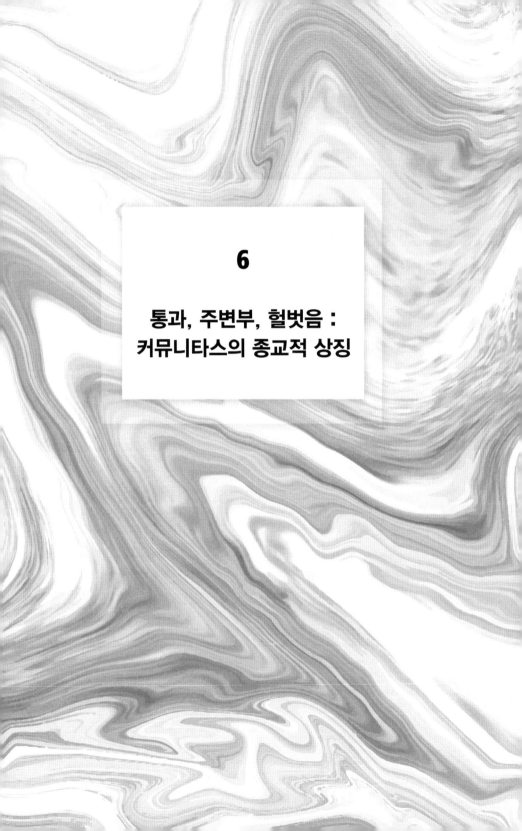

6

통과, 주변부, 헐벗음 :
커뮤니타스의 종교적 상징

통과, 주변부, 헐벗음 :

커뮤니타스의

종교적 상징*

* 이 글은 1967년 8월 다트머스대학교(Dartmouth College)에서 열린 신화 · 의례 학회에서 처음 발표했고, 수정을 거쳐 《Worship 워십》 46, 1972년 8~9월, pp. 390~412; 10월, pp. 432~494에 게재되었다.

이 장에서는 내가 《의례의 과정》에서 사회구조와 대립되는 개념으로 제시한 '커뮤니타스'라는 사회적 관계성의 양식을 탐구한다. 커뮤니타스는 모두 경험하지만, 지금까지 대다수 사회과학자가 이를 천착해볼 만한 대상으로 간주하지 않았다. 커뮤니타스는 종교나 문학, 드라마, 예술에 본질적인 것이며, 법과 윤리, 친족 심지어 경제 영역에도 깊이 뿌리내리고 있다. 커뮤니타스는 부족사회의 통과의례, 천년왕국 운동, 수도원 생활, 반문화 운동, 그 외 수많은 비공식적 상황에서 발견된다. 이 장에서 나는 '커뮤니타스'와 '구조'를 더 명확하게 정의할 것이다. 먼저 내 커뮤니타스 연구의 계기가 된 문화 현상이 어떤 것이었는지 말하고 싶다. 무엇보다 내게는 문화의 세 측면, 즉 리미널리티, 이방인성, 구조 내에서 열등성structural inferiority이 유난히 비사회구조적non-social-structural인 의례적 상징과 신념으로 가득 찬 것처럼 보였다.

리미널리티는 통과의례를 설명하는 방주네프의 개념 '전이 의례transition rites'에서 빌려온 것이다. 그 의례에서는 개인의 상태, 사회적 지위, 연령 등급의 변화가 수반된다. 전이 의례는 분리 단계, 주변부 단계(혹은 경계limen 단계. 리멘은 문지방을 뜻하는 라틴어로, 이 단계에서 실제적·상징적 경계의 중요성을 잘 나타낸다. 물론 많은 경우

'터널 속에 있음cunicular'이라는 단어가 이 단계의 은밀한 성격, 신비한 어둠에 더 잘 어울리는 것 같다), 재통합 단계로 구성된다.

분리 단계는 개인이나 집단을 종전 사회구조나 문화적 조건('상태') 내의 고정된 위치에서 떼어내는 상징적 행위로 구성된다. 그 다음 전이기liminal period에서는 의례적 주체('지나가는 자passenger' '리멘을 넘는 자liminar')의 상태가 모호해진다. 그는 분류 가능한 어떤 고정 범주에도 속하지 않는, 이도 저도 아닌betwixt and between 존재가 된다. 그 상태에서 과거에 가졌거나, 미래에 가질 어떤 속성과도 무관한 상징적 영역을 통과하는 것이다. 셋째 단계에서는 의례적 통과가 완료되어 의례적 주체이던 신참자는 사회구조로 다시 진입한다. 이때 늘 그런 것은 아니지만, 종종 이전보다 높은 지위를 획득한다. 의례적 강등이 일어날 때도 있다. 예를 들어 군법회의나 종교적 파문은 의례적 고양이 아니라 의례적 격하를 위한 것이다. 파문 의례는 교회의 신도석이나 본관이 아니라 현관이나 그 앞의 홀에서 거행한다. 이는 파문된 자가 앞선 공간에서 추방되었음을 상징적으로 나타낸다. 그러나 리미널리티 속에서 대다수 상징은 거의 어디서나 입사자(initiare, '시작하다'), 신참자(nŏvus, '새로운' '신선한'), 초보자(νεεος-φυτον, '새로 자라난')가 자신이 속한 문화적 규정이나 분류 체계에서 구조적으로 보이지 않는 존재임을 나타낸다. 그는 구조적 지위에 수반되는 외적 속성을 빼앗기고, 사회생활의 주된 무대에서 격리되어 은둔을 위한 오두막이나 야영지에 놓인다. 그리고 이전의 지위와 무관하게 동료 입사자와 동등한 지위로 격하된다. 나는 커뮤니타스가 리미널리티 내에서 출현한다고 주장했다. 커뮤니타스는 사회성의 자발적 표현일 수도 있고, 최소한 자발적·실존적인 커뮤니타스를 형성하기보다 규범으로서 평등성과 동료애를 강조하는 문화적·규범적 형식을 갖출 수도 있다. 자발적 커뮤니타스는 여러 장기적인 성인식에서 실제로 형성된다.

리미널리티에는 이도 저도 아닌 상태뿐 아니라 이방인성도 존재한다. 이는 영구적·선천적으로 특정 사회 체계의 구조적 패턴에서 벗어난 상태 혹은 상황적·일시적·자발적으로 해당 체계의 지위와 역할 보유자에게서 자신을 분리한 상태를 말한다. 여러 문화에서 이런 이방인에는 샤먼, 점쟁이, 영매, 사제, 수도승, 히피, 부랑자, 집시가 포함된다. 이들은 '주변인marginal'과 구별되어야 한다. 주변인이란 상이한 사회적·문화적 규범이 있거나, 선천적·후천적 요인이나 개인의 의지, 성취에 따라 종종 대립하는 집단에 동시에 속하는 사람을 말한다(스톤키스트Everett Verner Stonequist, 토머스William Isaac Thomas, 즈나니에츠키 참조). 이 범주에는 이민자, 2세대 미국인, 혼혈인, 벼락부자(신분 상승한 주변인), 몰락한 귀족(신분 추락한 주변인), 시골에서 도시로 이주한 자, 비전통적 역할에 놓인 여성이 포함된다. 주변인은 '열등 집단'인 자신의 출신 집단에서 커뮤니타스를 찾고, 그들이 속하고 그 안에서 더 높은 지위를 추구하는 특권 집단을 구조적 준거집단으로 여긴다는 점이 흥미롭다. 그들은 때로 커뮤니타스적 관점에서 구조를 비판하는 근본주의자가 되며, 때로는 정서적으로 더 따뜻하고 평등한 커뮤니타스적 유대를 부인하는 인간이 된다. 보통 그들은 매우 의식 있고 자의식이 강한데, 이 집단에서 작가나 예술가, 철학자가 배출되는 비율이 유난히 높다. 데이비드 리스먼David Riesman은 자신에게 기대되는 정체성에 주관적으로 동화되지 못하는 사람을 '은밀한' 주변인이라 칭했는데, 이는 주변인 개념을 너무 부풀린 게 아닌가 싶다(1954, p. 154). 주변인 역시 '리멘을 넘는 자'처럼 이도 저도 아닌 상태다. 그러나 의례적 경계인과 달리 주변인의 지위적 모호함을 해소해줄 확실한 문화적 기제는 존재하지 않는다. 의례적 경계인은 종종 상징적으로 더 높은 지위로 이행하며, 그들의 일시적 지위 박탈은 문화적 필요에 따라 부과된 '의례적'인 것, '겉보기의as-if' 것, '연극적인' 것이다.

종교와 상징 연구자의 관심을 끄는 세 번째 문화적 양상은 '구조 내에서 열등성'이다. 이것 역시 절대적이거나 상대적이며, 영구적이거나 일시적인 문제일 수 있다. 사회적으로 계층화된 계급이나 카스트 체계에서 우리는 최하층민, 추방자, 비숙련 노동자, 불가촉천민harijan, 빈곤한 자를 만난다. 우리는 가난한 자들과 관련된 방대한 신화를 알고, 엠슨William Empson에 따르면 거기서 '목가적' 문학 장르가 생겨났다. 또 종교와 예술에서 소작농, 거지, 천민, '신의 자식들children of God'(간디),[1] 사람들에게 경멸받고 거부된 자들은 종종 자격이나 지위가 없는 인류 자체를 대변하는 상징적 기능을 부여받았다. 이 경우 가장 낮은 자들이 인류 전체를 대변하며, 극단적 사례가 인류라는 전체성을 보여주는 것이다. 계급적

---

1 불가촉천민을 말한다.

계층화가 거의 일어나지 않은 부족사회나 무문자 사회에서 구조적 강함과 약함이 대립될 때, 구조 내에서 열등성은 종종 어떤 가치가 있다. 예를 들어 많은 아프리카 사회는 군사적으로 더 강력한 침입자가 토착민을 정복하면서 형성되었다. 여기서 침략자들은 왕이나 지역 통치자, 마을 우두머리 같은 정치적 직위가 있다. 반면 토착민과 그들의 리더는 종종 대지와 거기에서 자라나는 모든 것의 생산력을 관장하는 신비한 힘이 있다고 여겨진다. 토착민은 종교적 힘, 다시 말해 강한 자들의 법적·정치적 권력에 대비되는 '약한 자들의 권력power of the weak'이 있으며, 내적으로 분절화·위계화된 정치 체계에 대비되는 비非구획된 대지 자체를 나타낸다. 여기서는 전인적 인간 존재로 구성된 비非분화된 전체성의 모델이 지위와 역할에 근거한 사회적 페르소나를 분절된 구조적 위치에 할당하는 분화된 체계와 대립한다. 어쩌면 여기서 원래는 나뉘지 않은 '신적인 인간 형태'가 하늘에서 땅으로 '추락'하여 상충하는 기능으로 나뉘었다는 그노시스주의적 개념을 떠올릴 수도 있을 것이다. 그 사상에 따르면 개별적 기능은 불완전하고, '지성' '욕망' '기술' 등 단일한 경향성에 지배되어 다른 기능과 균형을 이루지 못한다.

이와 비슷하게 친족 중심 사회에서는 권력, 재산, 사회적 지위가 세습되는 '엄격한' 법적 출계선line(부계든 모계든)과 '보조적 혈통'을 구성하는 더 '부드럽고' '정감으로 충만한' 가계(부계제에서는 어머니 측, 모계제에서는 아버지 측)가 대립한다. 법적 출계선과 구별되는 이 반대편 가계side는 종종 개인의 전체 행복을 관장하는 신비한 힘이 있다고 여겨진다. 따라서 많은 부계 사회에서 외삼촌은 이렇다 할 권력이 없지만, 누이의 자식에게 저주나 은총을 내릴 힘이 있다. 다른 경우에는 어머니의 친족이 부계 사회의 가혹함을 막아주는 성역聖域처럼 기능한다. 어떤 경우든 인간은 직계친족(여기서 인간은 여러 법적 권리와 의무에 묶여 있다)보다 메이어 포티스가 '숨겨진 출계선submerged line of descent'(1949, p. 32)이라 부른 보조적 혈통과 관계에서 전체적인 인격으로 존재한다.

이 장에서 나는 리미널리티, 이방인성, 구조 내에서 열등성의 관계와 그 여러 양상을 고찰하고, 그 과정에서 커뮤니타스와 구조 사이에 존재하는 통시적인 변증법적 관계라 할 만한 것을 보여주려 한다. 그러나 의례화 과정이 뭔가의 틈새나 가장자리에서 종종 발견된다고 말하려면, 그 '뭔가'의 정체를 분명히 밝혀야 한다. 사회구조란 무엇인가? 물론 '구조structure'라는 말은 모든 분석과학에서 통상적으로 사용되며, 심지어 지질학에서도 분류와 서술을 위해 쓰인다. 구조는 사람이 사는 주택, 버팀목과 말뚝으로 된 교량의 건축적 이미지를 상기시킨다. 칸막이(이때 칸막이는 지위로, 어떤 칸막이는 다른 칸막이보다 중요하게 취급된다)가 있는 책상의 관료주의적 이미지를 불러일으킬 수도 있다.

사회과학은 생물학처럼 부분적으로 분석적이며, 부분적으로 기술적descriptive이다. 그 때문에 인류학자와 사회학자의 연구에서 구조는 다양한 의미가 있다. 어떤 이들은 구조를 주로 반복적인 행위 패턴에 대한 설명이라고 여긴다. 즉 뭔가 '저 밖에out there' 있는 것, 경험적으로 관찰 가능하고 측정 가능한 것, 관찰 가능한 행위나 작용에서 발견되는 균일성uniformity으로 간주한다. 인류학계에서는 래드클리프브라운과 그를 따르던 학자들이 이 관점을 강조했는데, 이는 레비스트로스의 격렬한 비판을 받았다. 레비스트로스는 사회구조를 "인간의 의식으로 포착되지 않는 실체(실제로 그 구조가 인간 존재를 지배하더라도)"(1963, p. 121)라고 주장했다. 그에 따르면, 사회에서 직접적으로 관찰되는 모든 것은 "동일한 기저 구조underlying structure가 부분적이고 불완전하게 표현된 것으로, 구조는 그 자신의 실재성을 잃지 않고 여러 사본 속에서 재생산될 수 있다".

> 구조가 관찰될 수 있다면, 경험적 층위가 아니라 이전에 간과된 더 깊은 층위에서다. 관찰자는 처음에는 무관한 듯 보이는 영역을 종합하여 무의식적 범주에 도달하고자 한다. 구조는 이 범주로 구성된다. 한편에는 실제로 작동하는 사회 체계가 있고, 다른 한편에는 신화나 의례, 종교적 재현물을 통해 인간이 사회와 그 사회의 이상적 이미지의 간극을 숨기거나 정당화하려는 방식이 있다. (1960, p. 53)

레비스트로스는 구조란 경험적 관찰 너머에 있는 것인데, 관찰의 층위에서 발견되는 질서를 구조라 믿었다. 그는 래드클리프브라운이 "숨겨진 현실에는 무지하다"면서 비난한다.

나는 사실상 인지구조cognitive structure라 할 수 있는 레비스트로스의 '사회'구조 개념을 차용할 생각이 없다. '통계적 범주'로서 구조 개념을 참조하지 않을 것이며, 에드먼드 리치Edmund Leach의 관점대로 '구조적'이란 용어를 수많은 개인적 선택의 '통계적 결과'로 생각하지도 않는다. 나의 이론적 입장에 더 가까운 것은 사르트르

Jean Paul Sartre의 개념이다. 그는 "집단의 형성과 유지가 개인의 공동 활동에 대한 자발적 참여에 근거"할 때, "자유와 타성의 복합적 변증법"을 구조라고 본다. 물론 이는 내 논의의 구조 개념과 다르다. 내가 말하는 사회구조와 대다수 사회에서 사회질서의 틀frame이라고 암묵적으로 간주되는 것은 무의식적 범주의 체계가 아니다. 그 것은 로버트 머튼의 표현을 빌리면, 특정 사회에서 의식적으로 인정되며 공식적으로 기능하는 "역할군role-sets, 지위군status-sets, 지위-단계status-sequence의 패턴화된 체계"다. 그것은 법적·정치적 규범이나 제재와 긴밀히 결부된다. 로버트 머튼은 '역할군'을 "사회적 지위에서 유래하는 행위와 관계"로, '지위군'을 개인이 점유하는 다양한 사회적 지위로, '지위-단계'를 시간이 흐르면서 개인이 점유하는 연속적인 지위로 정의한다. 따라서 나는 리미널리티를 두 사회 지위 사이에 위치한 중간 전이점midpoint of transition으로, 이방인성을 공식적으로 승인된 사회 지위가 아니라 그 바깥에서 유래하는 행위와 관계로, 최하급 지위lowermost status를 기능적으로 분화된 지위에 따라 차별적 보상이 주어지는 사회계층 체계에서 제일 아래 위치한 지위로 이해한다. '계급 체계class system' 역시 이런 계층 체계의 한 유형일 것이다.

하지만 전이적 의례 현상을 고찰할 때 레비스트로스의 '무의식적 사회구조unconscious social structure' 개념, 즉 신화와 의례 요소의 관계 구조를 고려하지 않을 수 없다. 여기서 잠시 논의를 멈추고 구조와 커뮤니타스의 차이점을 고찰해보자. 모든 사회는 그 발전 정도와 상관없이, 암묵적 혹은 명시적으로 분화되고 분절된 구조적 지위의 체계(위계적일 수도, 그렇지 않을 수도 있는)와 동질적이고 비분화된 전체성whole의 대립을 상정한다. 첫 번째 모델은 '사회구조'에 대한 나의 간략한 스케치와 거의 일치한다. 사회구조의 기본 단위는 지위와 역할이며, 구체적인 살과 피가 흐르는 개인이 아니다. 개인은 그가 수행하는 역할 속에 들어 있다. 여기서 기본 단위는 래드클리프브라운이 페르소나라 부른 것, 즉 역할-마스크role-mask지 유일무이한 개인이 아니다. 두 번째 모델인 커뮤니타스는 종종 개인과 집단의 종교적 · 정치적 행위의 지향점이 되는 에덴동산, 낙원, 유토피아 혹은 천년왕국 운동처럼 문화적으로 위장되어 나타난다. 이 모델에서 사회는 전인적 인격체로서 자유롭고 평등한 동지의 공동체communitas로 그려진다. 우리 모두 경험하는 '소시에타스societas' 혹은 '사회society'는 사회구조와 커뮤니타스를 모두 수반하는 과정이다. 두 요소는 다양한 비율로 분리 · 혼합될 수 있다.

커뮤니타스 상태에 관한 신화적 · 유사 역사적 설명이 없는 사회에서도 평등하고 협력적인 행위가 주가 되며, 세속적인 서열이나 직위, 지위의 구별이 일시 중지되거나 중요치 않아지는 의례가 있다. 비非의례적 상황에서 반복적 행위 관찰과 면담을 통해, 특정 사회의 사회경제적 구조 모델을 고안한 인류학자들도 의례적 상황의 특이성을 간과하지 않았다. 그들은 세속적 · 비종교적 세계에서 깊이 분열된 개인이라도, 몇몇 의례적 상황에서는 일상적 사회 체계의 모순과 갈등을 초월한다고 믿어지는 우주적 질서를 유지하기 위해 긴밀히 협력한다는 사실을 놓치지 않았다. 이것이 실제로 작동하는, 정의되지 않은 커뮤니타스 모델이었다. 모든 의례는 실질적으로 그 길이와 복잡성에 상관없이 구조 내의 특정 지위, 지위군, 영역에서 다른 지위나 영역으로 이행을 재현한다. 이 측면에서 그 의례는 '시간적 구조'가 있으며, 시간 개념에 지배된다고 말할 수 있다.

그러나 많은 의례는 구조에서 구조로 이행하는 과정에 커뮤니타스를 통과한다. 커뮤니타스는 거의 언제나 시간을 초월한 상태, 영원한 현재, '시간 속에 있으면서 시간을 벗어난 시간', 구조적인 시간관이 더는 적용되지 않는 상태로 간주된다. 종종 많은 장기적 성인식의 은둔기는(최소한 그 일부는) 이런 특성이 있다. 나는 다양한 종교의 순례 여행에서도 커뮤니타스적 특성이 발견됨을 알아차렸다. 예를 들어 의례적 은둔기에는 변화 없는 날이 몇 주간 이어진다. 부족사회 성인식에서 신참자는 기독교나 불교의 수도승이 그렇듯이, 종종 일출이나 일몰 때처럼 정해진 시간에 일어나고 잠들어야 한다. 그들은 부족의 전설과 노래, 춤에 대해 연장자(숙련자)에게 교육을 받고, 그들의 통제 아래 사냥을 하거나 일상 업무를 처리한다. 어떤 의미에서 모든 날은 같은 날이며, 같은 날의 반복이다. 은둔과 리미널리티는 엘리아데가 '경이의 시간a time of marvels'이라 부른 것을 품고 있다. 신, 조상, 지하의 힘을 상징하는 가면쓴 인물이 그로테스크하고, 무시무시하며, 때로는 아름다운 형태로 신참자 앞에 나타난다. 언제나 그런 것은 아니지만, 이 이상하고 신성한 리미널리티적 인물의 행동과 기원, 속성을 설명하는 신화가 자주 구연된다. 성물이 신참자에게 공개되기도 한다. 그 성물은 뼈, 팽이, 공, 북, 사과, 거울, 부채 혹은 엘레우시스Eleusis 신비 의식에 쓰인 양털처럼 단순한 형태를 띨 수도 있다. 하나나 여러 개로 된 그 성물sacra은 종교적 해석의 대상이 되기도 한다. 그 해석은 때로 신화의 형식으로, 때로는 설명 대상인 시각적 상징보다 덜 어렵다고 할 수 없는 난해한 말로 주어진다. 그 시각적·청각적 상징은 문화적 연상 기호mnemonics로 기능한다. 커뮤니케이션 공학자라면 이를 정보의 '저장소'라고 불렀을 텐데, 여기에 저장된 것은 실용적 테크닉이 아니라 한 사회의 심층 지식을 한 세대에서 다른 세대로 전승하는 우주론이나 가치, 문화적 공리에 관한 지식이다. 이런 장치, 즉 '장소가 아닌 장소, 시간이 아닌 시간'(웨일스 민속학자이자 사회학자인 알윈 리스Alwyn Rees가 켈트족 음유시인의 언어를 설명하면서 쓴 표현)은 부분자 사회에서 더 중요하다. 거기서는 모든 문화적 축적물이 구전 문화나 규범화된 행위 패턴과 물건에 대한 반복된 관찰을 통해 전승되어야 하기 때문이다. 이렇다 할 기능이 없는functionless 요소가 신화에서 구조화되고 의례 패턴에서 보존되어 몇 세기 동안 흘러오다가, 적절한 사회경제적 환경을 만나면 다시 활성화되는 것이 아닐까 싶다. 멕시코 반란군이 19세기 유카탄의 카스타 전쟁에서 콜럼버스 이전 시대에 킨타나로오에 존재한 마야 사회조직을 모방했듯이 말이다. 이 내용은 넬슨 리드Nelson Reed의 흥미로운 책 《The Caste War of Yucatán유카탄의 카스타 전쟁》에 소개되었다. 사회는 주요한 전이적 상황을 통해 자신을 인지cognizance of itself 한다. 더 정확히 말하면, 해당 사회 구성원은 고정된 지위와 직위 사이에 놓인 기간 동안 제한적이지만 우주 속 인간의 위치와, 인간과 다른 부류의 가시적·비가시적 실체의 관계에 대한 총체적 시각을 획득한다. 개인은 신화와 의례의 전이적 과정을 통과하면서 사회관계의 총체적 패턴과 그것의 변화에 대해 배운다. 다시 말해 그는 커뮤니타스 속의 사회구조를 배우는 것이다. 이런 배움은 명시적 가르침이나 언어적 설명에 크게 의존하지 않는다. 많은 사회에서 신참자가 특정한 성물과 문화의 다른 측면의 복합적 관계를 인지하고, 그 관계 구조에서 신성한 상징이 어떤 위치(예를 들어 무엇이 위에 있고 아래 있는지, 무엇이 왼쪽에 있고 오른쪽에 있는지, 무엇이 안에 있고 바깥에 있는지, 그 상징의 성별이나 색깔, 질감, 밀도, 온도 같은 속성은 어떤지)를 점하는지 아는 것으로 충분하다. 그들은 이를 통해 우주와 사회의 중요한 양상이 어떻게 연계되며, 그런 연계 양식의 위계는 어떤지 알 수 있다. 신참자는 레비스트로스가 신화와 의례의 디테일 아래 숨어 있는 '감각적 코드sensory code'라 칭한 것을 배우며, 시각이나 청각, 촉각 등 각기 다른 코드에서 표현된 대상과 사건의 상동성homologue을 깨닫는다. 여기서 종종 세심하게 구조화된 그 메시지의 전달 방식은 비언어적이다.

이런 사실에서 내가 '구조'와 '커뮤니타스' 개념을 대립시킨 것이 다소 부적절했음을 알 수 있다. 커뮤니타스의 전이적 상황에도 일종의 구조는 존재하기 때문이다. 하지만 이 구조는 래드클리프브라운이 말한 사회구조가 아니라 상징과 관념으로 된 구조, 교육을 위한 구조다. 여기서 레비스트로스적 구조, 즉 신참자의 정신에 생성적 규칙과 규범, 수단을 각인하는 수단을 찾아내기는 어렵지 않다. 그 규칙은 문화와 언어의 상징을 활용해 언어적 · 문화적 표현을 끊임없이 벗어나는 인간의 경험을 어느 정도 이해 가능한 것으로 만든다. 우리는 그 안에서 레비스트로스가 '구체의 논리a concrete logic'라 부른 것을 발견할 수 있고, 그 뒤에서 인간의 정신 혹은 인간의 뇌 자체의 근본 구조를 찾아낼 수도 있다. 신참자의 정신에 이런 훈육용 구조를 새겨 넣으려면 사회적 · 법적 · 정치적 의미의 모든 구조적 속성을 그들에게서 박탈해야 한다. 단순한 사회일수록 지위, 재산, 서열, 직위를 잠시나마 박탈당한 인간이 부족의 신비 의식이나 은밀한 지혜, 즉 부족민이 문화의 심층 구조(우주의 심층 구조)라고 간주하는 지식을 전수傳受할 수 있다고 믿는 것 같다. 물론 그 지식의 내용은 과학과 기술의 발전 정도에 따라 달라지지만, 레비스트로스가 주장했듯이 종종 우리 눈에는 괴이한 상징적 재현처럼 보이는 지각 가능한 외피에서 분리한 '야생의' 정신 구조는 우리의 정신 구조와 동일하다. 레비스트로스의 주장에 따르면 우리도 원시인처럼 이항 대립의 관점에서 사고한다. 우리도 원시인처럼 심층적인 구조적 규칙을 포함해서 관념과 관계를 결합 · 분리 · 중재 · 변환하는 규칙이 있다.

그런데 법적 · 정치적 · 공적 · 의식적 구조에 깊이 침윤된 이들은 사고thought의 조합과 대립에 대해 고찰할 여유가 없다. 사회 정치적 구조와 계층에서 유래한 무리 짓기와 대립에 절었기 때문이다. 그들은 전장과 '투기장'의 열기 속에서 직위를 위해 경쟁하며, 반목과 파벌, 무리 짓기에 참여한다. 그 과정에는 불안, 공격성, 질투, 두려움, 고양, 합리적인 사색을 방해하는 격앙된 감정이 수반된다. 그러나 인간은 의례적 리미널리티 속에서 전 사회 체계와 그것의 갈등에서 벗어난다. 그들은 잠시나마 외따로이 떨어진 이들이 된다. 놀랍게도 '신성한sacred'이란 단어는 많은 사회에서 '분리된' '한쪽으로 치워둔'으로 번역된다. 사회구조 속에서 살기 위해 분투하는 것을 '빵'에 비유하면, 인간은 '빵만으로' 살지 않는다는 말은 진실이다.

지위와 직위만으로 인간의 역량을 충분히 발현할 수 없다. 마르크스가 아우구스티누스의 방식으로 멋지게 표현했듯이 "인간 안에서 권력은 잠든다(작동을 멈춘다)". 아우구스티누스가 주장한 배종 이성설rationes seminales에 따르면, 이성은 태초의 우주 속에 심어져 역사 속에서 저절로 작동한다. 아우구스티누스와 마르크스는 사회 변화를 발전과 성장의 관점에 입각한 유기체 은유로 설명한다. 마르크스에게 새로운 사회질서는 종전 질서의 '자궁'에서 '자라나며' '산파'적인 힘에 의해 '태어난다'.

무문자 사회에서는 생존의 필요 때문에 여가가 거의 발달하지 못했다. 인간을 가족이나 종족, 씨족, 추장제 내의 일상적·구조적 위치에서 벗어나게 하는 기회는 의례적 명령의 형태로, 의례를 집전하는 자의 권위를 통해 주어진다. 주요 통과의례의 전이기에 '신참자'나 '의례 집전자'는 의례적 요구에 따라 인간이 경험하는 신비, 그들의 사회를 괴롭히는 곤란, 개인적 문제, 그들의 가장 현명한 선조들이 이 신비와 곤란에 질서를 부여하고 설명하고 해명하고 감추고 가리려고 한 방식을 자유로이 숙고할 수 있다(여기서 '감춤cloak'과 '변장mask'은 조금 다르다. '감춤'은 말 그대로 뭔가 '은폐하는'

것이며, '변장'은 대상에 규범화된 해석에서 유래한 '특징feature'을 부여하는 것이다). 리미널리티에는 금욕과 훈육, 신비주의의 맹아뿐 아니라 철학과 순수 과학의 맹아도 숨어 있다. 플라톤이나 피타고라스 같은 그리스 철학자도 신비주의 신앙과 관계가 있었다고 알려졌다.

여기서 나는 여러 세속적인 주변적·전이적 상황에서 자주 관찰되는 커뮤니타스의 자발적 행위를 언급하는 게 아니다. 예를 들어 영국의 술집, '딱딱한' 파티와 구별되는 '자유로운' 파티, 열차 속 교외 통근자의 '8시 17분 클럽', 크루즈 여행의 승객, (조금 더 진지한 예를 들면) "앉으시오" "사랑하시오" "여기 계시오"라 말하는 종교적 모임, (더 극적인 예를 들면) 우드스톡페스티벌Woodstock Festival이나 와이트Wight 섬 '사람들' 사이에서 형성되는 동료애를 말하는 게 아니다. 나의 초점은 커뮤니타스의 문화적인(따라서 제도화된) 표현물, 구조의 관점에서 바라본 커뮤니타스, 잠재적으로 위험하지만 동시에 활력을 제공하는 순간, 영역, 영토로서 구조에 포함된 커뮤니타스다.

그 기원에서 커뮤니타스는 순수하게 자발적이고 자가—생성적이다.* 실존적 커뮤니타스의 '바람'은 '저 불고자 하는 대로' 분다. 현대물리학의 가설에 따라 반물질이 물질에 대립하듯이, 커뮤니타스는 본질적으로 구조에 대립한다. 커뮤니타스가 규범적인 것이 될 때도 그것의 종교적 표현물은 위험한 방사성 동위원소를 품은 납 컨테이너처럼 규범과 금지로 둘러싸인다. 그러나 커뮤니타스와 접

---

* 여기서 나는 '실존적(existential)' 커뮤니타스와 '규범적(normative)' 커뮤니타스를 구분한다.

촉이나 몰입은 인간에게 필수 불가결한 사회적 조건인 것 같다. 잠시 자유로운 리미널리티의 무도회 의상을 빌려 입는 것뿐이라 해도 사람들은 때로 지위와 관련된 가면이나 외투, 의복, 휘장을 벗어던지고자 하는 강한 욕망을 느낀다. 내게 이 '욕망need'은 '더러운 낱말'이 아니다. 사람들은 이런 행위를 자발적으로 한다. 여기서 커뮤니타스와 리미널리티, 최하층 지위 사이에 모종의 유대가 존재한다는 것을 지적하려 한다. 흔히 계층화된 사회에서 가장 낮은 계급이 가장 직접적·무의식적 행동을 보여준다고 여겨졌다. 이는 경험적으로 사실일 수도, 사실이 아닐 수도 있다. 어찌 되었든 구조적 사다리의 중간부에 위치하여 사회규범 준수의 압력을 가장 크게 받는 이들은 계속 그렇게 믿는다. 그들은 규범의 압력을 덜 받는 집단이나, 제일 높거나 제일 낮은 계급의 행위를 타락한 것이라고 공개적으로 비난하면서도 속으로 부러워한다. 톨스토이와 간디가 삶에서 실천하려 했듯이 최대한의 커뮤니타스적 삶을 추구하는 이들은 사회적 서열의 외적 표징을 최소화하거나 제거하려 한다. 즉 그들은 빈자貧者처럼 입고 행동한다. 이런 극빈의 표징에는 간소하고 저렴한 의복 입기, 농부나 노동자의 작업복 입기 등이 포함된다. 어떤 이들은 커뮤니타스의 '문화적' 성격에 대립되는 '자연적' 특징(여기서 '자연적'도 문화적으로 규정된 것이나)을 표현한다. 예를 들어 기독교나 힌두교, 이슬람교 성인들은 머리칼과 손톱을 깎지 않고 몸을 씻지 않았다. 그러나 인간은 근본적으로 문화적 동물이라, 여기서 '자연'은 오히려 그 자체로 문화적 상징이 된다. 다른 사람과 전인격적으로 만나고, 구조적 벽에 의해 분리되지 않으려는, 본질적인 사회적 욕망을 나타내는 상징 말이다. '자연적'이고 '단순한' 의복 양식(때로는 나체 상태)은 지위나 계급에 근거한 구조적 변별에 맞서 가장 순수한, 인간의 모습 그대로 존재하고자 하는 바람을 나타낸다.

순수한 커뮤니타스를 열망한 역사적 인물을 떠오르는 대로 적어보면 다음과 같다. 중세의 탁발수도회(특히 프란시스코 수도회와 카르멜 수도회). 그들은 규율에 따라 개인 재산뿐 아니라 공동재산의 소유도 금지해서 탁발로 살아가야 했으며, 거의 걸인처럼 입고 지냈다. 성지 순례자인 성 베네딕트 라브레St. Benedict Labré 같은 현대의 가톨릭 성인도 있다. 유럽의 순례지를 끊임없이 주유하는 동안 라브레의 몸은 이와 벼룩으로 덮였다고 한다. 이와 비슷한 청빈과 탁발의 정신은 힌두교, 이슬람교, 인도와 중동의 시크교 신도에게서도 발견된다. 그들 중 일부는 의복을 전부 벗고 살았다. 오늘날 미국의 반문화 지지자도 있다. 그들은 동양의 성자처럼 머리와 수염을 기르고, 도시나 시골의 가난한 사람, 아메리카 인디언이나 멕시코인처럼 소외된 인종 집단의 의복을 입는다. 종전의 사회구조 원리에 대한 일부 히피의 반감은 대단하다. 그들은 미국 문화가 치열한 사회생활에서 강조하는 에너지나 공격성 따위를 전면적으로 거부하고, 목걸이와 팔찌, 귀걸이 등을 착용한다. 1960년대 말에 젊은 미국인들이 '꽃의 힘flower power'으로 군사적 힘과 사업적 공격성에 맞섰듯이 말이다. 이 측면에서 히피는 중세 남부 인도의 비라샤이바Vīraśaiva 성인과도 비슷한 점이 있다. 나의 동료 라마누잔 A. K. Ramanujan은 최근 그 성인들이 칸나다어로 쓴 바카나스vacanas

라는 시 몇 편을 번역했다. 그 시는 정통 힌두교의 전통적인 구조적 이원성에 반대하면서 남성과 여성의 차이가 피상적인 것이라고 반박한다. 나는 박티bhakti 정신을 보여주는 이 시 중 하나를 7장(p. 365)에 인용했다.

구조를 유지하거나 관리하는 자들의 눈에는 커뮤니타스가 규범적일 때조차 위험한 것으로 비칠 수밖에 없다. 사실 정치적 지도자를 포함해서 삶을 대부분 구조적 역할을 수행하며 보낸 이들에게 커뮤니타스는 유혹이기도 하다. 누군들 자신의 오래된 갑옷을 벗어던지고 싶지 않겠는가. 이 상황은 프란시스코파의 초기 역사에서 가장 잘 드러난다. 당시 지나치게 많은 사람이 프란시스코파에 가입하고 싶어 해서 세속 승단에 입단하는 사람은 크게 줄었다. 이탈리아 주교들은 자신의 교구가 어중이떠중이 탁발승이라 여긴 이들에게 추월당하면, 가톨릭교회의 원칙을 유지할 수 없을 거라고 불평했다. 13세기 말, 교황 니콜라우스 3세Pope Nicolaus III는 모든 재산을 포기해야 한다는 프란시스코파의 규율을 수정하라는 칙령을 내렸다. 그 후 교회 구조에 대한 커뮤니타스적 위협은 교회에 이득이 되는 것으로 바뀌었다. 청빈의 원리가 가톨릭교회에 깊이 뿌리내려, 가톨릭교회의 로마식 율법주의나 정치와 사회구조에 지나치게 관여하는 것을 지속적으로 견제하는 역할을 했기 때문이다.

리미널리티의 상징, 특히 사회관계의 상징은 종종 헐벗음과 연관된다. 앞서 보았듯이 미국 사회의 자발적 아웃사이더, 특히 자발적 농촌 거주자도 헐벗음과 극빈의 상징적 언어에 의존한다. 탁발 수도회와 오늘날의 반문화는 최근 인류학자와 역사학자의 대단한 관심을 불러일으킨 또 다른 사회현상과도 연관성이 있다. 이 현상은 다양한 지역과 시대에 일어난 종교운동을 말한다. 신학자와 역사학자, 사회과학자는 이 현상을 '열광적' '이단적' '천년왕국 운동' '재생 운동' '토착주의' '메시아주의' '분리주의' 등 다양한 명칭으로 묘사했다. 여기서 이 운동을 정확히 분류하는 것은 나의 관심사가 아니다. 다만 (1) 부족사회의 의례적 리미널리티 (2) 종교적 탁발 (3) 반문화와 밀접히 연관된 것처럼 보이는 이 종교운동에서 반복적으로 나타나는 몇 가지 속성을 언급하고자 한다. 먼저 이 운동의 구성원은 재산을 전부 포기하거나 공동화하는 일이 흔하다. 예언자적 지도자의 명령에 따라 재산을 모두 파기했다는 기록도 여럿 있다. 내가 보기에 그 이유는 대다수 사회에서 재산의 차이가 국가 없는 단순사회에서 개별 집단을 분할하는 지위나 서열의 차이에 상응하기 때문이다. 재산의 '청산liquidate'이나 '공동 기금pool'(이 유체流體 은유에는 분명 어떤 의미가 있는 것 같다. 이는 세례와 같은 물의 상징주의에서 구체적으로 표현되는데, 레비스트로스가 말한 '구체의 논리'의 한 사례일 수 있다)는 커뮤니타스로 진입하는 것을 방해하는 일상의 구조적 간극을 없애는 것이다.

이와 비슷하게, 많은 문화에서 사회구조의 기본 단위인 가족을 낳는 결혼 제도도 여러 종교운동의 공격을 받았다. 어떤 운동은 가족을 루이스 모건Lewis Morgan이 '원시적 난혼'이라 부른 형태로 대체하거나, 다양한 '집단 결혼'을 시도했다. 이런 노력은 때로 질투에 대한 사랑의 승리로 여겨졌다. 반면 다른 종교운동에서는 독신주의가 관철되어 이성 관계는 형제자매 간의 유대를 확장한 것이나 다름없었다. 다시 말해 몇몇 종교운동은 규율을 통해 성행위를 금지하지만, 어떤 운동은 히피 집단과 비슷하게 성적 배타성을 아예 없애고자 한다. 섹슈얼리티에 대한 이 두 가지 태도는 모두 구조적 구별을 '청산'하여 집단을 동질화하려는 시도다. 부족사회에서도 중요한 통과의례의 전이기에는 성관계가 금지됨을 보여주는 민족지적 증거가 많다. 성적 금욕기 이후에는 성적 방종이 허용되기도 했는데, 이는 모두 일부일처제를 무너뜨리기 위한 대립적인 관계 양식을 나타낸다.*

여담이지만 우리가 섹슈얼리티를 사회성의 원초적 근원으로, 사회성을 중성화된 리비도로 인식하는 대신 커뮤니타스나 구조 중 하나의 표현 양식으로 보는 게 더 타당하지 않을까 한다. 성적 충동으로서 섹슈얼리티는 구조나 커뮤니타스 중 하나를 표현하기 위해 문화적으로(다시 말해 상징적으로) 조작된다. 섹슈얼리티는 사회적 수단을 통해 달성하고자 하는 목표인 만큼, 사회적 목적을 달성하기 위한 수단이다. 구조가 의복이나 장식, 행위의 측면에서 성별 간의 생물학적 차이를 강조·과장한다면, 커뮤니타스는 이런 차이를 축소하는 경향이 있다. 남자와 여자, 소년과 소녀가 모두 신참자로 등장하는 부족사회 성인식의 전이기에 그들은 종종 비슷하게 입고 행동한다. 그 후 그들이 구조적 질서로 돌아가면 관습이 그들을 분리하고, 성적 차이가 강조된다. 몇몇 종교운동의 입회 의례

* 독신주의와 성적 광란주의에서 파생되는 조직의 형태는, 정통 구조 수호자와 이 종교운동 수호자의 태도가 다른 만큼 확실히 다를 것이다.

(예를 들어 아이를 물에 담그는 세례)에서는 남녀 신참자가 동일한 법의를 입는다. 이는 그들의 성적 차이를 가리려는 것이다. 제임스 페르난데즈James Fernandez가 묘사한 가봉의 비위티 의례Bwiti cult에서도 비슷한 상황이 연출된다. 오늘날에도 구조적(혹은 중산층적) 가치가 중시되는 상황에서는 히피에 대한 이런 평가를 쉽게 들을 수 있다. "남자인지 여자인지 통 알 수가 없어요. 죄다 긴 머리에 비슷하게 입고 다니지 않아요?"

남성과 여성의 외양이 비슷하다고 그들 사이에 성적 끌림이 사라지는 것은 아니다. 좀 더 '직설적인straight' 문화의 구성원에 비해 그렇지 않은 문화 구성원의 성생활이 덜 활발하다는 증거도 없다. 하지만 섹슈얼리티는 때로 노만 브라운Norman Brown이 권장하고 앨런 긴즈버그Allen Ginsberg가 극찬한 '다양한 도착적' 형태를 띠는 반문화 구성원에게 커뮤니타스의 포용성을 강화하는 폭넓은 상호 이해의 수단으로 여겨지는 것 같다. 이런 섹슈얼리티는 결혼이나 단계單系적 혈통처럼 특수한 구조적 유대의 배타성에 대항한다.

이 '열광적'이고 천년왕국적인 종교운동이 전통 의례 체계의 전이 상황과 많이 닮았다는 점은 그런 운동 자체에 전이적 특성이 있음을 시사한다. 그러나 그 운동의 리미널리티는 제도화되거나 고정되지 않는다. 차라리 그것은 급진적인 구조적 변화 속에서 자발적으로 생성되는 것으로 봐야 한다. 파슨스가 베버를 따라 '예언적 단절prophetic break'이라 부른 그 시기에는 근본적 사회 원리가 예전의 효력과 규범력을 상실한다. 그렇게 새로운 사회조직 양식이 등장해서 종전 체계에 균열을 일으키다가 나중에는 종전 체계를 대

체한다. 의례와 종교가 종종 사회나 정치 체계의 정당성을 뒷받침
하거나 그것을 가장 생생하게 표현할 수 있는 상징을 제공한다는
사실은 잘 알려졌다. 그래서 기본적인 사회관계의 정당성이 약화
될 때는 그런 관계를 강화해온 의례적 상징체계도 설득력을 잃는
다. 이 구조의 어중간한 틈새에서 카리스마적 예언자가 이끄는 종
교운동은 커뮤니타스적 가치를 강력하게 다시 주장한다. 그 주장
은 종종 극단적이고 반도덕적 형태를 띠기도 한다.

　　그러나 최초의 추진력은 곧 절정에 이르러 그 동력을 상실한다.
베버가 말했듯이 '카리스마가 일상화'되는 것이다. 그다음 커뮤니
타스의 자발적 형식은 제도화된 구조로 바뀌거나, 종종 의례라는
형태로 일상화된다. 예언자와 그 추종자의 행위는 정형화된 의례
형식에서 하나의 행위 모델이 된다. 이 의례적 구조는 중요한 두
가지 양상을 띤다. 한편으로 예언자와 그 추종자의 역사적 행위는
리미널리티의 전형적 특징인 신화적 요소로 가득한 신성한 역사가
된다. 이 역사는 점점 비판이나 수정을 허락하지 않으면서 레비스
트로스적 의미의 구조로 굳어간다. 중요한 사건, 개인, 집단, 행위
유형, 시간적 주기 등에 이항 대립이 설정되고 강조되는 것이다.
다른 한편으로 예언자의 행위나 비전, 메시지는 주기적이고 반복
적인 의례에서 상징적 물건과 행위로 결정화結晶化된다. 문자로 쓰
인 종교사宗敎史가 없는 부족사회의 종교에서도 계절 변화나 새, 동
물의 생애 주기처럼 자연현상과 밀접한 관계가 있는 주기적 의례
는 인간이나 자연재해에 따른 사회적 위기의 순간에 생겨났을 가
능성이 높다. 영감에 찬 샤먼이나 예언자의 신선하면서도 기괴한

비전과 행위에 의해서 말이다.

그 원인이 무엇이든, 프로이트의 '반복 강박' 개념은 커뮤니타스적 경험에서 생겨난 영감에 가득 찬 형식이 상징적 모방을 통해 반복되어 구조의 일상화된 형태로 굳어가는 과정을 잘 설명한다. '비전vision'의 결과물은 반복적인 사회적 행위의 모델이나 패턴이 된다. 개인적·사회적 혼란을 치유·회복하기 위한 것처럼 보이던 말은 원래의 맥락에서 분리되어 자체적인 힘을 지니며, 의례와 주술적 발화에서 공식적으로 반복된다. 창조적 행위가 윤리적·의례적 패러다임으로 변모하는 것이다.

여기서 나의 현지 조사 경험을 소개하려 한다. 나는 잠비아 은뎀부 사회에서 다른 전통적 의례와 상당히 비슷하지만, 사실은 은뎀부 사회의 격동기에 출현했음이 틀림없는 사냥 의례와 치유 의례 체계가 그 사회에 도입된 시기를 대략 추정할 수 있었다. 그 격동기에는 외부적 위협이 은뎀부 사회의 결속감을 강화한 것 같다. 예를 들어 우양 사냥 의례Wuyang's gun hunters' cult와 치함바 치유 의례 Chihamba curative cult의 기도와 상징은 분명히 19세기 노예무역에 시달린 그들의 트라우마와 관련이 있었다. 최근에 생긴 투쿠카 의례 Tukuka cult는 발작적인 몸 떨기와 이방인, 특히 유럽인의 영靈에 사로잡힘의 테마로 구성되었다. 그것은 아폴론적 위엄과 절제를 특징으로 하는 은뎀부의 많은 전통 의례와 대조된다. 그러나 그 상이한 의례는 함께 고통 받는 커뮤니타스 집단으로서 은뎀부 사회를 뚜렷이 드러낸다.

은뎀부 사회뿐 아니라 대다수 주요 종교사에서도 위기가 커뮤니타스를 드러내고, 그런 커뮤니타스의 발현이 종전 구조를 강화하거나 새로운 구조로 대체하는 모습을 볼 수 있다. 가톨릭교회의 다양한 개혁 운동, 루터Martin Luther의 종교개혁, 기독교 세계의 수많은 선교 운동과 재생 운동도 이런 패턴을 따른다. 이슬람교의 두 가지 예로는 베두인족Bedouin과 베르베르족Berber 내에서 일어난 수피즘Sufism과 사누시Sanusi 개혁 운동을 들 수 있다. 인도 힌두교에서 카스트를 청산하려던 여러 종교운동, 불교, 자이나교Jainism, 링가야타교Lingayatism, 비라샤이바 성인, 간디즘Gandhiism, 시크교와 같은 힌두교-이슬람교의 혼합물 등도 그런 예다.

내가 위기와 커뮤니타스, 종교 창시의 연관성을 언급하는 이유는 사회학자와 인류학자가 '사회적인 것the social'과 '사회구조적인 것'을 지나치게 자주 동일시하기 때문이다. 인간은 구조적 동물이며, 호모 히에르아르키쿠스homo hierarchicus(위계적 인간)일 뿐이라는 듯이. 이런 논리에 따르면 사회 체계의 붕괴는 아노미anomie와 불안angst을 낳고, 사회는 뒤르켐이 주장한 대로 병리적일 만큼 자살률이 높은 불안하고 방향을 잃은 숱한 개인의 집단으로 분절된다. 이런 사회는 구조가 없다면 아무것도 아니다. 하지만 이런 논의는 구조적 관계의 와해가 때로 커뮤니타스에 긍정적 기회를 제공한다는 사실을 거의 언급하지 않는다.

이 점을 잘 보여주는 최근의 역사적 사례가 '덩케르크의 기적miracle of Dunkirk'이다. 1940년 연합군의 공식 군대 조직이 와해되자, 커뮤니타스적 정신을 기반으로 한 비공식 조직이 출현했다. 작은 보트에 탄 대원들이 몇몇 군인을 구출한 사건은 흔히 '덩케르크의 정신'으로 불리는 저항 정신을 낳았다. 중국, 볼리비아, 쿠바, 베트남 현대사에서 위계화된 정규군에 맞선 게릴라 부대의 활동을 그 예로 들 수 있다. 나는 격렬한 구조적 격동 속에서 현재 유행하는 세 개념인 아노미, 불안, 소외가 발견되지 않는다고 말하는 게 아니다. 어떤 사회적 장social field 안에서도 대립되는 사회과정이 동시에 작동하며, 그 위기 속에 사회적으로 긍정적인 힘도 작동하는 것을 말하고 싶다. 구조가 파열되면 커뮤니타스가 살아난다.

영국과 프랑스 학계에 지대한 영향을 미친 뒤르켐을 정확히 독해하는 일은 쉽지 않다. 그가 '사회'라는 용어를 어느 때는 개인을 강제하고 속박하는 법적이고 종교적인 격률과 규범의 집합으로, 어느 때는 우리 논의의 '커뮤니타스'와 비슷한 '실제적이고 살아 있는, 원기를 북돋우는 힘'이란 뜻으로 사용하기 때문이다. 이 힘force 과 커뮤니타스가 완전히 동일한 것은 아니다. 뒤르켐은 이 힘을 세대에 따라 전해지는 '익명적이고 비인격적인' 것으로 파악하지만, 커뮤니타스는 인격체들의 관계, 부버의 표현을 빌리면 나-너Thou 관계, 가장 직접적이고 자발적인 우리we의 관계다. 주입식 훈육과 반복을 통해 전달되는 것은 구조다. 물론 우호적 상황에서는 오래전 커뮤니타스의 순간에 생성된 몇몇 구조적 형식이 거의 기적적으로 커뮤니타스로 되살아날 수 있다. 이것이 급진주의나 개혁주의와 다른 종교적 재생 운동의 목표다. 특정 종교가 처음 출현한 순간의 창조적 위기와 엑스터시 속에 있던 순수한 활력이 신도의 유대 속에 부활하는 것. 예를 들어 라마누잔은 "비라샤이바 성인도 유럽 신교도처럼 고대 힌두교 최초의 (진실하고 생생한 현재의 경험으로서) 영감으로 돌아가려 했다"(1973, p. 33)고 지적한다. 비슷한 논리는 여러 혁명 개념에도 깔려 있는 것 같다. 1968년 오월 혁명 당시 학생들은 프랑스혁명에서 사용된 결속과 커뮤니타스의 상징을 사용했다. 1871년 파리코뮌에서도 혁명 참가자들은 자신을 1789년 프랑스혁명의 주인공과 동일시했으며, 심지어 파리코뮌의 날짜를 프랑스혁명과 비슷하게 맞추려고 했다. 1968년 오월혁명 참가자들은 자신이 파리코뮌을 되살린다고 믿었다. 그들이 세운 바리케이드는 실제로 거의 쓸모가 없었지만, 파리코뮌의 위용과 오월혁명이 연관됨을 상징했다.

최근까지 인류학자들이 연구한 대다수 사회에서는, 사회 체계가 어느 정도 안정되면 구조와 커뮤니타스의 시간적 관계 속에서 '변증법적'이라 부를 만한 과정이 출현하는 것 같다. 개인과 집단의 생애 주기는 이 주된 관계 양식에 교대로 노출된다. 개인은 모든 세속 지위가 박탈되는 대신 종교적 지위를 획득하는 과도기(리미널리티)를 거쳐 낮은 지위에서 높은 지위로 전진해간다. 이 종교적 지위는 구조적 지위의 안티테제에 해당한다. 이 상태에서 높은 자는 낮은 자의 비난을 감내해야 하고, 구조적으로 자신보다 열등한 자의 조롱을 묵묵히 견뎌야 한다. 많은 아프리카 추장과 마을 우두머리의 취임 의례에서도 이런 일이 일어난다.

리미널리티는 어빙 고프먼이 말했듯이 구조적 지위의 '평탄화와 박탈'을 가져온다. 따라서 전이적 상황에서는 문화 대신 자연을 강조한다. 그것은 지위의 차이를 있는 그대로 수락해야 하는 구조속 상황에서는 존재하기 힘들 만큼 공정한 훈육의 순간이며, 인간과 비인간의 생물학적 과정, 자연적 질서와 연계된 뚜렷한 상징으로 충만한 시기다. 인간이 주인이기를 그치고 동료 인간과 동등해지면, 그는 비인간적 존재의 주인도 아니며 그들과 동등해진다. 구조적 차별을 만들어내는 것은 문화다. 리미널리티에서 이런 차별을 없애는 것도 문화지만, 그 과정에서 문화는 자연의 언어를 활용하고, 문화적 허구를 자연적 사실로 대체한다. 그 사실이 단지 문화적 개념의 틀에서 현실성을 획득한다고 해도 말이다. 따라서 리미널리티나 그것과 맞닿은 의례적 국면에서는 짐승, 새, 식물과 관련된 상징이 풍부하게 발견된다. 신참자와 의례 집전자는 동물 가면, 새의 깃털, 풀의 줄기, 식물 잎사귀로 만든 옷으로 몸을 감싼다. 다시 말해 그들의 구조적 삶은 상징적으로 동물성과 자연에 의해 소멸된다. 동일한 힘에 의해 구조적 삶이 재생될 때도 마찬가지다. 인간은 자연에서 다시 태어나기 위해 자연 속으로 뛰어들어 죽는다. 구조적 관습이 파괴되면 두 가지 인간적 특성이 활성화된다. 하나는 해방된 지성으로, 거기서 신화와 원시 철학적 사색이 태어난다. 다른 하나는 육체적 에너지로, 이는 동물 가면과 몸짓으로 재현된다. 이 두 가지 특성은 다양한 방법으로 재결합될 수 있다.

이 활성화된 이원성의 고전적 원형이 그리스신화의 케이론 Cheiron이다. 그는 반인반마半人半馬의 현자로 이방인성과 리미널리티의 전형적 공간인 산속 동굴에서 태고의 왕과 왕자, 그들의 자식을 교육하고 입문시켰다. 그들은 뒷날 고대 그리스의 사회적·정치적 구조에서 지배적인 위치에 선다. 이 반인반마의 전이적 인물에게는 인간의 지혜와 동물의 힘이 다 있다. 잘 알려졌듯이 동물과 인간의 특성을 모두 갖춘 반인반수半人半獸는 전이적 상황에서 자주 출현한다. 비슷하게, 그 인간은 다른 동물종의 행위를 흉내 낸다. 이란, 유대-기독교, 이슬람 전통에서 묘사된 천사도 이런 존재로 간주할 수 있다. 그들 역시 날개가 있는 인간, 새-인간, 절대적 현실과 상대적 현실 사이의 '이도 저도 아닌' 전령이다.

그러나 구조를 커뮤니타스와 근본적으로 분리하는 것은 현명하지도, 옳지도 않다. 나는 이 점을 강조하고 싶다. 두 양식 모두 인간의 것이기 때문이다. 구조의 각 층위와 영역에는 커뮤니타스적 양식이 존재하며, 가장 안정적인 사회 문화 체계에도 그 둘을 연결하는 문화적 고리가 있게 마련이다. 통과의례의 은둔기나 전이 국면에서도 최소한 그 상징 가운데 일부(심지어 공개된 성물 중 일부)는 사회구조적 원리와 관련이 있다. 예를 들어 부계 사회인 탄자니아 은약큐사족Nyakyusa의 모든 통과의례에서 중요한 붉은색 약물은 이키피키ikipiki라는 애칭으로 불리는데, 이는 부계제의 원리를 상징한다. 또 시카고대학교 테렌스 터너Terence Turner가 브라질 카야포Kayapo 원주민에 대한 논문에서 밝혔듯이, 은둔이나 비밀스런 전이적 상황에서 구술되는 신성한 신화는 개인이나 집단의 삶의 여정 혹은 전이 과정의 중대한 순간을 자주 언급한다. 종합적으로 고찰하면, 그 신화와 "사회적 상황은 변증법적 대조나 대립이 아니라 유비analogy의 관계로 연결된다"(테렌스 터너, 1967). 여기서 테렌스 터너는 레비스트로스의 변증법을 참조하는데, 그는 신화 구조의 두 측면을 구별한다. "신화 내 개별 상징 요소들의 논리적 관계(대립과 중재)에서 형성되는 내적 구조(레비스트로스가 주로 다루는 측면)와 전체 신화 체계나 그것과 연관된 사회적 상황의 관계"(테렌스 터너, 1967). 내가 보기에 리미널리티의 의례화된 커뮤니타스에 잔존하는 이 구조의 씨실은 유서 깊고 안정된 문화 체계의 특징이다. 미국의 봉사 단체 엘크스Elks나 키와니스Kiwanis 사례처럼 커뮤니타스는 그 안에서 완벽하게 길들여지거나 구획된다. 야생적이고 거친 커뮤니타스는 급격한 사회변동 시 나타나며, 때로는 인간의 삶이 지위와 역할 놀이에 죄이듯 구속될 때, 거기에 대항한 반작용으로 나타난다. 반문화 참여자들은 '미국의 중산층적 가치' '조직 사회 구성원', 군사-산업적 권력과 거기 수반되는 복잡하고 은밀한 사회통제 분위기가 사회의 여러 층위와 영역에 스며들어 인간의 삶이 암묵적으로 규격화되며, 자신들은 거기에 맞선다고 주장한다.

내가 보기에 리미널리티의 가장 큰 특성은 문화의 인수factor를 분해하여 아무리 기괴해 보여도 그것을 가능한 모든 방식으로 자유롭게 재조합하는 데 있는 것 같다. 이는 암묵적인 구문론적 규칙을 확립하거나 대립과 중재의 논리 관계에서 생겨나는 내적 구조를 만드는 것과 다르다. 통념을 기반으로 한 문화적 인수의 경직된 조합은, 문화의 자유롭고 실험적이며 잠재성 풍부한 영역이 구조에 의해 상당 부분 잠식되었다는 의미와 다름없다.

여기서도 사르트르의 문구가 적절해 보인다. "나는 사회적 사실social fact이 개인을 지배하는 그 나름의 구조와 규칙이 있다는 데 동의한다. 그러나 구조에는 작용자agent에 의해 가공된 질료worked matter의 응답도 존재한다. 구조는 아무 구조도 없는 활동에 의해 생겨난다. 그 활동은 결과로서 구조를 감내suffer해야 한다."(1969, pp. 57~59) 나는 리미널리티가 '아무 구조도 없는 활동'과 그것의 '구조화된 결과'의 만남을 통해 인간에게 가장 차원 높은 자기-인식을 선물하는 사회적 삶의 한 국면이라고 본다. 구문론과 논리는 리미널리티에서 자명하게axiomatic 유래하는 특성이 아니라 개연적인problematic 특성이다. 따라서 그것이 정말 경험적으로 거기 있는지 살펴야 한다. 존재한다면 아직 구조도 논리도 없고 오직 구조와 논리의 가능성이 있는 것과 그것의 관계를 고찰해야 한다. 전통이 오래된 문화 체계에서는 상징적·도상적 구문론과 논리가 발전할 수 있다. 반면 새롭게 확립되었거나 변화 중인 문화 체계에서는 상징적이고 신화적인 요소의 연계, 그런 연계 요소의 선택에서 대담함과 혁신이 발견된다. 그때는 종교적 혼합주의처럼 새로운 요소의 도입이나 새것과 옛것의 다양한 혼합이 일어날 수 있다.

리미널리티의 또 다른 표현 양식인 서구 문학과 예술에서도 상황은 마찬가지다. 때로 예술은 정당화나 비판을 위해 제도화된 구조를 그대로 표현하거나 복제한다. 그러나 예술은 대체로 문화의 개별 요소를 큐비즘이나 추상예술에서 볼 수 있듯이 신선하고 독창적인 방식으로 결합한다. 비일상적인 것, 역설적인 것, 비논리적인 것 심지어 도착적인 것이 사고를 자극하고 문제를 제기하여, 블레이크가 읊었듯이 "인식의 문儿을 정화"한다. 특히 무문자 사회의 성인식 같은 교육적 상황에서 예술이 등장할 때가 그렇다. 따라서 문화 규범의 측면에서 (몇몇 종교의 신화에 등장하는 신들의 근친상간처럼) 부자연스러운 상황이나 괴물 같은 존재의 묘사는 자기 문화를 당연한 것으로 받아들인 이들에게 문화적으로 '주어진 것given'과 그 전제를 성찰하게 하는 교육적 기능을 하는지 모른다. 모든 사회는 구성원에게 자체의 규범과 패턴을 부과해야 하지만, 어느 정도 비판성과 자주성을 허락해야 한다. 입사 의례는 관습의 준수를 요구하지만 구성원의 자주성도 촉진한다. 낯설고 위험한 상황에 대처하려면 신참자는 종전의 인지 체계와 패러다임을 깨뜨리고, 격변하는 환경에 적합한 인지 체계를 습득해야 한다. 유럽 문학에서도 라블레François Rabelais나 주네Jean Genet의 작품이 그런 사례가 될 수 있다. 짐짓 당연하게 받아들이던 현상을 뒤집어보는 일은 신참자가 나중에 더 높은 직위에 도달했을 때 큰 힘을 발휘하는 것이 분명하다.

그러나 근친상간, 식인食人, 친족 살해, 수간獸姦 같은 부자연스러운(차라리 반문화적이고 반구조적인) 사건이 신화나 전이적 의례에서 그토록 빈번하게 발생한다는 사실은 분명 교육적 기능 이상의 무엇이 있는 것 같다. 그것은 레비스트로스가 주장했듯이 의례적 요소를 추가·삭제·변용하여 이어 붙이는 인지적 코드화의 수단만도 아닌 듯하다. 전이적 상황에서는 자연의 양상이 강조된다는 앞의 논의를 떠올려보자. 인간뿐 아니라 문화도 자체의 무의식적 규칙성이 있다. 물론 인간의 삶을 영위하고 일정한 사회통제를 유지하려면 이런 무의식의 표현은 억압될 수밖에 없다. 심층 심리학자들이 주장하듯이 무의식으로 억압된 것은 변장된 형태로 혹은 전이적 의례나 그것과 연계된 신화 속에서 명시적으로 드러나는 경향이 있다. 많은 신화에서 신은 아버지를 살해하거나 거세하고, 어머니나 여동생과 결혼하며, 동물이나 새의 모습으로 변해 인간 여성과 관계한다. 이런 이야기를 의례로 연행할 때 연기자들은 상징이나 말을 통해 그 신의 초도덕성amorality을 모방한다. 몇몇 의례, 특히 성인식이나 부족의 비밀 협회에 가입할 때 필요한 은둔 의례에서는 실제적이거나 상징적인 식인이 일어나기도 한다. 그들은 최근에 죽었거나 사로잡은 이의 살을 먹고, '아버지' '형제' '어머니'로 부르는 신의 상징적 육체를 먹는다. 여기에는 분명 규칙성과 반복이 존재하지만, 이는 법률이나 관습이 아니라 세속적인 사회 결속의 토대인 규범과 정확히 대립하는 무의식적 갈망에서 나온다. 이 욕망은 족외혼 규칙, 근친상간 금지, 인간의 몸에 대한 존중, 노인 공경, 인간과 동물을 구별하는 규범과 대립한다. 나는 몇몇 논문에서 핵심 상징key symbol과 핵심적인 상징적 행위는 (때로는 불법적인 감정까지 포함한) 인간의 풍부한 감정을 불러일으키기 위해 '문화적으로 의도된 의미론적 양극성bipolar'을 띤다고 주장했다. 도덕성이 제거된 이 감정은 대규모 의례의 후기 국면에서 합법적이고 정당한 목표나 가치와 결합하여 도덕성을 회복한다. 그때의 도덕성은 부정적이지 않고 긍정적이다. 프로이트와 융Carl Gustav Jung은 서로 다른 방식으로 이 전이적 상황의 논리와, 합리성을 벗어나지만 비합리적irrational이라 볼 수 없는 측면을 이해하는 데 많이 기여했다.

전이적 의례와 상징, 신화의 몇몇 문화적 장치에 관한 이 짧은 스케치에서 이 현상이 상당한 심오하고 복잡성이 있음이 드러난다. 이 현상은 단일 학제나 그 하위 분야 연구자의 학문적 프레임만으로 설명될 수 없다. 예를 들어 다양한 심리학자, 감정 연구자, 인지 연구자, 래드클리프브라운의 추종자부터 레비스트로스까지 포괄하는 여러 사회학적 환원주의자, 이 현상에 사회구조와 역사, 경제, 생태 환경 같은 맥락이 개입했음을 간과하는 철학자나 신학자가 그 예다. 이 핵심적인 종교현상을 설명하면서 순수하게 지성적이고 영적인 것을 물질적이고 구체적인 것과 분리하는 마니교도식 태도는 피해야 한다. 전이적 상징을 고찰하면서 경험되는 무엇something을 그 경험의 주체인 누구someone와 분리해도 안 된다. 커뮤니타스의 문화적 형식이 커뮤니타스의 실제 경험과 상응할 때, 개인은 그 속의 상징을 다른 어떤 맥락보다 심오하게 경험할 것이다. 의례적 주체가 신학자들이 말하는 '적절한 성향'이 있다는 전제 아래서 말이다. 여기에서 마치아스 베레노Matthias Vereno[*]가 상징의 '본질적으로 관계적이고relational 서술적인 실재esse'라고 부른 것(그는 이 관계를 '그노시스적'이라 부른다)이 분명히 드러난다. 인간은 다른 이들과 관계를 통해 무엇을 '알게' 된다. 아프리카의 많은 지역에서 '깊은 지식'인 그노시스gnosis는 리미널리티의 뚜렷한 특징이다. 제르멘 디에테를랑의 도곤족 연구, 오드리 리처즈Audrey Richards의 벰바족Bemba 연구가 그 예다. 그 사회에서는 소녀 성인 의례의 상징을 통해 전달되는 비의적 지식이 신참자의 존재 자체를 바꾼다. 이는 단지 새로운 지식의 주입이 아니라 새로운 힘의

---

[*] 잘츠부르크대학교(Universität Salzburg)의 마치아스 베레노는 1967년 8월 다트머스대학교에서 열린 신화·의례 학회에서 내게 이런 지적을 했다.

획득이다. 이 힘은 리미널리티의 한없는 연약성에서 획득되는데, 전이적 상황이 지나가고 통합 의례에서 신참자의 사회적 지위가 규정될 때 다시 활성화된다. 벰바족 사회에서 소녀는 여성 커뮤니타스에서 그노시스(깊은 지식)를 주입 받아 여성으로 성장한다.

지금까지 논의를 요약하면, 통과의례의 신참자나 '통과자'는 시간 면에서 전이적이고 공간 면에서 주변적인 상황 아래 지위와 권위가 박탈된다. 그들은 궁극적으로 권력과 힘에 의해 유지되고 비호 받는 사회구조에서 지워진다. 더 나아가 그들은 훈육과 시련을 통해 동질적인 사회적 상태로 떨어진다. 그러나 그들의 세속적 힘 없음은 신성한 힘에 의해 보상받는데, 그 약자의 힘은 신성한 지식을 수용함으로써 재생하듯 되살아난다. 거기서는 사회구조에 의해 속박된 것, 특히 동지 의식과 커뮤니타스적 유대가 되살아난다. 다른 한편으로 문화와 사회구조의 여러 영역에 흩어진 요소가 접합 역량이 엄청난 다성적 상징과 신화의 복잡한 의미론적 체계에 집중된다. 이 상징은 에릭 에릭슨Erik Erikson이 루돌프 오토Rudolf Otto를 참조하여 '누미노스성numinosity'이라 부른 무엇이 있다. 마치 사회관계에서 법적·정치 구조적 성격이 비워지고 새로운 성격이 사회적 페르소나와 지위가 아니라 상징과 관념, 가치의 관계에 부여되는 것 같다. 쉽게 분류되지 않는 이런 비장소no-place와 비시간no-time에서 신화, 상징, 의례의 외피를 쓰고 문화의 주요 분류 체계와 범주가 출현한다.

부족사회 거주민은 원시 철학적 혹은 신학적 사색에 몰두할 시간이 거의 없다. 그러나 모든 이들이 통과해야 하는 장기적인 전이기에서 그들은 다른 이들에 의해 부양받는 특권층이 된다(종종 의례적 시련에 대한 보상이긴 하지만). 이때 그들은 부족이 '궁극적인 것 ultimate thing'으로 간주하는 무엇에 대해 배우고 사색할 기회가 있다. 이는 부분적 페르소나가 아니라 총체적 개인이 겪는 생산적인 소외다. 개인은 원칙적으로 이 기간 동안 사회적 삶에 대한 부분적 관점이 아니라 총체적 관점을 발전시킬 수 있다. 종종 의례와 신화에서 무덤이자 자궁으로 상징화되는 리미널리티 속으로 침잠한 뒤, 심오한 굴욕과 겸허를 경험한 뒤에, 의례 후 사회구조에서 더 높은 정치사회적 위치를 점하는 인간은 예전처럼 극심하게 편협하고 특수주의적인 인간일 수 없다. 장기적인 할례 의식을 치르는 많은 부족사회에서도 비슷한 사례를 찾아볼 수 있다. 그때 신참자는 부족의 다양한 집단에서 각출한다. 의례가 끝나면 그들은 상호 권리와 의무를 기반으로 조직을 결성하는데, 그 모임은 생득 지위나 성취 지위를 기반으로 한 개인의 간극을 뛰어넘어 평생 유지되기도 한다.

구조적 요소가 거의 지워진 리미널리티에서, 구조적 규범에서 도망치거나 이를 폐기하려는 사회적 욕망이 단지 종교적으로 표현되는 것은 아니다. 물론 그 외 표현도 고도로 의례화될 수 있지만 말이다. 종종 사회구조에서 후퇴는 개인주의라는 형식을 취한다. 후기 르네상스의 많은 예술가, 작가, 철학자가 그 예다. 그러나 그들의 작품을 자세히 보면 최소한 커뮤니타스에 대한 갈구가 숨어 있다. 예술가는 진정한 외톨이라고 할 수 없다. 그는 후세를 위해 글을 쓰고, 그림을 그리고, 작곡하지 않는다. 그는 살아 있는 커뮤니타스를 향해 창작한다. 부족사회의 신참자처럼 글을 쓰는 작가도 구조적 영역으로 다시 불려 나온다. 그러나 이 '두 번째 태어남'(혹은 변용)에서는 구조적 영역의 독소sting, 즉 야심과 질투, 권력투쟁 등이 모두 제거된다. 그는 키르케고르Søren Aabye Kierkegaard의 '믿음의 기사'를 닮았는데, 구조화되고 수량적인 군중과 '질적 개인qualitative individual'으로서 만나며, 안티테제에서 진테제로 이행한다. 그는 사회구조의 질서에서 겉으로 다른 이들과 구분되지 않지만, 내적으로 구조의 억압적 권위에서 자유롭다. 그렇게 그는 창조적 행위의 독립된 주인이 된다. 윌리엄 블레이크의 표현을 빌리면, 전이적 상황에서 귀환하는 움직임 속에서 일어나는 구조의 '수락 혹은 용서'는 서구 문학에서 반복적으로 발견되는 테마다. 이 과정은 단테, 레닌Vladimir Lenin, 네루Jawaharlal Nehru, 뒷날 지도자가 된 아프리카의 여러 정치적 망명자, 작가, 예술가, 정치적 영웅의 실제 삶에서도 여러 번 일어났다. 원래 종교적 과정처럼 보이던 것이 위인의 삶에서 세속화된 것이다.

최근에는 많은 이들, 특히 서른 살 이하 젊은이들이 영구적으로 리미널리티 속에서 살아가며 커뮤니타스를 창조하고자 한다. 그들의 모토는 티모시 리어리Timothy Leary의 "주파수를 맞추고, 음악을 틀고, 때려치워라Tune in, turn on, and drop out"다. 그들에게는 전이적인 것이 통과 대상이 아니라 하나의 상태로 간주되기에 이른 것 같다. 물론 그 공동체를 영구적인 집이라기보다 입사식을 치르는 의례가옥쯤으로 보는 이들도 있지만. 리미널리티를 삶의 양식으로 변용하는 것은 기독교나 불교의 구도자, 탁발승에게서도 발견된다.

태국은 예외적으로 모든 젊은이가 1년간 승려 생활을 해야 하지만, 대체로 그런 종교적 삶은 완전성을 열망하는 이들에게 허락되는 예외적인 조건으로 간주되었다. 즉 모든 이에게 허용되지 않고 '은총으로 선택된' 자들에게 주어졌다. 그렇다 해도 초창기의 프란체스코파 커뮤니타스가 구조화된 정통 교회에 얼마나 큰 위협이었는지 앞에서 살펴보았다.

서양의 도시화된 히피와 주요 종교 종파의 공통점은 자신들의 전이적·이방인적 조건을 일반화·영속화하고자 한다는 점이다. 내가 코넬대학교에서 가르친 대학원생 한 명은 짧은 '해시베리Hashbury' 문화의 전성기에 쓰인 몇몇 헤이트-애시베리Haight-Ashbury* 문학을 소개했다. 샌프란시스코 히피의 '사보'로 여겨졌고, '대략 두 달에 한 번씩' 간행된 《The Oracle오라클》의 몇 구절을 인용하고자 한다. 먼저 1967년 2월에 나온 1부 6권(이 번호는 나중에 '빈티지 넘버'로 불렸다)을 살펴보자. 우리가 통과의례의 전이적 국면과 종교운동의 초기 단계에서 발견한 많은 특징이 그 문헌에 놀랄 만큼 명료하게 표현되었다. 앞서 보았듯이 리미널리티 안에서는 사회구조가 사라지거나 단순화·일반화되는 반면, 문화적 장치cultural apparatus는 종종 구조적으로 복잡해진다. 《The Oracle》 첫 페이지에서 '록rock'("바로크 시대의 종말 이후, 우리가 처음 갖게 된 '헤드' 뮤직")에 대한 내용이 나오는 것도 놀랍지 않다. 록은 20세기 중반

---

* 샌프란시스코(San Francisco)에 있는 이 지역은 1966~1967년 '히피 왕국'의 중심지였다. 이곳 이름은 여러 포스터와 그래피티에 등장했다. "헤이트는 사랑이다(Haight is love)."

미국의 관료주의적 사회구조에서 양산된 '반듯하고' '조직화된 인간'에 대한 안티테제로, 커뮤니타스적 양식의 문화적 표현이자 표현 수단이다. 아래 인용한 구절에서 '록'은 때로 음악 형식을, 때로 커뮤니타스 양식을 대변하는 것처럼 보인다. 〈Notes for the New Geology새로운 지올로지를 위한 노트〉(지올로지는 록학the study of rock을 말한다)의 저자는 '몇몇 원리'를 천명한다.

> 록의 원리는 음악에 국한되지 않는다. 미래의 많은 풍경을 오늘날 록의 영감에서 찾을 수 있다(예를 들어 전면적 자유, 전면적 경험, 전면적 사랑, 평화, 상호 애정). [주 : 이 전이적 표현에서 부분적 관점이 아니라 총체성과 '전면주의totalism'가 강조된다는 점, '예언적' 어투에 주목할 것.]
>
> 록은 삶의 방식으로, 지난 10년 동안 전 세계적인 것을 넘어 거의 보편적인 것이 되었다. 록은 꼰대typehead들이 멈추거나, 늦추거나, 깔아뭉개거나, 침묵시키거나, 수정하거나, 제어할 수 없다. 그들의 주장과 술수는 먹히지 않을 텐데, 그들은 록이 뭔지도 모를뿐더러…. [주 : 이 '새로운' 사회관계의 전 인류적·직접적 특성과 그것의 문화적 생산물이 모두 '록'으로 지칭된다.]
>
> 록은 부족적인tribal 현상으로, 어떤 정의나 활자로도 포착되지 않는 20세기의 마술이라 부를 수 있다. [주 : '꼰대typehead'는 'LSD 상용자acid head'에 반대되는 말로, 뭐든 '규정'하고 '정형화'하는 이들이다. 그럼에도 진정으로 '부족적인' 현상은 레비스트로스와 '인지 구조주의자'들이 보여주었듯 분류 체계와 깊이 연관된다.]
>
> 록은 절대적·자의적 구별을 무너뜨리는 생기 넘치는 힘이다. [주 :

구조적 분할을 해체하는 커뮤니타스의 힘.〕

집단적 참여, 전면적 경험, 완벽한 헌신은 록뿐 아니라 많은 사람으로 가득 찬 이 세계에 필요한 최소한의 요건이다. 〔주 : 공동체를 꽃피우는 면 대 면 인간관계에 대한 강조.〕

록은 미래를 위한 사회적 의례social ritual를 창조한다. 〔주 : 새로운 행동 모델과 규범이 창조되는 특정한 사회적 상황의 창조적 역할.〕

록은 발견의 미학을 제안한다. 〔주 : 리미널리티의 실험적 특성.〕

록은 스터전적인Sturgeonesque 인간 정신을 발달시킨다.

이 정도면 '록 커뮤니타스'의 사회적 특징을 알기에 충분할 것이다. 이 저자에게 '활자적typographic'이란 말은 발견의 '생생한 힘'과 대비되는, 시체를 떠올리는 분석적 사고를 의미한다. '꼰대'는 생식 불능의 권위주의적인 '라벨 부여자'를 뜻하고, '스터전적인Sturgeonesque'은 철갑상어가 아니라 한때 히피들이 좋아한 미국 공상과학소설 작가[2]의 이름에서 비롯된 말이다. 스터전은 인간 사회의 핵심 단위가 개인에서 군집으로 대체되어, 인간 게슈탈트('인간 진화의 다음 단계')를 구성하는 사람들의 이야기를 썼다. 이들은 로버트 하인라인Robert A. Heinlein의 《낯선 땅 이방인Stranger in a Strange Land》에 나오는 컬트 집단이 '코카인을 하듯이' 함께 '뒤섞인다'. 여담이지만 나는 상징주의와 신화 연구자들이 공상과학소설에도 관심을 기울일 필요가 있다고 본다. 이 문학 장르는 문화의 여러 요소를

---

2 시어도어 스터전(Theodore Sturgeon, 1918~1985).

새롭고 기괴한 방식으로 조합하는 곡예를 보여주며, 종종 성인식이나 신비주의 종교의 리미널리티와 비슷한 배경에서 이야기가 전개된다. 거기에는 급격하고 끊임없는 변화를 겪는 사회에 적합한 '발견의 미학', 미래의 신화, '오메가적' 신화라 할 만한 것이 있다. 그에 대비되어 '알파적' 신화는 안정적이며 상대적으로 반복적·주기적인 사회질서에 적합하다.

위 단락에는 리미널리티의 구조-용해적 성격도 분명히 드러난다. "록은 절대적이고 자의적인 구별을 무너뜨린다." 나는 다른 논문에서 원칙상 커뮤니타스는 구체적이고 구획된 구조와 달리 보편적이고 경계가 없다고 말했다(1969). 이 선언문에서도 록은 '전 세계적이고 보편적'인 것으로 그려진다. 이제 《The Oracle》의 '지올로지스트'가 록을 사회관계의 양식이라기보다 문화적 표현 양식으로 간주하는 대목을 보자.

> 록은 정당한 아방가르드적 예술 형식으로, 과거의 음악(특히 바로크음악과 그 이전 시대 음악)에 뿌리를 둔다. 록은 엄청난 활력, 성장과 발전의 잠재력, 적응과 실험의 가능성이 있다.
>
> 록은 대다수 형식적·구조적 원리를 바로크음악과 공유한다. 록과 바로크음악은 동일한 기준과 잣대로 평가할 수 있다(그 중심 원리는 음조와 질감의 대조를 통한 모자이크 구조, 즉 촉감tactility과 콜라주collage다).

우리는 여기서 무구조적인 커뮤니타스(저자의 표현에 따르면 "그 집단은 과거의 어떤 공동체보다 긴밀히 상호 연계·통합되었다")와 그것의 정교한 문화적 표현물과 매개체의 대립을 발견할 수 있다. 후자는 레비스트로스와 리치가 분석한 신화처럼 '형식적/구조적 원리'로 구성된 논리적 틀이 있다.

물론 '록' 커뮤니타스의 족보는 저자가 상정한 것보다 훨씬 길다. 신석기시대에도 '록'은 존재했을 것이다! 전 세계 인류학자들은 다양한 사회의 다양한 의례에, 다시 말해 록의 '현장'과 그리 다르지 않은 부족사회의 '현장'에 있었다. 성인식에서 사용하는 은둔 가옥 안이나 즉흥적 노래가 곁들여진 흥겨운 춤판에 말이다. 이 저자는 음악이나 춤, 마약 같은 다양한 자극 아래 경험하는 시각, 청각, 촉각, 공간, 감정 혹은 기타 인식 양식이 합쳐진 '공감각'을 언급한다. 이 '총체적 감각기관의 관여'는 부족사회 의례나 현대의 여러 종교운동 집회에서도 발견된다. 반문화의 대중적 영웅 가운데 하나인 프랑스 시인 랭보Arthur Rimbaud가 이를 봤다면 "모든 감각의 체계적 교란un derèglement ordonné de tous les sens"이라고 지지했을 것이다. 랭보는 모음이 서로 다른 색채가 있다고 썼다. 우리의 저자도 "감각적인 대위법—상반된 자극을 불러일으키는 감각, 이들을 결합하려 애쓸 때 두뇌의 쾌감… 예를 들어 바흐Johann Sebastian Bach의 'G 선상의 아리아Air on the G String'를 맛본다고 상상해보라. 얼마나 엄청난 공감각인가!"라고 쓴다.

여기서 모든 전이적 현상의 유사성을 지적할 수도 있다. 그러나 나는 생득적으로 열등한 지위와 연관된 문화적 속성이 전이적 상황 혹은 전이적 페르소나의 속성으로서 커뮤니타스적 의미를 획득하는 방식을 살펴보고 이 장을 마무리하고자 한다. 연약성과 헐벗음의 상징에 대한 강조는 단지 반문화의 특징이 아니다. 물론 나는 사회구조적으로 열등한 카스트, 계급, 서열에 속한 개인의 실제적인actual 사회 행위를 말하는 게 아니다. 그런 행위는 지위가 높은 이들의 행동만큼 사회구조적 요소에 의존한다. 내가 논의하려는 바는 종교, 문학, 정치철학에서 가난한 자나 불가촉천민의 상징적 가치다. 종교에서도 가장 천한 거지보다 가난해 보이는 성인聖人은 종종 부자나 귀족 출신, 최소한 사회구조에서 상당히 교육받은 계층 출신이었다. 성 프란체스코는 부유한 상인의 아들이었고, 싯다르타Siddhārtha Gautama는 왕자였다. 문학에서 커뮤니타스의 가치는 톨스토이의 소작농, 도스토옙스키의 《죄와 벌Prestuplenie i nakazanie》에 나오는 창녀 소냐, 체홉Anton Pavlovich Chekhov의 소설에 등장하는 가난한 유대인 바이올린 연주자 로칠드(그 이름의 아이러니라니!), 마크 트웨인Mark Twain의 흑인 노예 짐과 젊은 부랑자 허클베리 핀(라이오넬 트릴링Lionel Trilling은 이 인물들이 "성인聖人의 원초적 공동체를 구성하는데, 그들 안에 털끝만큼 오만도 없기 때문이다"(《The Liberal Imagination 진보적 상상력》, 1953, p. 110 이하)라고 평가했다), 셰익스피어의 《리어 왕King Lear》에 등장하는 바보 캐릭터 등이 대변한다. 정치철학에서는 루소의 고귀한 야만인, 마르크스의 프롤레타리아, 간디가 '신의 자식들'이라 부른 불가촉천민이 그런 예다. 그러나 이 사상가들은 구조를 다루는 상이한 관점, 커뮤니타스를 구조와 연결시키는 자기만의 공식이 있었다. 전이적으로 헐벗은 자가 실제 가난할 수도 있지만, 전이적 헐벗음을 실제적 가난과 혼동해서는 안 된다. 전이적 헐벗음은 그것이 과정이든 상태든 모두 커뮤니타스의 표현물이자 표현 수단이다. 사람들이 자발적 헐벗음 속에서 진정으로 추구하는 것은 커뮤니타스다. 커뮤니타스는 관습이나 규약에 의존하지 않는, 그토록 근본적이며 더 나아가 원시적인 인간 관계성의 양식이기 때문에 가끔 종교에서 사랑(인간의 사랑과 신의 사랑 모두)과 동일시된다. 그 원리는 간단하다. 소유하기를 멈춰라, 네가 '있는 그대로' 타인과 커뮤니타스적 관계에 '있다면' 서로 사랑하는 것이다. 인간은 겸허해질 때 '자연스럽게' 다른 이들과 관계를 맺고 상대에게 '몰두'한다. 에덴 이후의 세계에서 이런 유토피아적 처방을 따르기 어려운 이유는 인간이 물질적으로 존재하기 위해 사회구조를 조직해야 하고, 사회의 기술이 복잡해질수록 노동 분화 역시 더 정교해지며, 사회가 요구하는 직업적·조직적 지위와 역할이 더 시간 소모적이고 고된 것으로 변하기 때문이다. 이런 상황에 생기는 큰 유혹은 커뮤니타스를 구조에 완전히 복종시켜 질서의 원리가 결코 전복될 수 없게 만드는 것이다. 정반대 유혹은 구조에서 완전히 손을 떼는 것이다. 인간의 근본적이고 영원한 문제는 특정한 시공간에서 두 양식의 올바른 관계를 발견하는 것이다. 커뮤니타스는 정감적 요소가 강하며, 인간에게 직접적으로 호소한다. 그러나 구조는 개인이 물질적 이익을 추구하는 장이다. 어쩌면 커뮤니타스는 섹스보다 중요하게 무의식에 억압되었다가, 개인적 병리 증상*의 원인이 되거나 사회적 위기의 순간에 폭력적 문화 형식으로 분출되는지도 모른다. 커뮤니타스가 억압되

* 다른 이들과 '관계 맺고자 하는 욕망'.

면 인간은 미쳐버릴 수 있다. 때로 인간은 커뮤니타스의 절박한 욕망에 대한 방어기제로서 강박적일 만큼 구조 편향적인 인간으로 변할 수도 있다.

세계 종교는 언제나 이런 양극성을 잘 인지하고, 그 두 사회적 차원을 균형 있는 관계 속에 두려 했다. 물론 세계 종교사에서 발견되는 수많은 종파와 분리 운동은 거의 언제나 구조에 맞서 커뮤니타스적 가치를 강조하며, 그들이 떨어져 나오려는 주요 종교가 완전히 구조화·세속화되어 빈껍데기만 남았다고 주장했다. 주목할 점은 그런 분리 운동이 거의 보편적으로 극빈과 연관된 문화양식을 차용한다는 것이다. 분리 운동 초창기에 그 구성원은 대개 부富나 지위의 외적 과시를 포기하고, 소박한 언어를 사용하며, 의례나 시각적 상징을 활용한 종교 행위를 대부분 포기한다. 그때는 성직자의 위계도 폐기되며, 예언자의 카리스마적 리더십이나 민주적 대표제가 이를 대신한다. 그러나 그 운동이 많은 신도를 끌어들여 오랫동안 지속되면, 더 넓은 외부 사회와 관계나 그들 내부의 의례적·조직적 측면에서 모두 구조와 화해할 수밖에 없다.

세계 종교는 시간이 흐르면서 부족사회 종교가 통과의례를 이용해 그렇게 하듯이, 커뮤니타스라는 보호구역을 제도화된 구조에 병합하는 방법을 터득했다. 그들은 평생 커뮤니타스와 헐벗음 속에 살기를 열망하는 신도를 위한 자리를 마련했고, 그 '신비적 공동체'에 숨통을 터주었다. 어떤 의례든 사회구조에서 분리와 재통합이 일어나는 국면이 존재한다. 그 국면에는 구조적 원리를 반영·표현하는 상징을 비롯해 많은 구조적 특징이 포함된다. 한편

전이적 국면liminal phase에는 과도기적 커뮤니타스나 그와 연관된 풍부하고 정교한 상징이 등장한다. 예를 들어 기독교를 포함한 세계종교는 세속적 사회구조와 중첩·상호 침투하지만, 그 본령은 순수한 커뮤니타스와 헐벗음에 바쳐진 여러 조직적·의례적 영역을 포함한다. 헐벗음은 '종교의 시詩'로 불리기도 했는데, 성 프란체스코와 안겔루스 질레지우스Angelus Silesius, 잘랄루딘 루미Jalāl ud-dīn Muhammad Rūmi나 알 가잘리Al-Ghazali 같은 수피즘 시인, 비라샤이바파 시인 바사반나Basavaṇṇa 등이 그런 음유시인이라 할 수 있다.

열등한 구조적 지위와 커뮤니타스의 연관성은 부족사회에서도 발견된다. 이제 논점을 처음으로 돌려 구조적 인간의 관점에서 커뮤니타스적 인간은 추방자 혹은 이방인이며, 그 존재만으로 구조적 질서를 의문에 부치는 인간이라는 점을 지적하고 싶다. 이 문화제도를 고찰할 때는 사회구조의 가장자리와 빈틈, 사이 공간을 살펴보고, 그런 원초적 인간관계 양식에 대한 제도적 반감까지 찾아내야 한다. 반면 장기적인 사회의 격동기에는 커뮤니타스가 중요한 위치를 점하며, 구조는 완전히 주변적 위치로 밀려난다. 개인적 의견을 피력하자면, 이 세계에 존재하는 비참은 대부분 구조나 커뮤니타스 어느 한쪽을 광신적으로 주장하는 이들의 활동에서 유래하는 것 같다. 한편에는 '신질서New Order' 아래 평범한 모든 인간을 위계와 획일적 통제 속으로 몰아넣으려는 극도의 구조적·관료주의적 '초인'이 있다. 다른 한편에는 인간의 고유한 차이(식량 확보에 필요한 조직적인 차이까지)를 말살하여 자비나 용서도 허용치 않으며, 윤리적 독재를 휘두르는 청교도적 평등주의자가 있다. 블레이크는 이 윤리적 독재에 대해 "사자와 암소를 한 법으로 다스리는 것은 압제"라고 말했다. 하지만 두 사회 양식은 모두 인간 사회의 존속에 필수적이라서 다른 하나가 없이는 어떤 양식도 오래 존속하지 못한다. 구조가 극도로 경직되면 폭력적 혁명이나 비생산적 무관심이라는 응징이 뒤따른다. 커뮤니타스가 지나치게 발현되면 얼마 안 있어 전체주의라는 어두운 그림자에 사로잡히고, 구조적 자립성과 상호 의존성을 발전시키고 싶어 하는 구성원의 욕망은 짓눌린다.

역사적으로 원칙상 무한히 열렸고 보편적인 커뮤니타스는 특정한 지리적 영역이나 사회생활의 특정한 측면에 국한되었다. 예를 들어 수도원, 사회주의 거주 공동체, 반反 종교적 공동체나 형제회, 나체주의자 공동체, 현대의 반문화 코뮌, 성인식 캠프 같은 다양한 커뮤니타스 양식은 종종 실제적 · 상징적 장벽으로 그들을 둘러쌌다. 구조주의적 사회학자는 이를 '경계 유지 메커니즘boundary maintaining mechanism'이라고 불렀을 것이다. 대규모 커뮤니타스는 공개적이거나 비밀스럽게 군사 · 보안 조직을 운영하기도 했다. 말하자면 구조를 몰아내려고, 구조를 끊임없이 유지 · 강화한 것이다. 구조와 커뮤니타스가 서로 적대할 때, 각각은 니체Friedrich Wilhelm Nietzsche가 말한 "서로 바라보는 바로 그것"이 된다. 윌리엄 블레이크를 다시 인용하면, 이때 필요한 것은 "부정 자체를 파괴하고 destroy the negation" "대립을 다시 살려내는redeem the contrary" 일이다. 다시 말해 상이한 역사적 시대와 장소에서 구조와 커뮤니타스의 올바른 관계를 발견하여 각각의 마땅한 권리를 인정하는 일이다.

요약하면 지금껏 사회학이나 인류학 이론의 발전에 큰 걸림돌이 된 것은 '사회적인 것'을 '사회구조적인 것'과 거의 동일시하는 태도였으며, 그 결과 비공식적 관계까지 구조적인 것으로 간주되었다. 물론 그런 관계의 많은 부분은 구조적이지만 전부 그런 것은 아니다. 그 안에는 인간에게 가장 의미 있는 관계가 포함되며, 이를 구별하는 것도 가능하다. 종래의 관점은 사회변동, 종교사회학, 역할이론 등 여러 논의에서 상당한 곤란을 야기했다. 그것은 사회구조적이지 않은 모든 것이 '심리학적'(그 의미가 무엇이든)이라는 견해를 낳았으며, 개인을 주체로, 사회를 객체로 보고 이를 대립시키는 거짓된 이항 대립도 만들어냈다. 내가 보기에 사회적인 것은 자유롭고 경계 없는 차원과 속박되고 경계 있는 차원이 함께 있다. 커뮤니타스 차원에서 인간은 상대를 역할 놀이자가 아니라 '총체적 인간'으로서, 동일한 인간–됨을 공유·인정하는 전인격적 존재로 만난다.

　이 사실을 인정하면 사회과학은 예술, 종교, 문학, 철학 같은 문화 현상뿐 아니라 구조주의적 개념 틀로 쉽게 설명할 수 없는 법적·정치적·경제적 행위의 어떤 양상을 지금보다 훨씬 깊이 탐구할 수 있을 것이다. 그 영역은 커뮤니타스적 요소로 넘쳐난다. 그렇게 되면 특정 사회의 의례, 시詩, 도상에 등장하는 상징이 사회적·정치적 구조를 어떻게 '반영'하고 '표현'하는지 알아내려는 헛된 시도도 그만둘 수 있을 것이다. 상징은 구조가 아니라 반구조를 반영할 수 있으며, 반영에 그치지 않고 반구조 자체의 생성에 기여할 수도 있다. 그러면 우리는 구조적 상태 사이의 통과의례적 이행, 구조적 관계 사이의 틈새, 약한 자의 힘과 같은 예에서 보았듯이, 동일한 현상을 구조와 커뮤니타스의 관계라는 측면에서 새로이 고찰할 수 있을 것이다.

7

종교 문화에서
반구조의 은유

종교 문화에서

반구조의 은유*

* 이 글은 앨런 이스터(Allan W. Eister)가 편집한 《Changing Perspectives in the Scientific Study of Religion종교과학 연구와 변화하는 관점》 (New York: John Wiley, 1974)에 실려 처음 출판되었다.

《의례의 과정》에서 나는 '구조'로서 사회와 '반구조'로서 사회의 차이를 상정했다. 몇몇 평자가 지적했듯이, 구조의 다른 역량을 논의하긴 했지만 남용된 '구조'라는 개념을 다시 한 번 견고한 환자 병동처럼 다룬 것은 실수였는지 모른다. 그러나 내 논의에서 '구조'라는 단어의 전통적 의미가 충분히 유효했다고 생각한다. 나는 그 용어를 대다수 영미 인류학자와 사회학자들이 정의한 사회구조(사회적 지위와 그 지위의 점유자로 구성된 상호 의존적 제도와 제도적 조직의 변별적인 체계)의 의미로 사용했다. 이 정의에 따르면 계급 구조는 사회구조의 한 종류이며, 그 구조가 종종 남성과 남성, 남성과 여성, 젊은이와 노인 사이의 착취를 낳는 사람들의 거리와 불평등을 만들어내는 한, 소외라는 특성은 부족사회의 구조를 포함한 모든 사회구조에 내재한다. 익히지 않은 음식 같은 소비품의 교환에서 발견되는 평등한 호혜성에도 약간의 거리가 존재한다. 이 교환은 음식 나누기, 인류학자들이 '함께 먹기commensality'라 부른 것(이 행위가 의례의 일부가 되어 패러다임화한 것이 '성찬식communion'이다)에 대립한다.

　나는 '반구조'라고 썼지만, 여기서 '반anti'은 전략적으로 사용한 것이지 철저한 부정성negativity을 함축하지 않는다. 구조는 많은 사회인류학 연구의 이론적 출발점이었기 때문에 지금은 어느 정도 긍정적 의미까지 획득한 상태다. 나는 구조를 사회관계나 사고 체계의 중심이나 본령이라기보다, 블레이크가 말한 대로 그런 체계의 '외적인 경계나 둘레'라고 하는 정의를 선호하지만 말이다. 따라서 내가 말하는 반구조는 긍정적인 것, 생성적인 중심을 지칭한다. 나는 프랑스 사상의 영향을 받은 내 동료들이 최근에 시도했듯이, 형식form을 우선시하면서 실체matter를 제거하고 싶지는 않다. 나는 알고 소통하려는 인간이 그 안에서 형식을 '풀어내는unpacked' 어떤 실체를 가정한다.

대략적으로 리미널리티와 커뮤니타스 개념이 내가 말한 반구조를 정의한다. 리미널리티는 방주네프가 《통과의례》에서 설명한 의례의 과정적 구조에서 차용한 개념이다. 그것은 현재와 과거의 많은 사회에서 개인이나 집단의 사회적 지위 혹은 문화적·심리적 상태 변화를 기리는 통과의례의 중간 단계에서 발견된다. 그런 통과의례의 특징은 비공식적 상황에도 지위-역할 행위가 강조되는 일상적·세속적 관계에서 주체의 분리를 표현하는 살해, 죽음과 결부된 의례적 은유가 있으며, 법률과 도덕규범이 지배하는 사회의 상징적 부활이나 재통합으로 마무리된다는 점이다. 통과의례에서는 탄생 후 죽음이라는 생물학적 순서가 뒤바뀐다. 거기서 인간은 '어린아이가 되기 위해' 죽는다. 이 과도적인 전이기는 일상적인 사회적 삶의 범주에서는 '이도 저도 아닌' 영역에 속한다. 리미널리티에서 풍부하게 발견되는 상징과 은유는 이 단계의 위험한 모호성을 다양하게 드러내는데, 그 안에서는 사회질서의 토대가 되는 분류 체계가 대개 무화되고 흐릿해지기 때문이다. 행동이나 인지 규범에서 일시적·이율배반적 해방을 보여주는 상징도 있다. 제어가 필요한 이런 위험은 리미널리티의 역설, 즉 상급자가 신참 자에게 극단적 권위가 있고 신참자가 종종 행동과 사색의 자유가 가장 높다는 사실에 잘 반영된다. 리미널리티는 신성한 조건으로 서 종종 터부에 의해 세속성에서 보호받는다. 이 터부는 역으로 리 미널리티가 세속 질서를 교란하는 것을 막아준다. 리미널리티는 고정된 점 사이의 움직임으로서, 본질적으로 모호하고 불안정하며 동요를 일으키기 때문이다.

리미널리티에서 의례적 전이를 함께 겪는 이들은 커뮤니타스라 는 관계 양식을 확립하는 경향이 있다. 커뮤니타스의 결속은 반구 조적인 것으로 비非분화되었고 평등하며 직접적이다. 그것은 현존 하고 반합리적이며 실존적이고, 포이어바흐Ludwig Andreas Feuerbach와 부버의 의미에서 나-너 관계의 특성이 있다. 커뮤니타스는 자발 적이고 즉각적이며 구체적이고, 규범에 지배되거나 제도화되거나 추상적이지 않다. 커뮤니타스는 일상생활에서 종종 발견되는 동료 애와도 다른데, 동료애도 비공식적이고 평등주의적이긴 하나 여전 히 구조의 일반 영역에 속하며 상호작용 의례를 포함한다. 뒤르켐 의 표현을 빌리면, 커뮤니타스는 "진지한 삶de la vie serieuse"(《종교 생 활의 원초적 형태Les formes élémentaires de la vie religieuse》, 1961〔초판 1912〕, p. 427)의 일부다. 그것은 구조적 관계를 무시·역전·횡단하며, 종 종 구조적 관계 바깥에서 형성된다. 그 규모와 복잡도가 다른 모든 층위의 인류 역사에서 나는 구조와 커뮤니타스의 지속적인 긴장을 본다. 구조, 다시 말해 인간의 차이를 강조하고, 그들의 행위를 구속하며, 인간을 상대에게서 떼어놓는 모든 것은 사회적 장의 한쪽 극을 구성한다. 그 반대편 극이 커뮤니타스 혹은 반구조다. 거기서는 전체성을 욕망하는 평등주의적인 "인류를 향한 감정sentiment for humanity"(데이비드 흄David Hume), 매개되지 않은 인간관계, 하나가 다른 하나 위에 올라서는 일 없이 공동성에 대한 자각 속에서 상대의 고유성을 수호하는 관계가 대부분이다. 커뮤니타스는 정체성을 뒤섞지 않고, 그것을 일반 규범에 복종하는 상태에서 해방할 뿐이다. 어떤 사회든 질서 있게 작동하려면 그런 상태가 일시적 조건이 되어야 하지만 말이다.

나는 이전에 잠비아 은뎀부족 통과의례의 전이 단계에서 의례적 평등화와 굴욕을 통해 커뮤니타스가 어떻게 은유적으로 재현되고, 실제적으로 구현되는지 논했다(1969, pp. 99~106). 다른 사회에서도 상황은 비슷하다. 벤저민 넬슨Benjamin Nelson(1971, p. 19)이 베버를 인용해 "의식성의 신성–주술적 구조"가 존재한다고 언급한 뚜렷한 위계 사회에서 커뮤니타스는 주기적 의례를 통해 긍정된다. 이때 약한 자와 강한 자의 사회적 역할은 뒤바뀐다. 이런 사회뿐 아니라 내가 유럽과 인도의 역사에서 찾아낸 사례를 보면, 구조적으로 강력한 이들의 종교적 이데올로기는 겸허와 성직자의 금욕적 삶을 이상화하는 경향이 있다. 반대로 하층계급 종교 집단은 의례적으로 권력 상징을 가지고 논다. 이런 상이한 과정은 동일한 종교적 장religious field에서 진행되는 것으로, 시간이 지나면서 수정·대립되거나 하나가 다른 하나로 변하기도 한다. 여기서 나는 동료인

두 인도 출신 학자의 저작을 근거로 이런 과정이 인도의 종교적 장에서 어떻게 작동하는지 보여주려 한다.

첫 번째 사례는 맨체스터대학교University of Manchester에서 내 동료였던 델리대학교University of Delhi 우베로이J. Singh Uberoi 교수의 논문 〈Sikhism and Indian Society 시크교와 인도 사회〉(1967)에서 발췌했다. 우베로이 교수는 카스트(그는 '카스트'란 용어를 인도 전역에서 통용되는 바르나varna와 지역화된 하위 카스트 자티를 포함하는 의미로 쓴다)에 근거한 힌두교 체계는 사실 힌두교의 반쪽만 보여준다는 주장으로 논문을 시작한다. 여기서 그는 베버를 참조하는데, 베버는 카스트를 (특히 브라만의 위치를) "힌두교의 근본적 제도"라고 칭했다. 모든 힌두교의 다르마dharma(문자 그대로 '법칙' '정의' '종교'를 의미하지만, 우리의 맥락에서는 '종교-도덕적 장'으로 풀어 쓸 수 있다)는 종종 바르나쉬람다르마varnashramdharma라는 용어로 표현된다. 이 용어에 따르면, 카스트(바르나) 외에도 상위-카스트 힌두교인이 전통적으로 통과해야 한다고 여겨진 네 지위 단계 아슈라마āśrama(학생, 세대주, 숲 거주자, 탁발승)가 추가로 존재한다.[1] 사회인류학자들이 아슈람 체계를 배제하고 카스트에 초점을 맞추는 경향이 있었다면, 그들이 과정적 모델보다 쉬이 분리 가능한 관습적 규칙성에 근거한 안정적이고 국지적인 사회관계와 지위 체계를 선호했기 때문

---

1 《종교학대사전》(1998, 한국사전연구사)은 아슈라마의 네 단계를 스승 밑에서 베다(Veda)를 학습하는 학생기(범행기(梵行期), brahmacarya), 집에서 자녀를 낳고 가정 내의 제식을 주재하는 가주기(家住期, gārhasthya), 숲에 은둔해서 수행하는 임서기(林棲期, vānaprastha), 일정한 거주지 없이 걸식하면서 돌아다니는 유행기(遊行期, sannyāsa)로 옮긴다.

일 것이다. 하지만 우베로이가 지적하듯이 카스트 사회 체계는 비
非카스트, 더 나아가 반反카스트의 '그림자 구역'에 둘러싸인 것 같
다. 이 구역에서는 그 원리상 카스트와 출생에 근거한 생득 지위를
거부하는 급진적 종교 질서가 발달했다. 사실 산야스sannyas로 알려
진 네 번째 아슈람(모크샤moksha 혹은 '구원'의 탐색에 자신을 완전히 바
친 성자나 금욕자의 상태)은 언제나 개인이 현자와 스승의 추천을 받
아 카스트 세계에서 그것이 무화되는 세계로 진입할 때 통과하는
은유적인 문이었다. 이는 구조에서 반구조로 가는 여정이라 할 만
하다. 산야스 수행자sannyasi가 자신의 모든 구조적 관계, 친족 관계
에 대한 기억을 지울 것을 권고받는 순간이 있기 때문이다. 우베로
이가 주장한 대로 "두 세계, 즉 카스트와 반카스트의 상호적 관계
는 양자를 폭넓게 이해하는 데 가장 중요하다". 아슈라마 체계에
는 사회적·공동체적 측면이 있기 때문이다. 산야스는 개인의 일
생 주기의 한 단계일 뿐 아니라 금욕이라는 종교적 질서의 표현이
기도 하다. 우베로이는 중세 인도의 총체적 사회구조를 세 영역으
로 나눌 수 있다고 보는데, 역사학자에게는 지나친 단순화로 비칠
지 모른다. 그는 (1) 통치자(라즈야rajya의 세계) (2) 카스트 체계(바르
나, 여기서는 그리하스타grihasta〔세대주〕의 아슈람이 강조된다) (3) 금욕
적 질서(산야스)라는 세 영역을 구별한다. 세 항의 연관성이 중세
인도의 사회 문화적 장을 규정했으며, 각 부분은 나머지 부분과 관
계에서 그 전적인 의미를 획득할 수 있었다는 것이다.

우베로이는 이 사회 문화적 장에 카스트를 처음부터 거부하거
나, 어떤 것도 천하거나 더럽지 않다고 여기며 오염 금기를 깨뜨

리는 많은 질서가 존재했다고 말한다. 그는 펀자브Punjab의 산요기Sanyogi를 예로 든다. 시간이 흐르면서 많은 산요기는 유행기에서 가주기로 돌아갔다. 우베로이는 두 시기가 단일한 발전 주기의 서로 다른 단계나 국면을 형성한다고 간주하면 이런 표면적 모순이 해결될 수 있다고 보았다. 이런 관점에서는 과거에 카스트의 모든 사회적 권리와 의무, 신성한 시공간 개념을 거부하고 "산야스의 열린 문으로 나가 금욕의 황야로 들어간 어떤 질서나 하위 질서라도 나중에는 기개가 꺾이거나 저항 지점을 상실하고, 뒷문을 통해 다시 카스트 안으로 편입되기를 바랄 수도 있다". 그 과정에서 개인의 제도화된 삶의 경로는 세대주에서 세계−포기자로 전환되지만, 집단은 개인처럼 돌이킬 수 없는 포기를 향해 움직이지 않는다. 그들은 몇 세대 뒤 거의 예전과 비슷한 조건에서 똑같은 문제를 마주할 것이다. 또 세계−포기라는 대단히 드라마틱한 행위로 보이던 것이 사실은 전혀 드라마틱하지 않고, 아마도 회피이며 해결책은 아니었음을 발견할 것이다. 중세 인도에서는 특정한 종교 질서나 종파가 금욕주의에서 물러나 혼인, 재산, 직업을 거부하는 전이적인 존재 방식을 포기하면, '바르나쉬람다르마'의 총체적 장 안에서 다른 종교 질서나 종파가 그 리미널리티 기능을 대신 수행한 것 같다. 어쩌면 '프로테스탄트적'이라 부를 수도 있을 이 금욕적 충동 자체는 중세 인도의 변하지 않는 특성이다. 중세 인도의 종교 질서 출현에 관한 장기적인 사례 연구가 가능하다면, 산야스 원리란 바르나쉬람다르마라는 장 안에서 끈질기게 존속하는 '잠재적−장latent-field'의 성격을 띤다고 할 수 있을지 모른다. 이 원리를 현대 미국과 서유럽의 대안 문화나 반문화 운동에 빗대는 것은 부정확하고 피상적일 수 있다. 그러나 '반듯한' 서구 문화에 맞서 최전선에서 저항한 이들은 2~3년마다 달라졌다. 예를 들어 몇몇 집단은 그들의 게토ghetto 식 가정을 도시 코뮌, 공장, 농장 코뮌으로 바꿨다. 이는 대략 샨야스가 그리하스타로 되돌아간 것에 견줄 수 있다. 서구의 금욕주의askesis(이 단어는 근동 언어에서 유래했다)를 샨야스에 견줄 수도 있을 것이다. 또 다른 주요 반구조 양식인 섹스 공동체는 몇몇 탄트라 개념과 연관된다(종종 동양과 서양의 개념은 혼합주의적 은유로 수렴된다). 동양의 종교는 값싼 페이퍼백과 여행 덕분에 서구의 여러 영역에 유입되었다. 그러나 서구는 산업화와 도시화, 다양한 통신 매체 덕분에 생활의 템포가 훨씬 빠르고, 이런 템포 차이는 태양과 인큐베이터의 효과 차이에 견줄 수 있을 것이다. 서구에서 변화의 템포가 더 빠르고 포착하기 힘들다 해도, 그 과정적 형식은 비슷하다.

중세 인도로 되돌아가자. 우베로이는 "금욕기 동안에 (그 반카스트적) 질서는 두 위상 중 하나를 점하거나 두 위상을 연속적으로 통과할 수 있다. 즉 카스트와 완전히 대립되는 이론과 실천을 택할 수 있고, 그 때문에 이단이나 비교秘教로 간주되기도 한다. 한편 그 질서는 해당 종파 안에서 통용되며, 카스트 계급민의 종파 가입이라는 형태로 카스트 체계와 연결될 수 있다"고 제안했다. 이교적 종파는 카스트의 살아 있는 그림자로 그것과 대립한다. 반면 정통 종파는 카스트를 보완하며 힌두교 내에서 카스트라는 동전의 다른 쪽을 구성한다. 우베로이는 시크교도의 위치에 특히 관심이 있는데, 그 자신이 시크교도로서 몇 가지 문제를 겪기도 했다. 그가 보기에 시크교는 금욕주의로 향하는 문을 막았지만, 카스트라는 전통적 성채로 귀환하지는 않았다. 그가 보기에 시크교의 기획은 "중세 인도의 지적·사회적 범주-나누기를 무화"시키고 그 공식적 구조를 폐기하는 것이었다. 시크교는 일반 시민이나 세대주와 이를 포기한 이들, 통치자와 주민이라는 전통적 이분법을 거부하고, 이를 분리·구별되는 존재 양식으로 보지 않았으며, 발달 주기 속의 단계도 인정하지 않았다. 시크교가 인정한 것은 라즈야, 산야스, 그리하스타라는 영역에 내재한 힘과 특성이다. 베버가 설득력 있게 보여주듯이, 시크교도는 수도원주의의 미덕을 현세로 가져온 유럽 종교개혁 당시 프로테스탄트 종파처럼 선행으로 신앙을 실천하려 했다. 그들이 개인과 의식의 내면화를 추구하지는 않았다. 오히려 거의 호전적으로 느껴질 만큼 공동체적 가치를 강조했다. 사실상 시크교도는 금욕을 거부했는데, 우베로이는 이 금욕-포기가 다섯 가지 'K'라는 문화적 상징에서 어떻게 표현되는지 자세히 설명해준다. 이는 kes('긴 머리' 혹은 '자연성'의 수용), kangha('빗' 혹은 '자연적인' 머리칼의 제어), kara('철로 만든 완장', 오른팔의 제어), kripan('검', 공격성), katsh('무릎 높이까지 오는 서랍', 성기의 제어)다. 여기서 그의 분석을 살펴보지는 않을 것이다. 그는 이 상징이 자연적인 과정과 힘의 인정, 종교 문화적인 제어를 동시에 함축하며, 금욕주의와 자연적 충동을 훌륭하게 종합한다고 주장한다. 시크교의 반구조는 나나크Nānak(1469~1538)부터 고빈드 싱Govind' Siṃh(1666~1708)까지 이어지는 구루의 계보에서 일종의 역구조가 되었지만, 여전히 힌두교 구조의 바깥에 있었다(막콜리프, 1909).

이제 구조, 반구조, 역구조, 재구조화의 과정이 어떻게 동일한 의례적 장에 공존하며 서로 지속적으로 수정해나가는지, 어떻게 장의 특성이 종교적 경험의 표현 수단인 은유에 영향을 주는지 두 번째 사례를 살펴보자. 이는 시카고대학교의 내 동료 라마누잔이 쓴 중요한 논문에서 발췌한 것이다(《Structure and Anti-Structure: The Vīraśaiva Example 구조와 반구조 : 비라샤이바 사례》, 1971. 이 논문은 나중에 그가 번역한 시선집 《Speaking of Śiva 시바를 말하다》, 1973에 수록되었다). 이 글은 10~12세기 인도 남부 비라샤이바 성자들의 종교문학을 다룬다. 비라샤이바는 금욕주의자가 아니지만, 당대 정통 힌두교도와 다른 루트로 구원moksha에 이르고자 했다. 그들은 카스트적 의무와 의례의 철저한 수행보다 헌신, 사랑, 믿음을 강조했다. 나중에 그들의 '길(방식)'은 힌두교에서 승인한 구원에 이르는 세 가지 방법 중 하나가 되었다. 나머지 둘은 (1) 정교하고 철저한 의례의 수행 (2) 명상이나 요가를 통한 지식 획득이다. 비라샤이바 운동은 칸나다 언어권에서 시작될 때 "가난한 자, 하급 카스트, 불가촉천민이 부자와 특권층에 대항해 일으킨 사회적 대변동이었다. 그것은 문맹자가 지식인에, 인간의 피와 살이 돌덩이에 대항해 일으킨 봉기다"(라마누잔, 1973, p. 21). 라마누잔은 비라샤이바주의 역시 다른 박티 종교처럼 유럽 프로테스탄트 운동의 인도식 버전이라고 본다. 인도와 유럽의 운동은 다음과 같은 공통점이 있다.

직접적 · 개인적 · 독창적 경험을 중시하면서 사제, 의례, 사찰 같은 중

개자와 사회적 위계에 맞섰다는 점. 모든 계급과 직업(땜장이였던 존 버니언처럼)의 성자를 포함해 약자에 의한, 약자를 위한 종교적 운동으로, 표준어가 아니라 방언을 사용하며, 종종 접근 불가능하던 산스크리트어 경전의 번역과 최초의 진정한 지역어 텍스트가 생산된 점(유럽에서 성서가 번역된 것처럼). 신비하게 선택된 자들이라는 원리에 근거한 자의적 은총의 종교라는 점(여기서는 출생에 근거한 사회적 위계가 경험에 근거한 신비주의적 위계로 대체된다). 청교도적 윤리로 이어지는 종교적 숭배로서 '일'이라는 관념. 일신주의와 선교주의, 가혹하면서도 자애로운, 비관용과 휴머니즘의 복합체라는 점. (pp. 53~54)

라마누잔 박사는 내 책 《의례의 과정》을 읽기 전에, 1971년 3월 30일부터 4월 2일까지 런던대학교 University of London 동양아프리카 언어학부에서 개최한 '남아시아 종교의 양상 Aspects of Religion in South Asia' 세미나를 위해 이 논문을 썼다. 그는 내 책의 부제(구조와 반구조)에 담긴 대립성과 그가 인도 문헌에서 발견한 내용의 유사성에 큰 감명을 받고 자신의 논문 제목을 〈Structure and Anti-Structure : The Vīraśaiva Example〉로 정했다. 그 논문의 주요 문제의식이 "비라샤이바주의에서 발견되는 한 가지 '이항 대립', 즉 스타바르 Sthāvara(정靜)와 장감므 Jaṅgama(동動)의 의미를 밝히고, 그것이 바카나스(이 운동의 초기에 활약한 성자들이 지은 종교적 서정시)에 묘사된 종교, 사회, 언어, 운율 형태, 이미지 등을 향한 태도에 어떤 영향을 미쳤는지 밝히는 것"이었기 때문이다(p. 1). 이 장에서 나는 반구조의 은유를 논의하기 때문에, 라마누잔이 번역하고 주해한 비라샤이바 운동의 리더 바사반나의 시를 소개하는 것이 적절하리라 본다. 이 시는 스타바르와 장감므의 대립을 보여주는데, 나는 이 대립이 인도뿐만 아니라 통通문화적 · 보편적인 것이라 생각한다. 그 은유적 대립의 의미는 바르나쉬람다르마라는 남인도의 종교 도덕적 장에서 그것의 기능과 깊이 연관되었다. 바사반나의 시는 다음과 같다.

부유한 자들은
시바를 위한 사원을 짓네.
가난한 나는
무얼 하나?

내 두 다리는 기둥,
내 몸은 성소,
내 머리는 금으로 된
둥근 지붕이네.

오, 들으소서, 합류하는 강들의 주인이여,
서 있는 것은 무너질 테지만,
움직이는 것은 영원히 머물 것입니다.

(라마누잔 옮김, 1973, p. 19)

라마누잔에 따르면 이 시는 "비라샤이바 운동의 여러 테마와 특징적 대립을 극화"(p. 19)한다. 인도 사원은 "전통적으로 인간 신체의 이미지를 따라 건축"된다(유럽의 여러 고딕 성당이 십자가에 못 박힌 예수의 모습을 재현한 것처럼. 어떤 경우는 십자가에 매달린 예수의 머리가 성당 동쪽 끝, 대제단 너머 건물의 곡선으로 상징화되기도 했다).

사원을 짓기 위한 의례는 땅을 파고 씨앗을 심으면서 시작된다. 사원은 인간처럼 씨앗에서 자란다고 여겨진다. 사원의 각 부분은 신체의 각 부위에 따라 명명된다. 사원의 양 측면은 아스타hasta의 양팔 혹은 날개라고 불린다. 사원의 꼭대기는 머리, 시카라śikhara라고 불린다. 사원의 가장 깊숙하고 어두운 내실인 성소는 가바그라garbhagṛha, '자궁의 집'이 된다. 사원은 벽돌과 석재를 통해 인간 신체의 원형을 구현한다.

시간이 지남에 따라 신체 은유는 쇠퇴하고, 그 모델과 의미도 퇴색했다. 사원은 움직이는 원형적 존재를 망각한 정적인 건물이 되었다. 바사반나의 시는 건물 대신 인체를 호명함으로써 모든 사원이 원형으로 회귀할 것을 부르짖는다.

이 시는 사원이 신체로, 신체가 사원으로 변하는 주기 혹은 정체성의 순환을 제안한다. 사원이 신체이자, 신체가 사원인 것이다. (pp. 19~20)

나는 이 설명을 커뮤니타스가 구조가 되고, 구조가 다시 커뮤니타스가 되며, 그 두 양식이 인간 사회성의 궁극적인 본질을 구성하는 과정에 대한 은유로 보고 싶다.

라마누잔은 이 시가 '만들기making'와 '존재하기being'를 구분한다고 지적한다.

> 부자들은 사원을 만들 줄만 안다. 그들이 행위를 통해 사원이 될 수는 없다. 게다가 만들어지는 것은 필멸하는 인공물이지만, 저 자신으로 있는 것은 불멸이다. 서 있는 것은 무너지지만, 움직이는 것은 영원히 머무른다.
>
> 비라샤이바 운동의 심장부에는 서 있기 vs 머무르기, 스타바르 vs 장감므의 대립이 존재한다. 산스크리트어 스타바르는 영어의 인도-유럽어 어휘인 stand, state(estate), stature, static, status, stay 등과 어원이 같으며, 이 단어들과 연관된 의미를 함축한다. 반면 장감므는 영어의 go와 어원이 같은 단어를 함축한다. 스타바르는 서 있는 것, 재산, 살아 있지 않은 사물을 지칭한다. 장감므는 움직이고, 움직일 수 있으며, 오고 가는 모든 것을 말한다. 비라샤이바교에서 장감므는 세계와 집을 버리고 마을에서 마을로 오가는 종교적 인간이자, 신자에게 신으로 재현되는 환생한 신이다. 스타바르는 모든 정적인 상징, 신의 우상, 사원 혹은 사원에서 숭배되는 링가liṅga를 뜻할 수 있다. 따라서 이 두 단어는 두 가지 대립되는 신 개념을 함축한다. 바사반나는 상징보다 원형을, 망각하는 사원보다 기억하는 신체를, 가난하지만 살아 있고 움직이는 장감므를 석화된 채 바깥에 서 있는 사원, 즉 스타바르보다 선호한다. (pp. 20~21)

라마누잔이 지적하듯이 "이 양극성은 다음과 같이 정리·평가할 수 있다".

부유한자	:	가난한 자
사원	:	신체
만들다	:	존재하다
서 있기(스타바르)	:	움직이기(장감므) (p. 22)

하지만 양자에 대한 평가는 동등하지 않다. 장감므가 스타바르보다 낫다. 여기서 포교주의가 시작된다. 다른 종교 문화의 은유도 비슷한 대립을 보이지만, 어느 한쪽 편을 들지는 않는다. 예를 들어 《논어論語》도 인仁과 예禮의 개념을 구분하지만, 양자를 바람직한 인간의 사회적 삶에 모두 필요한 것으로 본다. D. 하워드 스미스Howard Smith의 《Chinese Religions from 1000 B.C. to the Present Day기원전 1000년경부터 지금까지 중국 종교》(1971, p. 40)에 따르면, 예禮라는 글자는 원래 조상과 신, 신령의 영혼을 숭배·추모하는 희생 제의와 깊이 연관되었다. 공자孔子 시대에 그 글자는 '사회와 가정의 모든 다양한 관계를 제어하는 불문율'을 의미했다. 이는 '올바름, 예식, 의식, 의례' 등 다양한 의미로 번역된다. 한편 인仁은 '사랑, 선함, 자비, 인간다움, 동등한 관계성'(p. 42) 등으로 번역된다. 그 실제 의미를 이해하기 위해《논어》몇 구절을 인용해보겠다.

번지가 공자에게 물었다. "인이란 무엇입니까?" "사람을 사랑하는 것이다愛人.”

공자께서 말했다. “군자로서 인仁하지 못한 이는 있지만 소인으로서 인한 이는 아직 없었다.”

공자가 말했다. “지사志士와 어진 사람은 살기 위해서 인을 해치지 않으며, 살신성인한다.”

인은 예와 조화를 이룬다.

안연(공자의 수제자)이 공자에게 물었다. “인이란 무엇입니까?” “사심을 극복하고 예를 실천하는 것(克己復禮)이 인이다. 하루라도 그와 같이 실행한다면 천하 모든 사람들에게 어질다(仁)는 말을 들을 것이다.”[2]

이 대목에서 유교는 극과 극이 서로 닿는다고 본다. 나는 '인'이 '인간다움' '인류를 위한 감정'으로 번역될 수 있고, 그 사회적 표현 형식이 커뮤니타스인 반면, 예는 내가 구조라 부른 것과 멀지 않다고 생각한다. 공자는 인간이 사익이나 파벌적 목적을 위한 오용 없이 구조적 규범을 따라 행동한다면, 자발적이고 실존적인 커뮤니타스의 결과물과 그리 다르지 않은 평화롭고 공정하며 사회적인 공존이 가능하다고 보는 것 같다. 그래서 후대에 비판자들은 공자

---

2 이 장에 인용된 《논어》 구절은 터너가 인용한 하워드 스미스의 번역문 대신 《공자 논어 해제》 (박성규 지음, 서울대학교철학사상연구소, 2005)에서 발췌했다.

를 '보수적'이라 평가했다. 이 입장은 한편으로 의례나 법식에 따른 인간의 결속을, 다른 한편으로 일반적인 상호 의존성 아래 보장되는 개인의 독립성을 함축한다. 여기서 '거리'는 구속이 아니라 개인의 존엄을 수호하는 것이다. 공정하게 말하면, 비라샤이바 성자들 역시 때로는 스타바르와 장감므가 궁극적으로 하나라고 보았다. 라마누잔은 다음과 같이 쓴다.

> 비라샤이바교의 삼위일체는 구루, 링가, 장감므로 이는 각각 영적 스승, 시바를 상징하는 돌(스타바르와 연관되는 비라샤이바교의 '구조적' 기호), 방랑하는 탁발승을 의미한다. 이 셋은 하나다. 다른 시에서 바사반나는 진정 고매한 정신으로 '스타바르와 장감므는 하나'라고 노래한다. 그러나 신자가 장감므에 헌신하지 않고 링가 돌(스타바르)이라는 외부의 사물을 더 숭배한다면 그는 멸시받을 것이다. (p. 22)

움직이기와 서 있기, 말하기와 말해진 것, 인간 대 인간으로 만나기와 의례가 결국은 동일하다는 인식과 그런 대립자를 모두 인정하는 과정은 인도의 종교 문화에서 자주 발견되는 은유의 세 축을 구성한다. 내가 보기에 이 삼각형의 사회적 상관 항은 반구조와 구조, 사회societa고, 여기서 과정process이란 반구조가 구조로, 구조가 반구조로 주기적으로 바뀌는 움직임이라 할 수 있다.

나는 커뮤니타스와 구조의 대립이 아니라 반구조 혹은 무無구조astructure와 구조의 대립을 강조한다. 구조의 본질적 대립 항으로서 비라샤이바교는 리미널리티를, 유교는 커뮤니타스를 강조하기 때문이다. 예禮는 스타바르와 대단히 유사한데, 둘 다 '구조'로 번역될 수 있다. 반면 장감므와 인仁은 미묘하게 다르다. '움직이는 것(장감므)'은 리미널리티에 가까우며 인仁, 즉 '인간다움'은 커뮤니타스에 가깝다. 구조 바깥에 있는 것, 구조 사이에 있는 것, 구조를 녹여 없애는 용해제를 표현하는 세 원형적 은유는 '움직임' '유목주의' '덧없음'이다. 현대와 과거의 순례 과정에 대한 비교 연구에서 나는 이 양상에 천착한다. '오고 가는 모든 것의 속성'인 장감므는 이 은유와 잘 어울린다. 여담이지만 오늘날 우리는 장감므적 가치가 대중에게 상당한 호소력이 있는 시대에 사는 것 같다. 예를 들어 박스 오피스를 위한 상업 영화지만 〈잃어버린 전주곡Five Easy Pieces〉 〈이지라이더Easy Rider〉, 다른 '로드 무비', 조직화된 집단(스타바르 지위)에 속하지 못해 수많은 장소와 계급을 전전하면서 어디에도 오래 머물지 않는 방랑자('얽매이지 않은' 이)를 다룬 문학 작품이 그 예다. 《의례의 과정》에서 나는 인류 역사에도 상대적으로 안정된 사회관계와 문화적 가치 체계가 확립된 시기 사이에 몇몇 공통점이 있는 뚜렷한 전이적 기간이 있는 것 같다고 썼다. 우리 시대도 그중 하나일 것이다. 다만 서양 방랑자에게는 스토아주의에 따른 슬픔의 정조가, 동양 방랑자에게는 쾌활함의 정조와 종교적 신앙이 부각된다는 것이 동양과 서양의 차이점이다. 전자는 긍정적으로 부정적positively negative이고, 후자는 부정적으로 긍정적negatively positive이다. 이 주제를 더 논하려면 책 몇 권으로도 부족할 것이다.

리미널리티는 종종 커뮤니타스가 형성되기에 우호적 조건을 제공한다. 그러나 역효과가 생겨 홉스Thomas Hobbes 식 만인의 만인에 대한 투쟁이나 모두 '자기 일만 신경 쓰는' 실존적 무정부 상태가 도래할 수도 있다. 공자가 예와 인을 구분할 때 이런 상황은 염두에 두지 않은 것 같다. 공자는 법식을 통해, 관습적 의무인 예를 적절히 수행함으로써 구조를 적절히 유지하면 이웃에 대한 사랑과도 배치되지 않는다고 생각했다. 그에게 예와 인의 본질적인 대립은 존재하지 않았고, 인은 예의 내적 동력이었다.

한편 비라샤이바 사상의 장감므 개념에서 커뮤니타스의 흔적이 뚜렷이 감지된다. 전통적인 구조적 이분법에 반대한 시인 다시메이야Dāsimayya는 남녀의 차이를 피상적인 것으로 여기며 거부한다. 그는 양성의 근본적인 통일성을 강조하는데, 이는 현대 서구의 몇몇 사상적 조류보다 9세기나 앞선 것이다(p. 26).

사람들은
젖가슴과 내려오는 긴 머리칼을 보면
그것을 여자라 말하네.
수염과 구레나룻을 보면
남자라 부르고.
그러나 보게, 그들 사이를 배회하는
본성은
남자도 여자도 아니라네.
오, 라마나타여.

(라마누잔 옮김, 1973, p. 27)

'내려오는' '배회하는' '사이를' '-도 -도 아닌' 같은 커뮤니타스 은유와 결부된 장감므의 은유, 문화적 차이 기저에 깔린 동일한 본성 개념에 주목해보자.

나는 시크교에 대한 설명에서 구조/반구조/역구조/재구조화라는 시퀀스가 인도의 종교적 저항운동의 운명을 특징지었다고 말했다. 라마누잔은 여기에 추가적인 설명을 제시한다. 그가 보기에 레드필드가 구분한 인도 문명의 '위대한' 전통과 '작은 전통' 혹은 대중/식자, 민중적/고전적, 민중/엘리트, 낮음/높음, 지역주의/보편주의, 소작농/귀족, 평신도/성직자 등 그와 비슷한 안티테제가 비라샤이바와 같은 저항적 종교운동의 창시자에게는 중요하지 않았다. 위대한 전통과 작은 전통은 모두 구조이자 '기득권'으로서 거부되었고, 대신 종교적 경험, 크리파krpa 혹은 '은총'이 강조되었다.

> 이 종교적 시는 아눕하바anubhava('경험')와 아눕하아바anubhāva('진정한 경험')를 구별한다. 후자는 직접적인(매개되지 않은) 비전, 무조건적 행위, 예측 불가능한 경험에 대한 탐색이다. 역사, 시간, 클리셰 속에서 인간은 주어진 것(śruti)과 기억된 것(smṛti)에 의해 정해진 세계 속에서 살아간다. 그러나 진정한 경험은 그런 모든 외피와 이름표를 폭풍처럼 쓸어버리면서 온다. 신의 은총은 신자가 기도, 규칙, 의례, 신비주의적 말 혹은 희생 제의로 부르거나 꾀어낼 수 있는 게 아니다. 신비주의자는 오직 '그것'을 기다리며, 그것이 지나갈 때 잡으려고 준비할 수밖에 없다. (pp. 31~32)

여기서 윌리엄 블레이크의 시가 떠오른다.

Eternity영원

기쁨을 자신에게 묶어두는 인간은
살아 있는 기쁨의 날개를 부러뜨리네.
그러나 날아가는 기쁨에 입맞춤하는 자는
영원한 새벽빛 속에서 살아가리니.

라마누잔에게 '구조'란 인지적·언어적·이데올로기적·물리적·사회적 구조를 모두 포함한다. 다시 말해 구조란 현상에 질서와 규칙성을 부여하며, 현상의 관계에서 그런 질서와 규칙성이 발견되리라고 가정하는 어떤 것이다. 구조는 외적 현실을 이해 가능한 것으로 만들고, 그 지식을 소통시키기 위해 세계의 연속성을 '기호'와 '지시된 것', '코드'와 '코드화된 것'이라는 이분법에 가둔다. 여기서 우리는 구별과 불연속(쉽게 말해 구조), 연결성과 연속성의 모순이라는 오랜 난제에 부딪힌다. 경험되는 전체성을 단지 이항적 구별을 통해서 이해한다는 모순 말이다. 진정한 경험(힌두교에서 종종 samādhi라 불리는 주체와 객체의 모든 구별이 사라진 상태)은 인지나 정보 교환과 관련된 모든 구조를 폐기하는 것 같다. 그 안에서는 주체와 객체의 구별이 사라질 뿐 아니라, 모든 것이 '하나의 자아One Self'나 형체 없는 공허로 느껴지는 것처럼 보인다. 이 상태는 때로 힌두교 신화나 의례의 은유에서 인간 법칙과 한계를 초월한 힌두교 신들의 비도덕적이고 변덕스러우며 창조적 행위를 통해 재현된다. 진정한 경험anubhāva 속에서 비라샤이바 신자는 '아무것도 필요하지 않으며, 그 자체가 아무것도 아닌Nothing 자'가 된다. 라마누잔은 "뭔가 대단한 존재가 된다는 것은 신에게서 분리·분화되는 것이다. 신과 하나일 때, 그는 이름 없는 아무것도 아닌Nothing 자다"(pp. 32~33)라고 쓴다.

결국 구조는 이항 대립에 근거한다. 이것이 프랑스 몇몇 인류학자들의 주장이다. 그러나 반구조는 모든 이항적·계열적·점진적 구분과 차별을 폐기한다. '움직이는' '은총'이라는 이름으로 사회적·철학적·신학적 구조에 맞선 그 창조적 거부의 순간을 라마누잔은 "석화石化에 맞선 격렬한 항거"(p. 33)라고 표현한다. 그러나 실제 인도 역사에서 이런 반항은 그리 새로운 일이 아니었다. 그것은 외적 형식에 맞서 내적 경험의 가치를 주장하는 운동이며, 진정한 현재의 경험과 다르지 않은 순수한 고대의 전통에 호소하면서 그런 경험을 정당화하려는 시도였다. '신앙의 자산'인 처음 발화된 큰 진리는 신자의 개인적 경험에 지나지 않았다. 이 전통이 구조(큰 전통과 작은 전통의 구조 모두)의 일부가 되면 구조의 거부가 또 다른 구조에 대한 호소를 통해 정당화된다는 역설이 생긴다. 유럽의 프로테스탄트 교도가 순수한 초기 기독교에서 멀어진 당대의 위선적인 가톨릭 형식주의를 거부하기 위한 패러다임으로서 초기 교회의 단순한 커뮤니타스적 방식에 호소한 것처럼 말이다. 그러나 구조화가 이루어지면 '반anti'구조가 아니라 또 다른 '대립적counter' 구조가 된다. 비라샤이바 교도는 즉각적 경험으로 회귀를 주장하기 위해 고대 힌두교 경전을 인용했다. "눈앞의 환경에서 이탈하는 것은 오래된 이상과 연결되려는 움직임일 수 있다. 저항은 나의 적들이 표방하는 이상의 이름으로도 행해질 수 있다."(p. 33) 여기에 내재된 위험은, 그렇게 함으로써 인간은 구조적 계단의 첫 번째 가로대 위에 발 하나를 올려놓는다는 것이다. 그러면 리미널리티는 종료되고 구조라는 우리로 복귀가 시작된다. 언어학 교수이자 문학비평가인 라마누잔은 역구조를 통한 비라샤이바교의 구조 복귀를, 그들 문학작품의 수사학적 구조를 통해 고찰한다. 여기서 자세한 내용은 다루지 않겠지만, 그의 결론은 언급할 필요가 있다. "자발성은 그 자체의 수사적 구조가 있다. 어떤 자유로운 운문도 완벽하게 자유롭지는 않다. 근거할 만한 구조의 레퍼토리가 없다면 자발성도 없다."(p. 38) 통상적인 힌두 사회의 직유와 비유, 은유는 (새롭고 신선한 방식으로 쓰이긴 했지만) 비라샤이바 시에도 사용되었다. 풍부한 영감에 찬 시도 로만 야콥슨Roman Jakobson이 말한 '문법적 평행성grammatical parallelism'을 특징으로 한 일관된 운율 구조, 대칭, 패턴이 있다. 미국의 시문학에서는 월트 휘트먼Walt Whitman의 시가 적절한 비교 대상일 것이다.

과감히 요약하면, 비라샤이바의 저항적 신비주의는 처음에 인도 전역과 개별 지역의 모든 구조와 전통을 폐기하고 거부했다. 그리고 존재의 의미와 사회적 결속의 근원으로서 신비주의적 경험을 강조했다. 집단의 세력이 커지면서 비라샤이바교는 사회적·문화적으로 역구조화되었고, 즉각적 경험의 정당성을 강조하기 위해 과거의 전통을 탐색하기 시작했다. 그다음 단계 분석에서는 레드필드의 큰 전통과 작은 전통 구분이 유효하다. 라마누잔은 시간이 흐르면서 비라샤이바의 이단자들이 주류화되는 과정을 보여준다. 그들을 위해 사원이 건설되고 산스크리트어로 성인전이 집필된다. 지역 차원의 전설과 의례뿐 아니라 다양한 '큰 전통' 요소를 차용한 정교한 신화가 그들 주위에 생겨난다. 다시 말해 그들은 새로운 카스트의 창시자가 되어 새로운 평등주의적 운동의 도전을 받는다. 최초의 비라샤이바들이 힌두교 이단인 자이나교에 항거한 것처럼 말이다. 따라서 인류학자가 특정한 역사적 순간의 자티 체계부터 자이나교의 이데올로기에 이르기까지 인도 종교의 모든 구성 요소를 과학적으로 연구할 때는 인도 종교의 총체적 장total field 이라는 맥락을 반드시 고려해야 하며, 이를 적절한 개념적 구성체로 드러내야 한다.

이 종교적 맥락 속의 은유 구조를 살펴보자. 우리는 앞서 '신체'가 비라샤이바 시인들이 장감므('움직이기')라 부른 것과 관계되며, '사원'은 스타바르('서 있기')와 연관됨을 살펴보았다. 나의 개념에 따르면 두 용어는 다성적 상징이지만, 각 상징에 포함된 의미소 사이에는 상당한 유사성과 유비성이 존재한다. 다성적 상징이 다양한 의미소를 복합적으로 재현하기 때문이다. 엘리 쿤야스 마란다Elli Köngäs Maranda는 최근 〈The Logic of Riddles 수수께끼의 논리〉(1971, pp. 193~194)라는 논문에서 레비스트로스와 야콥슨, 촘스키Noam Chomsky의 논의에 근거한 은유 연구 방법을 제시한다. 그녀는 아리스토텔레스의 '유비' 정의를 활용하여 은유를 '유비analogy' '환유metonymy' 개념과 연관시킨다. "네 개 항이 있고, 첫째 항과 둘째 항의 관계가 셋째 항과 넷째 항의 관계와 비슷할 때 이를 유비라 한다." 예를 들어 $A/B=C/D$ 식으로. 유비는 "현상의 두 가지 연결 방식, 즉 유사성과 연속성에 의존하는 추론의 기술technique of reasoning이다. 다시 말해 은유와 환유. 유비에서는 동일한 구조적 위치에 있는 두 항(A와 C)이 기호와 은유가 되며, 그중 하나(A)가 기호이자 '기표', 다른 하나(C)가 지시된 것 혹은 '기의'가 된다. 등호(=)를 기준으로 같은 편에 위치한 항은 환유 관계다(A와 B)". 그녀에 따르면, 유비 관계에서 은유와 환유의 도식은 다음과 같다.

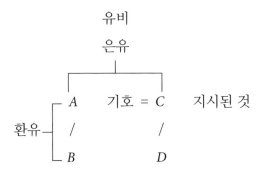

"따라서 환유는 두 항의 관계relation며, 은유는 두 항의 등치equation다." 라마누잔이 번역한 비라샤이바 시에서 유비는 다음 항을 통해 드러난다. 사원/스타바르(서 있기)=신체/장감므(움직이기). 스타바르와 사원의 관계는 장감므와 신체의 관계와 유사하다. 이 유비 관계는 그 후 가치판단의 대상이 된다. 정靜과 사원의 관계는 동動과 신체의 관계와 유사하지만, 시의 맥락은 "서 있는 것은 무

너질 테지만, 움직이는 것은 영원히 머물 것이다"라는 역설을 도입한다. 사원은 처음에 신체의 은유였지만, 시에 따르면 현실에는 사원이 없고 신체만 존재한다(이는 신체의 부활이라는 기독교 교리를 떠올린다). 그러나 신체는 은유적으로 사원에만 부여되는 신성성이 있다. 바사반나는 '성소聖所인 신체'라고 썼다. 여기서 나는 다른 은유 관계를 상정하고 싶다. 스타바르:장감므::구조:반구조(커뮤니타스+리미널리티로서). 스타바르와 장감므의 관계는 구조와 커뮤니타스의 관계와 같다. 라마누잔도 지적했듯이, 스타바르는 '지위, 영지, 재산'이라는 사회구조적 의미를 함축하기 때문이다. 장감므는 통과의례의 전이기처럼 '움직이고, 오고, 가는 모든 것'을 대표한다. 비라샤이바교에서 장감므는 영원히 전이적인 인간, "세계와 가정을 버리고 마을과 마을을 떠도는 종교적 인간"(p. 21)을 의미한다. 설사 물리적으로 방랑하지 않더라도 그들은 카스트나 친족의 엄격한 규칙에 속박되었다고 느끼지 않는다. 라마누잔은 "비라샤이바 운동이 부자와 특권층에 맞서 가난한 자와 하급 카스트, 불가촉천민이 주체가 되어 일으킨 사회적 봉기"(p. 21)임을 강조한다. 그 운동은 직접적 경험을 우선시하면서 카스트적 결속을 폐기하려는 커뮤니타스다. 그들 시의 후렴구에 규칙적으로 등장하는 '합류하는 강들의 주인'도 힌두교 만신전의 시바를 의미하지 않는다. 그것은 차라리 나와 너, 신과 인간, 주체와 객체의 구별이 중요하지 않고, 모든 것이 하나 혹은 무無로 화하는 듯한 사마디의 경험을 지칭한다. 이때 언어는 그런 경험을 전달하기에 훌륭한 도구가 아니다. 이는 동양과 서양 신비주의에 공통된 입장으로, 위대한 선불교 학자 스즈키 다이세츠 테이타로가 《On Indian Mahayana Buddhism인도의 대승불교에 대하여》에서 탁월하게 설명한다.

> 언어는 숫자의 세계와 현재, 과거, 미래의 인간에게서 태어났다. 그것
> 은 인도 대승불교에서 loka로 알려진 현세現世를 기술하는 데 가장 유
> 용한 도구다. 그러나 인간의 경험은 현세를 벗어나 불교도가 '초월적
> 세계loka-uttara'라 부르는 또 다른 세계까지 확장된다. 언어가 이 둘째
> 세계의 사물을 지칭할 때면 모순어법["모순되어 보이는 연결점이 존
> 재하는 비유적 표현, 예를 들어 '무신앙적 신앙이 그를 거짓되게 진
> 실하도록 했다'", 옥스퍼드 영어사전], 역설, 모순, 왜곡 표현, 부조
> 리, 괴상한 표현, 모호함, 비합리성 등 온갖 뒤틀림과 굴곡을 지닌다.
> 여기서 언어를 탓할 필요는 없다. 언어의 적절한 기능을 알지 못하
> 고, 언어를 벗어난 것에 언어를 적용하려 애쓰는 것은 우리 인간이다.
> (1968, p. 243)

오랫동안 안정적이고 일관되게 유지되던 사회적 · 경제적 · 사상
적 구조가 파열 조짐을 보이고, 구조나 반구조의 측면에서 의문의
대상이 되는 역사의 전이기에는 평등주의적 · 대중적 봉기가 등장
한다. 내가 보기에 모순어법과 은유로 가득한 장감므 혹은 신비주
의적 수사법이 이 저항운동의 특징인 것은 우연이 아니다. 우리는
보통 신비주의적 언어를 산이나 사막, 수도원의 독방에서 명상하
고 사색하는 고독한 개인의 것이라고 보며, 사회적 사실로 간주하
지 않는 경향이 있다. 하지만 커뮤니타스 운동은 그런 언어와 지속

적으로 결부되었으며(예를 들어 라인란트Rheinland 신비주의자들은 '신의 친구들'로 불렸다), 내가 보기에 최소한 신비주의적 발화 중 일부는 현존하는 사회관계를 은유적으로 지칭한다. 많은 문화에서 신비주의적 어법에 공통된 어휘는 '물러남' '거리 두기' '무심' 등이 있다. 그러나 이 물러남은 인류에게서 물러남이 아니라 특정한 형태로 오래 고착된 구조에서 물러남이다. 여기서 문제 되는 것은 사회구조의 특정한 구성 요소, 즉 전체 구조 체계에서 그 상황을 개선하려 애쓰거나 옛 구조에 내재한 착취적 경향에서 자유로운 새로운 구조 체계를 만들려는 특정 계급, 카스트, 인종 집단이 아니다. 여기서 인간을 모든 구조적 제약에서 해방하는 것, 구조 바깥에 신비주의적 사막을 건설하는 것이 추구된다. 이 사막에서는 모두 하나가 되며, 서양의 신비주의자 에크하르트Johannes Eckhart가 말했듯이 '순수하게 아무것도 아닌 것a pure nothingness'이 된다. 여기서 '아무것도 아닌 것'은 역사적으로 구축된 '뭔가 대단한 것somethingness'과 은유적 대립 관계에 있다. 신비적 언어에도 내용은 있지만 명시적 구조는 없으며, 폭발적으로 언표된 반구조가 존재할 뿐이다. 물론 (시간이 흐르면) 역사는 반구조의 잠재적 구조를 끄집어낼 텐데, 경험이 문화와 사상의 전통적 구조와 조우할 때 특히 그렇다. 진정한 경험을 한 이들은 사회관계에서 자신의 비전을 구현하려 애쓴다. 그 과정에서 그들은 위대한 전통과 작은 전통에서 생겨난 구조의 산물과 마주친다. 그러면 비전은 종파가 되고, 교회가 되며, 어떤 경우에는 지배적 정치 체계나 그 체계의 중요한 버팀목이 된다. 본질적으로 어떤 구조든 완전히 몰아낼 수 없는 전이적 공간과 순간에서 다시 커뮤니타스가 태어나 그것에 항거할 때까지 말이다. 구조는 인간의 거리와 분절성에 의존하는 반면, 전이적 공간은 반구조적 비전과 사상, 행위를 위한 피난처를 제공한다. 대규모 복잡 사회도 역구조를 발전시키기에 유리한 장field을 제공하는 수많은 구조적 하부 체계(명시적이든 잠재적이든)를 개인에게 제공한다. 사회란 군중과 대중 활동, 공적 의례와 시장, 입법가, 판사, 사제의 행위뿐 아니라, 종교적이고 정치적인 탁발승, 추방자, 고립된 예언자의 비전과 성찰, 말과 작품까지 포용하는 과정process이다. 사회란 그 중심부에 겉으로 보기에는 고독하며 은둔적인 정화자淨化者가 있으며, 마이너스와 제로는 물론 플러스도 있고, 구조뿐 아니라 반구조도 있다. 또 사회 문화적 장의 다양한 층위와 영역에서 이 요소들의 지속적인 상호작용이 일어난다. 우리가 이렇게 사회를 바라보면 구조적으로 유의미한 가치와 규칙, 구성 요소를 인정해온 종래의 사상 체계에 내재한 맹점을 피할 수 있을 것이다. 그런 가치와 규칙이 구조적으로 유효한 것은 특정 시점에 정치적·지적 엘리트들이 이를 정당화했기 때문이다. 그 체계는 최소한 인간 사회성의 절반, 즉 즉흥적이고 새로운 인간관계 양식과 활동적이고 현존하며 살아 있는 전체성을 강력히 요구하는 창조적인(또한 파괴적인) 사회성의 반쪽을 설명하지 못한다. 하지만 구조의 역구조적인 부정counter-structural negation을 위해 커뮤니타스를 강조하는 종교운동의 특징이 광신주의와 비관용이라는 점도 잊어서는 안 된다. 그런 운동에는 신비주의자, 시인, 성인뿐 아니라 우상파괴자, 포교주의자, 원두당Roundheads도 넘쳐난다. 비라샤이바 교도는 맹렬한 포교주의자다. 시크교도의 상징인 칸다khanda(굽은 두 검, 양날의 단도, 원반으로 구성된) 역시 영적 힘뿐만 아니라 무예를 상징한다. 나폴레옹이 황제에 오를 때 울려 퍼진 모토도 '자유, 형제애, 평등'이다.

구조를 강조하고, 위계와 지위를 신비화하며, 다양한 인간 집단과 범주의 변경 불가능한 분리와 거리를 강조하는 사회도 광적으로 변할 수 있다. 그런 사회는 커뮤니타스적 가치를 제거하고, 그런 가치를 두드러지게 체현한 집단을 해체함으로써 광기에 도달한다. 종종 우리는 구조-유지자에게 광신적으로 맞서는 커뮤니타스주의자나 그 반대 사례를 볼 수 있다. 사회적 인간에 내재한 근본적 분열은 역사에서도 자주 등장했다. 사랑을 주된 윤리로 제시하는 종교나 인간주의적 체계(이른바 '보편' 종교는 사랑의 가치를 중히 여긴다)는 예와 인, '예식'과 '인간 대 인간의 만남'을 화해하려 한 유교의 노력과 비슷한 노력을 보여준다. 사랑이란 넓은 의미에서 이 화해를 의미할 것이다. 세계 종교는 구조와 커뮤니타스를 대립시키는 대신 조화시키며, 그렇게 생겨나는 총체적 장을 신자의 '몸body', 이슬람의 움마(예의, 예양comity), 기타 비슷한 용어로 칭한다. 이는 사랑과 율법, 커뮤니타스와 구조가 화해된 상태를 가리킨다. 사랑도, 율법도 무자비한 대립 속에 있는 한 제구실을 할 수 없을 것이다. 그때 사랑과 율법은 모두 증오일 텐데, 도덕적 우월함의 외양을 쓰면 더욱 그럴 것이다.

부족사회와 농업 사회의 의례 과정과 그 안의 이미지에서는 구조와 반구조가 모두 재현된다. 그 사회는 우리 '이하'의 사회가 아니며, 그들의 비언어적 상징은 우리의 궤변이나 변증술보다 빠르게 인간의 본질적인 문제에 가 닿는다. 거기서 구조와 반구조는 대립되는 이념적 위상을 갖지 않으며, 정치적 조작이 가능하다. 그러나 전복적인 은유도 종전 체제의 우상으로 가득한 의례라는 맥락에 위치하며, 이미지의 구축과 파괴도 단일한 의례 과정에서 일어난다. 지금껏 인류학자의 설명은 대부분 부족 의례의 반구조적 은유 행위와 상징 요소에 담긴 커뮤니타스적 측면을 적절하게 잡아내지 못했다. 해당 토착 문화의 식자층이 반구조적 의례에 집단적으로 참여하는 것의 의미를 서술하고 설명해준다면 이 문제는 점차 개선될 것이다. 이때 그 민족이 펴내는 소설이나 희곡, 시가 중요한 근거 자료가 될 수 있다. 즈나니에츠키가 사회 분석에서 '인류 공통의 계수'라 부른 것을 우리에게 전해주는 개인적인 문서이기 때문이다. 한편 유비적 사례도 도움이 될 것이다. 기독교, 이슬람교, 유대교, 힌두교, 불교 같은 주요 종교의 순례 과정에 대한 연구에서, 나는 순례자의 주관적인 커뮤니타스적 경험이 객관적으로 반구조를 가리키는 상징이나 은유와 상관관계에 있음을 눈치챘다. 부족사회의 커뮤니타스에 대한 연구는 거의 진행되지 않았지만, 지금까지 의례 연구에서 각각이 대단히 복잡한 의미 체계를 구성하는 복합적인 상징적 구조를 의도적으로 삭제·파괴하는 사례 하나를 소개하려 한다.

정식으로 용인된 우상파괴는 주요 통과의례의 전이 국면, 다시 말해 반구조의 실현을 위한 일시적인 의례적 기간에 일어난다. 때로 이는 희생 제의와 연관되며 희생 제의적 성격이 있지만, 대개는 그런 행위와 무관하다. 내가 아는 한 구조에 대한 은유적 파괴의 가장 훌륭한 사례는 오드리 리처즈가 《Chisungu 치숭구》(1956)에 기술한 벰바족 소녀의 성인식에서 발견된다. 잠비아 북동부에 거주하는 벰바족은 소녀의 혼례를 앞두고 치숭구를 치른다. 그것은 무언극, 노래, 춤, 성물의 활용 등을 포함하는 길고 정교하며 연속적인 의례 행위로 구성된다. 이 의례는 "남성이 아닌 여성 출계 사회, 혼인 시 여성이 남성의 집에 가는 게 아니라 남성이 아내의 친척과 함께 살러 오는 사회에서, 신랑을 신부의 가족 집단에 통합하기 위한 의례 중 핵심부"(p. 17)에 해당한다. 이 긴 의례의 특징 하나는 여러 날에 걸쳐 진흙으로 정교한 입상을 빚는 것이다. 리처즈는 자신이 참여 관찰한 어느 의례에 입상이 42개 있었다고 쓴다. 과거에는 더 길었을 것으로 추측되는 이 입상 빚기는 23일간 행하며, 날마다 다양한 상징적 행위를 곁들인다. 오두막에서 만드는 도기 입상 혹은 '상징emblem'(이 입상은 음부사mbusa라 불린다. 참고로 의례를 주관하는 여성은 나치음부사nachimbusa 혹은 상징의 '어머니'로 불린다)은 다 만들어지고 두 시간 뒤에 산산조각 난다. 그 상징은 성인식을 치르는 소녀에게 아내와 어머니로서 그녀의 구조적 지위에 수반되는 의무와 규범, 가치, 전형적인 문화적 정향을 가르치기 위해 사용된다. 각 입상은 구체적인 의례명이 있으며, 거기에 비밀스런 노래가 덧붙는다. 그 노래의 의미는 의례에 참여하는 연장자 여성, 특히 권위 있는 '상징의 어머니'가 소녀의 앞날을 위해 해석해 준다. 리처즈 박사와 백의전교회White Fathers 선교사 라브렉E. Labreque은 이 교훈조의 해석에 관해 상당한 자료를 수집했다. 특히 치숭구

입상에 대한 부족민의 해석을 담은 리처즈 박사의 부록이 가치 있다. 그 해석은 벰바족 같은 모계사회에서 성인 여성의 운명과 여러 구조적 문제점, 갈등 요소를 자세히 설명한다. 여기에 대해서는 나도 《The Forest of Symbols》 4장 〈이도 저도 아닌Betwixt and Between〉에서 언급했다(1967, pp. 193~194). 리처즈는 그 입상(상징)이 어떻게 가정적 의무, 농업적 의무, 남편과 아내의 의무, 친척에 대한 의무, 훌륭한 어머니가 되기 위한 의무와 상황, 추장의 권위, 그 외 벰바족 성인이 따라야 할 일반 윤리와 연관되는지 설명한다.

> 시간 소요 측면에서 신성한 입상을 의례적으로 만들고 전시하는 데 가장 많은 시간이 든다. 사람들은 도기 입상의 제작과 준비, 전시는 물론, 숲 속의 위치 선정, 개별 가정의 입상mbusa 수집에 상당한 시간과 에너지를 투자한다. 신참자 오두막에서 어떻게 하루 종일 도기 입상을 만드는지는 앞에 설명했다. 이 오랜 노고의 결과물을 같은 날 파괴한다는 점을 기억해야 한다. 입상 만들기나 찾아내기와 별개로 이 입상을 여러 여성이 서열에 따라 차례차례 보여주며 설명하는 과정은, 적어도 내게는 치숭구의 가장 지루한 부분이었다. 각 입상의 의미를 해석하는 온갖 우스꽝스러운 시구의 각운을 스무 번 이상 노래했기 때문이다. (1956, p. 138)

벰바족이 고생스럽게 만든 이미지와 상징을 재빨리 부수는 것을 정확히 비잔틴의 우상파괴자, 바라나시Varanasi의 무굴인, 헨리 8세의 집행관, 크롬웰Oliver Cromwell의 원두당, 스코틀랜드의 장로주의 지지자들이 행한 종교적 성상, 회화, 우상파괴에 빗댈 수는 없다. 하지만 그 행위 뒤에는 인간을 인간이나 절대적 현실에서 떨어뜨리고 구별하며, 연속적인 것을 불연속적 범주에 집어넣는, '구조'에 반하는 가치를 주장하고픈 인간 본연의 충동이 있을지 모른다. 벰바족의 이 은유 사용자들에게 중요한 것은 상징을 통해 최대한 정교한 개념의 구조, 사회적 지위의 구조를 만들어 혼돈을 최소화하고 인공적인 안전지대를 창설하는 것이다. 이런 정교화는 중국의 우주론에서 보듯이 강박적인 수준까지 이른다. 은유적 진술은 구조의 범주('내적 공간')와 체계의 외부('외적 공간') 사이에 놓인 그 어떤 것을 통해 만들어진다. 이 영역에서 언어는 무용해지고, 설명은 실패하며, 어렴풋한 은유 행위를 통해 뚜렷한 경험을 표현하는 수밖에 없다. 자신이 만든 정교한 구조를 파괴하고 초월을 인정하기 위해서, 다시 말해 특정 문화의 구성원들이 겪는 경험에 대해 그 문화가 그때까지 말해온 모든 것을 초월하기 위해서. 이 개념적인 초월 역량은 커뮤니타스에 실험적으로 내재한 것이다. 지을 줄 아는 이들이 지어진 것을 무너뜨릴 줄도 안다. 단순한 언어적 파괴literal destruction는 의례에서 구현되는 은유적 파괴가 아니다. 의례에서 파괴의 은유metaphor of destruction는 불연속적 성격을 띠는 언어 코드를 포함한 대다수 커뮤니케이션 코드를 넘어서는, 사회적 현실의 실제적·지속적 양상을 표현하는 비언어적 방식이다. 이는 어쩌면 인간이 여전히 진화하는 종이기 때문인지 모른다. 인간의 미래는 현재에 달렸지만, 그 미래는 아직 정확히 언표되지 않았다. 정확한 언표articulation란 과거의 산물이기 때문이다. 서구 사상가들과 부족사회의 토착민도 이 사실을 알았고, 비언어적 상징이나 은유에 내재한 딜레마를 우리에게 보여준다. 결론적으로 말해, 치숭구는 대립보다 상호 보완의 관계에서 의례적인 것과 비의례적인 것을 모두 드러낸다. 우리에게 친숙한 은유를 사용하자면, 구조와 반구조는 카인Cain과 아벨Abel의 관계가 아니다. 그것은 차라리 블레이크가 말한 대립자Contraries, '부정Negation 자체를 파괴함으로써 살려내야 하는' 대립자다. 그렇지 않으면 인간은 절멸할 것이다. 서양과 동양, 위계 체계와 평등 체계, 개인주의와 집단주의 같은 개별적인 역사적·문화적 전통 뒤에는 결국 인간이란 구조적이면서 반구조적인 존재, 반구조를 통해 성장grows하며 구조를 통해 보존conserves하는 존재라는 단순한 진실이 있다.

참 고 문 헌

1.

Bierstedt, Robert. 1968. "Florian Znaniecki." In *International Encyclopedia of the Social Sciences.* Ed. David L. Sills. New York: Macmillan and Free Press.

Black, Max. 1962. *Models and Metaphors: Studies in Language and Philosophy.* Ithaca: Cornell University Press.

Bunge, Mario. 1962, *Intuition and Science,* Englewood Cliffs, N.J.,: Prentice-Hall.

Firth, Raymond. 1964. *Essays on Social Organization and Values.* London: Athlone.

____. 1967. *The Work of the Gods in Tikopia,* London: Athlone.

Gulliver, Philip. 1971. *Neighbours and Networks.* Berkeley: University of California Press.

Kuhn, Thomas S. 1962. *The Structure of Scientific Revolutions.* Chicago: University of Chicago Press.

Leslie, Charles. 1970. Review of *The Ritual Process. Science* 168 (May 8): pp. 702~704.

Nisbet, Robert A. 1970, *Social Change and History: Aspects of the Western Theory of Development.* London: Oxford University Press.

Peacock, James L. 1969. "Society as Narrative." In *Forms of Symbolic Action,* Ed. Robert F. Spencer. Seattle: University of Washington Press.

Pepper, Stephen C. 1942. *World Hypotheses.* Berkeley: University of

California Press.

Richards, Audrey. 1939. *Land, Labour and Diet in Northern Rhodesia.* Oxford: Oxford University Press.

Suzuki, D. T. 1967. "An Interpretation of Zen Experience." In *The Japanese Mind: Essentials of Japanese Philosophy and Culture.* Ed. Charles A. Moore. Honolulu: East-West Center Press.

Turner, Victor. 1957. *Schism and Continuity in an African Society.* Manchester: Manchester University Press.

_____, ed, 1966. With M. Swartz and A. Tuden. Introduction to *Political Anthropology.* Chicago: Aldine.

_____. 1967. *The Forest of Symbols: Aspects of Ndembu Ritual.* Ithaca: Cornell University Press,

_____. 1968a. *The Drums of Affliction.* Oxford: The Clarendon Press.

_____. 1968b. "Mukanda: The Politics of a Non-Political Ritual," in *Local-Level Politics.* Ed. M. Swartz. Chicago: Aldine.

_____. 1969. *The Ritual Process Structure and Anti-structure,* Chicago: Aldine.

_____. 1970. Introduction to *Forms of Symbolic Action.* Ed. R. Spencer. Seattle: University of Washington Press.

_____. 1971. "An Anthropological Approach to the Icelandic Saga." In *The Translation of Culture: Essays to E. E. Evans-Pritchard.* Ed. T. Beidelman. London: Tavistock.

Toulmin, Stephen. 1953. *The Philosophy of Science,* New York: Harper.

Znaniecki, F. 1936. *The Method of Sociology.* New York: Farrar and Rinehart.

2.

Anouilh, Jean. 1960. *Becket of the Honor of God,* tr. Lucienne Hill. New York: Coward-McCann.

Berington. Rev. Joseph. 1790. *The History of the Reign of Henry the Second.* Basil: Tourneisen.

Brown, Paul Alonzo. 1930. *The Development of the Legend of Thomas Becket.* Philadelphia: University of Pennsylvania Press.

Churchill, Winston, 1956-1958. *The History of the English-Speaking Peoples.* London: Cassell. Vol. I.

Eliot, T. S. 1935. *Murder in the Cathedral.* New York: Harcourt, Brace.

Foreville, Raymonde. 1943. *L'Eglise et la royauté en Angleterre sous Henry II Plantagenet, 1154-1189.* Paris: Bloud and Gay.

Fry, Christopher. 1961. *Curmantle.* London: Oxford University Press. Hutton, Rev. W. H. 1899. *St. Thomas of Canterbury: An Account of His Life and Fame from the Contemporary Biographers and Other Chroniclers.* London: Nutt.

Jones, Thomas M., ed. 1970. *The Becket Controversy.* New York: Wiley.

Kern, Fritz. 1970. *Kingship and Law in the Middle Ages.* New York: Harper Torchbooks. First published 1956.

Knowles, Dom David. 1951. *The Episcopal Colleagues of Archbishop Thomas Becket.* London: Cambridge University Press.

_____. 1970. *Thomas Becket,* London: Black.

Magnússon, Eiríkr, ed. 1875. *Thómas Saga Erkibyskups.* In *Materials for the History of Thomas Becket.* Ed. Rev. James C. Robertson. London: Her Majesty's Stationery Office.

Milman, Henry Hart. 1860. *Life of Thomas à Becket.* New York: Sheldon.

Mountfort, Will, and John Bancroft. 1963. *Henry the Second, King of*

England. London: Tonson.

My dans, Shelley. 1965. *Becket.* New York: Doubleday.

Pollock, Frederick, and Frederic Maitland. 1895. *History of English Law before the Time of Edward I.* Cambridge: Cambridge University. Press.

Robert of Gloucester (1260-1300). 1845. *The Life and Martyrdom of Thomas Becket.* London: Percy Society.

Robertson, Rev. James C. 1859. *Life of Becket.* London: John Murray.

____, ed. 1875-1883. *Materials for the History of Thomas Becket,* vols. 1-7. London: Longmans, for Her Majesty's Stationery Office.

____, ed. 1965. *Materials for the History of Thomas Becket.* London: Kraus Reprint.

Tennyson, Alfred. 1884. *Becket.* London: Macmillan.

Turner, Victor. 1969. *The Ritual Process: Structure and Anti-structure.* Chicago: Aldine.

Winston, Richard. 1967. *Thomas Becket,* New York: Knopf.

3.

Carlston, Kenneth S. 1968. *Social Theory and African Tribal Organization.* Urbana: University of Illinois Press.

Cuevas, Mariano. 1952. *Historia de la nacion mexicana.* 3 vols. Mexico City: Talleres Tipograficos Modelo. First published 1940.

Hamill, Hugh. 1966. *The Hidalgo Revolt.* Gainesville: University of Florida Press.

Hunt, Robert. 1966. "The Developmental Cycle of the Family Business." In *Essays in Economic Anthropology,* ed. June Helm. Seattle and

London: Proceedings of the American Ethnological Society, 1965.

McHenry, J. Patrick. 1962. *A Short History of Mexico*. New York: Doubleday, Dolphin Books.

Paz, Octavio. 1961. *Labyrinth of Solitude*. New York: Grove Press.

Radcliffe-Brown, A. R. 1961. "The Mother's Brother in Africa." In *Structure and Function in Primitive Society: Essays and Addresses*. London: Cohen and West. First published 1924.

Ricard, Robert. 1966. *The Spiritual Conquest of Mexico*, Berkeley: University of California Press.

Sierra, Justo, ed. 1957. *Evolución política del pueblo mexicano*, Mexico City: Universidad Nacional Autonoma de Mexico. First published 1900-1902.

Simpson, Leslie Byrd. *Many Mexicos*. Berkeley: University of California Press.

Spiro, Melford. 1968. "Factionalism and Politics in Village Burma." In *Local-Level Polities*, ed. M. Swartz. Chicago: Aldine.

Swartz, Marc. ed. 1968. *Local-Level Politics*. Chicago: Aldine.

_____, V. Turner, and A. Tuden, eds. 1966. *Political Anthropology*. Chicago: Aldine.

Turner, Victor, and M. Swartz. 1966. Introduction to *Political Anthropology*, eds. M. Swartz, V. Turner, and A. Tuden. Chicago: Aldine.

Turner, Victor, and M. Swartz. 1969. *The Ritual Process: Structure and Anti-structure*. Chicago: Aldine Press.

Velzen, H. U. E. Thoden van. 1970. Personal communication.

Villoro, Luis. 1952a. "Raiz del indigenismo en México," *Cuadernos Americanos* 61 (1): pp. 36~49.

_____. 1952b. "Hidalgo: Su violencia y libertad," *Cuadernos Americanos* 2

(6): pp. 223~239.

_____. 1963. "Las Corrientes ideologicas en la epoca de la independencia." In *Estudios de historia de la filosofia en Mexico,* publication of La Coordinacion de Humanidades. Mexico City: Universidad Nacional Autonoma de Mexico.

_____. 1967. *El Proceso ideologico de la revolución de Independencia.* Mexico City: Universidad Nacional Autonoma de Mexico.

Wolf, Eric R. 1958. "The Virgin of Guadalupe: Mexican National Symbol," *Journal of American Folklore* 71: pp. 34~39.

_____. 1959. *Sons of the Shaking Earth.* Chicago: University of Chicago Press.

Zolberg, Aristide R. 1972. "Moments of Madness: Politics as Art." *Politics and Society,* Winter: pp. 183~207.

5.

Aguilar, Carlos M. 1966. *Nuestra Señora de Ocotlán, Tlaxcala.* Tlaxcala.

Burton, Sir Richard. 1964. *Personal Narrative of a Pilgrimage to Al-Madinah and Meccah, 2* vols. New York: Dover. First published 1893.

Cava, Ralph della. 1970. *Miracle at Joaseiro.* New York: Columbia University Press.

Cohen, Abnen. 1969. *Custom and Politics in Urban Africa.* London: Routledge & Kegan Paul.

Deleury, G. A. 1960. *The Cult of Vithoba.* Poona: Sangam Press.

Dowse, Ivor. 1963. *The Pilgrim Shrines of England.* London: Faith Press.

_____. 1964. *The Pilgrim Shrines of Scotland.* London: Faith Press.

Evans-Pritchard, E. E. 1948. *The Divine Kingship of the Shilluk of the Nilotic Sudan,* Cambridge: Cambridge University Press.

Excelsior. August 12, 1947. Mexico City (Daily newspaper.)

Fortes, Meyer. 1945. *The Dynamics of Clanship among the Tallensi.* London: Oxford University Press.

Garbett, G. Kingsley. 1963. "Religious Aspects of Political Succession among the Valley Korekore," In *The History of the Central African Peoples,* eds. E. Stokes and R. Brown. Lusaka: Government Press.

Gennep, Arnold van. 1960. *The Rites of Passage.* London: Routledge & Kegan Paul. First published 1908.

Gluckman, Max. 1965. *Politics, Law and Ritual in Tribal Society.* Oxford: Blackwell.

Hansa, Bhagwān Shri. 1934. *The Holy Mountain.* London: Faber and Faber.

Hobgood, John. 1970a. *A Pilgrimage to Chalma.* Huixquilucan Project, Working Papers No. 12. Madison: University of Wisconsin.

_____. 1970b. *Chalma: A Study in Directed Cultural Change.* Huixquilucan Project, Working Papers No. 14. Madison: University of Wisconsin.

Ingham, John. 1971. "Time and Space in Ancient Mexico," *Man 6* (December): pp. 615~629.

Jarett, Dom Bede. 1911. "Pilgrimage." In *The Catholic Encyclopedia,* ed. Charles G. Herbermann. New York: Appleton.

Jiménez, Luz. 1968. *De Porfirio Díaz a Zapata: Memoria Nahuatl de Milpa Alta.* Mexico City: Universidad Nacional Autónoma Mexicana, Instituto de Investigaciones Historicas.

Juan Diego. Published monthly in Mexico City.

Karve, Irawati. 1962. "On the Road: A Maharashtrian Pilgrimage," *Asian Studies* 22 (November): pp. 13~29.

Lewis, B. 1966. "Hadjdj." In *The Encyclopedia of Islam*. Leiden: Brill.

Maine, Henry. 1861. *Ancient Law,* London: Murray.

Malcolm X. 1966. *The Autobiography of Malcolm X*. New York: Grove.

Milburn, R. L. P. 1963. Foreword to *The Pilgrim Shrines of England,* by I. Dowse. London: Faith Press.

Newett, M. Margaret. 1907. *Canon Pietro Casola's Pilgrimage to Jerusalem*. Manchester: University Press.

Nutini, Hugo G. 1968. *San Bernardino Contla*. Pittsburgh: University of Pittsburgh Press.

Oursel, Raymond. 1963. *Les Pèlerins du Moyen Age*. Paris: Fayard.

Peacock, James L., and A. Thomas Kirsch. 1970. *The Human Direction*. New York: Appleton-Century-Crofts.

Redfield, Robert. 1941. *The Folk Culture of Yucatán*. Chicago: University of Chicago Press.

Reina, Ruben. 1966. *The Law of the Saints*. Indianapolis and New York: Bobbs-Merrill.

Ricard, Robert. 1966. *The Spiritual Conquest of Mexico*. Los Angeles and Berkeley: University of California Press.

Romano, V., O. I. 1965. "Charismatic Medicine, Folk-Healing, and Folk-Sainthood," *American Anthropologist* 67 (October): pp. 1151~1173.

Shields, Rev. J. A. 1971. *Guide to Lourdes,* Dublin: Gill.

Simson, Otto von. 1962. *The Gothic Cathedral,* New York: Harper Torchbooks. First published 1956.

Singer, Isadore, ed. 1964. *Jewish Encyclopedia*. New York: Ktav.

Starkie, Walter. 1965. *The Road to Santiago,* Berkeley: University of California Press.

Tepeyac. Published monthly in Mexico City.

Thompson, J. Eric S. 1967. *The Rise and Fall of Maya Civilization,* Norman, Oklahoma: University of Oklahoma Press.

Turner, Victor. 1969. *The Ritual Process: Structure and Anti-structure.* Chicago: Aldine.

Voz Guadalupana, La. Published monthly in Mexico City,

Watts, Francis. 1917. *Canterbury Pilgrims and Their Ways.* London: Methuen.

Wensinck, A. J. 1966. "Hadjdj." In *The Encyclopedia of Islam.* Leiden: Brill.

Wheatley, Paul. 1971. *Pivot of the Four Quarters,* Chicago: Aldine.

Yang, C. K. 1961. *Religion in Chinese Society.* Berkeley: University of California Press.

6.

Durkheim, Emile. 1961. *The Elementary Forms of the Religious Life.* Tr. J. S. Swain. New York: Collier. First published 1912.

Fortes, Meyer. 1949. *The Web of Kinship among the Tallensi.* London: Oxford University Press.

Gennep, Arnold van. 1960. *The Rites of Passage.* London: Routledge & Kegan Paul. First published 1908.

Lévi-Strauss, Claude. 1960. "On Manipulated Sociological Models," *Bijdragen tot de Taal, Land en Volkenkunde* 116(1): pp. 45~54.

_____. 1963, *Structural Anthropology.* Tr. Claire Jacobson. New York: Basic Books, First published 1958.

The Oracle (San Francisco). 1967. Vol. 1, no. 6 (February).

Ramanujan, A. K. 1973. *Speaking of Śiva.* Baltimore: Penguin Books.

Reed, Nelson. 1964. *The Caste War in Yucatán*. Stanford: Stanford University Press.

Riesman, David. 1954. *Individualism Reconsidered and Other Essays*. Glencoe, Illinois: The Free Press.

Rosen, Lawrence. 1971. "Language, History, and the Logic of Inquiry in Lévi-Strauss and Sartre," *History and Theory* 10(3): pp. 269~294.

Sartre, Jean-Paul. 1963. *Search for a Method*. New York: Knopf.

_____. 1969. "Itinerary of a Thought," *New Left Review* 58: pp. 57~59.

Stonequist, E. V. 1937. *The Marginal Man*. New York: Scribner.

Trilling, Lionel. 1953. *The Liberal Imagination*. New York: Anchor Books.

Turner, Terence. 1967. "The Fire of the Jaguar: Myth and Social Organization among the Northern Kayapo of Central Brazil." Paper given at the Conference on Myth and Ritual at Dartmouth College, August 1967 (including Abstract).

Turner, Victor. 1969. *The Ritual Process*. Chicago: Aldine.

Znaniecki, F., and W. I. Thomas. 1918. *The Polish Peasant in Europe and America*, Boston Badger.

7.

Durkheim, Emile. 1961. *The Elementary Forms Of Religious Life*. Tr. J. S, Swain. New York: Collier. First published 1912.

Gennep, Arnold van. 1960. *The Rites of Passage*. London: Routledge & Kegan Paul.

Macauliffe, M. J. 1909. *The Sikh Religion*. Oxford: The Clarendon Press.

Maranda, Elli Köngäs. 1971. "The Logic of Riddles." In *Structural Analysis of Oral Tradition*, eds. P. and E. K. Maranda. Philadelphia:

University of Pennsylvania Press.

Nelson, Benjamin. 1971. "Civilizational Complexes and Intercivilizational Encounters." Paper read at the American Sociological Association Conference, August 30.

Ramanujan, A. K. 1971. "Structure and Anti-structure: The Vīraśaiva Example." Paper given at the Seminar on Aspects of Religion in South Asia at the School of Oriental and African Languages, University of London.

____. 1973. *Speaking of Śiva.* Baltimore: Penguin Books.

Richards, Audrey. 1956. *Chisungu.* London: Faber and Faber.

Smith, D. Howard 1971. *Chinese Religions from 1000 B.C. to the Present Day.* New York: Holt Paperbacks. First published 1968.

Suzuki, D. T. 1968. *On Indian Mahayana Buddhism.* New York: Harper Torchbooks.

Turner, Victor. 1969. *The Ritual Process: Structure and Anti-structure.* Chicago: Aldine.

____. 1970. *The Forest of Symbol.* Ithaca: Cornell Paperbacks. First published 1967.

Uberoi, J. Singh. 1967. "Sikhism and Indian Society," *Transactions of the Indian Institute of Advanced Study,* vol. 4. Simla.

찾 아 보 기

—
가
게마인샤프트   260~261
고프먼, 어빙   259, 322
과달루페   57, 132, 136, 138~140, 142~143, 153, 159, 162, 164, 183, 194,
　　196~199, 242~243, 246, 249, 270, 273, 275, 277~281, 288~289, 293
과정 모델   160
과정주의적 관점   18, 28
구조 내에서 열등성   297, 300~302
근원적 은유   30~32, 35, 60, 64, 82, 86~87
근원적 패러다임   17, 82~83, 87, 89, 93, 112~113, 120, 125, 129
기독교 순례   228

—
나
네 단계 행위 국면   46~52
노샘프턴 공의회   91~93, 97, 101, 103~104, 115, 118
니스벳, 로버트   29~30, 33~34, 38

—
다
다성성   28, 64, 196
더글러스, 메리   5, 7~8, 10~11, 208
덩케르크의 기적   320
도곤족   203~204, 207~213, 329
돌로레스 성명   131~132, 137, 140, 152, 167, 169~170, 173~175, 185
뒤르켐, 에밀   28, 38, 60, 71~73, 239, 259, 261, 320~321, 349
듀이, 존   45

지은이

빅터 터너Victor Turner

의례와 상징, 연행 연구에 큰 업적을 남긴 영국 인류학자. 잠비아 은뎀부 사회의 분열과 위기를 사회적 드라마 개념으로 분석하여 1955년 맨체스터대학교에서 박사 학위를 받았다. 1960년대부터 미국에서 활동했으며, 사회구조적 규범이 일시적으로 유보되는 의례적 국면(통과의례 전이기)의 사회관계 양식을 깊이 탐구하여 학계에 이름을 알렸다. 대표적인 상징인류학자로 분류되지만, 초기의 연구 관심을 꾸준히 심화해 1983년 심장마비로 사망하기까지 시공간적으로 상이한 사회적 · 역사적 맥락의 다양한 인간 행위를 과정주의적 관점에서 비교 · 분석할 수 있는 창조적 개념을 꾸준히 생산했다. 인류학뿐만 아니라 종교학, 문학, 연행학, 문화 비평, 민속학 등 다방면에 폭넓은 영향을 끼쳤다. 주요 저서로 《의례의 과정The Ritual Process》 《빅터 터너의 제의에서 연극으로From Ritual to Theatre : The Human Seriousness of Play》《The Forest of Symbols상징의 숲》 등이 있다.

옮긴이

강대훈

서울대학교 대학원에서 인류학을 공부했다. 지금은 프랑스 고등사회과학연구원 (EHESS)에서 인류학을 공부한다. 지은 책으로 《타마르 타마르 바다거북 : 바다거북의 진화와 생활사 이야기》가 있고, 《아주 특별한 바다 여행》《홀릭 : 기묘하고 재미있는 수 이야기》《바람이 불어오는 길》《버마 고산지대의 정치 체계 : 카친족의 사회구조 연구》《인류를 만든 의례와 종교》를 우리말로 옮겼다.

추천인

장석만

전 한국종교문화연구소 소장(현 선임 연구원). 서울대학교 종교학과를 졸업하고 동 대학원에서 〈개항기 한국 사회의 '종교' 개념 형성에 관한 연구〉로 박사 학위를 받았다. 지은 책으로 《한국 근대 종교란 무엇인가?》와 《한국 근대성 연구의 길을 묻다》 《인텔리겐차》《종교 읽기의 자유》(공저)가 있고, 옮긴 책으로 《종교 상상하기》《죽음이란》《기독교 : 서양 문명의 창》《티베트 : 삶, 신화 그리고 예술》이 있다.

인간 사회와 상징 행위
: 사회적 드라마, 구조, 커뮤니타스
Dramas, Fields, and Metaphors : Symbolic Action in Human Society

펴낸날 2018년 6월 20일 초판 1쇄
지은이 빅터 터너(Victor Turner)
옮긴이 강대훈
만들어 펴낸이 정우진 강진영 김지영
꾸민이 Moon&Park(dacida@hanmail.net)
펴낸곳 (04091) 서울 마포구 토정로 222 한국출판콘텐츠센터 420호 도서출판 황소걸음
편집부 (02) 3272-8863
영업부 (02) 3272-8865
팩 스 (02) 717-7725
이메일 bullsbook@hanmail.net / bullsbook@naver.com
등 록 제22-243호(2000년 9월 18일)
ISBN 979-11-86821-23-7 93380

황소걸음
Slow&Steady

정성을 다해 만든 책입니다. 읽고 주위에 권해주시길…
잘못된 책은 바꿔드립니다. 값은 뒤표지에 있습니다.

이 도서의 국립중앙도서관 출판시도서목록(CIP)은 서지정보유통지원시스템 홈페이지(http://seoji.nl.go.kr)와
국가자료공동목록시스템(http://www.nl.go.kr/kolisnet)에서 이용하실 수 있습니다.
(CIP제어번호 : CIP2018016448)